高等院校经济管理"十三五"规划教材

电子商务系列

Electronic Commerce

电子商务实务教程

【第2版】

李东进　沈　哲　秦　勇　朴世桓　主编

中国发展出版社
CHINA DEVELOPMENT PRESS

图书在版编目（CIP）数据

电子商务实务教程（第2版）/李东进，沈哲，秦勇，朴世桓主编.
北京：中国发展出版社，2016.7
ISBN 978 – 7 – 5177 – 0513 – 0

Ⅰ.①电… Ⅱ.①李… ②沈… ③秦… ④朴… Ⅲ.①电子
商务—高等学校—教材 Ⅳ.①F713.36

中国版本图书馆 CIP 数据核字（2016）第 115871 号

书   名：电子商务实务教程（第2版）
主   编：李东进 沈 哲 秦 勇 朴世桓
出 版 发 行：中国发展出版社
          （北京市西城区百万庄大街 16 号 8 层   100037）
标 准 书 号：ISBN 978 – 7 –5177 – 0513 – 0
经 销 者：各地新华书店
印 刷 者：北京明恒达印务有限公司
开   本：787×980mm 1/16
印   张：25.5
字   数：490 千字
版   次：2016 年 7 月第 1 版
印   次：2016 年 7 月第 1 次印刷
定   价：42.00 元

联 系 电 话：（010）68990642 68990692
购 书 热 线：（010）68990682 68990686
网 络 订 购：http://zgfzcbs. tmall. com//
网 购 电 话：（010）68990639 88333349
本 社 网 址：http://www. develpress. com. cn
电 子 邮 件：fazhanreader@ 163. com

前　言

近年来，国际互联网在全球范围内进一步得到普及。根据国际电信联盟发布的相关数据，2014 年全球互联网用户已超过 30 亿人，占全球总人口的 40%，而 5 年前全球的互联网用户仅为 20 亿。另据中国互联网信息中心（CNNIC）最新发布的第 37 次《中国互联网络发展状况统计报告》显示，截至 2015 年 12 月，我国网民规模达 6.68 亿，互联网普及率首次超过 50%。互联网的迅猛普及为我国电子商务的高速发展插上了一双腾飞的翅膀。

进入新世纪以来，我国电子商务市场持续呈现高歌猛进之势。根据全球著名的贝恩公司（Bain & Company）和阿里巴巴研究院于 2015 年联合发布的《互联网品牌化和品牌互联网化》报告显示，2014 年中国线上零售的渗透率创历史新高，达 11%，总价值约为 2.9 万亿元。该研究报告进一步指出，预计到 2020 年，中国线上零售的渗透率将会进一步增长至 22%，总价值将达到 10 万亿元。新的电商模式如移动电商、农村电商、跨境电商、线上线下的融合将是未来增长的主要推动力。

电子商务的蓬勃发展对传统的电商人才的培养模式和培养方法提出了新的需求，这也对电子商务教材的编写提出了新的挑战。面对电商领域日新月异的变化，电子商务教材必须要与时俱进紧跟变化的步伐。因此，在本教材第 1 版出版 3 年之后，在中国发展出版社的大力支持之下，我们开启了第 2 版教材的编写工作。

与第 1 版相比，第 2 版在诸多方面都进行了较大的改进。第一，为顺应电商发展的新趋势，增加了农村电商和电商在服务行业的应用两章新内容。第二，精简篇幅，将电子商务网络技术和电子商务安全技术这两章内容压缩后合并为电子商务技术，同时根据需要，补充了 EDI 技术一节的内容。第三，鉴于电子商务发展日新月异，新理论、新模式和新法规不断涌现，因此在第 2 版修订过程中，我们重点重新编写了电子商务模式、网络营销、电子商务法律等章节。第四，考虑到第 1 版选取的案例对于当前来说已经有些过时，我们对以上绝大多数案例进行了更替。第五，对第 1 版教材中的阅读材料进行了较大比例的更换，新的阅读材料与教材内容更为贴近也更具可读性。第六，根据我们在教材使用过程中发现的问题以及读者的反馈，本版对原书中存在的错误和不足之处做了较为彻底的修改。

本教材第 1 版由中国高校市场学研究会副会长、南开大学李东进教授和其博士生秦勇副教授主编，再版时由李东进、沈哲、秦勇和朴世桓主编。新加入的两位主编在电子商务领域均有较高的学术造诣和实战经验。沈哲博士毕业于韩国启明大学，现任宁波大红鹰学院物流系主任、教授，物流专业负责人，国际物流学科方向负责人，在跨境电商、电子商务物流等方面有着较为深入的研究。朴世桓博士毕业于韩国成均馆大学经营管理学科，毕业之后留校任教，后进入企业实战领域。朴博士曾任韩国碧珍日化公司中国公司本部长，现任三星杰尔鹏泰副总裁、电商事业部总经理，具有深厚的学术功底和丰富的电商运营技巧。

本教材的其他参编者均为高校电子商务及相关专业一线教师，都具有一定的理论功底和较为丰富的实际教学经验。在编写过程中，我们延续了第 1 版的编写风格，继续坚持以通俗易懂的方式阐述问题，力求做到言简意赅、深入浅出。

本教材共 12 章，主要内容包括：电子商务概述、电子商务模式、电子商务技术、电子支付、电子商务法律、电子商务物流、网络营销、网络采购、移动电子商务、网上开店与经营实务、农村电商及电子商务在服务业的应用。本教材强调理论与实务相结合，每章除了理论阐述之外，还包括开篇引例、阅读资料和案例讨论等内容。同时，本书每章均有形式多样的课后习题，以便读者及时巩固所学知识。最后为方便教师授课，我们编写了三套综合测试题和全书的 PPT 授课课件。再版后的教材内容更加丰富，理论阐述也更为清晰,适宜作为高等院校本科与专科电子商务专业、经管专业及其他相关专业的教材,也可作为各类成人高等教育的教学用书和广大爱好者的自学用书。

本教材由李东进、沈哲、秦勇和朴世桓共同主编。于洁、王薇、刘爽、崔丽霞、李惠、方俊涛、梁丽军、王春光和杨峰任编委。具体分工为:李东进负责编写第1章;沈哲编写第10章(与秦勇合著);秦勇负责编写第2章、第7章和3套综合测试题;方俊涛编写第3章;王薇编写第4章;李惠、王春光编写第5章;刘爽编写第6章和第12章;于洁、朴世桓编写第8章;崔丽霞和杨峰编写第9章;梁丽军编写第11章。全书由李东进、秦勇负责总撰、修改和定稿。

在编写过程中,我们参考和借鉴了众多中外学者的研究成果,在此表示诚挚的敬意。另外,鉴于书中所引用的部分案例和阅读资料流传较广,作者无法确定最初的出处,因而标注可能不太准确,在此谨向这些文献的原创者致以真诚的谢意。

鉴于编者学识有限,加之时间仓促,书中不足之处在所难免,敬请各位读者批评指正。

李东进　秦　勇

2016 年 5 月于南开园

目 录

第 1 章
电子商务概述

本章导读

　　作为一种全新的商业模式，电子商务与传统商务相比，具有高效率、低成本和跨时空的巨大优势。本章为全书的开篇章节，主要介绍电子商务的基本概念、电子商务的起源与发展、电子商务的分类与功能、电子商务与传统商务的区别以及电子商务的框架模型等知识。通过对本章的学习，可以使我们对电子商务的整体概念有一个较为清晰的理解和认识，从而为后续知识的学习奠定基础。

知识结构图

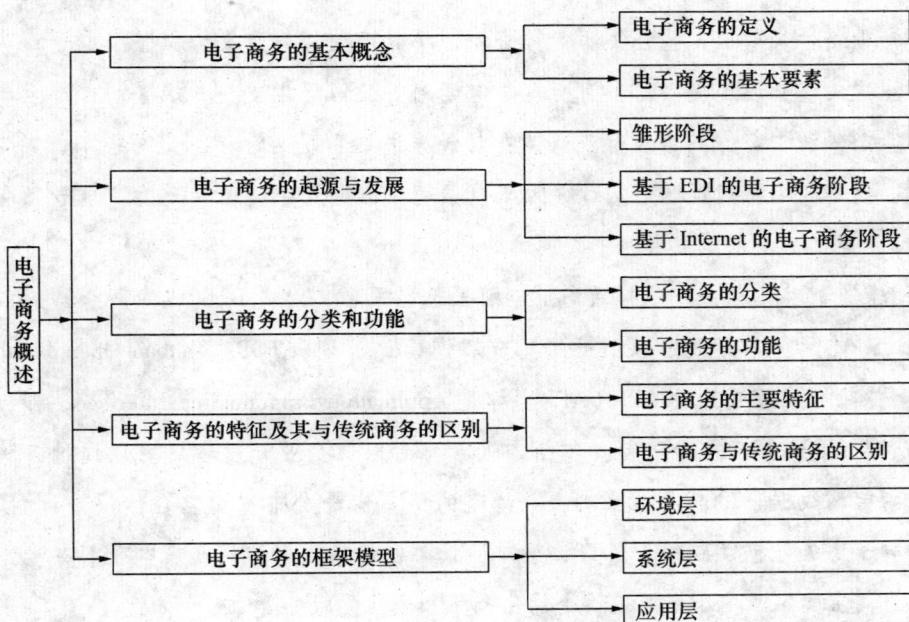

【开篇引例】　　　　　　　从大淘宝战略到到大阿里战略

2011 年 6 月 16 日，阿里巴巴集团宣布，为更精准和有效地服务客户，确保淘宝公司旗下业务的持续竞争力和内生性创新能力，从即日起正式把淘宝分拆为三家公司，即沿袭原 C2C 业务的淘宝网（taobao. com），平台型 B2C 电子商务服务商淘宝商城（tmall. com）和一站式购物搜索引擎—淘网（etao. com）。

这是一次主动性的战略调整，阿里巴巴集团董事局主席马云说："互联网在搜索、SNS（社区化）和电子商务领域里发生了格局性的变化，新公司层出不穷。2008 年启动的'大淘宝'战略取得了阶段性进展，初步建立了一个以消费者为中心的强大的网购生态系统。为了更好地适应今天行业的快速发展，集团决定提升'大淘宝'战略为'大阿里'战略。"

"大阿里"战略的核心是和所有电子商务的参与者分享阿里集团的所有资源，包括其所服务的消费者群体、商户、制造产业链，整合信息流、物流、支付、无线以及提供数据分享为中心的云计算服务等，为中国电子商务的发展提供更好、更全面的基础服务。拆分后的淘宝将一改之前集团式冲锋战略，化拳为掌，广泛渗透于电子商务产业的各个业务线，深拓精耕中国的电子商务市场。

2008 年 9 月 4 日，阿里巴巴集团宣布正式启动"大淘宝"战略。"大淘宝"通过开放平台，发挥产业链协同效应，整合集团优势资源，将其产业使命定义为做整个电子商务产业的水、电、煤式的基础设施提供商，为所有的电子商务公司提供支持和服务，打造全球最大的电子商务生态系统，努力把零售行业从工业时代推进到互联网时代，让网络零售成为主流的零售方式。这一战略将阿里巴巴从过去的"电子商务服务商"逐渐转变为"电子商务基础设施运营商"，建立一个以消费者为中心的网购生态系统。

"大淘宝"战略的第一步是打通淘宝与阿里巴巴平台，形成 B2B2C 的商业链条。2008 年 9 月 7 日，淘宝网宣布开放平台，正式发布"淘园"计划（TOP: Taobao Open Platform）项目。"淘园"项目核心是开放 API（API 全称是 Application Programming Interface，即应用程序接口）。从即日起，第三方开发者（包括个人开发者以及企业开发者）可以通过各种开放的接口访问淘宝网数据。2009 年"大淘宝"战略的第二步是发布"淘宝合作伙伴计划"，召集各方面的电子商务外包供应商，在 IT、渠道、服务、营销、仓储物流等电子商务生态链的各个环节，为淘宝卖家、中小企业提供个性化产品和个性化服务。

1.1　电子商务的基本概念

根据国际电信联盟近期发布的数据，2014 年全球互联网用户已超过 30 亿人，占全球总人口的 40%。5 年前，全球的互联网用户仅为 20 亿，而如今全球已有近半数的人在使用互联网。互联网的迅猛发展使得人类的所有活动，无论是宏观层面的政治、经济、社会文化活动，还是我们微观层面的工作、学习和娱乐活动都受到了前所未有的冲击和影响，并由此触发了一场深刻的变革。电子商务真是在这种背景下迅速崛起的一种全新的商务活动。那么，到底何谓电子商务？它包括哪些基本要素？这些基本要素又是如何联结起来的？要回答上述问题，我们需首先从电子商务的定义说起。

1.1.1　电子商务的定义

如今，电子商务已经成了一个融入大众生活的常用词语。而事实上，直到 1997 年电子商务（Electronic Business）才首次被 IBM 公司提出，此后，电子商务及其相关词语（如电子市场、电子政务等）开始不断涌现。

作为一种新生事物，电子商务的存在时间较短并仍在高速发展，学术界至今尚未形成对其公认的、权威性的定义。国内外众多具有影响力的政府组织、企业和学者以自己的理解给出了不同的认识。本书摘选出一些具有代表性的观点，以帮助读者从不同角度来理解电子商务的含义。

1. 政府组织对电子商务的定义

（1）美国政府在其发布的《全球电子商务纲要》中提出："电子商务是指通过 Internet 进行的各项商务活动，包括广告、交易、支付、服务等活动，全球电子商务将会涉及全球各国。"

（2）欧洲议会关于电子商务的定义是：电子商务是通过电子方式进行的商务活动。它通过电子方式处理和传递数据，包括文本、声音和图像。它涉及许多方面的活动，包括货物电子贸易和服务、在线数据传递、电子资金划拨、电子证券交易、电子货运单证、商业拍卖、合作设计、在线资料和公共产品获得。它包括了产品（如消费品、专门设备）和服务（如信息服务、金融和法律服务）、传统活动（如建设、体育）和新型活动（如虚拟购物、虚拟训练）。

（3）联合国经济合作与发展组织（OECD）在有关电子商务的报告中提到：电子商务是发生在开放网络上的，包含企业之间、企业与消费者之间的商业交易。

（4）世界贸易组织（WTO）在其《电子商务》专题报告中指出：电子商务就是通过电信网络进行的生产、营销、销售和流通活动。电子商务不仅指基于 Internet 上的交易，而且指所有利用电子信息技术来解决问题、降低成本、增加价值和创造商机的商务活动，包括通过网络实现从原材料查询、采购、产品展示、订购到出品、储运以及电子支付等一系列的贸易活动。

2. 企业对电子商务的定义

（1）IBM 公司是第一个使用"电子商务"一词的企业，也是电子商务的积极倡导者，它用一个公式定义了电子商务，即电子商务 = Web + 信息技术 + 企业业务。从这一定义可以看出，电子商务是在网络计算环境下的商业化应用，是买方、卖方、厂商及其合作伙伴在网络计算环境下的完美结合。

（2）HP 公司则认为，电子商务以电子手段完成产品和服务的等价交换，在 Internet 上开展电子商务的内容包含真实世界中销售者和购买者所采取的所有服务行动，而不仅仅是订货和付款。值得一提的是，HP 公司对电子商务的定义突破了简单的"买—卖"范畴，将视野放在了整个经营过程。

（3）联想公司提出电子商务不仅仅是一种管理手段，它还是一场触及企业组织架构、工作流程的重组乃至社会管理思想的变革。联想公司还提到，企业的电子商务的发展道路是一个循序渐进、从基础到高端的过程：构建企业的信息基础设施，实现办公自动化；建设企业核心的业务管理和应用系统；针对企业经营的三个直接增值环节设计，即实施客户关系管理、供应链管理和生命周期管理。

3. 国内外学者对电子商务的定义

（1）美国学者瑞维·卡拉科塔和安德鲁·B·惠斯顿在他们的专著《电子商务的前沿》中提出："广义地讲，电子商务是一种现代商业方法。这种方法通过改善产品和服务质量，提高服务传递速度，满足政府组织、厂商和消费者的降低成本的需求。这一概念用于通过计算机网络寻找信息以支持决策。一般的讲，今天的电子商务是通过计算机网络将买方和卖方的信息、产品和服务联系起来，而未来的电子商务则是通过构成信息高速公路的无数计算机网络中的一个网络将买方和卖方联系起来的通路。"

（2）埃弗雷姆·特班、戴维·金、朱迪·麦凯和彼得·马歇尔通过总结和发展前人研究成果，在《电子商务：管理视角》一书中从业务过程、服务、学习、合作和社区五个角度对电子商务进行定义，他们指出：从业务过程的角度看，电子商务是指利用电子网络实施的业务过程，进而代替实体业务活动的信息的电子化业务活动；从服务的角度看，电子商务是政府、企业和消费者表达各自意愿的一种工具，同时也是在改善客户服务水平和提高交付速度的同时削减服务成本的一种手段；从学习的角度看，电子商务为中学、大学和其他组织（包括商务组织）提供了在线培训和教育的功能和机会；从合作的角度看，电子商务为组织内部和组织间进行合作提供了平台；从社区的角度看，电子商务为社区成员提供了一个学习、交易和合作的集会场所，例如社交网络的兴起。这个观点不仅将电子商务的概念更加具体化了，也与时俱进地归纳了电子商务的功能。

（3）国内学者汪勇参考国内外专家学者的观点，从广义和狭义两个角度总结了电子商务的定义：广义的电子商务是指使用各种电子工具从事商务或活动，其中，这些工具包括从初级的电报、电话、广播、电视、传真到计算机、计算机网络，再到国家信息基础结构——信息高速公路、全球信息基础结构和 Internet 等现代系统；狭义的电子商务是指个人和企业之间、企业和企业之间、政府与企业之间及企业与金融业之间仅仅通过 Internet 进行的钱和物的交易活动。

4. 对电子商务定义的理解

从以上定义中我们可以看出：政府组织主要侧重于从宏观角度来界定电子商务，主要讨论了电子商务的行业意义，以及电子商务对世界宏观经济以及整个社会所带来的影响；企业主要是站在微观角度来界定电子商务，主要讨论了电子商务对企业经营管理，以及商品交易过程带来的具体改变；而专家学者们则是从电子商务所依赖的信息技术，电子商务对政府、企业、消费者的影响来界定电子商务这一概念的。

虽然以上介绍的定义有所不同，但是它们从不同角度来讲都是正确的。归纳而言，电子商务是指运用电子工具通过网络进行的产品或服务的生产、交易及相关行政作业的一种新型的商业模式，这种商业模式侧重于探索和利用新的商务机会，通过各种通信网络提高商业交易的执行效果，从而实现用尽可能少的成本产生更大的商业价值。值得强调的是，电子商务绝不仅仅只对商品交易产生影响，它是一个贯穿于生产、销售、售后服务全过程的活动体系。

基于以上分析，电子商务是有广义和狭义之分的，狭义的电子商务是指通过包括互联网在内的计算机网络来实现商品和服务的购买、销售和交换，而广义的电子商务则除了买、卖商品和服务之外，还包括客户服务、与商务伙伴之间的合作、网上学习、企业内部的电子交易等等，是指利用互联网及其他信息技术来支持商务活动并改善企业绩效水平。

1.1.2　电子商务的基本要素

电子商务有四个基本要素，分别是现代信息技术、电子工具、掌握现代信息技术的人才和以商品贸易为中心的各种商务活动。这四个基本要素的关系是：现代信息技术特别是计算机网络技术的产生和发展是电子商务开展的前提条件；系列化、系统化的电子工具是电子商务活动的基础；掌握现代信息技术和商务理论与实务的人才是电子商务活动的核心；以商品贸易为中心的各种商务活动是电子商务的对象。

1. 电子商务的前提

电子商务的前提是现代信息技术的产生和发展。这里的现代信息技术，主要包括计算机技术、数据库技术、计算机网络技术，特别是计算机网络技术的 Intel 技术。现代信息技术的产生与发展，使人类可以更加容易地对自然信息、社会信息进行采集、储存、加工处理、分发和传输，同时，也使人类不断地继承挖掘前人的经验、教训和智慧，扩充了人类知识。

2. 电子商务的基础

电子商务的基础是系列化、系统化的电子工具。系列化是指电子工具需要伴随商品需求咨询、商品配送、商品订货、商品买卖、货款结算、商品售后服务、商品再生产的整个过程，如电话、电报、EDI（Electronic Data Interchange）、MIS（Management Information System）、电子货币。而系统化是指电子工具需要将商品的需求、生产、交换构成一个有机整体，另外还需要引入政府对商品生产、交换的调控，从而形成一个大的系统，现在能够实现这个目的的电子工具主要是局域网、城市网和广域网。

3. 电子商务的核心

我们可以从以下三点来认识电子商务的核心问题。首先，电子商务是一个社会系统，它的核心必然是人。其次，电子商务是紧紧围绕商务活动的，而商务活动的各个方面其实决定于由人组成的不同利益方。最后，在电子商务活动中，任何工具的制造发明、工具的应用、效果的实现都是由人来完成的。所以，掌握现代信息技术、现代商务理论与实务的复合型人才是电子商务的核心。

4. 电子商务的对象

电子商务的对象，是"商务"，即以商品贸易为中心的各种商务活动，从商品需求咨询、商品配送、商品订货、商品买卖、货款结算、商品售后服务、商品再生产的整个过程。通过电子商务，可以极大地减少不必要的商品流通、物资流通、人员流通和货币流动，减少商品经济的盲目性，减少有限物质资源、能源资源的消耗和浪费。

1.2　电子商务的起源与发展

电子商务的发展历史可以分为三个阶段，第一个阶段是雏形阶段，这个阶段主要的电子工具并非网络，而是以电报、电话、传真和电视为主；第二个阶段是基于电子数据交换（Electronic Data Interchange，EDI）的电子商务阶段；第三个阶段则是基于 Internet 的电子商务阶段。

1.2.1　雏形阶段

根据电子商务的广义含义，一切利用电子通信技术和使用电子工具进行的商务活动都可以称为电子商务。虽然人们常常提及的电子商务多指在网络上开展的商务活动，但是通过电报、电话、传真和电视进行的商务活动也是电子商务，而且，它的历史更加久远。

1. 电报

电报是最早的电子商务工具，是用电信号传递文字、照片、图表等的一种通信方式。随着社会的进步，传统的用户电报在速率和效率上不能满足日益增长的文件往来的需要，特别是办公室自动化发展的需要，在这样的基础上，20 世纪 20 年代智能用户电报（Telex，也称作电传打字机）出现了。智能用户电报将拍发电报自动化，智能用户电报之间可以像电话一样以拨号接通，之后把信息以打字的方式传出。在传真及长途电话普及之前，智能用户电报曾一度遍及各地的办公室，专门用作长途通信。不过随着科技的进步，智能用户电报也逐渐退出了历史舞台。

2. 电话

电话是一种广泛使用的电子商务工具。电话用途广泛，设备较便宜，所需的带宽很窄。但是在许多情况下，电话仅是为书面的交易合同或产品实际交送做准备。长期以来，电话的通信一直局限于两人之间的声音交流，但从 20 世纪 80 年代开始，利用可视电话进行可视商务活动成为现实，不过由于可视电话对设备要求很高，需要大量的投资，所以可视电话在电子商务领域的发展相对迟缓。

3. 传真

现代传真技术始于 20 世纪 70 年代，它提供了一种快速进行商务通信和文件传输的方式。其工作原理是，通过一端传真机的扫描仪把文件的内容转化成数码影像，调制解调器把影像资料通过电话线传送，在另一端的传真机把影像变成原文件的复印本。但是，由于传真无法传送声音和复杂的图形，同时也无法实现相互通信，而且在传送文件时还需要另一端必须也是传真机，这使得传真机的使用范围受到了一定的限制。但不可否认的是，在 20 世纪末，传真凭借其快速传输文件的能力，在电子商务活动中发挥了极为重要的作用。

4. 电视

随着电视的普及，电视广告和电视直销在商务活动中变得越来越重要。电视与上面所提到的电报、电话和传真相比，受众范围更广，影响力更大。但是，电视在商务活动中的缺点也较为突出。如，电视是一种"单通道"的通信方式，使得消费者无法与商家进行互动。另外，在电视节目中投放广告以及进行电视直销的成本较高，限制了中小企业通过电视开展商务活动。

以上提到的电报、电话、传真和电视这四种电子工具，对过去几十年电子商务的发展具有重要的意义。由于这些工具有着各自的优缺点，所以人们在电子商务活动中经常互为补充地使用。虽然随着时代的发展，它们在电子商务活动中的主角地位已经不在，但是这些传统的电子工具依然发挥着重要的作用。

1.2.2 基于 EDI 的电子商务阶段

电子数据交换的概念起始于 20 世纪 60 年代，联合国标准化组织将其定义为"将商业或行政事务处理中的报文数据按照一个公认的标准，形成结构化的事务处理的报文数据格式，从计算机到计算机的电子传输方法"。

相对于传统的订货和付款方式，传统贸易所使用的各种单证、凭据全部都被计算机网络的数据交换所取代，因此，EDI 也被形象地称为"无纸化贸易"。EDI 的系统模型如图 1 - 1 所示。

图 1 - 1 EDI 系统模型图

欧美发达国家的大型企业在 20 世纪 80 年代后基本上实现了 EDI 的普及，但我国应用 EDI

的时间则要晚得多，最初的应用是从 20 世纪 90 年代以后才开始的。

EDI 系统在企业里的普及，不仅减少了数据处理费用和数据重复录入费用，并且大大缩短交易时间，降低库存和成本，提高了工作效率。从技术层面来说，EDI 包括硬件和软件两大部分。硬件主要是指计算机网络①，软件主要是指计算机软件和 EDI 的标准。EDI 的软件需要将用户数据库系统中的信息翻译成 EDI 的标准格式，以供传输交换，由于不同行业的企业业务特点不同，因而数据库的信息格式也不相同，但是当需要发送 EDI 文件时，这些不同的信息格式都必须转换成 EDI 的标准格式，否则信息无法发送。

由于 EDI 对技术和资金都有较高的要求，所以在早期只有大型企业有能力引进 EDI 系统，而众多中小企业是无能为力的。因此，他们迫切需要一个价格更低、更容易操作和更容易接入的 EDI 平台。

为了让更多的中小企业能够顺利地使用 EDI，当 Internet 出现之后，专家们开发了基于 Internet 的 EDI 系统。与专用的 VAN 网络相比，Internet 具有更多优势。比如，Internet 可以实现世界范围的连接，花费更少；Internet 对数据交换提供了许多简单而且易于实现的办法，用户可以使用 Web 完成交易，等等。我们完全可以将基于 Internet 的 EDI 系统看成是一种遵守特定标准的企业对企业的电子商务系统。

基于网络的 EDI 的单证处理过程如图 1-2 所示。

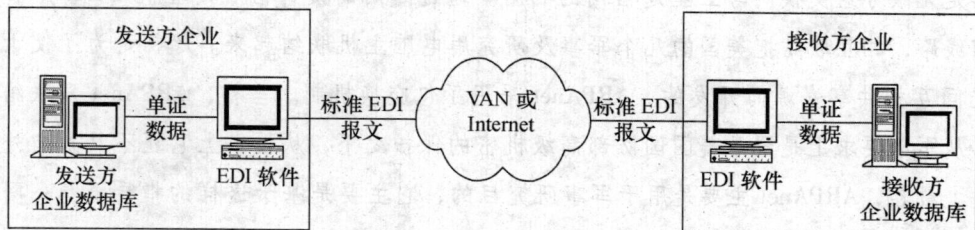

图 1-2　EDI 单证处理过程

将 Internet 与 EDI 技术相结合，为企业提供了一个更加廉价、便捷的商务通信环境，从而吸引了越来越多的企业开始使用 EDI。

1.2.3　基于 Internet 的电子商务阶段

20 世纪 90 年代，一场轰轰烈烈的科技革命席卷全球。这场可媲美于 20 世纪初工业革命的现代革命为全世界的各种组织机构提供了全新的交流媒介。研究人员将已有的计算机和通信技

---

① 在 20 世纪 90 年代之前，大多数 EDI 所依赖的计算机网络都是通过租用的通信线路构建专用的增值网（Value-Addle，VAN）。

术集成，形成以计算机为基础的网络通信，使得各种信息能够在全世界范围内广泛并快速地传播，作为这种革命的结果，Internet 应运而生。

Internet 始于美国国防部的"ARPAnet"项目，其目的是要在一个抵御攻击的研究项目中共享研究数据。20 世纪 80 年代后期，这个项目被移交到美国国家科学基金会，进而才成为众所周知的 Internet。最初，Internet 只被学校学生和研究人员使用，直到 1991 年美国才实现 Internet 对大众的开放，允许在 Internet 上开发商业应用系统。1993 年万维网（World Wide Web，WWW）出现，这是一种具有包括文字、声音、图像在内的超媒体信息的网络系统，并使用超级链接来实现网络上不同信息之间的跳转。

【阅读资料 1-1】 ARPAent 发展的四阶段

第一阶段

1969 年 11 月，美国国防部高级研究计划管理局（Advanced Research Projects Agency，AR-PA）开始建立一个命名为 ARPAnet 的网络，它只有 4 个结点——分布在洛杉矶的加州大学洛杉矶分校、加州大学圣塔芭芭拉分校、斯坦福大学、犹他州大学四所大学的 4 台大型计算机。选择这 4 个结点的一个因素是考虑到不同类型主机联网的兼容性。对 ARPAnet 发展具有重要意义的是无限分组交换网与卫星通信网的利用。通过专门的接口信号处理机（IMP）和专门的通信线路，相互联结把美国的几个军事及研究用电脑主机联结起来。起初是为了便于这些学校之间互相共享资源而开发的。ARPAnet 采用了包交换机制。当初，ARPAnet 只联结 4 台主机，从军事要求上是置于美国国防部高级机密的保护之下，从技术上它还不具备向外推广的条件。最初，ARPAnet 主要是用于军事研究目的，它主要是基于这样的指导思想：网络必须经受得住故障的考验而维持正常的工作，一旦发生战争，当网络的某一部分因遭受攻击而失去工作能力时，网络的其他部分应能维持正常的通信工作。ARPAnet 在技术上的另一个重大贡献是 TCP/IP 协议簇的开发和利用。作为 Internet 的早期骨干网，ARPAnet 的试验奠定了 Internet 存在和发展的基础，较好地解决了异种机网络互联的一系列理论和技术问题。

第二阶段

到了 1975 年，ARPAnet 已经连入了 100 多台主机，并结束了网络试验阶段，移交美国国防部国防通信局正式运行。在总结第一阶段建网实践经验的基础上，研究人员开始了第二代网络协议的设计工作。这个阶段的重点是网络互联问题，网络互联技术研究的深入导致了 TCP/IP 协议（即传输控制协议/因特网互联协议）的出现与发展。到 1979 年，越来越多的研究人员投入到了 TCP/IP 协议的研究与开发之中。在 1980 年前后，ARPAnet 所有的主机都转向 TCP/IP 协议。到 1983 年 1 月，ARPAnet 向 TCP/IP 的转换全部结束。同时，美国国防部国防通信局将 ARPAnet 分为两个独立的部分，一部分仍叫 ARPAnet，用于进一步的研究工作；另一部分稍大一些，成为著名的 MILNET，用于军方的非机密通信。

第三阶段

1983 年，ARPA 和美国国防部通信局成功研制了用于异构网络的 TCP/IP 协议，美国加州大学伯克利分校把该协议作为其 BSD UNIX（加州大学伯克利分校开发的操作系统）的一部分，使得该协议得以在社会上流行起来，从而诞生了真正的 Internet（互联网）。该年，AR-PAnet 分裂为两部分，ARPAnet 和纯军事用的 Milnet。同时，局域网和广域网的产生和蓬勃发展对 Internet 的进一步发展起了重要的作用。其中最引人注目的是美国国家科学基金会 NSF（National Science Foundation）建立的 NSFnet。NSF 在全美国建立了按地区划分的计算机广域网并将这些地区网络和超级计算机中心互联起来。NFSnet 于 1990 年 6 月彻底取代了 ARPAnet 而成为 Internet 的主干网。

第四阶段

1986 年，美国国家科学基金会（National Science Foundation，NSF）利用 ARPAnet 发展出来的 IP 的通讯，在 5 个科研教育服务超级电脑中心的基础上建立了 NSFnet 广域网。由于美国国家科学基金会的鼓励和资助，很多大学、政府资助的研究机构甚至私营的研究机构纷纷把自己的局域网并入 NSFnet 中。那时，ARPAnet 的军用部分已脱离母网，建立自己的网络——Milnet。ARPAnet——网络之父，逐步被 NSFnet 所替代。到 1990 年，ARPAnet 已退出了历史舞台。如今，NSFnet 已成为 Internet 的重要骨干网之一。

资料来源：http：//baike. baidu. com/。

IBM 公司将基于 Internet 的电子商务阶段又分为三个小的阶段，分别是新奇阶段（Cool Phase）、机会阶段（Chance Phase）和正规的电子商务时代（Serious-Business Phase）

1. 新奇阶段

在新奇阶段，也就是 WWW 发展的初期，它主要被一些机构用于发布以静态页面为主的产品、服务和新闻等重要信息。后来，各种类型的企业机构，无论大小，都开始在 WWW 上建立自己的网站来发布各种各样的信息。但是在这个阶段，由于计算机和网络基础设施的条件还比较薄弱，无法实现商务领域的实时大数据量处理，信息的更新速度也比较慢，所以企业还不能通过萌芽状态的电子商务来获取利润。

2. 机会阶段

20世纪90年代中后期，随着Web技术的高速发展，互联网已经能够动态、实时地处理各种商务活动，于是，传统企业开始了向电子商务的大规模转移，企业开始尝试通过互联网这一平台来销售产品。大量的基础设施投入创造了良好的互联网环境，促进了上网人口数量飞速增长。随后的几年，电子商务迅速迎来了发展的高潮期，无论是B2C电子商务还是B2B电子商务都创造了巨大的营业收入。据统计，网上图书销售商亚马逊（www.Amazon.com，见图1-3）的营业收入从1996年的1580万美元猛增到1998年的4亿美元；同期，超过50%的美国企业都采取了B2B的电子商务模式来进行商务处理；除此之外，与互联网相关的股票成了当时美国股市上最热门的股票，以高新技术类上市公司为主的美国纳斯达克的股票市场，1996年初的指数点位还只有1000点，而2000年初该点位已经超过了4000点。

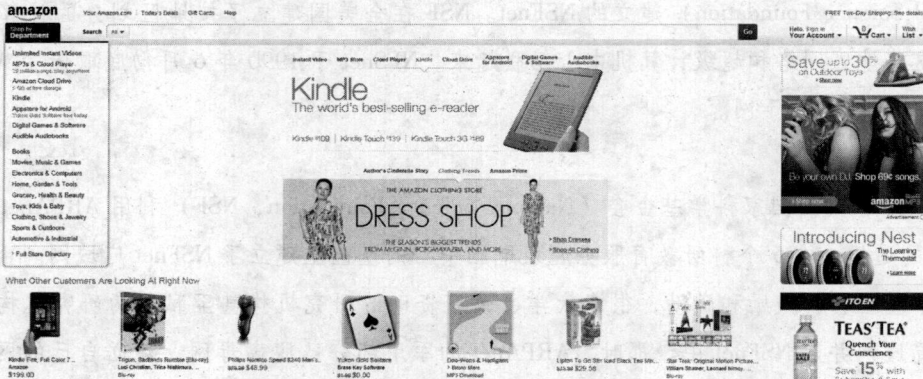

图1-3 亚马逊网站主页

伴随着电子商务成功带来的巨大吸引力，越来越多的企业、个人狂热地投入到电子商务的大潮中，但是，由于缺少相应的调研，投资者们只是盲目地被市场需求爆炸的预期所激励，而实际需求远远没有达到他们预想的程度，从这个时候开始，互联网经济就已经开始暗伏危机。

2000年到2001年，由于互联网泡沫的破灭，电子商务开始跌入低潮期。很多互联网公司纷纷转型，甚至破产。据统计，从2000年第一次互联网泡沫破灭到2003年，全球至少有4854家互联网公司被并购或者倒闭。另外，一些大公司如Yahoo、Amazon、IBM和Microsoft等都不同程度地受到了互联网泡沫的影响，足以见得这场灾难的破坏力。

不过，凡事具有两面性，正是因为电子商务的这场低潮，许多公司开始反思自己的经营行为，并着力完善自己的经营管理过程，于是，电子商务迎来了一个新的时代。

3. 正规的电子商务时代

在这个阶段，电子商务在全球范围内进一步迅速发展，并逐渐成为经济全球化的助推器。电子商务的广泛应用降低了企业经营、管理和商务活动的成本，促进了资金、技术、产品、服务和人员在全球范围的流动，推动了经济全球化的发展。电子商务的应用已经成为企业国际竞争力的重要因素。[①] 在这个阶段，除了涌现出一大批全新的电子商务企业外，一些传统的企业也通过电子商务完成了商务模式的新转型。像苏宁电器、国美电器的转型就是非常典型的案例。

【阅读资料1-2】 　　　　　　　　苏宁易购跨界进军百货领域

在电子商务市场疯狂发展的今天，许多实体零售商都感受到网络零售商强大的竞争力，为了重新赢得市场份额，一些实体零售商开始纷纷成立自己的电子商务平台，苏宁易购网就是在这样的大背景下成立的。

苏宁易购网（http：//www.suning.com）于2009年8月18日正式出台（其前身是苏宁电器网上商城），是苏宁电器旗下的电子商务平台，它整合了全球顶级的资源优势，并携手IBM联手打造新一代的系统，旨在建立一个集购买、学习、交流于一体的社区，全面打造出一个专业的家电购物与咨询的网站。

但是，随着各大电子商务网站竞争的加剧，2012年4月，苏宁易购提出"去电器化"战略，宣布将依托多年来品牌、物流以及售后等传统渠道的基础，实现销售全品类货物。从2012年6月底开始，苏宁电器着手通过新一轮定向增发融资55亿元，为集团下一阶段的扩张与发展提供足够的资金支持。与此同时，苏宁易购也正式启动面向全国的品牌招商，且着重引入非电器品类，涉足百货、图书、配件等多个品类，以实现"去电器化"。

经过3个月的试水，2012年7月5日，苏宁易购举行了"开放平台战略发布暨2012供应商大会"，并正式发布了自己的"开放平台"战略，宣布将依托品牌、市场推广、流量、系统、支付、物流和售后服务七大稀缺商业资源平台，针对供应商提供涵盖商品、采购、销售、库存、仓储物流、售后等所有环节的服务，开放数据信息，提供运营分析报表，为供应商/商家解决仓储物流配送。同时，针对入驻的供应商，苏宁易购还第一个推行"免年费、免平台使用费、免保证金"的"三免"政策，这项政策也使苏宁易购成为国内首家推行"三免入驻"的电商网站。

[①] 仝新顺等：《电子商务概论》，清华大学出版社2010年版。

发布会当天共有上千家供应商参加，主要覆盖百货、图书、日化、虚拟产品、运动产品、小家电、办公产品，不再是原来的以大家电、3C为主。与会供应商中有80%与苏宁易购现场签约或达成合作意向。有供应商代表表示，苏宁电器强大的后盾给了苏宁易购平台更多的附加值，与这样的企业合作，发展空间更大、感觉更踏实。

开放平台战略的提出，意味着苏宁电器的线上"去电器化"已经迈出了实质性的一步。

资料来源：改编自网易新闻：http：//tech. 163. com/12/0707/08/85Q14JUR00094MOK. html；中国广播网新闻：ht-tp：//tech. cnr. cn/list/201207/t20120709_ 510156852. htm。

1.3 电子商务的分类和功能

●

电子商务的分类方法很多，常见的有按照电子商务参与的主体划分、按照按电子商务的数字化程度划分、按照商业活动的运行方式划分以及按照开展电子交易的范围进行划分等等。电子商务的功能则可以从宏观层面和微观层面两个角度进行分析。下面我们分别进行介绍。

1.3.1 电子商务的分类

前面已经提到，电子商务可分为多种类型，限于篇幅，我们主要介绍两种最常见的电子商务分类方式。

1. 按电子商务的参与主体划分

站在参与主体的角度，电子商务大致可以分为四大类：企业—消费者（B2C）的电子商务，企业—企业（B2B）的电子商务，企业—政府（B2G）的电子商务，消费者—消费者（C2C）的电子商务。另外，随着电子商务已经进入了一个新的发展阶段，电子商务也出现了更多的创新类型，比如企业—企业—消费者（B2B2C）的电子商务，消费者—企业（C2B）的电子商务，企业内部电子商务，非商业电子商务等。

（1）企业—消费者（B2C）的电子商务。B2C电子商务是指企业与个人之间通过Internet进行交易的商务活动，也就是企业通过Internet向消费者直接销售产品和服务。随着Internet网络的迅速普及，这类电子商务发展势头强劲，引发了传统商品营销方式的重大变革。

具体说来，B2C电子商务又可以分为无形商品的B2C电子商务和实物商品的B2C电子商务。

　　无形商品的 B2C 电子商务即直接通过网络向消费者提供无形产品和服务。无形商品的 B2C 电子商务目前有四种模式。①网上订阅模式，是指企业通过网页安排向消费者提供网上直接订阅、直接信息浏览的电子商务模式，例如销售在线电视节目、在线电子杂志等。②付费浏览模式，是指企业通过网页安排向消费者提供计量收费性网上信息浏览和信息下载的电子商务模式，例如维普网（www. cqvip. com，见图 1－4），该网站是论文一站式服务平台，提供论文检测、文献下载、论文投稿、论文选题、优先出版、期刊上网等专业学术服务。用户可以通过网上支付来获取下载论文的权限。③广告支持模式，是指网站免费向用户提供内容服务，但通过收费广告获取收益。如新浪网（www. sina. com. cn）、网易网（www. 163. com）等各大门户网站，这些网站拥有极大的影响力，是商家投放付费广告的重要平台。④网上赠予模式，即通过开放免费的服务吸引用户，在此基础上建立盈利模式。例如，奇虎 360 公司将自己定位为提供免费安全服务的公司，该公司通过满足网民的安全上网需求，聚拢起海量用户，然后再通过两大平台对海量用户进行转化，从而打通免费服务与盈利之间的连接通道。

图 1－4　维普网

　　实物商品的 B2C 电子商务是指，虽然商品的交易是在网上进行的，但实体商品的交付仍然要通过物流活动来完成。目前在网上交易比较活跃并热销的实体商品有书籍、电子产品、服饰及化妆品等。例如，以销售电子产品为主的京东商城（www. JD. com），以销售图书为主的当当网（www. dangdang. com）和专营化妆品的聚品优美网（http：//bj. jumei. com）等。

【阅读资料1-3】 京东商城

京东（JD.com）是中国最大的自营式电商企业，2015年第一季度在中国自营式B2C电商市场的占有率为56.3%。目前，京东集团旗下设有京东商城、京东金融、京东智能、O2O及海外事业部。2014年5月，京东在美国纳斯达克证券交易所正式挂牌上市（股票代码：JD），是中国第一个成功赴美上市的大型综合型电商平台，与腾讯、百度等中国互联网巨头共同跻身全球前十大互联网公司排行榜。2014年，京东市场交易额达到2602亿元，净收入达到1150亿元。

（2）企业—企业（B2B）的电子商务。B2B电子商务是企业和企业之间通过专用网络或Internet，进行数据信息的交换、传递从而完成商务谈判、订货、签约、接收发票和付款以及索赔处理、商品发送管理和运输跟踪等活动的一种电子商务模式。

虽然目前B2C电子商务的发展势头迅猛，但B2B的主体地位依然不可动摇。这主要是因为B2B电子商务是企业间的电子商务，具有交易金额大、交易双方关系稳固等特点，所以依然占据电子商务交易的最大份额。

B2B电子商务可以买卖双方直接进行，也可通过在线中介（online intermediary）来开展。不同于大企业，绝大多数的中小企业都是采用在线中介来开展B2B业务的。成立于1999年的阿里巴巴电子商务网站就是全球最大的网上B2B交易中介，见图1-5。

图1-5 阿里巴巴电子商务网站

（3）企业—政府（B2G）的电子商务。B2G是指企业与政府之间的电子商务。包括政府通过Internet进行商品采购、工程招投标、宏观调控、管理电子商务市场策略等。政府作为消费者，可以通过 Internet 发布采购清单或者招投标信息，公开、透明、高效、廉洁地完成所需物品的采购和所需工程的招投标。例如，中国香港特区政府从 2000 年 4 月就开始应用电子投标系统，在半年之内处理了 429 次招投标，占其采购投标总额的 79%。

在发达国家，电子商务的发展主要是依靠私营企业的参与和投资，政府只起引导作用，而在发展中国家，由于电子商务的历史较短，电子商务的运营有诸多不成熟、不规范的地方，所以需要政府的直接参与。例如，这些国家的政府会制定有利于电子商务企业的产业政策以及相应的法律法规来规范电子商务市场的发展。

（4）消费者—消费者（C2C）的电子商务。C2C 是指消费者对消费者的电子商务，即消费者与消费者之间通过 Internet 进行的个人交易，它的一大特点就是消费者与消费者通过讨价还价的方式进行交易，主要表现形式为网络拍卖。

世界上最早的 C2C 网站是耶尔·奥米迪亚在 1995 年开创的拍卖网站——eBay。在 eBay 网，消费者只要接受网站的服务条约并在网站注册之后，就可以参加网络拍卖活动。eBay 网上交易的商品种类繁多，大到计算机和彩电，小到邮票和电话卡，无所不包。个人可以不受时间限制自由地卖出、买入商品，而无需支付中介费用。这种模式为众多消费者提供了便利与实惠，因而发展极为迅速。在我国，淘宝网（https：//www.taobao.com/）就是 C2C 电子商务的最典型代表，见图 1-6。

图 1-6　淘宝网首页

（5）企业—企业—消费者（B2B2C）的电子商务。B2B2C 电子商务主要是指一家企业向另一家企业提供某些产品或服务，以使客户企业维持自己的客户群。这些客户群可以是企业的内部员工，也可以是企业自己的客户。例如，目前航空公司经常与旅行社合作，向旅行社提供诸如预订飞机票、旅馆房间等旅行服务，然后旅行社再将这些服务提供给顾客。其实，B2B2C 可以看成是 B2B 的子集。

（6）消费者—企业（C2B）的电子商务。C2B 电子商务既包括个人消费者利用互联网向企业销售产品或服务，又包括个人消费者寻求卖主，以对产品或服务进行有效议价。目前，第二种形式在电子商务活动中开始变得普遍，特别是购买同一类商品的消费者联合起来与商家议价。C2B 模型完全改变了传统商务活动中固定商品的价格和一对一讨价还价的定价模式，使买方定价成为现实，单个消费者通过聚合成为强大的采购集团的一分子。

（7）企业内部电子商务。企业内部电子商务包括组织内部的所有活动，如商品、服务和信息等在组织内各部门及个人之间的交换。这些活动包括向组织内部员工销售产品、在线培训、进行合作设计等。企业内部电子商务的实现主要是在企业内部信息化的基础上，将企业的内部交易网络化，是企业外部电子商务的基础，而且相比外部电子商务更容易实现。

（8）非商业电子商务。越来越多的非商业机构组织，包括大学、非营利组织、宗教组织、社会组织以及政府机构，都采用电子商务来减少运营费用或改善运作水平，从而提高客户服务水平。比如，目前，中国绝大部分高校都已经实现了校园信息化，它们利用校园网向学生传达各种资讯，以方便学生学习。

根据这个分类方法，我们不但厘清了电子商务不同利益方之间的联系，而且还学习了电子商务在不同商务活动中的具体运作，这对于我们今后分析电子商务案例是非常有益的。

2. 按电子商务的数字化程度分类

根据所销售的产品和服务、销售过程和销售代理的数字化程度的不同，电子商务可以分为完全的电子商务和不完全的电子商务。

Choi 等人构建了一个框架来解释三个维度上的可能组合，如图 1 - 7 所示。

图 1 - 7 的含义是指产品可以是实体的或数字化的，销售过程可以是实体的或数字化的，销售代理也可以是实体的或数字化的。所有可能的组合方案共同形成了 8 个立方体，每个立方体上都有 3 个维度。传统商务的所有维度都是实体的（左下角的立方体），完全的电子商务的所有维度都是数字化的（右上角的立方体）。除此之外的立方体包括了数字维度和实物维度的混合。只要有一个维度是数字化的，我们就认为它是电子商务，只不过是不完全的电子商务。

例如，从当当网上购买一本教材是不完全的电子商务，因为书籍的配送需要靠实体来完成；然而从淘宝网上购买一本电子图书，或者从奇虎 360 的官网上自费购买一种专业杀毒工具，就是完全的电子商务，因为产品、配送、付款和购买者处的传输都是数字化的。

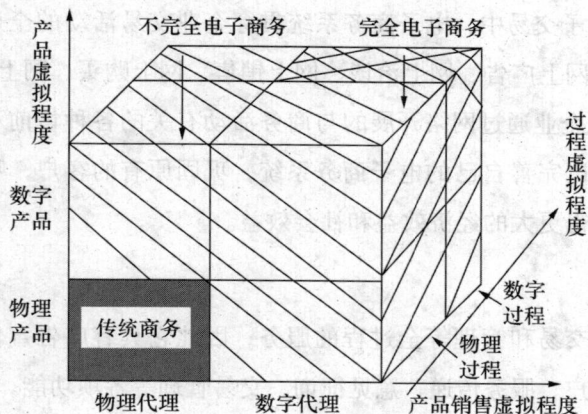

图 1-7 电子商务的维度

资料来源：Whinston，A. B.，Stahl，D. O.，Choi，S. The Economics of Electronic Commerce，IN：Macmillan Technical Publishing，1997.

1.3.2 电子商务的功能

电子商务的功能是非常强大和广泛的，本书将从宏观和微观两个角度来分别进行介绍。

1. 宏观角度的功能

从电子商务应用目标的角度而言，电子商务系统的基本功能可概括为展示、内容管理、协同处理、电子交易以及服务五个方面。

（1）展示。展示的含义就是提供电子商情。企业以网页方式在网上发布商品及其他信息或在网上做广告，以树立自己的企业形象，扩大企业的知名度，宣传自己的产品服务，寻找新的贸易合作。

（2）内容管理。内容管理是指借助信息技术，协助组织和个人，实现内容的创建、存储、分享、应用、更新，并在企业、个人、组织、业务、战略等诸方面产生价值的过程。

这里说的内容，是指任何类型的数字信息的结合体，可以是文本、图形图像、Web 页面、业务文档、数据库表单、视频、声音文件等。而管理，则是指施加在"内容"对象上的一系列处理过程。

（3）协同处理。在电子商务系统的支持下，可以实现业务流程的自动处理、工作群体的协同工作。例如，以电子邮件为主的通信系统，人力资源管理、企业内部网及外部网的运作与协调管理，销售自动化等都离不开电子商务系统的系统处理功能。恰当运用电子商务的协同处理功能，可以大大降低企业经营成本，提高工作效率。

（4）电子交易。在电子交易中，电子商务系统贯穿企业交易活动的全过程，从而扩大了交易的范围，具体表现为：网上广告、网上洽谈、网上销售、网上购买、网上支付和信息反馈。

（5）服务。服务是指企业通过网络开展的与商务活动有关的各种售前和售后的服务。通过这种网上的服务，企业可以完善自己的电子商务系统，巩固原有的客户，吸引新的客户，从而扩大企业的经营业务，获得更大的经济效益和社会效益。

2. 微观角度的功能

电子商务可提供网上交易和管理等全过程的服务，因此它具有广告宣传、咨询洽谈、网上订购、网上支付、电子账户、服务传递、意见征询、交易管理等各项功能。

（1）广告宣传。电子商务可凭借企业的 Web 服务器，在 Internet 上发布各类商业信息。客户可借助网上的检索工具迅速地找到所需商品信息，而商家可利用网上主页和电子邮件在全球范围内做广告宣传。

（2）咨询洽谈。电子商务可借助非实时的电子邮件、新闻组和实时的讨论组来了解市场和商品信息、洽谈交易事务，如有进一步的需求，还可用网上的白板会议来交流即时的图形信息。网上的咨询和洽谈能超越人们面对面洽谈的限制、提供多种方便的异地交谈形式。

（3）网上订购。电子商务可借助 Web 中的邮件交互传送网上的订购。网上的订购通常都是在产品介绍的页面上提供十分友好的订购提示信息和订购交互格式框。当客户填完订购单后，通常系统会回复确认信息单来保证订购信息的收悉。订购信息也可采用加密的方式使客户和商家的商业信息不会泄漏。

（4）网上支付。电子商务要成为一个完整的过程。网上支付是重要的环节。客户和商家之间可采用信用卡账号实施支付。在网上直接采用电子支付手段将可省略交易中很多人员的开销。网上支付将需要更加可靠的信息传输安全性控制以防止欺骗、窃听、冒用等非法行为。

（5）电子账户。网上的支付必须要有电子金融来支持，即银行或信用卡公司及保险公司等金融单位要为金融服务提供网上操作的服务。而电子账户管理是其基本的组成部分。信用卡号或银行账号都是电子账户的一种标志。而其可信度需配以必要技术措施来保证。如数字凭证、数字签名、加密等手段的应用提供了电子账户操作的安全性。

（6）服务传递。对于已付了款的客户应将其订购的货物尽快地传递到他们的手中。而有些货物在本地，有些货物在异地，电子邮件能在网络中进行物流的调配。而最适合在网上直接传递的货物是信息产品，如软件、电子读物、信息服务等。它能直接从电子仓库中将货物发到用户端。

（7）意见征询。电子商务能十分方便地采用网页上的表单来收集用户对销售服务的反馈意见。这使企业的市场运营能形成一个封闭的回路。客户的反馈意见不仅能提高售后服务的水平，更使企业获得改进产品、发现市场的商业机会。

（8）交易管理。整个交易的管理将涉及人、财、物多个方面，企业和企业、企业和客户及企业内部等各方面的协调和管理。因此，交易管理是涉及商务活动全过程的管理。

总之，电子商务的发展将会提供一个良好的交易管理的网络环境及多种多样的应用服务系统，这样能保障电子商务获得更广泛的应用。

1.4 电子商务的特征及其与传统商务的区别

电子商务虽然发展的历史并不长，但是近几十年来却对传统商务造成了一定的冲击，越来越多的传统企业开始发现电子商务巨大的优势，并且努力实现向电子商务企业的转型。那么，与传统商务相比，电子商务到底具有怎样的优势？它们之间有着怎样的区别？现在企业应该如何取长补短？本节将详细解答这些疑问。

1.4.1 电子商务的主要特征

作为一种全新的商务模式，电子商务具有与传统商务不同的诸多特征。概括起来主要有商务交易的虚拟化、全球化、便捷化、互动化，商务机会的平等化以及商务信息的透明化等。

1. 商务交易虚拟化

商务交易虚拟化有两层含义：一方面，电子商务实现了市场交易场所的虚拟化，参与交易的各方完全可以通过互联网进行贸易洽谈，签订合同，不再受传统的空间概念和时间概念所限制，无论处于世界任何角落的个人、公司或机构，在任何时候都能够通过互联网实现信息共享、资源共享；另一方面，电子商务实现了交易环节的电子化，交易双方可以通过互联网进行资金支付，用电子流代替了实物流，减少了人力、物力，也降低了成本。

2. 商务交易全球化

互联网跨越国界、穿越时空，无论你身处何地，无论白天与黑夜，只要你能够上网，你只需利用浏览器轻点鼠标，就可以随心所欲地登录任何国家、地域的网站进行交易。这个特点将为企业创造更多的贸易机会。

3. 商务机会平等化

电子商务使企业可以以相近的成本进入全球电子化市场，使得中小企业有可能拥有和大型企业一样的信息资源，提高了中小企业的竞争力。

4. 商务交易便捷化

网络实时地为用户提供各类商品和服务的供应量、需求量、发展状况及买卖双方的详细情况，同时，商业文件能在世界各地瞬间完成传递，并迅速被计算机自动"无纸化"处理，极大缩短了交易的时间，使整个交易变得快捷与方便。另外，电子商务重新定义了传统的流通模式，减少了中间环节，大大降低了交易成本。

5. 商务信息透明化

21 世纪是信息社会，信息就是财富，互联网上信息的可共享性使得任何企业都能够便捷地获得所需的商务信息，从而获得更多的商机。

6. 商务交易互动化

通过互联网，商家之间可以直接交流、谈判、签合同，消费者也可以把自己的反馈建议反映到企业或商家的网站，从而实现交易双方之间的良性互动。

1.4.2 电子商务与传统商务的区别

1. 传统商务的特点

商务活动都是由三部分组成，即买方、卖方和一定的业务流程。若从买方的角度来考察整个交易活动，需要经历"确定需要—信息获取—选定卖家—议定卖价—购买商品—索求售后服务"等环节；若从卖家的角度来考察整个交易活动，则需要"调查需要—广告促销—谈判价格—销售产品—提供售后"等过程。无论从卖家还是买家的角度，每个商务过程都包含了大量不同的业务活动，这些业务活动统称为"业务流程"。

在传统商务的范畴里，业务流程基本上都是通过物理的方式来完成的，而且基本上都会受到时间和空间的限制。例如，企业进行大批量采购时，需要进行商品考察、签订合同、按合同规定收货、付款结算等一系列活动。但是，这些活动往往不能同步进行，从而大大地降低了交易的效率。

正是由于传统商务所具有的信息不易获取、耗费时间长、花费高、库存和产品积压、生产周期长、客户服务手段有限等上述特点，使得交易活动受到极大的限制。

2. 电子商务与传统商务的区别

与传统商务活动所不同，电子商务能够通过网络平台实现物流、资金流和信息流的有效整合。具体而言，电子商务与传统商务的区别主要体现在以下两个方面。

（1）电子商务能够实现跨越时空的虚拟交易。传统商务活动往往需要交易双方会面后方能进行，这种方式容易受到时间和空间的限制，从而导致交易不便捷、成本高且交易效率较低。而电子商务则是通过网络平台将交易双方连接在一起，通过网络就可以处理交易前后的商务事务，因而不受时间和空间的局限。

（2）高效、低成本。电子商务的高效、低成本主要是通过以下几个方面实现的。

第一，互联网的出现，使企业获取信息的成本降低，不再需要通过成本较高的传统商务手段获取信息，另外，互联网上的信息具有实时性、动态性、透明化的特征，有利于企业对竞争环境有一个较为全面的了解，从而促进企业做出更加有效的决策。

第二，电子商务减少了交易的中间环节。网络将多个企业、供应商、经销商和消费者连接在一起，任何参与交易的一方都可以直接和另一方取得联系，通过比较或竞标的方式来减少交易成本。

第三，电子商务可以降低管理费用，提高办事效率。企业通过网络实现办公自动化，实现"无纸化"工作，可以大大降低文件的处理费用。另外，公司的采购部和销售部可以通过网络实时了解库存和销售情况并据此做出快速反应，从而提高办事效率。

1.5 电子商务的框架模型

电子商务是一个社会系统工程，它是以社会环境、商业环境和技术环境为基础，以商务应用系统、电子商务解决方案、电子商务管理工具为平台，由交易主体参与电子业务处理的复杂工程。电子商务的框架模型分为三个层面：环境层、系统层和应用层（见表 1－1）。

表 1－1　　　　　　　　　　　电子商务框架模型

应用层	电子业务处理
系统层	电子商务解决方案、管理工具、应用系统
环境层	社会环境、商业环境、技术环境

1.5.1　环境层

电子商务的环境层主要包括三个方面，分别是社会环境、商业环境和技术环境。

电子商务的社会环境主要是指国际组织、各国政府制定的政策和法律法规。例如，全球电子商务框架、统一数据访问政策、隐私权保护政策等等。

电子商务的商业环境主要是指交易双方为规范市场交易行为而制定的商务信息标准、商业规则和写作方案等等，比如，人们经常提到的"货到付款"规则就属于这一范畴。

电子商务的技术环境是指影响电子商务活动的技术因素，主要包括信息化的基础设施（如网络、计算机设备）、相关协议（如 TCP/IP、SET 和 SSL）和支付标准等。

正是由于近些年来社会环境、商业环境和技术环境对电子商务的支持，电子商务才能实现如此飞跃的发展。

1.5.2　系统层

电子商务的系统层包括电子商务解决方案、管理工具和应用系统。各种电子商务解决方案能够使企业以此作为电子商务系统的支撑软件平台，快速有效地开发出具有企业个性特色和适合企业自身需要的电子商务系统，并为逐步走向实用化提供保证；而管理工具和应用系统则为电子商务提供了系统管理和应用服务的功能。

系统层的主要功能主要是：负荷均衡，具体指使电子商务系统服务器的处理能力和承受能力保持均衡；连接与传输管理，即实现电子商务系统和其他系统之间的互联以及应用之间的相互操作；事务管理，主要指保证分布式环境下事务的完整性和一致性以及缩短系统的响应时间；网站管理，具体是为站点维护、管理和性能分析提供技术支持手段。

1.5.3　应用层

电子商务的应用层则是指电子商务的参与者们进行具体的电子商务处理，比如网络营销、网络采购、在线咨询、供应链管理等。

电子商务的应用层在现实经济生活中是最直观的，也是最能直接促进电子商务发展的、创新的电子商务处理，往往可以给电子商务的发展增添新的活力。

本章习题

一、单选题

1. 电子商务（Electronic Business）一词最初是由(　　)明确提出的。

    A. HP 公司　　　　　　　　　　　B. IBM 公司

    C. DELL 公司　　　　　　　　　　D. 3M 公司

2. 在电子商务的基本要素中，(　　)是电子商务的核心。

    A. 现代信息技术　　　　　　　　　B. 电子工具

    C. 掌握现代信息技术的人才　　　　D. 以商品贸易为中心的各种商务活动

3. 在 EDI 电子商务阶段，最初依赖的计算机网络是(　　)。

    A. VAN 网络　　　　　　　　　　B. Internet

    C. 广域网　　　　　　　　　　　　D. 局域网

4. 电子商务的(　　)主要是指交易双方为使电子商务得以顺利展开、规范市场商业行为而制定的商务信息标准、商业规则和写作方案等。

    A. 社会环境　　　　　　　　　　　B. 商业环境

    C. 技术环境　　　　　　　　　　　D. 法律环境

5. 下列不是按照电子商务参与主体正确分类的电子商务模式是(　　)。

    A. B2C　　　　　　　　　　　　　B. B2B

    C. C2C　　　　　　　　　　　　　D. B2D

6. B2B2C 可以看成是(　　)模式的子集。

    A. B2C　　　　　　　　　　　　　B. C2C

    C. B2B　　　　　　　　　　　　　D. B2C2C

7. 下列属于完全电子商务的是(　　)。

    A. 去沃尔玛超市买一瓶矿泉水　　　B. 去奇虎360官网购买一款专业杀毒工具

    C. 去京东商城购买一本书　　　　　D. 去淘宝网购买一套服装

8. 电子商务与传统商务之间的区别不包括(　　)。

    A. 跨时空的虚拟交易　　　　　　　B. 高效率

    C. 有买卖双方和业务流程　　　　　D. 低成本

9. 电子商务的(　　)主要是指电子商务的物理平台，主要包括信息化的基础设施、相关协议和支付标准。

A. 社会环境　　　　　　　　B. 商业环境

C. 技术环境　　　　　　　　D. 法律环境

10. "货到付款"规则的制定,属于电子商务框架的(　　)层面。

A. 系统　　　　　　　　　　B. 应用

C. 环境　　　　　　　　　　D. 技术

二、多选题

1. 电子商务的基本要素包括(　　)。

A. 现代信息技术　　　　　　B. 电子工具

C. 掌握现代信息技术的人才　　D. 以商品贸易为中心的各种商务活动

2. 电子商务的发展阶段包括(　　)。

A. 雏形阶段　　　　　　　　B. 正规的电子商务时代

C. 新奇阶段　　　　　　　　D. 机会阶段

3. 按照电子商务的数字化程度来对电子商务进行分类的三个维度是(　　)。

A. 产品和服务的数字化程度　　B. 销售过程的数字化程度

C. 销售代理的数字化程度　　D. 商品支付的数字化程度

4. 电子商务对社会经济的影响主要有(　　)。

A. 促进全球经济的发展　　　B. 催生新兴行业

C. 改变消费者生活习惯　　　D. 改变企业的经营模式

5. 电子商务的框架模型包括(　　)层面。

A. 系统　　　　　　　　　　B. 环境

C. 应用　　　　　　　　　　D. 技术

三、名词解释

1. 电子商务　　2. B2C　　3. C2C　　4. 不完全电子商务　　5. 完全电子商务

四、简答及论述题

1. 电子商务的基本要素有哪些?

2. 电子商务的主要特征是什么?

3. 请简要描述电子商务的框架模型。

4. 请从宏观的角度论述电子商务的功能。

5. 试论述电子商务对企业生产经营方式的影响。

亚马逊 20 年长期发展的秘诀

一间不起眼的车库能孕育出一家不凡的高科技公司，不走寻常路的亚马逊恰恰选择了这样一条发展道路并坚定地走了 20 年。亚马逊的成功之道向世人证明：不断地寻求发展是公司始终立于不败之地的硬道理。

1994 年夏天，杰夫·贝索斯（Jeff Bezos）辞去了在华尔街的工作，与妻子麦肯齐·贝索斯（MacKenzie Bezos）一起飞往得克萨斯州的沃思堡（Fort Worth），并在那里租用了一辆轿车。在麦肯齐驾车开往太平洋西北岸的途中，杰夫在车上萌生了创立一家能够充分利用互联网技术的售货目录零售公司。随后，一个位于西雅图郊区的车库成了亚马逊的首个办公场所。而在此一年以后，亚马逊就售出了该公司历史上的第一本书。

此后全世界都见证了一家图书销售网站的崛起，并认为亚马逊终究还是一家在线书店。然而，贝索斯的雄心却远不仅于此。图书确实是进军在线零售业的一个好渠道：一旦熟悉了在线购书的流程，人们还会购买更多的其他商品。亚马逊将因此能够抓取到关于消费者需求的更多数据信息。如果有人对所购买的商品发表了评论，此举还会丰富其他购物者的购物体验。贝索斯还发现了产业内的一个良性循环：低价格能够提升销量从而吸引客户和商家，而高销量反过来又促进了价格的下跌。只要公司将客户的利益放在首位，那么这一良性循环就能够为公司带来增长。贝索斯一开始将公司的名称注册为"relentless. com"（意为"冷酷无情"网站）。虽然这个名字多少欠缺些感情，但却很好地突显了贝索斯当时的雄心壮志。

1. 购物手机横空出世

亚马逊在 2014 年 6 月 18 日推出了该公司首款智能手机 Fire Phone，此举再次对贝索斯的雄心进行了完美地诠释。除了拥有纤细的外观设计，Fire Phone 还在多个方面拥有突出的个性设计，3D 屏幕就是其中之一。而物体识别功能 Firefly 更是可以识别具体的物体、二维码、图像、声音、视频等信息，然后还可以指导用户在亚马逊网站上购买相关的识别产品。如果真如设计一样，Fire Phone 完全有能力将手机变为购物的窗口。

亚马逊总是能够预知消费者阅读和购物习惯的转型趋势，并及时做出反应。通过推出类似 iPad 的平板设备、电子书阅读器和用于播放流媒体视频的电视机顶盒等产品，亚马逊开始与苹果和谷歌展开直接竞争，而苹果和谷歌也同样向消费者提供硬件产品、数字内容和服务产品。亚马逊希望其产品的功能和质量能够成为主要卖点，从而让该公司的硬件设备具有与在线商店相同的消费吸引力。然后，消费者就会自然而然地去购买其他周边产品。

根据零售媒体 Internet Retailer 公布的数据显示，亚马逊在美国市场的在售商品种类多达23 万种，是沃尔玛在售商品种类的约 30 倍。作为全球最大的零售商，沃尔玛也拥有增速迅猛的在线业务。2013 年，亚马逊的全部年营收为 745 亿美元。不过，如果将其他厂商通过亚马逊第三方交易平台 Marketplace 销售的产品计算在内的话，亚马逊的年营收还将接近翻一番。尽管已经成为全美最大的在线零售商，但亚马逊的年营收增速仍然高于电子商务市场 17% 的平均水平。而在欧洲和日本市场，亚马逊也同样是顶级在线零售商，并开始布局中国市场。按照 2013 年的年营收计算，亚马逊是全球第九大零售商。而根据市场研究机构 Kantar Retail的预计，截至 2018 年，亚马逊将成为全球第二大零售商。

除了在网络零售领域取得了巨大成功以外，亚马逊还开辟了另外两大具有颠覆性的业务。Kindle 电子书阅读器率先把人们的阅读对象从纸质图书转移到了电子书，目前美国电子书市场的年营收规模在全美图书市场的占比已经超过 10%，而亚马逊也成为美国电子书市场的领导者。亚马逊还在 2006 年推出了基于云计算技术的即用即付（pay-as-you-go）服务，而目前这款名为 Amazon Web Services 的云服务的年营收已达 90 亿美元，并大大降低了公司成立和运营的技术成本。

亚马逊还拥有令多数竞争对手羡慕不已的另一项优势：非常具有耐心的股东。2013 年，亚马逊实现净利润仅为 2.74 亿美元，与其年营收和高达 1540 亿美元的市值相比简直是不值得一提。尽管在近期略有下挫，但亚马逊的当前股价与 2013 年每股收益的比率仍超过 500倍，这一比率更是同期沃尔玛的 34 倍。亚马逊的核心零售业务盈利不多，净利润大多来自在亚马逊第三方交易平台 Marketplace 上的独立商家。

亚马逊的成功也给自己树敌颇多，其中就包括被其无情的低价策略击垮的竞争对手，有些对手甚至直接被亚马逊收购。亚马逊曾因为压榨仓库员工以及在美国、英国、法国和德国的避税行为而备受指责。法国文化部长更是将亚马逊视为"实体书店消失"的罪魁。对于身为传统出版商 Hachette 股东的美国著名喜剧演员史蒂芬·科拜尔（Stephen Colbert）来说，贝索斯简直就是"贝索死神"。

2. 全力打造 Prime 会员服务

亚马逊目前拥有约 2500 万 Prime 服务会员，这些会员只需每年支付一定的年费（美国 99美元，英国 79 英镑）就可以享受全年购物免邮费活动以及更多的数字内容服务。电子商务服务商 ChannelAdvisor 的斯科特·维果（Scot Wingo）认为，亚马逊 Prime 会员的年消费支出约为非会员的 4 倍，并占据亚马逊平台上所有消费者支出的 50%。

亚马逊推出的很多活动都是旨在增强 Prime 服务的粘合度。2014 年 4 月，亚马逊打包购买了美国有线电视公司 HBO 出品的电视剧集供 Prime 会员免费观看，支付金额估计在 2 亿美元到 2.5 亿美元之间。2014 年 6 月 12 日，亚马逊为 Prime 服务新增了 100 多万首歌曲。亚马逊还针对 Prime 会员自己开发节目内容，其中就包括数部儿童电视剧。如果拥有 Kindle 阅读器或平板电脑，Prime 会员还可以"借"书长达一个月的时间。这样慢速读者就再也无需为此付费了。

亚马逊非常在乎消费者是否拥有 Kindle 阅读器和平板电脑设备。亚马逊 Marketplace 主管塞巴斯蒂安·古宁汉姆（Sebastian Gunningham）表示，从使用台式机购物向移动购物的转型是"整个电子商务领域的第二股大潮流"。而亚马逊的电子设备正在努力抓住这一发展趋势。

从刚开始只能阅读电子书的 Kindle 阅读器到可以进行购物的 Kindle Fire 平板电脑，再到如今的 Fire Phone 智能购物手机，亚马逊在一步步实现着自己的诺言。与竞争对手苹果和谷歌的设备相比，亚马逊的硬件设备非但毫不逊色，而且还具有价格优势。亚马逊并不想从硬件设备销售中赢利，而是想把硬件设备与该公司的其他服务进行完美整合，使硬件设备成为进入亚马逊购物天堂的载体。亚马逊为 Fire Phone 购买者提供 Prime 服务一年免费会员资格，目的是鼓励消费者熟悉亚马逊的流媒体服务和免费寄送服务。

除了电子书阅读器市场以外，亚马逊在其他硬件设备市场的表现还很难让人感到满意。苹果和谷歌的平板电脑销量很轻易地就超过了 Kindle Fire，其中的部分原因在于亚马逊在线应用商店里的软件数量还远不及这两大竞争对手。不过，Fire Phone 的推出表明亚马逊并未放弃硬件设备市场。电子商务软件公司 Mercent 的埃里克·贝斯特（Eric Best）表示："对购物者的争夺大战将在手机端上演。"而亚马逊认为在这一市场占有一席之地至关重要。

亚马逊的竞争对手正在不断地将所有类型的屏幕变为展示其他商家商品的窗口。谷歌已经开始出售"本地目录广告"，旨在引导购物者去附近的商家购物，这种在线零售业务省去了仓储中心和卡车运送的很多成本。谷歌甚至还为购物者提供类似亚马逊网站上的图片和价格，用以丰富自己的搜索结果。在谷歌发力在线零售业务以后，贝斯特已经注意到亚马逊 Marketplace 营收增速的下滑趋势。

3. 成功源于始终坚持

部分业内人士将谷歌视为亚马逊的最大威胁，但也有人指出拥有电子商务业务的沃尔玛才是亚马逊的真正敌人，因为沃尔玛的电子商务营收增速已经超过了亚马逊。而中国的阿里巴巴也将通过 IPO 筹集到大笔资金。社交电子商务初创网站 Wanelo 也成为新一轮网络电商的佼佼者。而移动购物平台 Instacart 甚至已经推出了商品"一小时送达"服务。

面对来自市场的种种挑战，贝索斯一直坚持亚马逊继续"用户导向"的发展战略。贝索斯在 1997 年亚马逊上市时就曾经致信股东，提醒他们亚马逊只能采取长远发展战略。不过，坚持长远发展战略需要投入大笔资金。亚马逊之所以在公司成立早期能够与零售商合作共赢就是因为该公司当时没有建设和维护仓储的资金压力。而目前大量仓储中心和数据中心的建立也改变了亚马逊的资金链关系。而现在庞大的实体仓储能力则成为亚马逊对商家的主要吸引力。

富国证券（Wells Fargo Securities）分析师马特·波莫（Matt Bomer）指出，与传统零售商相比，目前亚马逊的资金支出依旧相对较少。然而，亚马逊已经彻底告别了资金无压力的时代。波莫表示，在过去 5 年里，亚马逊的累计自由现金流达到 100 亿美元，而同期的累计净利润却仅为 29 亿美元。对于一家市值高达 1540 亿美元的公司来说，这点净利润确实是微不足道。然而，投资者却一直寄希望于亚马逊的快速增长能够提升净利润水平。证券研究机构 Wolfe Research 最近公布的一份报告显示，与庞大的营收数字相比，亚马逊的股价有些低得离谱。

在 2013 年接受电视台采访时，贝索斯承认亚马逊模式"总有一天会被颠覆"，但他希望这一幕不会在他有生之年上演。至少这一幕很难在近期出现，这倒不是因为亚马逊总能做出正确的决策，而是因为贝索斯押注客户、投资者耐心、科技和规模化的决定似乎已经收到了回报。而且，贝索斯一直选择甘冒一切风险地始终坚持。

? **思考讨论题**

1. 亚马逊 20 年长期发展的秘籍是什么？
2. 试分析亚马逊的经营策略与国内两大电商巨头天猫和京东商城的差异。

资料来源：景隼编译，《亚马逊 20 年长期发展的秘诀》，载于品途商业评论 http://www.pintu360.com/，2014 年 6 月 25 日。

第 2 章

电子商务模式

本章导读

　　电子商务模式是指企业运用互联网开展经营取得收益的基本方式。本章首先介绍了电子商务模式的基本概念、基本类型以及不同类型电子商务模式的特点、盈利模式，接下来探讨了电子商务模式发展的新趋势，并对电子商务模式发展的机遇与挑战进行简要分析。通过本章学习，可以使读者对电子商务的几种主要模式有较为清晰的理解和认知。

知识结构图

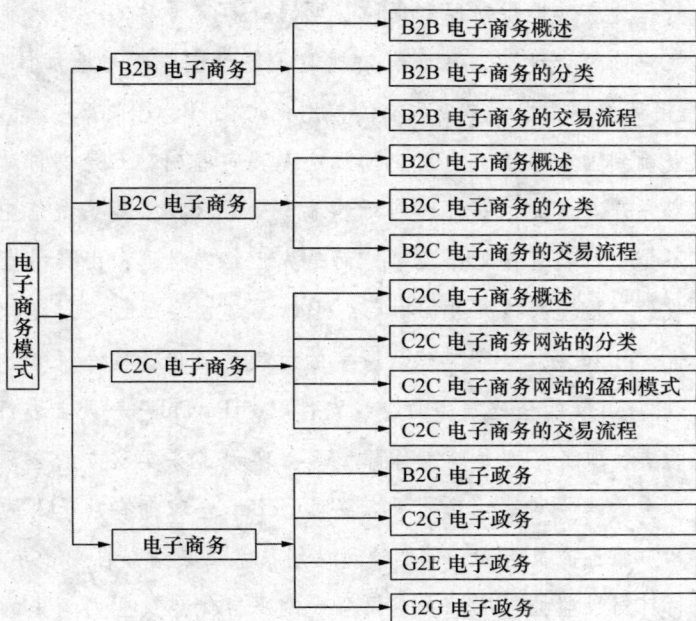

【开篇引例】　　　　　水土不服，eBay 易趣败给淘宝

eBay. cn 是 eBay 的全资子公司，致力于推动中国跨国交易电子商务的发展，帮助中国的小企业和个人在 eBay 全球平台上进行销售，为他们开辟直接面向海外销售的新渠道。为了更好地帮助中国卖家在"eBay 平台/eBay Marketplace"上进行销售，eBay. cn 还成立了专业的跨国交易服务团队，提供从跨国交易认证、业务咨询、疑难解答、外贸专场培训及电话培训、在线论坛外贸热线，到洽谈物流优惠、协同 PayPal 提供安全、快捷、方便的支付解决方案等服务，帮助中国卖家顺利开展全球业务。

eBay 易趣开展了 3 种交易方式，即个人物品竞标、网上直销和商家专卖，以前以竞标（即拍卖）为主，但近年来网上直销和商家专卖的方式得到了很大的发展，即它也提供一个交易平台，大量的商家在平台上建立虚拟的门店。其收入来源主要有：商品拍卖服务费、商品登录费、交易手续费、广告收入、网上直销收入等。

eBay 易趣以"五重"保障打造全方位安全交易平台。一是实名认证：它着眼于用户身份的唯一性识别，通过身份证、手机号、信用卡号码等个体唯一信息，对所有卖家都进行严格筛选，从而实现对不良卖家的过滤，防止潜在交易纠纷的发生。二是信用评价体系：让买卖双方在每次交易后都能相互评分，留下真实的信用记录，并按评分的高低对所有用户进行分级，用真实可信的数据为交易提供对照和保障；同时每次交易后，一方只能对另一方做一次评价，并且非认证用户的好评无效，从而有效规避了通过虚假交易增加信用度的行为发生。此外，在 eBay 的信用评价体系中，易趣原有的信用记录在 eBay 全球 33 个市场同样得到认可，继而国内信用体系复制到国际市场，为用户国际交易奠定基础。三是安付通的使用：对于网上交易来说，买卖双方是对立的，安付通则巧妙地为交易双方搭建了诚信中介平台，实现先验货后付款。买家不是把付款直接汇给卖家，而是先汇给安付通，由其一直保管买家所付的款项，直到消费者收到、检验并核准过货物后，eBay 易趣才会通过安付通把货款转到卖家账户上。对于卖家来说，eBay 易趣会帮其确认买家的付款并且代为安全保管，卖家就可以安心发货。安付通还可以与 eBay 的全球领先的在线支付服务 PayPal——贝宝进行对接，为买卖双方提供及时、方便的支付服务。四是交易保障基金：实现了买卖双方的全额赔付，成为国内提供买卖双方保障基金的购物网站。五是网络警察：eBay 全球拥有数千人的"网络警察"队伍，由专业的资深客户服务人员组成，他们通过使用技术工具结合自身多年积累的专业经验，对在线交易情况进行针对性监控。eBay 易趣网强大的平台优势及业内领先的防欺诈系统，似

在网上布下"天罗地网"，全面筛查交易流程，能有效防止恶意竞拍等网络诈骗行为，为买卖双方提供安全保障。

不过，尽管 eBay 易趣有上述五重保障，尽管易趣最早把美国 C2C 在线销售的概念引到中国，创立了易趣网，尽管 2002 年电商巨头 eBay 收购易趣，成为当时中国刚刚兴起的电商市场的先行老大（大约占有全国网购市场的 2/3），但是，eBay 易趣最终还是在与后起之秀——淘宝网的竞争中落败，并最终退出中国市场。

淘宝成立于 2003 年 5 月，仅用了大约两年多的时间，到 2005 年，淘宝网购市场的规模就超过中国 eBay，两家公司好比坐标图上的两条线，横轴为市场占有率，纵轴为时间线，一条上扬线，一条下降线，双方在 2005 年这个时间点交汇，此后淘宝继续一路高飞猛进，直到占有全国市场份额的 80% 以上。而 eBay 一路下滑到个位数，最终选择把公司转手出让，退出中国 C2C 市场。

网络和电商业对于淘宝打败 eBay 有很多的描述，其中最主要的是淘宝免费交易的大旗。在一个市场培育的早期阶段，大量在网络上做生意的都是很小的个人卖家，免费模式无疑是杀伤对手、赢得用户最有利的武器。其实淘宝之所以在短短两年多时间里从无到有，打败强大的市场领先者，最主要的在于它通过对市场、对自身的审时度势，改变游戏规则，在新的运作模式中确立自己的行业地位。

都说网络购物是"隔山买牛"，尤其是在 C2C 这种没有品牌信誉作为支撑的前提下，买卖双方都不放心，谁都不知道交易的对方是什么情况。在这方面，eBay 自然有些保护机制，但对于如何保障素不相识的双方顺利交易，eBay 的关注度是远远不够的。淘宝一开始就推出了在线聊天工具旺旺，给予买卖双方即时沟通的便利，并作为日后纠纷产生时解决的凭证。旺旺的推出一下子拉近了陌生双方沟通的距离。

淘宝同时推出了支付宝，这个概念来自 PayPal，但支付宝并不仅仅充当支付媒介，更多是起到了保护买卖双方正当权益的功能，它很好地解决了买卖双方因为对风险的顾虑，谁都不愿意把货、款先付出去的问题。买卖双方谈好价格以后，买方把钱汇给支付宝，支付宝把该款项压住，通知卖方款已到账，卖方发货，买方收到货后确认无误，同意放款，或者过了一定时间周期，支付宝才把货款解冻进入卖家户头。这样一种担保交易的设计，完全解决了买卖双方谁先谁后，先付款还是先发货这个在线交易的最大难题。

支付宝担保功能的建立，虽然在实际操作中总会有个别意外，但从方向上解决了在线支付的信任问题。这么多年来，淘宝每天有几百万上千万张订单，支付纠纷和交易欺诈却低于行业平均值，旺旺（沟通）和支付宝（货款担保）起了莫大的作用。

淘宝的评价体系源于 eBay，但设计得比 eBay 更充分更突显，它把 eBay 百分制的好评率改进成星、钻、皇冠（后来还有金冠）的台阶式，把一个比较模糊的百分制修改成金字塔式的等级制，这样一来卖家就有了向上发展的压力和动力，而买家不仅仅青睐好评率高的商家，更喜欢和有良好销售历史的商家打交道。道理很简单，好评率相当的情况下，一家有 5 笔记录和一家有 500 笔交易记录的商家，各自信誉的含金量是不同的。这套评价体系后来演变成行业标准，以至于有刷星刷钻的代理公司出现，专门替商家抬高等级，这当然是不合法的歪门邪道，但也可以看出该体系受欢迎的程度。

总的来说，淘宝是依靠自身对中国市场的了解，从消费者入手设计并推出了一系列更加符合国内用户在线交易的功能，进而迅速占领电商市场的半壁江山。

至于免费，不过是其中一个表现环节。天下没有免费的午餐，或者说是天下没有永远免费的午餐。虽然在淘宝集市，交易双方无须支付交易费用，但如果从行业发展的角度看，或者从淘宝平台运营商角度看，免费带来了巨大的流量，有了流量，很多收费的项目，例如直通车、硬广、钻石展位，等等，也都应运而生。

淘宝打败当时体量远超自己的 eBay 易趣，看似不可思议，但其实也是情理之中。对中国市场的准确理解和把握是淘宝制胜的最大秘诀。传统商务如此，电商也概莫能外。

资料来源：改编自施志军：《电子商务案例分析》，化学工业出版社 2015 年版；黄岩，《淘宝和 eBay 中国战争的内幕》，载于中国企业家网 http://www.iceo.com.cn/renwu2013/133/2013/0701/268391.shtml。

2.1 B2B 电子商务

传统的企业间的交易往往要消耗企业大量的资源，无论是销售、采购都要占用产品成本。通过 B2B 的交易方式，买卖双方能够在网上完成整个业务流程，包括从建立最初的印象到货比三家，再到讨价还价、签单、交货，最后到客户服务。B2B 使企业之间的交易减少了许多事务性的工作流程和管理费用，从而能够大大降低企业的经营成本。

虽然，如今 B2C、C2C 快速崛起，但从电子商务的市场结构来看，B2B 仍是业务量最大的一种，B2B 构成了电子商务市场的主体。

2.1.1 B2B 电子商务概述

1. B2B 电子商务的定义

企业对企业电子商务模式简称 B2B（Business to Business），是企业和企业之间通过专用网络或 Internet，进行数据信息的交换、传递从而完成商务谈判、订货、签约、接收发票和付款以及索赔处理、商品发送管理和运输跟踪等活动的一种电子商务模式。

B2B 电子商务交易可以在任意两个企业间进行，包括公共或私人的企业、营利或非营利性的企业等。供需双方企业利用商务网络平台，将上游的供应和采购业务和下游代理商的销售业务有机地结合在一起，从而降低成本，完成商务交易过程。这些过程包括发布供求信息，订货及确认订货，支付过程，票据的签发、传送和接收，确定配送方案并监控配送过程等。

2. B2B 电子商务的参与主体

B2B 电子商务的参与主体主要有 B2B 电子商务交易平台、参与交易的买方企业和卖方企业、物流配送系统和支付系统等。它们在 B2B 的交易过程中均发挥着重要的作用。

3. B2B 电子商务盈利模式

（1）会员费。会员费是此类型网站最主要的模式，也是 B2B 行业网站中最典型的盈利模式。企业通过第三方电子商务平台参与电子商务交易，必须注册为 B2B 网站的会员，每年要缴纳一定的会员费，才能享受网站提供的各种服务，目前会员费已成为我国 B2B 网站最主要的收入来源。例如，阿里巴巴网站收取中国供应商、诚信通两种会员费，中国供应商会员费分为每年 40000 元和 60000 元两种；中国化工网每个会员第一年的费用为 12000 元，以后每年综合服务费用为 6000 元。卓创资讯网的口号"我的资讯，你的财富"，便是这种盈利模式最好的诠释。

（2）广告费用。网络广告是门户网站的主要盈利来源，同时也是 B2B 电子商务网站的主要收入来源，目前主要的广告形式有广告关键字、文字连接、图片广告、动态广告 flash、邮件广告、广告联盟、商业调查投放等形式，网站会根据广告在首页位置及广告类型来收取费用。

（3）竞价排名。竞价排名顾名思义就是指通过竞争出价的方式，获得某个网站的有利排名位置。企业为了促进产品销售，都希望在信息搜索中排名靠前，提高信息暴露度。网站在确保信息准确的基础上，根据会员缴费的不同对排名顺序做相应的调整。例如，在最大的 B2B 平台阿里巴巴上，当买家搜索供应信息时，竞价企业将排在搜索结果靠前的位置，因而很容易被买家在第一时间找到。

（4）增值服务。B2B 网站通常除了为企业提供贸易供求信息以外，还会提供一些独特的增值服务，如企业认证、搜索引擎优化、提供行业数据分析报告、行业咨询顾问服务（包括市场调查、管理项目咨询、采购咨询等服务）等。

（5）线下服务。B2B 网站的线下服务主要包括提供展会、行业期刊、研讨会等。在各地举办展会，邀请协会行业专家到场，通过展会，供应商和采购商可以面对面地交流，很多企业都很青睐这种方式。比较成功的有 ECVV 组织的各种展会和采购会，已取得不错的效果。

（6）商务合作。商务合作主要包括与广告联盟、政府、行业协会、传统媒体的合作等。B2B 网站通过这些商务合作，不仅能够帮助会员企业增加销售机会，还能够从中获得一定的收益。

2.1.2 B2B 电子商务的分类

根据不同的标准，B2B 电子商务有多种分类方法，下面分别进行介绍。

1. 根据平台面向对象划分

（1）垂直 B2B 电子商务。垂直 B2B 电子商务（或行业性 B2B 电子商务）是指聚焦于一个或某几个特定相关行业的线上 B2B 电子商务模式。这些网站专业性很强，它们将自己定位在一个特定的专业领域，如 IT、化工、有色金属、煤炭或农业。垂直 B2B 电子商务可以分为两个方向，即上游和下游。这类网站将同行业的买卖双方聚集在一起，为双方创建一个信息交流的平台，使这些企业能够很容易地找到原料供应商或买主，从而促进交易的达成。例如，戴尔公司与上游的芯片和主板制造商以及思科与其下游分销商间就是通过这种方式进行合作的。

垂直 B2B 电子商务的客户相对比较集中，数量也较为有限，但忠实度较高，所以网站更具有聚集性、定向性，是一个有效的集约化市场。目前国内有很多垂直型的 B2B 网站，如中国化工网（china. chemnet. com，见图 2 - 1）、全球五金网（http：//www. wjw. com）、农伯网（http：//www. nbow. net）等。

（2）水平 B2B 电子商务。水平 B2B 电子商务（或综合性线上 B2B 电子商务）是指将各行各业中相近的交易过程、买卖双方集中到一个市场上进行信息交流、商品拍卖竞价、交易等，如阿里巴巴（http：//china. alibaba. com/），见图 2 - 2。该模式涉及行业范围广，对参与企业没有特殊限制，它不以持续交易为前提，其对企业的价值主要体现在可以为企业提供信息发布平台、增加市场机会、比较供货渠道、促成项目合作及企业品牌宣传。

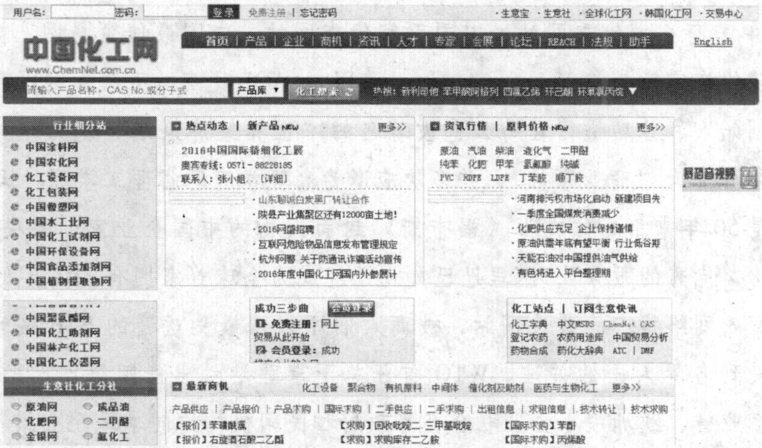

图 2 - 1　中国化工网网站主页

图 2 - 2　阿里巴巴网站主页

水平 B2B 网站上交易的商品覆盖门类齐全，多是大额交易。B2B 电子商务的交易多在线下完成，网站只是提供一个供交易双方寻找信息和洽谈的平台。近年来，由于企业电子商务意识的提升，支付、物流和信用环节的逐步完善，用户对于线上 B2B 电子商务的接纳与认可也在逐渐提升。

【阅读资料 2 - 1】　　　　　　　阿里巴巴的成功之道

　　阿里巴巴是全球 B2B 电子商务的著名品牌，是目前全球最大的商务交流社区和网上交易市场。它曾两次被哈佛大学商学院选为 MBA 案例，在美国学术界掀起研究热潮，两次被美国权威财经杂志《福布斯》选为全球最佳的 B2B 站点之一，多次被相关机构评为全球最受欢迎的 B2B 网站、中国商务类优秀网站、中国百家优秀网站、中国最佳贸易网，被国内外媒体、硅谷和国外风险投资家誉为与 Yahoo、Amazon、eBay、AOL 比肩的五大互联网商务流派之一。

阿里巴巴创始人、首席执行官马云也被著名的"世界经济论坛"选为"未来领袖"，被美国亚洲商业协会选为"商业领袖"，并多次应邀为高等学府麻省理工学院、沃顿商学院、哈佛大学讲学，是 50 年来第一位成为《福布斯》封面人物的中国企业家。取决于"良好的定位，稳定的结构，优秀的服务"，阿里巴巴如今已经成为全球首家拥有 210 万人的电子商务网站，成为全球商人网络推广的首选网站，被商人们评为"最受欢迎的 B2B 网站"，杰出的成绩使阿里巴巴受到各界人士的关注。WTO 首任总干事萨瑟兰出任阿里巴巴顾问，美国商务部、日本经济产业省、欧洲中小企业联合会等政府和民间机构均向本地企业推荐阿里巴巴。

"倾听客户的声音，满足客户的需求"是阿里巴巴生存与发展的根基，根据相关的调查显示：阿里巴巴网上会员近五成是通过口碑相传得知阿里巴巴并使用阿里巴巴的；各行业会员通过阿里巴巴商务平台双方达成合作占总会员比率近五成。在产品与服务方面，阿里巴巴公司成为中国优秀的出口型生产企业提供在全球市场的"中国供应商"专业推广服务。中国供应商是依托世界级的网上贸易社区，顺应国际采购商网上商务运作的趋势，推荐中国优秀的出口商品供应商，获取更多更有价值的国际订单。

阿里巴巴积极倡导诚信电子商务，与邓白氏、ACP、华夏、新华信等国际国内著名的企业资信调查机构合作推出电子商务信用服务，帮助企业建立网上诚信档案，通过认证、评价、记录、检索、反馈等信用体系，提高网上交易的效率和成功的机会。阿里巴巴以 50 万元人民币创业资本起步，吸纳了国际资本 2500 万美元，经过 3 年的发展，于 2001 年底实现盈利，2002 年实现每月收入双位数的增长，实现全年盈利，从而保证对客户的持久服务能力。

阿里巴巴的营运模式是遵循一个循序渐进的过程。首先是抓住最基础的业务，然后在实施过程中不断捕捉新出现的收入机会。从最基础的替企业架设站点，到网站的推广，以及对在线贸易资信的辅助服务，交易本身的订单管理，不断延伸。出色的盈利模式，保证了阿里巴巴业务的可持续增长。

资料来源：濮小金、司志刚，《电子商务案例分析》，水利水电出版社 2006 年版。

2. 根据平台构建主体划分

（1）中介为主导的 B2B 电子商务模式。中介 B2B 网站是由不参加生产和销售的电子商务公司构建的，这些电子商务公司作为独立于买方和卖方的第三方存在，不参与电子商务交易，只是作为第三方为没有能力建造电子商务系统的中小企业提供一个自由接触、谈判直至最终交易的网络平台。他们的盈利来源于所提供的 B2B 平台服务。

中介 B2B 电子商务平台可以为卖家扩大商机，为买方提供多家供应商，因而对买方和卖方都有吸引力，尤其受到中小型企业的青睐。中小企业自行开发电子商务平台的成本高，访问量有限。因此，该模式逐渐成为中小企业发展电子商务的重要平台，典型的有慧聪网（http：//www. hc360. com/），见图 2 - 3。

图 2 - 3 慧聪网

（2）买方为主导的 B2B 电子商务模式。以买方为主导的 B2B 电子商务也叫网上采购，是一个买家与多个卖家之间的交易模式。在该类型的电子商务模式下，需要产品或服务的企业占据主动地位，买方企业先上网公布需求信息（产品的名称、规格、数量、交货日期），然后等待卖方企业前来洽谈和交易。通过网上发布采购信息，企业可以全世界范围内选择供应商。由于供应商的增加，企业可以在多家供应商之间进行比价，降低采购成本。买方企业一般是大中型企业，在供应链中处于强势地位。

（3）卖方为主导的 B2B 电子商务模式。随着中介型 B2B 电子商务网站的发展，越来越多的中小企业能够彼此了解，增强交流，增加了与大企业进行贸易谈判的筹码。同样，在供应链上处于优势地位的大企业也开始担心这类网站的扩张会危及它们在供应链交易中的控制权，受到企业的结盟威胁。为了稳固控制权，大企业开始投入巨资打造自己的网站，要求下游企业登录自己的网站来提交贸易单据，而不是在中介模式的 B2B 网站里同它们谈判，如联想的销售网站（http：//www. lenovo. com. cn/），见图 2 - 4，为批发商、零售商、代理商和普通消费者设置了不同的贸易界面。在这种模式中，提供产品或服务的企业即卖方企业占据主动地位，由该企业先公布信息，等待买方企业前来洽谈和交易。这种模式下，卖方一般是大中型企业，在供应链中处于强势地位。

图 2 - 4　联想公司网站

B2B 电子商务按照电子商务贸易主导的主体可分为大型企业和中小企业，其中大型企业更容易形成销售方和购买方的控制力量，中小企业则会选择第三方电子商务平台开展电子商务活动。不同类型的企业会选择不同的 B2B 商业模式，见表 2 - 1。

表 2 - 1　　　　　　　　　　不同企业选择的 B2B 商业模式

分　　类	商业模式
销售方控制 （大中型企业）	1. 只提供信息的卖主平台 2. 可通过网络订货的卖主平台
购买方控制 （大中型企业）	1. 通过网络发布采购信息，反向拍卖 2. 采购人代理，易货交易 3. 采购信息收集者，加入团体购买计划
中立的第三方控制 （中小型企业）	1. 特定产业或产品的搜索工具 2. 信息超市（获取卖主和产品信息的通道） 3. 企业广场（包括众多卖主的店面） 4. 拍卖场

【阅读资料 2 - 2】　　　　　　2014 年中国中小企业 B2B 电子商务市场状况

　　根据艾瑞咨询最新统计数据，2014 年中国中小企业 B2B 电子商务市场营收规模为 234.5 亿元，增长率为 32.0%。艾瑞预测未来几年中国中小企业 B2B 电子商务市场营收增速仍保持在 20% 以上，预计 2018 年营收规模将接近 540 亿元。

艾瑞咨询公司分析认为，经过几年的发展，中国中小企业 B2B 电子商务行业的在线交易业务初有成效，各平台通过免收交易佣金、提供多种在线支付方式、赠送推广资源等政策与服务促进在线交易发展。然而交易双方企业在线交易的习惯仍需培育，预计未来几年此项业务的营收将平稳增长。

艾瑞咨询的统计数据表明，在 2014 年中国中小企业 B2B 电子商务运营商总营收市场中，阿里巴巴仍然一家独大，以 34.3% 的营收占比占据首位。而我的钢铁网份额速增，由 2013 年的 8.7% 增长至 2014 年的 19.9%，仅次于阿里巴巴。这主要是由于 2014 年 "我的钢铁网" 旗下钢银钢铁现货网上交易平台的在线钢材超市（寄售模式）发展迅速、寄售量大幅上升所致。

另外，随着越来越多的垂直 B2B 电商平台与跨境 B2B 电商平台的出现，核心中小企业 B2B 电商运营商之外的 "其他" B2B 运营商市场份额总体有一定增长，在 2011 年后的市场份额均在三成左右。

资料来源：http：//www.199it.com/archives/323968.html。

3. 根据贸易类型划分

（1）内贸型 B2B 电子商务。内贸型 B2B 电子商务是指以国内供应者与采购者进行交易服务为主的电子商务市场，交易的主体和行业范围主要在同一国家内进行，例如，中国供应商网（http：//cn.china.cn/，见图 2-5），商泰网（http：//www.biztae.com/）等。

图 2-5 中国供应商网

（2）外贸型 B2B 电子商务。外贸型 B2B 电子商务是指以提供国内与国外的供应者与采购者交易服务为主的电子商务市场。相对内贸型 B2B 电子商务市场，外贸型 B2B 电子商务市场需要突破语言文化、法律法规、关税税率等各个方面的障碍，还要涉及海关、商检、担保、外运、外汇等行业部门，活动流程更复杂，要求的专业性更强，如敦煌网（http：//www. dhgate. com/），见图 2 – 6。

图 2 – 6　敦煌网

2.1.3　B2B 电子商务的交易流程

参加交易的买卖双方在做好交易准备后，都会按照流程进行交易，交易一般分为交易前准备阶段，交易谈判和合同签订阶段、支付与结算阶段、交易合同履行阶段以及售后服务阶段，主要流程如图 2 – 7 所示：

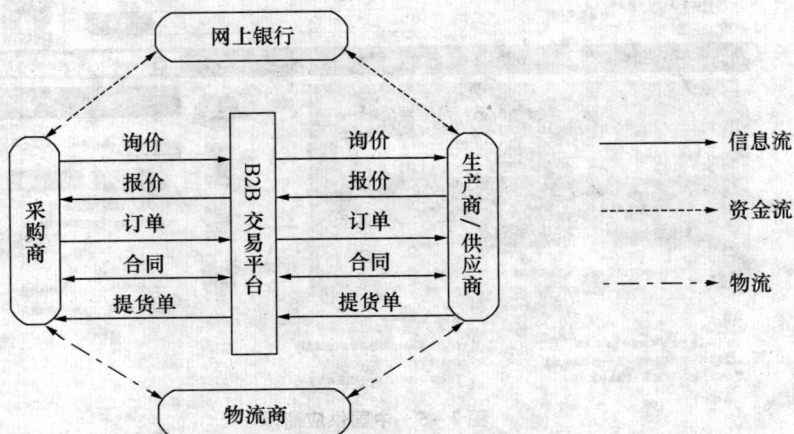

图 2 – 7　B2B 交易流程图

2.2　B2C 电子商务

2.2.1　B2C 电子商务概述

1. B2C 电子商务的定义

B2C 电子商务模式是企业与个人之间通过 Internet 技术，把企业产品和服务直接销售给消费者的电子商务形式。它具有速度快、信息量大、费用低等诸多优势，已为越来越多的商家关注和重视。

目前，在 B2C 交易模式中，商家既出售有形的商品，也出售无形商品。有形商品包括书籍、服装、汽车、数码产品、计算机、生活日用品、鲜花、食品、珠宝等，种类繁多。无形商品包括软件、光盘、娱乐、音乐、游戏等。这种模式节省了企业和客户双方的时间，也扩展了空间，大大提高了交易效率，受到广大网民的喜爱。

【阅读资料 2-3】　　　　　B2C 电子商务模式与 B2B 电子商务模式的区别

1. 订单大小：B2B 电子商务平均在 75000 美元；B2C 电子商务平均 75 美元。

2. 参与者：B2B 电子商务有大量的公司参与；而 B2C 电子商务是顾客直接与商家接触。

3. 定价：B2B 电子商务是通过洽谈、固定合同条款、拍卖、目录购买来定价的；B2C 电子商务主要是按价目表，固定价格。

4. 决策者：B2B 电子商务需要批准及商业规则管制；B2C 电子商务就是单一顾客。

5. 公开采购：B2B 电子商务主要是需求链引导的直接采购或间接补充采购；B2C 电子商务则主要是冲动购买或者偶尔购买、广告、口头宣传。

6. 选择电子市场或门户：B2B 电子商务主要看市场或门户是否有价值，合伙人及权益是否吸引人；B2C 电子商务则是看品牌吸引度、价格或者广告。

7. 实施前景侧重点：对于 B2B 电子商务来说适应性和实施细则非常重要；B2C 电子商务实施领域相对较宽广。

8. 信用：对于 B2B 电子商务来说开始是依托信用卡，而后需要更复杂的银行信用管理系统；B2C 电子商务在于消费者信用卡。

9. 基础设施：B2B 电子商务需要局域网，定制的目录，流程规则；B2C 电子商务基础设施需要的是互联网的联结。

2. B2C 电子商务基本组成部分

B2C 电子商务由三个基本部分组成：网上商场、物流配送体系和支付结算。

（1）网上商场。网上商场也称虚拟商场，是商家直接面向消费者的场所，在该"商场"中陈列着琳琅满目的虚拟商品。商家通过虚拟商场发布商务信息，接受客户需求，为客户提供一个好的购物环境。

（2）物流配送体系。物流配送体系是关系到 B2C 商务模式能否顺利发展的关键。目前，商家进行物流配送有多种选择，企业可以根据实际情况选择不同的配送模式，如企业自营配送、第三方配送、共同配送、互用配送、基于合作的配送等模式。

【阅读资料2-4】　　　　　　　顺丰快递高调进驻电商

现在几乎各行各业都和快递密不可分，而电商配送业务是快递企业的"重头戏"，2012年6月，作为快递企业领头羊的顺丰，高调进入电子商务领域。

"顺丰优选"2012年6月1日将正式上线，专注高端食品，面向中高端客户群服务。回顾顺丰发展历史，我们不难发现，顺丰进军快递的决心并非在一朝一夕之间。早在2010年，顺丰就尝试推出了"顺丰E商圈"主打"健康生活网上购物"。不过，由于这个项目在内地并没有太多的推广，因此不太为人所知，目前仅仅在香港地区维持着运营，主要销售有机蔬菜等食品。而2011年，顺丰又通过 CEO 王卫控股公司深圳泰海投资获得第三方支付牌照。成为除海航之外，获得第三方支付牌照的另一家物流企业。可见在支付领域顺丰早已布局。而与之同步进行的是顺丰的另一项大举动，就是2011年底大规模在深圳布局的便利店业务。据悉，顺丰此举目的在于依靠这种模式增强用户体验，布局紧密，紧跟 O2O（online 2 offline）。

当前自有物流的电子商务企业与物流公司呈现势均力敌的态势。顺丰逆流而行，很有可能利用自身的技能将其转化为在电商行业的优势。而此举也成为电商行业的一大发展新趋势。

资料来源：艾瑞网，http：//ec. iresearch. cn/17/20120515/172073. shtml。

（3）支付结算。支付方式决定了资金的流动过程，目前在 B2C 电子商务中的支付方式有货到付款、银行汇款和电子支付。货到付款是最原始的付款方式，一般配送距离较近的货物，可以采用货到付款；银行汇款则是客户完成订货后，通过邮政或银行系统转账；电子支付则是指通过银行卡或信用卡直接在网上完成支付。随着电子商务的发展，使用电子支付方式付款已经成为电子商务支付的主流。

3. B2C 电子商务企业的盈利模式

B2C 电子商务的经营模式决定了 B2C 电子商务企业的盈利模式，不同类型的 B2C 电子商务企业其盈利模式是不同的，一般来说 B2C 电子商务企业主要是通过以下几个方面获得盈利。

（1）收取服务费。网上购物的消费者，除了要按照商品价格付费外，还要向网上商店付一定的服务费。我国的 B2C 购物网站很少有收取服务费的。但也有一些网站，通过接收客户在线订单，收取交易中介费，如九州通医药网（http：//www. jzteyao. com/，见图 2 - 8）等。

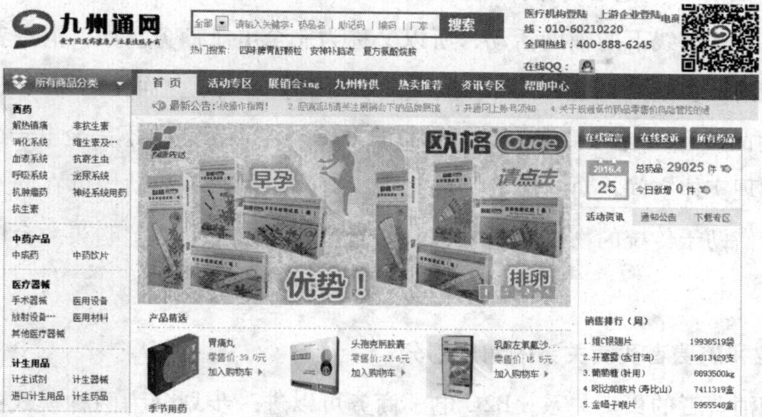

图 2 - 8　九州通医药网

（2）收取会员费。大多数电子商务企业都把收取会员费作为一种主要的盈利模式。网络交易服务公司一般采用会员制，按不同的方式、服务的范围收取会员的会费。

（3）销售商品获得利润。有些 B2C 网站是通过销售商品而获得利润，如京东商城、苏宁易购、当当网等。这些 B2C 网站除了有第三家进驻的商家之外，还销售大量的自营商品。

（4）销售衍生产品。主要是指制造商在 B2C 平台上不仅销售自己生产的产品还销售加盟厂商的产品，如海尔商城等。还有一类是除了销售某一专类商品外，还销售与本行业相关的产品。如莎啦啦（http：//www. salala. com. cn/），除销售鲜花外，还销售健康美食和数字产品。

（5）信息发布费。商家通过所提供的网络平台发布供求信息等以收取费用，如中国药网（http：//www. chinapharm. com. cn/），已成为国内最大的医药信息咨讯平台之一，可为用户提供信息查询、新闻浏览、信息发布等多种信息服务。

（6）广告费。目前广告几乎是所有提供 B2C 电子商务平台的企业获取收益的盈利来源。这种模式成功与否的关键是其网页能否吸引大量的广告，能否吸引广大消费者的注意。

除以上盈利模式外，B2C 电子商务还有一些其他的收费项目，如收取加盟费等。限于篇幅，本书不再一一介绍。

2.2.2 B2C 电子商务的分类

1. 根据交易的商品性质划分

根据交易的商品性质进行划分，可以分为无形商品 B2C 电子商务和有形商品 B2C 电子商务。

（1）无形商品的 B2C 电子商务。无形商品 B2C 电子商务，因商品的交易可以在 B2C 网站上全部完成而不需要任何线下的辅助活动，所以又称为完全电子商务。如，消费者在当当网上买一本电子书，在网上直接支付之后就可在线阅读或是下载阅读了，而无需物流配送。

（2）有形商品的 B2C 电子商务。有形商品的 B2C 电子商务也称不完全电子商务模式。因为有形商品占有物理实体空间，对这类商品的查询、订购、付款等活动均可在网上进行，但商品的最终交付还要借助于传统的物流配送方式。如消费者在京东商城上购买一台电视机即属于此类电子商务模式。

2. 根据企业和消费者买卖关系的角度划分

根据企业和消费者的买卖关系，B2C 电子商务可以进一步划分为两种模式：卖方企业—买方个人和买方企业—卖方个人。其中，卖方企业—买方个人的 B2C 模式是指商家在 B2C 平台上（可以是商家自营平台，也可以是第三方平台）出售商品和服务给消费者个人。如商家通过天猫商城旗舰店把商品卖给消费者就是属于此类。而买方企业—卖方个人的电子商务是指企业在网上向个人求购商品或服务的一种电子商务模式。这种模式应用最多的就是企业网上招聘，即企业在网上发布需求信息，然后由个人上网洽谈。

2.2.3 B2C 电子商务的交易流程

对消费者来说，B2C 购物模式比传统的购物模式要方便得多，消费者只需轻点鼠标就可完成全部交易活动。但 B2C 模式涉及的参与者较多，除了买卖双方之外，还要涉及物流配送、支付系统等。消费者感觉在网上购物轻松而又便捷，但对于商家来说却不简单，他们需要做一系列的工作才能完成最终的交易。B2C 电子商务交易流程如图 2-9 所示。

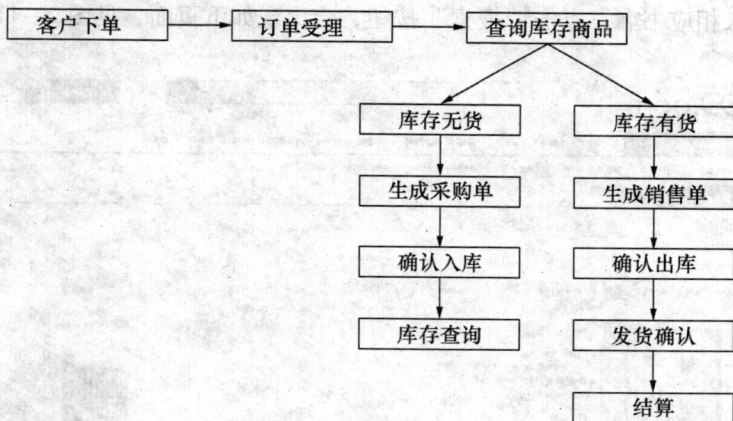

图 2-9 B2C 电子商务的交易流程

下面以当当网为例详细介绍下 B2C 电子商务的交易流程。

当当网是最大的中文图书网上商城，也是最负盛名的 B2C 网站之一。目前所售商品早已不局限于图书、音像制品等，还包括家居、服饰、箱包、鞋靴、食品、手机、数码产品、电脑办公用品等等。下面就以当当网为例，从消费者首次网上购物的角度来详细介绍下 B2C 的交易流程。

第一步，免费注册。首先进入当当网（http：//www. dangdang. com）主页，点击免费注册按钮，弹出如下对话框，见图 2-10。

图 2-10 当当网免费注册页面

第二步，网上搜索商品信息。注册成功后，即可成为当当网会员，享受相关服务。用户此时即可开启购物之旅。假定该用户想购买南开大学李东进教授出版的《现代广告学》一书，只需在搜索栏内输入相应书名，点击"搜索"按钮，会出现如下页面，见图 2 – 11。

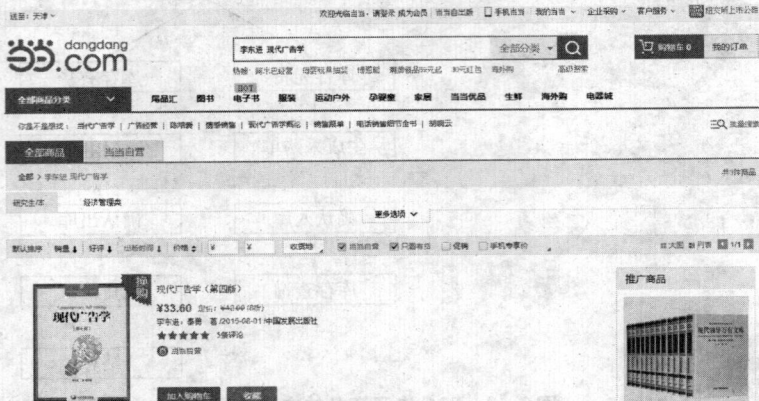

图 2 – 11　点击搜索后的页面

　　第三步，选中所要购买的图书，点击右侧的"加入购物车"按钮，会出现如下页面，见图 2 – 12。

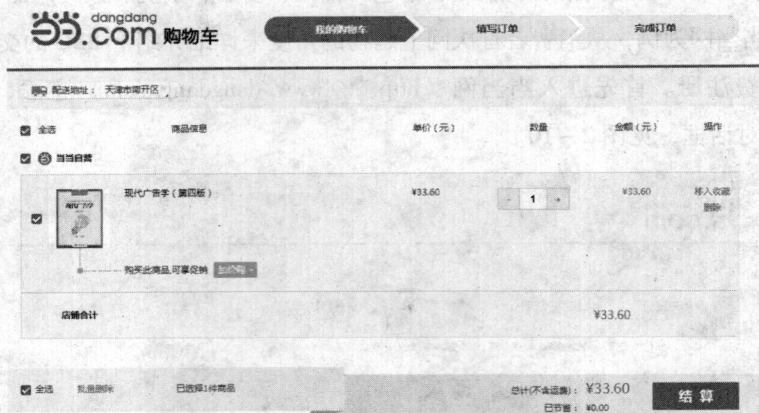

图 2 – 12　购买选中的商品

　　消费者可以根据需要填写购买的数量，如果需要购买 2 本，则在"数量"栏下的对应框中填写数字 2，如果还需购买其他商品，则暂时不点击结算按钮，待购买任务全部完成之后，再一块结算。

　　第四步，进行结算。假定消费者又买了《公共关系学》等书，在完成选购任务后，即可点击结算按钮。此时弹出的对话框会提醒用户进行登录。如果用户已进入登录状态，则会出现如下页面，见图 2 – 13。

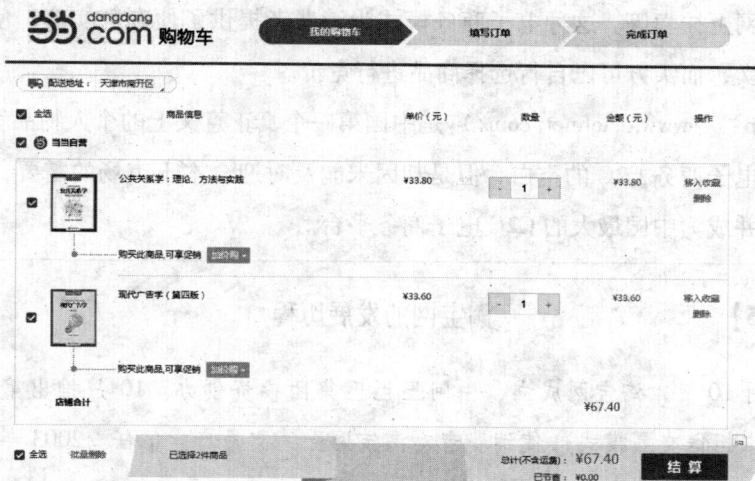

图 2 - 13　订单结算页面

　　第五步，提交订单。在此次交易活动中，用户选择的送货方式是"普通快递送货上门"方式，支付方式为"货到付款（现金）"方式。当当网提供的送货和支付方式还有很多，消费者可以根据自身情况选择适合的方式。待确认无误后，用户即可点击页面右下方的"提交订单"按钮，从而完成此次在当当网上购物的体验了。消费者所做的下一步工作就是耐心等待商品送货上门并将现金交付给快递人员（如果选择网上支付或网上转账等则无需再重复交付）。如果消费者想了解订单的配送信息，可以登录当当网个人账户，点击订单信息，随时获悉商品的在配送情况。

　　最后，消费者在收到网购商品之后，便可以在网上对此次的服务进行评价了。当当网为消费者提供了商品评价的平台，消费者在做出评价之后会获得当当网赠予的相应积分。这些积分累积起来可兑换优惠券或其他礼品。如果消费者对此次购买的商品不满意或是购买失误，可以在规定的时间内申请退换货。由此，消费者在当当网上完成了一个完整的购物过程。

2.3　C2C 电子商务

2.3.1　C2C 电子商务概述

1. C2C 电子商务概念

　　C2C 模式，即消费者对消费者的电子商务。具体来说，就是消费者之间通过 Internet 所进行的个人交易，如网上拍卖等。这种电子商务模式为消费者提供了便利与实惠，使卖方可以主动提供商品上网拍卖，而买方可以自行选择商品进行竞价。

易趣网（http：//www. eachnet. com/）是中国第一个真正意义上的个人物品竞拍网站，它的成立填补了中国电子商务 C2C 的空白，但是却因未能及时迎合本土市场的需要，2005 年被马云的淘宝网超越，并成为中国最大的 C2C 电子商务平台。

【阅读资料 2 - 5】   淘宝网的发展历程

2003 年 5 月 10 日，淘宝网成立，由阿里巴巴集团投资创办。10 月推出第三方支付工具"支付宝"，以"担保交易模式"使消费者对淘宝网上的交易产生信任。2003 年全年成交总额 3400 万元。

2005 年，淘宝网超越 eBay 易趣，并且开始把竞争对手们远远抛在身后。5 月，淘宝网超越日本雅虎，成为亚洲最大的网络购物平台。2005 年成交额破 80 亿元，超越沃尔玛。

2006 年，淘宝网成为亚洲最大购物网站，就在这一年，淘宝网第一次在中国实现了一个可能——互联网不仅仅是作为一个应用工具存在，它将最终构成生活的基本要素，调查数据显示，每天有近 900 万人上淘宝网"逛街"。

2007 年，淘宝网不再是一家简单的拍卖网站，而是亚洲最大的网络零售商圈。这一年，淘宝网全年成交额突破 400 亿，成中国第二大综合卖场。

2008 年，淘宝 B2C 新平台淘宝商城（天猫前身）上线；汶川地震捐款平台上线，共筹得网友捐款超 2000 万；9 月份，淘宝网单月交易额突破百亿大关。

2009 年，淘宝网已成为中国最大的综合卖场，全年交易额达到 2083 亿元。

2010 年 1 月 1 日，淘宝网发布全新首页，此后聚划算上线，然后又推出一淘网。

2011 年 6 月 16 日，阿里巴巴集团旗下淘宝公司分拆为三个独立的公司，即沿袭原 C2C 业务的淘宝网（taobao），平台型 B2C 电子商务服务商淘宝商城（tmall）和一站式购物搜索引擎一淘网（etao）。在新的架构中，淘宝分拆后的三家公司采用总裁加董事长的机制运营。

2012 年 1 月 11 日上午，淘宝商城正式宣布更名为"天猫"。2012 年 3 月 29 日天猫发布全新 Logo 形象。2012 年 11 月 11 日，天猫借光棍节大赚一笔，宣称 13 小时卖 100 亿，创世界纪录。

2012 年 4 月 20 日，《IT 时代周刊》出版的第 8 期封面文章曝光称，中国知名电商淘宝内部员工存在集体性腐败行为。就此，阿里巴巴集团副总裁陶然表示，不能因为个体的事件就夸大成为团体腐败。陶然表示，淘宝在两年前就设立了廉政部，对举报行为进行调查，核实后会进行处理。

2012 年 11 月 11 日，淘宝加天猫平台，将网购单日记录再次刷新为 191 亿元。

2013 年，阿里调整为 25 个事业部，阿里巴巴通过其全资子公司阿里巴巴（中国），以 5.86 亿美元购入新浪微博公司发行的优先股和普通股，占新浪微博公司全稀释摊薄后总股份的约 18%，将淘宝电商和 SNS 的结合进行到底。

2015 年 12 月 24 日，阿里巴巴集团与国家认证认可监督管理委员会信息中心正式签署合作框架协议，双方共同推出"云桥"数据共享机制，阿里巴巴成为首家直接接入国家 CCC 认证信息数据库的电商平台。阿里巴巴旗下天猫、淘宝、1688 等电商平台将导入 CCC 认证信息数据库实现自动校验和标注，从而避免无证以及假冒认证产品。

2016 年 1 月 27 日，"成交记录"模块被正式隐藏，但原先销量、评价等信息不会消失，仍正常累积。阿里巴巴公关部吴铭欣说："取消（成交记录）后，将会减少不法分子通过成交记录进行的诈骗情形。"同时，如果消费者想要了解销量，只需将鼠标放到"交易成功"上，就可看到近 30 天的已出售件数。

资料来源：淘宝网_ 百度百科 http：//baike. baidu. com/link？ url = LXe2ngaULQfC4WYNi0B-a2rnFKnlHuN33SHGFRt ReTgbgxYWdr09EiiWfnd-cGpI67vPTmZsgmkOTHO1VBt3XLRtgapf8amUzz5qFgp0-50lopVTO9h7CVP4TFgk0VyaOQPG8Gt2lT7L 64UG4x6ADa。

2. C2C 电子商务优点

C2C 电子商务的优势显而易见，主要有以下四点。

（1）C2C 电子商务最能体现 Internet 的跨时空、跨地域的特点。数量巨大、地域不同、时间不一的买方和卖方可以通过一个平台找到合适的对象进行交易，这在传统交易中很难做到。

（2）运行成本低，无须实体商店，无须仓库，没有任何中间环节，买卖双方直接交易，交易的成本大大降低。

（3）突破了时间的限制，随时随地可以完成交易，大大提高了交易的灵活性和便利性。

（4）利用网络的互动性，买卖双方可以无障碍地充分沟通信息，借助拍卖这种价格机制，实现最大限度符合双方各自意愿的交易，同时由于庞大的 Internet 群，使得交易达成的可能性大大增加。

【阅读资料 2 – 6】　　　　　　　　柠檬绿茶

柠檬绿茶是淘宝创业成功案例的一个典型，2003 年 8 月 21 日，店主张定华用 500 元起家，在淘宝上开了一家化妆品店铺。2004 年店铺初现曙光，张定华与其先生王维栋双双辞掉工作，专职经营网店，开始了淘宝创业之路，网络业绩一直飙升。2005 ~ 2006 年，店铺向企业化运作，店铺员工由两人上升到 30 人。2006 年 12 月 20 日，柠檬绿茶用 3 年零 5 个月的时间完成了 11 万的交易笔数，成功冲到三皇冠。

2007 年 4 月 30 日，柠檬绿茶冲至四皇冠，员工 60 多人；2007 年 5 月，办公场所搬迁至写字楼，向正规化、规范化进发；2007 年 8 月 31 日 18 时，一个永远值得纪念的日子，柠檬绿茶顺利问鼎五皇冠（20 万好评信誉度），成为淘宝第一家五皇冠店铺，员工达 160 多人；2008 年 1 月 9 日，资深网商研究机构发表《中国第一 C2C 网店揭秘》——柠檬绿茶；2008 年 1 月 9 ~ 12 日，《中国第一 C2C 网店揭秘》被包括中华网在内的数十家门户网站同时转载，柠檬绿茶成为名副其实的中国第一 C2C 网店；2008 年 2 月 29 日 17 时，柠檬绿茶完成第二次跳跃，好评信誉度超越 40 万；2008 年 4 月 4 日 21 时 40 分，成功突破淘宝巅峰信誉 50 万好评。

2008 年 11 月 10 日 8 时，柠檬绿茶再一次创造淘宝奇迹。成为第一家突破淘宝 100 万元双金冠信誉好评的企业，员工达 240 多人；2009 年 2 月 2 日，柠檬绿茶成功突破日交易 1 万 5 千笔大关，已经成为 C2C 行业的标杆。柠檬绿茶拥有淘宝最高的人气流量，日均 PV60 万以上，日均 UV7 万人以上（相当于 6 家沃尔玛在华门店日均访客数），所以柠檬绿茶得到了中国 C2C 第一店的称号。

2010 年 12 月 29 日，柠檬绿茶荣获"第十届中国国际电子商务大会"的"中国电子商务零售行业龙头企业奖"和"2010 中国电子商务诚信企业奖"奖牌和证书中国电子商务"奥斯卡"两项大奖。

2.3.2　C2C 电子商务网站的分类

在 C2C 电子商务网站中，除了我们都很熟悉的像淘宝这样的综合类网站外，还存在着一些其他的类型的网站，如专业性的 C2C 电子商务网站和跳蚤市场等，下面分别简要介绍一下。

1. 综合性 C2C 电子商务网站

综合性 C2C 电子商务网站所拍卖的商品种类繁多，品类惊人。大到房产、汽车、家电、数码产品、家具，小到服饰、钱币、邮票、书籍等等，几乎无所不包。但凡合法的物品基本上都可以在这类网站上拍卖。

综合性 C2C 电子商务网站通常开放给所有个人。只要是合法的拍卖物，拍卖网站都不会加以限制，著名的淘宝网就属于此类。

2. 专业性 C2C 电子商务网站

专业性 C2C 电子商务网站主要拍卖某一类型的特殊商品。这些商品通常价格不菲，往往需要专业人士进行鉴定，如钱币、邮票、美酒、古董、艺术品、运动相关用品、二手汽车、乐器及雪茄等。专业性 C2C 电子商务网站在国外很常见，但国内还很少。

3. 跳蚤市场

跳蚤市场（flea market）是欧美等西方国家对旧货地摊市场的别称。跳蚤市场上出售的商品往往价格低廉，多是旧货、人们多余的物品及未曾用过但已过时的衣物等，很多仅为新货价格的 10%～30%。在这个市场上，人们把不需要的东西拿出来卖，甚至会回到原始的物物交换阶段，很多卖者的目的不是赚钱，而是希望能够物尽其用。

传统的跳蚤市场通常会有特定的贸易时间，且面向特定地域的人群。而网上跳蚤市场则无须设置固定的贸易地点和时间。人们只要将供需信息公布在网上，等待有意向者主动联系就可以了。但由于跳蚤市场所售的商品往往价值不高，不适合付费运输，所以更适合同一区域的交易，如同城、同校等。国内比较著名的网上跳蚤市场是赶集网（http://tj.ganji.com/wu/），见图 2-14。

图 2-14 赶集网

2.3.3　C2C 电子商务网站的盈利模式

C2C 电子商务网站的盈利模式有多种。有些 C2C 电子商务网站，如 eBay 易趣等，主要是通过收取商品拍卖服务费、商品登录费、交易手续费、交易服务费、图片服务费、店铺费、分类广告费、陈列改良费等获取收益。而以淘宝为代表的 C2C 电子商务网站则高举免费的大旗，另辟新的盈利模式。鉴于淘宝是亚太地区最大、也是最具代表性的中国 C2C 电商，下面就重点介绍一下该网站的盈利模式①。

1. 广告收入

淘宝网的广告费用来源有两种，一种是在线网页广告收取的费用，一种是 IM（即时通讯）广告费。图 2 – 15 是淘宝网的主页局部的一个截图，进到主页之后会有大量的广告，这就是淘宝网的在线网页广告。淘宝网目前大部分的收入都来源于在线的网页广告，淘宝网正是凭借其巨大的人气和访问量来提高其广告收入。

图 2 – 15　淘宝网在线页面广告

淘宝的广告收入来源除了在线网页广告，还有即时通讯广告，淘宝网目前的即时通讯广告主要是"淘买家"，是淘宝网通过阿里旺旺向注册用户发布卖家的广告，并向卖家收取一定的服务费用。理论上来讲，卖家不经过淘宝，自己也可以向买家发布广告，但是效率极其低下，而且淘宝网会对发布海量广告的卖家进行封停账户的处理。并且淘宝网在发布广告以前会分析买家的最近购买记录和购买偏好，选择那些有可能购买的潜在用户进行广告传播，每个卖家每个月最多发布 1000 条广告信息，最多能够订购 5000 条。"淘买家"每条广告信息的发布费用是发

---

① 改编自 C2C 电子商务网站盈利模式研究_ 图文_ 百度文库 http：//wenku. baidu. com/link？url = UPfZnZExWzGSHFLz-6clE4ni7p0Knjs9IOzGwuZn-A2OqZkWNqhravVXwMZOs_ UuWPCM6J3U7bmv_ sjmeM_ UaIcu6CBu9WoZR-Q9Mw7ksom

送条数分别为 10 条、100 条、300 条、500 条、1000 条、5000 条，相应的订购金额分别为 1 元、10 元、30 元、50 元、100 元、500 元，这也是淘宝网重要的广告收入来源。

2. 增值服务的收入

目前淘宝网增值服务有很多种，但是其收入在总收入中占的比例不大，淘宝网的增值服务主要是雅虎直通车以及淘宝旺铺。

（1）雅虎直通车。雅虎直通车是由阿里巴巴集团下的雅虎中国和淘宝网进行资源整合，推出的一种全新的搜索竞价模式。它的竞价结果不仅可以在雅虎搜索引擎上显示，还可以在淘宝网（以全新的图片 + 文字的形式显示）上充分展示。卖家可以针对每个竞价词自由定价，并且可以看到在雅虎和淘宝网上的排名位置，并按实际被点击次数付费。

例如淘宝用户搜索"手机"，网页的右面出现了 5 个手机产品，这 5 个产品就是雅虎直通车的广告，如果买家对这 5 个产品有兴趣并点击，那就会扣除卖家的费用。这 5 种商品从上到下排列的顺序以卖家出的价格为准。如果某个卖家关注的竞价词已经有别的卖家在推广了，那么可以通过提高竞价词的价格，来提高广告排位。想排在哪个同行的前面，只需要比他多出 1 分钱就可以。

（2）淘宝旺铺。淘宝旺铺是淘宝开辟的一项增值服务和功能，是一种更加个性化、更加豪华的店铺界面。使得顾客购物体验更好，更容易产生购买欲望。

目前淘宝旺铺分为两种：一种是付费的，一种是免费的。

付费旺铺，即标准版旺铺，卖家购买后可以享受旺铺的服务，而且附赠 30M 图片空间。免费旺铺，即创业扶植版旺铺，只对 5 星及以下卖家开放订购，旨在更好地扶植低星级卖家成长。

2.3.4　C2C 电子商务的交易流程

C2C 电子商务的交易一般包括如下过程：第一，买卖方均要注册成为 C2C 电子商务网站正式用户，方可使用平台进行交易；第二，交易者登陆 C2C 电子商务网站；第三，卖方发布拍卖商品的信息，确定起拍价格、价格阶梯、截止时间等，买方查询商品信息，参与网上竞价；第四，买卖双方成交，买方付款，卖方交货，交易完成。在这个过程中，作为竞拍方（买方）的主要工作是浏览搜索物品、参与商品竞拍、联系成交、付款收货。而作为拍卖方（卖方）的主要工作是上传拍卖物品、修改确认拍卖、联系成交、发货收款。在整个交易过程中都需要网站的后台管理工作。C2C 电子商务交易的流程见图 2 - 16。

```
┌──────────┐      ┌──────────┐      ┌──────────┐      ┌──────────┐
│ 注册会员 │─────▶│   拍卖   │─────▶│   竞拍   │─────▶│ 后台管理 │
└──────────┘      └──────────┘      └──────────┘      └──────────┘
                        │                 │                 │
                  ┌──────────┐      ┌──────────┐      ┌──────────┐
                  │选择商品分类│      │ 搜索商品 │      │ 系统日志 │
                  └──────────┘      └──────────┘      └──────────┘
                        │                 │                 │
                  ┌──────────┐      ┌──────────┐      ┌──────────┐
                  │填写商品信息│      │ 竞标出价 │      │ 会员管理 │
                  └──────────┘      └──────────┘      └──────────┘
                        │                 │                 │
                  ┌──────────┐      ┌──────────┐      ┌──────────┐
                  │ 发布成功 │      │与卖家交流 │      │ 群组设置 │
                  └──────────┘      └──────────┘      └──────────┘
                        │                 │                 │
                  ┌──────────┐      ┌──────────┐      ┌──────────┐
                  │查看新登商品│      │查看我的得易│      │拍卖目录设置│
                  └──────────┘      └──────────┘      └──────────┘
                                          │                 │
                                    ┌──────────┐      ┌──────────┐
                                    │给卖家评价 │      │拍卖商品管理│
                                    └──────────┘      └──────────┘
```

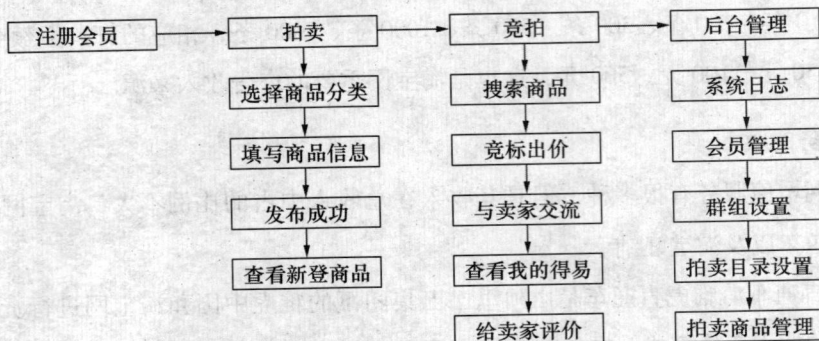

图 2-16　C2C 电子商务交易流程

2.4　电子政务

根据联合国经济社会理事会的定义，电子政务是指政府通过信息通信技术手段的密集性和战略性，应用组织公共管理的方式，旨在提高效率、增强政府的透明度、改善财政约束、改进公共政策的质量和决策的科学性，从而建立良好的政府之间、政府与社会、社区以及政府与公民之间的关系，以提高公共服务的质量，赢得广泛的社会参与度。可见，电子政务所涉及的主体还是比较广泛的。我们还可以将其进一步划分为 B2G 电子政务、C2G 电子政务、G2E 电子政务以及 G2G 电子政务等多种模式，下面分别予以介绍。

2.4.1　B2G 电子政务

1. B2G 电子政务的含义和特点

B2G 是指企业（Business）与政府（Government）之间的电子政务，即企业与政府组织之间依托 Internet 等现代信息技术手段所进行的商务活动。B2G 将政府与企业之间的诸多事务都涵盖其中，包括税收、商检、行政管理、法规条例的颁布及政府的网上采购活动等。

2. B2G 电子政务的主要形式

B2G 电子政务的主要形式包括以下几种：电子采购与招标、电子税务、电子证照办理、电子外经贸管理、中小企业服务和综合信息服务等。

（1）政府电子化采购。政府采购项目是本国市场的基本组成，利用电子化采购和电子招投标系统，对提高政府采购的效率和透明度，树立政府公开、公正、公平的形象，促进国民经济的发展起着十分重要的作用。政府电子化采购主要是通过网络面向全球范围发布政府采购商品和服务的各种信息，为国内外企业提供平等的机会，特别是广大中小企业可以借此参与政府的采购赢得更多的发展机会。电子化招投标系统在一些政府大型工程的建设方面已有了很多的应用，它对减少徇私和暗箱操作有重要意义，还可减少政府的招投标成本，缩短招投标的时间，如中央政府采购网（http：//www.zycg.cn/），见图 2 - 17。

图 2 - 17　中央政府采购网

（2）电子税务系统。电子税务，使企业通过政府税务网络系统，在家里或企业办公室就能完成税务登记、税务申报、税款划拨、查询税收公报、了解税收政策等业务，既方便了企业，也减少了政府的开支。

（3）电子工商行政管理系统。通过网络实现证照的管理，大大缩短了办理时间，还可减轻企业人力和经济的负担。电子证照系统可使企业营业执照的申请、受理、审核、发放、年检、登记项目变更、核销及其他相关证件如统计证、土地和房产证、建筑许可证、环境评估报告等的申请和变更均可通过网络实现，电子工商行政管理的实施将使系统的工商行政管理工作产生质的飞跃。

（4）综合信息服务系统。"改变政府职能，增强服务意识，提高政府服务水平"是今后政府改革的重要方向。政府各级部门应高度重视利用网络手段为企业提供各种快捷、高效、低成本的信息服务，如北京网（又称北京城市综合信息平台，http：//www.beijing.cn/），见图 2 - 18。

图 2 - 18　北京城市综合信息平台

2.4.2　C2G 电子政务

C2G 是指公众（Citizen）与政府（Government）之间的电子政务，是政府通过电子网络系统为公民提供各种服务的统称。C2G 电子政务所包含的内容十分广泛，主要的应用包括：公众信息服务、电子身份认证、电子税务、电子社会保障服务、电子民主管理、电子医疗服务、电子就业服务、电子教育、培训服务、电子交通管理等。其主要目的是帮助政府为公众提供方便、快捷、高质量的服务，同时还旨在开辟公众参政、议政的渠道，从而畅通公众的利益表达机制，建立政府与公众的良性互动平台。

2.4.3　G2E 电子政务

G2E 电子政务，指政府与政府公务员即政府雇员之间的电子政务。G2E 电子政务是政府机构通过网络技术实现内部电子化管理的重要形式，也是 G2G、B2G 和 C2G 电子政务模式的基础。G2E 电子政务的主要功能是利用 Intranet 建立起有效的行政办公和员工管理体系，为提高政府工作效率和公务员管理水平服务。

2.4.4　G2G 电子政务

G2G 模式，指政府与政府之间的电子政务，即上下级政府、不同地方政府和不同部门之间实现的电子政务活动。G2G 模式是电子政务的基本模式，具体的实现方式可分为政府内部网络办公系统、电子法规政策系统、电子公文系统、电子司法档案系统、电子财政管理系统、电子培训系统、垂直网络化管理系统、横向网络协调管理系统、网络业绩评价系统、城市网络管理系统等10个方面，亦即传统的政府与政府间的大部分政务活动都可以通过网络技术的应用高速度、高效率、低成本地实现。

本章习题

一、单选题

1. ( )是指聚焦于一个或几个特定相关行业的线上B2B电子商务模式。

   A. 垂直B2B电子商务   B. 水平B2B电子商务

   C. 集群B2B电子商务   D. 聚焦B2B电子商务

2. 以( )为主导的B2B电子商务也叫网上采购，是一个买家与多个卖家之间的交易模式。

   A. 买方   B. 卖方

   C. 政府   D. 商业中介

3. 下列关于电子商务的说法正确的是( )。

   A. 电子商务的本质是技术   B. 电子商务就是建网站

   C. 电子商务是泡沫   D. 电子商务本质是商务

4. 在"买方企业—卖方个人"的电子商务模式下，应用最多的是( )。

   A. 开设网上商店   B. 招标

   C. 发布广告   D. 网上招聘

5. 目前( )已经成为中国最大的C2C电子商务网站和零售商圈。

   A. 淘宝网   B. 京东商城

   C. 当当网   D. 亚马逊

6. 网上购物与传统购物的流程有很大的区别，网上购物是把( )作为媒介的，因此对消费者来说，网上购物比传统的购物操作简单。

   A. TV   B. FAX

   C. Intranet   D. Internet

7. 中小企业一般会选择(　　)开展电子商务活动。

A. 自建网站
B. 企业间合作

C. 第三方电子商务平台
D. 以上均不正确

8. (　　)电子商务是指以国内供应者与采购者进行交易服务为主的电子商务市场,交易的主体和行业范围主要在同一国家内进行。

A. 卖方为主导的 B2B
B. 内贸型 B2B

C. 外贸型 B2B
D. 买方为主导的 B2B

9. (　　)模式,是指政府与政府之间的电子政务,即上下级政府、不同地方政府和不同部门之间的电子政务活动。

A. B2G
B. C2G

C. E2G
D. G2G

10. (　　)电子商务是指以提供国内与国外的供应者与采购者交易服务为主的电子商务市场。

A. 外贸型
B. 内贸型

C. 本地型
D. 国际型

二、多选题

1. 一般来说,B2C 电子商务企业主要是通过(　　)来获得盈利。

A. 收取服务费
B. 收取会员费

C. 销售衍生产品
D. 特许加盟费

2. B2B 电子商务的流程包括(　　)。

A. 交易前准备
B. 交易谈判和交易合同

C. 办理交易前手续
D. 交易合同的履行和索赔

3. B2C 电子商务由三个基本部分组成,它们是(　　)。

A. 网上商场
B. 支付结算

C. 商品生产体系
D. 物流配送体系

4. B2C 电子商务的流程包括(　　)。

A. 浏览商品
B. 选购商品

C. 用户注册
D. 配送货物

5. B2G 电子政务的主要形式包括(　　)。

A. 电子采购与招标
B. 电子税务

C. 电子证照办理　　　　　　　D. 网络广告

三、名词解释

1. 水平 B2B 电子商务　　2. B2C　　3. 跳蚤市场　　4. 电子政务　　5. B2G

四、简答及论述题

1. B2B 电子商务的参与主体主要有哪些？

2. B2C 电子商务优点有哪些？

3. C2C 电子商务有何特点？

4. 试论述 B2C 电子商务的交易流程。

5. 试比较 eBay 易趣与淘宝网的盈利模式。

案例讨论

阿里巴巴电子商务生态系统的演化

从电子商务生态系统演化的角度来看，阿里巴巴目前大致经历开拓阶段（1999～2002年），扩展阶段（2003～2007年）和协调阶段（2008年至今）。

1. 开拓阶段

开拓阶段从1999年到2002年，是以阿里巴巴为核心的电子商务系统的形成与初具规模时期。在这一阶段阿里巴巴成员从无到有，成员规模属于平稳上升期。

阿里巴巴电子商务生态系统开始于1999年阿里巴巴的创建。马云及其他几位创始人注意到中国的中小企业多但缺少交易机会，为了满足这些中小企业的需求，阿里巴巴通过整合相关的资源创建了基于互联网的交易平台，为中小企业提供自由交易的平台，帮助其实现低成本的营销与贸易。但由于当时的中小企业缺乏电子商务技术能力，阿里巴巴发挥其在电子商务生态系统中的领导核心作用，专注于做信息流，即帮助中小企业收集、整理、发布、推广其公司和产品信息，将中国中小企业与全球的买家连接在一起，帮助许多中国的中小企业克服技术上的限制，参与到这个电子商务生态系统中并且获得前所未有的商机。之后，面对2008年的互联网泡沫，许多互联网公司陷入困境，甚至倒闭或转行。但是阿里巴巴却安然无恙，这有三个主要的原因：第一个很重要的原因是阿里巴巴获得了2500万美元的融资；第二个原因就是阿里巴巴在不断探讨和尝试新的业务模式，包括实行会员付费制，创建网上电子市场，提供虚拟主机、网络广告等，最终保留下来的并且证明有非常好的发展前途的是"诚信通"会员和"中国供应商"会员等有偿服务；第三个原因是马云提出关门把产品做好，等到春天再出去，也就是从技术上来改变自己，这样阿里巴巴就从功能简单的交易论坛逐渐转型成为交易平台。这一系列的措施使得阿里巴巴具有自身的很多独特优势，不容易被其他竞争对手模仿或超越，吸引了越来越多的中国中小企业加入到阿里巴巴生态系统中，使得阿里巴巴在互联网泡沫破灭后成功地生存下来，并且逐渐初具规模。

在这一阶段，阿里巴巴电子商务生态系统的物种结构非常简单，只有关键物种、领导物种及部分必要的支持物种，在生态系统还不完善的情况下，作为领导物种的阿里巴巴不得不同时提供支持物种应该提供的功能，比如咨询、营销等服务来引导这些中小企业对电子商务平台的使用，同时激发更多的客户需求，吸引更多的企业加入到阿里巴巴来，从而保证生态系统的健康成长。

2. 扩展阶段

2003 年是阿里巴巴电子商务生态系统成员规模从平稳增长到爆炸式增长的转折点，从2003 年到 2007 年是阿里巴巴电子生态系统的扩展阶段，阿里巴巴的生态系统边界不断扩大。阿里巴巴在 B2B 领域取得巨大成功之后便开始拓展新的业务。

2003 年，阿里巴巴进入 C2C 领域，开创了个人电子商务网站——淘宝网。并依靠其本土化策略，打破了当时 eBay 在该领域的垄断地位，一举成为中国 C2C 行业的领头羊。个人网上交易平台的推出大大拓展了阿里巴巴电子商务生态系统的边界。

在此阶段，阿里巴巴电子商务生态系统的机能也在不断地进行完善。首先，2004 年，为了解决淘宝个人交易的资金结算问题，阿里巴巴推出了支付宝，后来支付宝脱离淘宝网单独运作，为其他企业或组织提供网上支付服务；其次，2005 年，阿里巴巴全资收购中国雅虎，进军搜索领域；2006 年，阿里巴巴收购口碑网，加强了社区化服务，使得阿里巴巴电子商务生态系统内的成员之间的交流更加通畅。

2006～2007 年，阿里巴巴推出阿里软件。阿里软件基于"软件即服务"的应用模式，为中小企业管理生意，提供在线软件、硬件等服务；并推出及时通信工具——阿里旺旺，即及时沟通网上商人。2007 年推出阿里妈妈，专注于网络广告交易，首次将广告作为一种产品，方便中小企业以较低的成本来推广自己。阿里软件和阿里妈妈的模式特别适合没有很多 IT 预算和产品推广预算的中小企业，即阿里巴巴电子商务生态系统中关键种群的主要组成部分，阿里软件和阿里妈妈的加入加强了阿里巴巴生态系统在互联网软件开发以及在线营销方面的能力，同时为阿里巴巴电子商务生态系统吸引了更多的网商、软件开发者和广告位提供者。

2007 年，阿里巴巴又推出阿里货代，与工商银行和中国建设银行达成合作伙伴关系，帮助那些希望扩张业务但缺少资金的中小企业进行贷款服务。这一服务的推出，有利于加强阿里巴巴电子商务生态系统中的其他实体的能力，保证阿里巴巴电子商务生态系统的健康成长，使得这些企业能够为阿里巴巴电子商务生态系统作出更大的贡献，创造更大的价值。

2007 年，伴随着阿里巴巴网络公司在我国香港证券交易所成功上市，一个强大的电子商务系统逐步形成了。

在这一阶段，作为领导种群的阿里巴巴退出了各种新服务和新产品，涵盖了电子商务所涉及的各个领域，使得阿里巴巴电子商务生态系统的边界不断扩大，实现了客户的各种需求。同时，促使了更多的合作伙伴的加入，例如各种金融机构、物流公司，以及很多网下大品牌的加入，比如李宁。在阿里巴巴电子商务生态系统中，集成了诚信体系、消费市场、支付、软件和搜索，形成了一个完整的、强大的电子商务生态系统。

3. 协调阶段

从 2008 年开始，阿里巴巴电子商务生态系统进入协调阶段，其成员规模突破临界点，关键种群成员间的资源争夺日趋激烈、自组织集群和自我服务现象日益明显。阿里巴巴生态系统的成员增长速度变得平缓，但是物种的复杂程度明显增加，利益关系越来越复杂。

在这一阶段，系统初期制定的一些生态规则已经开始不能适应发展的需要，为了争夺更多的资源和利益，阿里巴巴系统内出现了一些有悖系统规律的自我集群及自我服务现象，比如淘宝上卖家互给好评来提高大家信誉度。阿里巴巴作为领导种群审时度势，调整了战略，通过规则的完善与监管来协调关键种群之间的关系，使系统向健康、和谐的方向发展。

首先是"大淘宝"战略的提出。2008 年 9 月 4 日，阿里巴巴集团正式启动"大淘宝"战略。将阿里巴巴从过去的"电子商务服务商"逐渐变为"电子商务基础设施运营商"，共同打造全球最大的电子商务生态系统。

"大淘宝"战略的第一步是打通淘宝与阿里巴巴平台，形成 B2B2C 的商业链条。2009 年"大淘宝"战略的第二步是发布"淘宝合作伙伴计划"，召集各方面的电子商务外包供应商，为淘宝卖家、中小企业提供个性化产品和个性化服务。

其次是"大物流"战略的提出。2011 年 1 月 19 日，阿里巴巴集团在北京发布物流战略。其核心有两件事：第一，通过物流服务平台，大力推进物理信息系统管理；第二，由集团层面主导，投入 100 亿的真金白银着手兴建全国性仓储网络平台。

　　阿里巴巴集团的物流战略共由四个部分组成。其一，淘宝网将继续深化此前已经公布过的淘宝"大物流"计划，未来会依然按照"大物流"计划中的淘宝物流宝平台、物流合作伙伴体系以及物流服务标准体系三大块内容发展物流服务保障能力。其二，阿里巴巴集团将全力推动社会化物流平台的建设。其三，阿里巴巴集团将大力投资建设全国性的仓储网络平台，推动解决物流行业面临的一大瓶颈。其四，在外贸领域，阿里巴巴同样大力推动出口物流服务的发展。

　　最后，"大阿里"战略的提出。2011 年 6 月 16 日，马云致信阿里巴巴全体员工，宣布旗下最大的网络交易平台淘宝分拆重组：成立于 2003 年 5 月的淘宝被拆为一淘网（etao. com）、淘宝网（taobao. com）和淘宝商城（tmall. com）三家独立子公司，地位并行于集团旗下 B2B 上市公司、阿里云、万网等其他子公司。经过数周自上而下的"分家"后，8 月 22 日，完成拆分的三大全新的子公司首次对外亮相。

　　马云说，"大淘宝"战略取得了阶段性进展，初步建立了一个以消费者为中心的强大的网络生态系统。为了更好地适应今天行业的蓬勃发展，集团决定提升"大淘宝"战略为"大阿里"战略——这也是淘宝网拆分为三个公司的战略背景。

　　"大阿里"战略的核心是和所有电子商务的参与者充分分享阿里集团的所有资源——包括其所服务的消费者群体、商户、制造产业链，整合信息流、物流、支付、无线以及提供数据分享为中心的云计算服务等，从而为中国电子商务的发展提供更好、更全面的基础服务。

　　马云说，"大阿里"战略的核心使命仍然是建设开放、协同、繁荣的电子商务生态系统，促进商业文明。

　　这阶段三大战略的提出，表明了阿里巴巴的决心和信心，将"大淘宝"战略提升为"大阿里"战略是 12 年来阿里巴巴集团组织结构上进行的最大力度的调整。"大淘宝"战略的目的是建立一个以消费者为中心的网购生态系统，而"大阿里"将和所有电子商务参与者充分分享阿里集团的所有资源——包括所服务的消费者群体、商户、制造业产业链，整合信息流、物流、支付、无线以及提供数据分享为中心的云计算服务等。

　　⑦　思考讨论题

　　从电商发展的角度试对阿里巴巴电子商务生态系统的演化进行评述。

　　资料来源：李晓明，《电子商务案例分析》，中国铁道出版社 2012 年版。

第 3 章

电子商务技术

本章导读

　　本章主要介绍电子商务的一些常用技术，包括计算机网络与通信技术、Internet 技术、电子数据交换（EDI）技术、电子商务网站的建设技术和电子商务的安全技术等。从应用与管理的角度，针对电子商务专业以及其他经济管理类专业教学特点，按照电子商务技术的知识体系从理论到实践进行了内容整合与探讨。

知识结构图

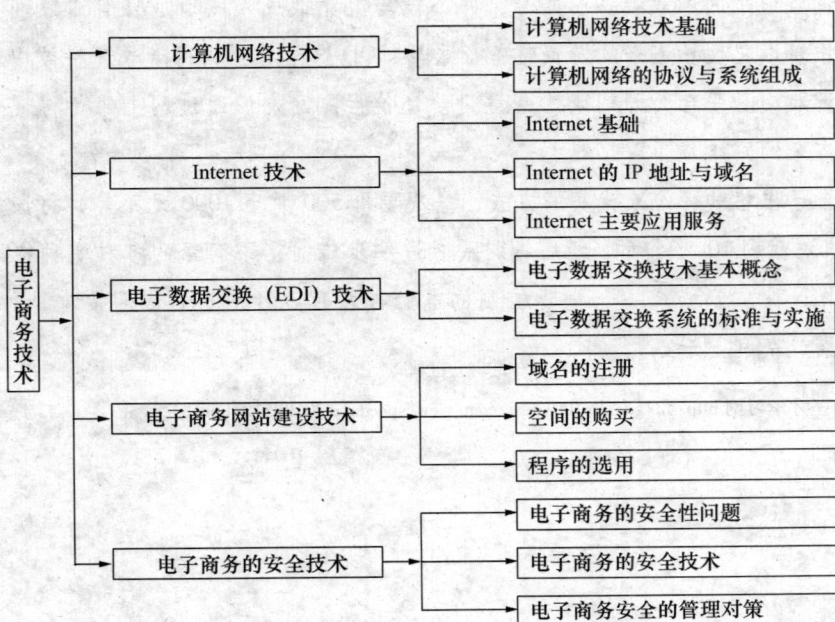

【开篇引例】　　　　　　　　"熊猫烧香"病毒背后的秘密

2006 年 12 月初,我国互联网上大规模爆发"熊猫烧香"病毒及其变种。一只憨态可掬、额首敬香的"熊猫"在互联网上疯狂"作案"。在病毒卡通化的外表下,隐藏着巨大的传染潜力,短短三四个月,"烧香"潮波及上千万个人用户、网吧及企业局域网用户,造成直接和间接损失超过 1 亿元。

2007 年 2 月 3 日,"熊猫烧香"病毒的制造者李俊落网。李俊向警方交代,他曾将"熊猫烧香"病毒出售给 120 余人,而被抓获的主要嫌疑人仅有 6 人,所以不断会有"熊猫烧香"病毒的新变种出现。

随着中国首例利用网络病毒盗号牟利的"熊猫烧香"案情被揭露,一个制"毒"、卖"毒"、传"毒"、盗账号、倒装备、换钱币的全新地下产业链浮出了水面。中了"熊猫烧香"病毒的电脑内部会生成带有熊猫图案的文件,盗号者追寻这些图案,利用木马等盗号软件,盗取电脑里的游戏账号密码,取得虚拟货币进行买卖。

李俊处于链条的上端,其在被抓捕前,不到一个月的时间至少获利 15 万元。而在链条下端的涉案人员张顺已获利数十万了。一名涉案人员说,该产业的利润率高于同期国内的房地产业。

有了大量盗窃来的游戏装备、账号,并不能马上兑换成人民币。只有通过网上交易,这些虚拟货币才得以兑现。盗来的游戏装备、账号、QQ 账号甚至银行卡号资料被中间批发商全部放在网上游戏交易平台公开叫卖。一番讨价还价后,网友们通过网上银行将现金转账,就能获得那些盗来的网络货币。

李俊以自己出售和由他人代卖的方式,每次要价 500 元至 1000 元不等,将该病毒销售给 120 余人,非法获利 10 万余元。经病毒购买者进一步传播,该病毒的各种变种在网上大面积传播。据估算,被"熊猫烧香"病毒控制的电脑数以百万计,它们访问按流量付费的网站,一年下来可累计获利上千万元。

资料来源:圣才学习网 http://guanli. 100xuexi. com/view/specdata/20100512/html。

3.1　计算机网络技术

如今，计算机网络技术已进入办公自动化、企业管理与生产过程控制、金融与电子商务、军事、科研、教育信息服务、医疗卫生等领域。无论是政府机关、公司、企业，还是团体组织、个人，都认识到网络对政策宣传、生产经营、个人学习和生活的重要性。众多企业正在努力通过各种方法组建自己的局域网络，并且实现与 Internet 的互联，从而实现现代化的办公和生产管理。计算机网络技术是电子商务技术中处于最底层、最基础的技术。电子商务的实现必须以计算机网络为基础。

3.1.1　计算机网络技术基础

1. 计算机网络的产生与发展

计算机网络的发展大概经历下面几个阶段。

第一阶段：计算机技术与通信技术相结合，形成了初级的计算机网络模型。此阶段网络应用主要目的是提供网络通信、保障网络连通。这个阶段的计算机是网络的控制中心，终端围绕着中心分布在各处，从而将单一计算机系统的各种资源分散到每个用户手中。如果计算机的负荷较重，会导致系统响应时间过长而且单机系统的可靠性较低，一旦计算机系统发生故障，整个系统就会瘫痪。这种简单的计算机网络称为第一代计算机网络。美国在 1963 年投入使用的飞机订票系统 SABBRE－1 就是这类系统的代表。

第二阶段：在计算机通信网络的基础上，实现了网络体系结构与协议完整的计算机网络。此阶段网络应用的主要目的是：提供网络通信、保障网络连通，网络数据共享和网络硬件设备共享。用户可以共享网络中丰富的硬件和软件资源，这种计算机网络通行称为第二代计算机网络。这个阶段的里程碑是美国国防部的 ARPAnet 网络。在这里多台计算机构成一个有机的整体，即使单机出现故障也不会导致整个网络系统的全面瘫痪。目前，人们通常认为它就是网络的起源，同时也是 Internet 的起源。

第三阶段：计算机解决了计算机联网与互联标准化的问题，提出了符合计算机网络国际标准的"开放式系统互联参考模型（OSI RM）"，从而极大地促进了计算机网络技术的发展。此阶段网络应用已经发展到为企业提供信息共享服务的信息服务时代。具有代表性的系统是 1985 年美国国家科学基金会的 NSFnet。

第四阶段：计算机网络向互联、高速、智能化和全球化发展，并且迅速得到普及，实现了全球化的广泛应用。代表作是 Internet。

2. 计算机网络的概念

所谓计算机网络，是指将地理位置不同的具有独立功能的多台计算机及其外部设备，通过通信线路连接起来，在网络操作系统，网络管理软件及网络通信协议的管理和协调下，实现资源共享和信息传递的计算机系统。对于计算机网络的定义，可以从下面 3 个方面理解。

（1）联网的计算机是可以独立运行的，与早期的多终端计算机有根本的区别。这也就说明两台或两台以上的计算机相互连接起来才能构成网络，达到资源共享的目的。

（2）两台或两台以上的计算机连接，互相通信交换信息，需要有一条通道。这条通道的连接是物理的，由硬件实现，这就是连接介质（有时称为信息传输介质）。它们可以是双绞线、同轴电缆或光纤等"有线"介质，也可以是激光、微波或卫星等"无线"介质。

（3）计算机之间要通信交换信息，彼此就需要有某些约定和规则，这就是协议，最终实现资源共享，包括硬件资源、软件资源和信息的共享。

计算机技术和通信技术结合而产生的计算机通信网络，不仅使计算机的作用范围超越地理位置的限制，而且也增大了计算机本身的威力，拓展了服务，使得他在各领域发挥了重要作用，日益成为计算机应用的主要形式。这是因为计算机网络具有如下重要功能。

（1）数据通信。数据通信是计算机网络最基本的功能。它用来快速传送计算机与终端、计算机与计算机之间的各种信息，包括文字信件、新闻消息、咨询信息、图片资料、报纸版面等。利用这一特点，可实现将分散在各个地区的单位或部门用计算机网络联系起来，进行统一的调配、控制和管理。

（2）资源共享。"资源"指的是网络中所有的软件、硬件和数据资源。"共享"指的是网络中的用户都能够部分或全部地享受这些资源。例如，某些地区或单位的数据库（如飞机机票、饭店客房等）可供全网使用；某些单位设计的软件可供需要的地方有偿调用或办理一定手续后调用；一些外部设备如打印机，可面向用户，使不具有这些设备的地方也能使用这些硬件设备。如果不能实现资源共享，各地区都需要有完整的一套软、硬件及数据资源，则将大大地增加全系统的投资费用。

（3）分布处理。当某台计算机负担过重时，或该计算机正在处理某项工作时，网络可将新任务转交给空闲的计算机来完成，这样处理能均衡各计算机的负载，提高处理问题的实时性；

对大型综合性问题，可将问题各部分交给不同的计算机分头处理，充分利用网络资源，扩大计算机的处理能力，即增强实用性。对解决复杂问题来讲，多台计算机联合使用并构成高性能的计算机体系，这种协同工作、并行处理要比单独购置高性能的大型计算机便宜得多。

3. 计算机网络的分类

计算机网络的分类标准有很多，可以从覆盖范围、拓扑结构、技术标注、交换方式、传输介质、通讯方式等方面进行不同的分类。不同的分类标准反映网络的不同特征。本节从覆盖范围和拓扑结构两个常用的分类方式进行介绍。

（1）按照网络的覆盖范围进行分类。根据网络的覆盖范围的大小，将计算机网络分为局域网、城域网和广域网。

局域网（Local Area Network，LAN）也称局部网，是指将有限的地理区域内的各种通信设备联结在一起的通信网络。它具有很高的传输速率（几十至上吉比特每秒），其覆盖范围一般几百米到 10 千米之内，属于小范围内的联网。如一个建筑物内、一个学校内、一个工厂的厂区内等。局域网的组建简单、灵活，使用方便。

城域网（Metropolitan Area Network，MAN）有时又称之为城市网、区域网、都市网。城域网介于局域网和广域网之间，其覆盖范围通常为一个城市或地区，距离从几十千米到上百千米。城域网中可包含若干个彼此互连的局域网，可以采用不同的系统硬件、软件和通信传输介质构成，从而使不同类型的局域网能有效地共享信息资源。城域网通常采用光纤或微波作为网络的主干通道。

广域网（Wide Area Network，WAN）指的是实现计算机远距离联结的计算机网络，可以把众多的城域网、局域网联结起来，也可以把全球的区域网、局域网联结起来。如几个城市，一个或几个国家，是网络系统中的最大型的网络，地理范围在几千公里左右，用于通信的传输装置和介质一般由电信部门提供，能实现大范围内的资源共享，如国际性的 Internet 网络。

（2）按照网络的拓扑结构进行分类。计算机网络的拓扑结构是指计算机网络的硬件系统的连接形式，及网络的硬件布局，通常用不同的拓扑来描述对物理设备进行布线的不同方案。通常用的网络拓扑有星型、总线型、环型、树型、网状型。

星型拓扑结构由中央节点集线器与各个节点连接组成，如图 3－1 所示。这种网络各节点必须通过中央节点才能实现通信。中央节点执行集中式通信控制策略，因此中央节点相当复杂，而其他节点的通信处理负担都很小。

星型拓扑结构便于集中控制，因为端用户之间的通信必须经过中心站。由于这一特点，也

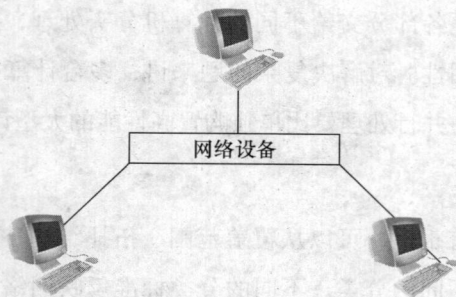

图 3-1　星型

带来了易于维护和安全等优点。端用户设备因为故障而停机时也不会影响其他端用户间的通信。同时星型拓扑结构的网络延迟时间较小，传输误差较低。但这种结构非常不利的一点是，中心系统必须具有极高的可靠性，因为中心系统一旦损坏，整个系统便趋于瘫痪。对此中心系统通常采用双机热备份，以提高系统的可靠性。现有的数据处理和声音通信的信息网大多采用星型网，目前流行的专用小交换机 PBX（Private Branch Exchange），即电话交换机就是星型网拓扑结构的典型实例。它在一个单位内为综合语音和数据工作站交换信息提供信道，还可以提供语音信箱和电话会议等业务，是局域网的一个重要分支。

　　总线型拓扑结构由一条高速公用主干电缆即总线连接若干个结点构成网络。网络中所有的结点通过总线进行信息的传输，如图 3-2 所示。总线结构是使用同一媒体或电缆连接所有端用户的一种方式，也就是说，连接端用户的物理媒体由所有设备共享，各工作站地位平等，无中央节点控制，公用总线上的信息多以基带形式串行传递，其传递方向总是从发送信息的节点开始向两端扩散，如同广播电台发射的信息一样，因此又称广播式计算机网络。各节点在接受信息时都进行地址检查，看是否与自己的工作站地址相符，相符则接收网上的信息。

　　这种结构具有费用低、数据端用户入网灵活、站点或某个端用户失效不影响其他站点或端用户通信的优点。缺点是一次仅能一个端用户发送数据，其他端用户必须等待到获得发送权；媒体访问获取机制较复杂；维护难，分支节点故障查找难。尽管有上述一些缺点，但由于布线要求简单，扩充容易，端用户失效、增删不影响全网工作，所以是 LAN 技术中使用最普遍的一种。

　　环形拓扑结构由各结点首尾相连形成一个闭合环型线路，如图 3-3 所示。环型网络中的信息传送是单向的，即沿一个方向从一个节点传到另一个节点；每个节点需安装中继器，以接收、放大、发送信号。每个端用户都与两个相邻的端用户相连，因而存在着点到点链路，但总是以单向方式操作，于是便有上游端用户和下游端用户之称；信息流在网中是沿着固定方向流动的，

图 3-2　总线型

图 3-3　环型

两个节点仅有一条道路，故简化了路径选择的控制；环路上各节点都是自举控制，故控制软件简单；由于信息源在环路中是串行地穿过各个节点，当环中节点过多时，势必影响信息传输速率，使网络的响应时间延长；环路是封闭的，不便于扩充；可靠性低，一个节点故障，将会造成全网瘫痪；维护难，对分支节点故障定位较难。

树型拓扑结构是分级的集中控制式网络，如图 3-4 所示。与星型相比，树型的通信线路总长度短，成本较低，节点易于扩充，寻找路径比较方便，但除了叶节点及其相连的线路外，任一节点或其相连的线路故障都会使系统受到影响。这个结构可以延伸出很多分支和子分支，这些新节点和新分支都能容易地加入网内。如果某一分支的节点或线路发生故障，很容易将故障分支与整个系统分离开来。然而该结构对于根的依赖性太大，如果根发生故障，则全网不能正常工作。

网状型拓扑结构各节点通过传输线互相连接起来，并且每一个节点至少与其他两个节点相连，如图 3-5 所示。由于节点之间有很多路径相连，可以为数据流的传输选择适当的路径，从而绕过失效的部件或过忙的节点，可靠性较高，在广域网中有着广泛的应用。但其结构复杂，实现起来费用较高，不易管理和维护，不常用于局域网。

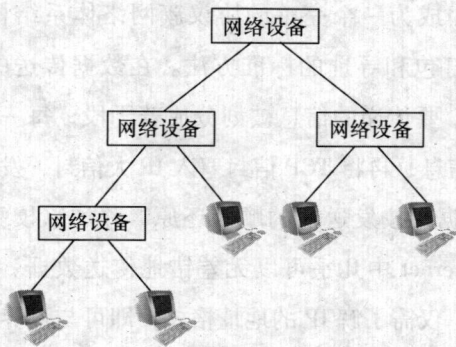

图 3-4　树型

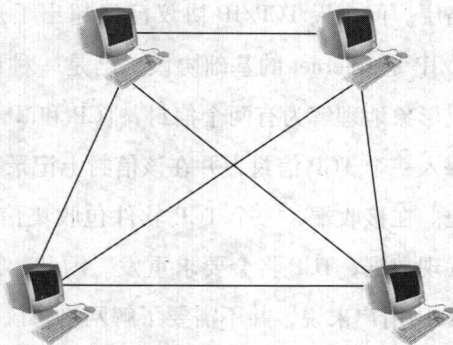

图 3-5　网状型

3.1.2　计算机网络的协议与系统组成

1. 计算机网络的协议

提起网络，就不能不说协议，网络中的计算机与计算机之间要想正确的传输数据与信息，必须在数据传输的顺序、数据的格式与内容等方面有一个约定或规则，这种约定或规则称作协议。由于通信双方所使用的网络系统可能不同，相互之间的通信是一个十分复杂的过程，为了简化，网络技术人员采用一种"分而治之"的处理方法，将复杂的问题划分为若干个彼此相关的功能层次模块来处理，每个模型处理相对简单的功能。1981 年国际标准化组织（International Standardization Organization，ISO）为计算机网络通信制定了一个七层协议的框架称为"开放系统互联参考模式"（Open System Interconnection，OSI），使得全球计算机网络实现了标准化，为网络互联提供了条件。OSI 参考模型的结构图如图 3-6 所示。

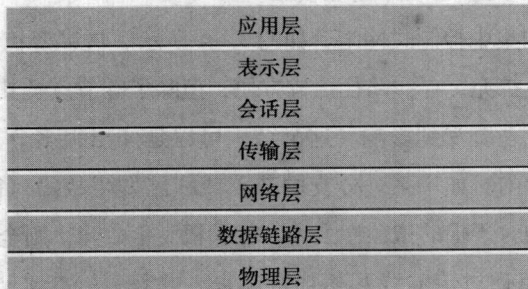

应用层
表示层
会话层
传输层
网络层
数据链路层
物理层

图 3-6　开放系统互联参考模式

计算机网络的另一种协议标准是 TCP/IP（数据控制协议、网间协议），此协议先于 OSI 模型的开发，并不完全符合 OSI 的七层参考模型。大致说，TCP 对应 OSI 模型的传输层，IP 对应网络层。但今天 TCP/IP 协议已经超出了这两个层次，成为一个完整的协议簇网络体系结构。TCP/IP 是 Internet 的基础协议，已是一种计算机数据打包和寻址的标准方法。在数据传送中，可以形象地理解为有两个信封，TCP 和 IP 就像是信封，要传递的信息被划分成若干段，每一段被塞入一个 TCP 信封，并在该信封上记录有分段号的信息，再将 TCP 信封塞入 IP 大信封，发送网上。在接收端，一个 TCP 软件包收集信封，抽出数据，按发送前的顺序还原，并加以校验，若发现数据，TCP 将会要求重发。因此，TCP/IP 在 Internet 中几乎可以无差错地传送数据。对 Internet 用户来说，并不需要了解网络协议的整个结构，仅需了解 IP 的地址格式，即可与世界各地进行网络通信。

除 TCP/IP 协议之外，常见的网络协议还有动态主机配置协议（Dynamic Host Configuration

Protocol，DHCP）、文件传输协议（File Transfer Protocol，FTP）、超文本传输协议（Hypertext Transfer Protocol，HTTP）等。

2. 计算机网络的系统组成

计算机网络一般由网络服务器、工作站、网络适配器（网卡）、传输介质和网络操作系统部件 5 个部分组成，如图 3－7 是一种比较常见的计算机网络。

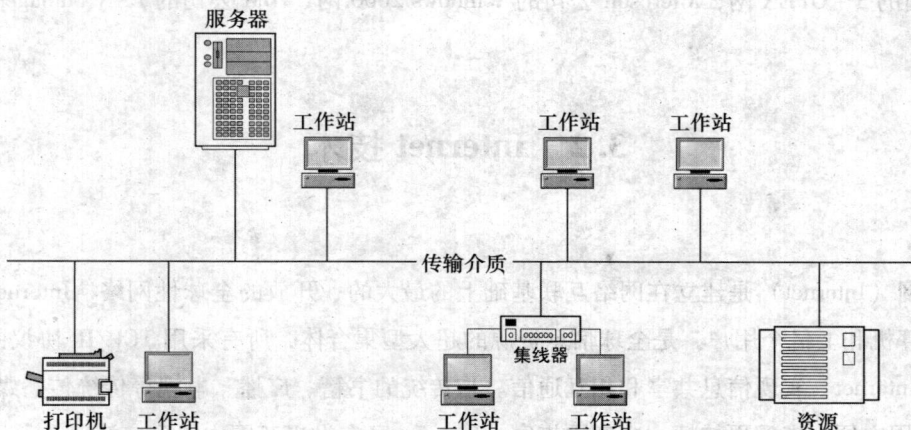

图 3－7　计算机网络

（1）网络服务器。网络服务器是可被网络用户访问的计算机系统，它包括可为网络用户提供服务的各种资源，并负责对这些资源的管理，协调网络用户对这些资源的访问。每个网络至少有一台网络服务器，它的性能直接关系到整个网络的效率，选择和配置好网络服务器是组建局域网的关键环节之一。

（2）工作站。工作站（Workstation）也称为客户机（Clients），使用户访问网络共享资源的窗口，一般是一台普通 PC 计算机上安装网卡和网络工作站软件而成。工作站微机可以根据工作站处理任务的要求配置，通常包括主机、显示器、键盘、鼠标、磁盘（软盘和硬盘）。工作站可以是一般的个人计算机，也可以是专用电脑，如图形工作站等。工作站可以有自己的操作系统，独立工作；通过运行工作站的网络软件可以访问服务器的共享资源，目前常见的工作站有 Windows2000 工作站和 Linux 工作站。

（3）网卡。网卡又称为网络接口适配器，是构成网络的基本部件，它一方面连接网络中的计算机，另一方面通过连接器件与传输介质相连。实现网络数据格式与计算机数据格式的转换，网络数据的接收与发送等功能。

（4）传输介质。局域网上常用的传输介质有同轴电缆、双绞线、光缆等，因此可以将局域网分为同轴电缆局域网、双绞线局域网和光缆局域网。如果采用的是无线电波、微波，则可称为无线局域网。

（5）网络操作系统。网络操作系统是使网络上各计算机能方便而有效地共享网络资源，并为网络用户提供所需服务的软件和有关规程的集合。正如微机上的 DOS、UNIX、WINDOWS、OS/2 等不同操作系统一样，目前局域网上也有多种网络操作系统，如 Novell 公司的 Netware 网，3COM 公司的 3 + OPEN 网，Microsoft 公司的 Windows 2000 网，IBM 公司的 LAN Manager 网等。

3.2　Internet 技术

因特网（Internet）是建立在网络互联基础上的最大的、开放的全球性网络，Internet 拥有数千万台计算机和上亿个用户，是全球信息资源的超大型集合体，所有采用 TCP/IP 协议的计算机都可加入 Internet，实现信息共享和相互通信。与传统的书籍、广播、电视等传统传播媒体相比，Internet 使用方便，查阅更快捷，内容更丰富，Internet 已在世界范围内得到广泛普及。

3.2.1　Internet 基础

1. Internet 及其发展

Internet 是电子商务最重要的通信网络基础。它是一个通过各种通讯介质和数据通信网，把分布于世界各地不同结构的计算机网络联结起来，共同遵守 TCP/IP 通信协议，从而构成世界范围的网络集合，如图 3 - 8 所示。Internet 源于美国，它的发展共经历了三次重大的变革。

（1）第一阶段 ARPAnet（1969 ~ 1990）。因特网起源于 ARPAnet（阿帕网），20 世纪 60 年代末 ~ 70 年代初由美国国防部资助 ARPA（Advanced Research Projects Agency）承建。目的是通过这个网络把美国军事及研究用计算机主机联结起来，形成新的军事指挥系统。ARPAnet 是 Internet 的雏形。1973 年，它首次跨出美国，利用卫星技术与英国、挪威联网成功。1986 ~ 1990 年是它与 NSFnet 并行交叉发展的阶段。从 4 个节点，数台主机发展到 800 多个网络，15 万台计算机。

（2）第二阶段 NSFNET（1986 ~ 1995）。20 世纪 80 年代中期因特网出现第一次快速发展。当时，网络技术取得巨大进展，涌现出大量的利用以太网和工作站组成的局域网，奠定了建立大规模广域网的基础。1981 年，美国全国科学基金会（National Science Foundation）提出了发展 NSFnet 的计划，把全国大学和学术机构已经建成的地区性网络联结起来。

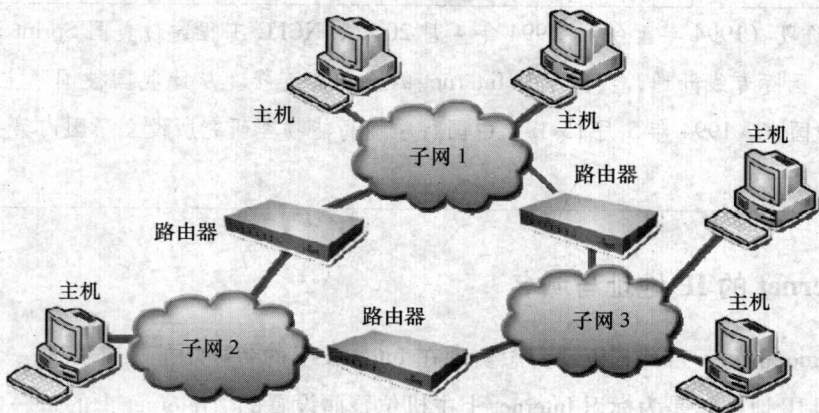

图 3-8 Internet 示意图

在 20 世纪 90 年代以前，因特网的使用一直仅限于研究领域和学术领域，商业性机构进入因特网一直受到这样或那样的法规或传统问题的困挠。1991 年，General Atomics、Performance Systems International、UUnet Technologies 等 3 家公司组成了"商用因特网协会"，宣布用户可以把它们的因特网子网用于任何的商业用途。因特网实现第二次飞跃。

（3）第三阶段 ANSnet（1992 ~ 至今）。1991 年，IBM，MCI 和 Merit 公司在 NSF 的推动下，成立了一个非营利的公司——ANS 公司（Advanced Network Services）。1992 年，ANS 公司建立了新的主干网 ANSnet，即现在的 Internet 主干网。速率达到 T3（44.736MB/S）。商业机构一踏入因特网这一陌生的世界，很快就发现了它在通讯、资料检索、客户服务等方面的巨大潜力。于是，世界各地无数的企业及个人纷纷涌入因特网，带来了因特网发展史上一次质的飞跃。

万维网在 Internet 上出现，使 Internet 具备了多媒体应用的功能。到 1994 年年底，因特网已通往全世界 150 个国家和地区，联接着 3 万多个子网，320 多万台计算机主机，直接的用户超过 3500 万，成为世界最大的计算机网络。1995 年 4 月，NSF 停止对 Internet 的管控，由美国政府指定的三家商业公司替代 NSF 的职能。至此，因特网的商业化彻底完成。

【阅读资料 3-1】　　　　　　　　Internet 在我国的发展

Internet 在我国的发展按时间划分主要分为两个阶段。

第一阶段（1978 ~ 1993 年），北京计算机应用技术研究所研究员钱天白教授的一封 E-mail 揭开了中国人使用 Internet 的序幕，主题是"越过长城，通向世界"。1990 年 10 月，注册登记了我国的顶级域名 CN。1993 年 3 月 12 日，部署建设国家公用经济信息通信网（简称金桥工程）。

第二个阶段（1994 年至今），1994 年 4 月 20 日，NCFC 工程通过美国 Sprint 公司连入 Internet 的 64K 国际专线开通，实现了与 Internet 的全功能连接。从此我国被国际上正式承认为有 Internet 的国家。1994 年 5 月 15 日，中国科学院高能物理研究所设立了国内第一个 WEB 服务器。

3.2.2 Internet 的 IP 地址与域名

接入 Internet 的每一台计算机，要想实现在 Internet 上的各种功能，都需要一个标识。网际协议地址（即 IP 地址）是为标识 Internet 上主机位置而设置的。Internet 上的每一台计算机都被赋予一个世界上唯一的 32 位 Internet 地址（Internet Protocol Address，简称 IP Address），这一地址可用于与该计算机有关的全部通信。IP 地址是一个逻辑地址，用 32 位二进制数标识计算机网络中的每一台计算机。

每个 IP 地址由网络标识（NetID）和主机标识（HostID）两部分组成，网络部分用来描述主机驻留的网络，主机部分用来识别特定的主机。IP 地址可以写成 4 个用小数点分开的十进制数，每个十进制数表示 IP 地址中的 8 个二进制数。每个十进制数的取值范围为 0～255，中间用圆点分隔，通常表示为 mmm.ddd.ddd.ddd。例如：123.12.1.321 就可以表示网络中某台主机的 IP 地址。

尽管 IP 地址能够唯一地标识网络上的计算机，但 IP 地址是数字型的，用户记忆这类数字十分不方便，于是人们又发明了另一套字符型的地址方案即所谓的域名地址。IP 地址和域名是一一对应的。域名采用分级结构，由用"."分割的多个字符串组成，高级域在右边，最右边为一级域名。Internet 上的每一个域，都必须设置域名管理系统（Domain Name System，DNS），负责本域内主机名的管理并与其他各级域名服务器相配合，完成 Internet 上 IP 地址与主机名的查询。

域名一般有三到四级，其通用的格式如表 3-1 所示。

表 3-1　　　　　　　　　　　　　　　　域名格式

四级域名	·	三级域名	·	二级域名	·	一级域名

一级域名又称顶级域名，代表建立网络的部门、机构或网络所隶属的国家或地区，如表 3-2 所示。二级域名往往表示主机所属的网络性质，如表 3-3 所示。三级域名是自定义的，通常为机构、公司全称、全称的缩写或商标名称。例如重庆大学的域名 cqu.edu.cn 是在一级域名 .cn（中国）下的二级域名 .edu（教育机构）下的三级域名。

表 3 - 2　　　　　　　　　　　　　部分国家和地区域名

域　名	含　义	域　名	含　义
. au	澳大利亚	. ca	加拿大
. ch	瑞士	. cn	中　国
. de	德国	. fr	法　国
. jp	日本	. it	意大利
. ru	俄罗斯	. uk	英　国
. tw	中国台湾	. hk	中国香港

表 3 - 3　　　　　　　　　　　　　常见的二级域名

域　名	含　义	域　名	含　义
. int	国际组织	. com	商业组织
. edu	教育组织	. gov	政府组织
. mil	军事组织	. org	非营利法人商业组织
. net	网络资源组织	. firm	商业公司组织
. store	商业销售企业组织	. web	与 www 相关的实体组织
. arts	文化和娱乐实体组织	. info	提供信息服务的实体组织
. nom	个体或个人		

3.2.3　Internet 主要应用服务

在 Internet 上，有许多服务器在向访问者提供各种各样的服务，服务内容几乎遍及人们生活的各个方面。Internet 提供的诸多服务功能有电子邮件、文件传输、万维网、远程登录、电子公告栏、新闻组和专题讨论。

1. 电子邮件（E-mail）

电子邮件（Electronic Mail，E-mail），它是用户或用户组之间通过计算机网络收发信息的服务。目前电子邮件已成为网络用户之间快速、简便、可靠且成本低廉的现代通信手段，也是 Internet 上使用最广泛、最受欢迎的服务之一。

电子邮件来源于专有电子邮件系统，它是由从一台计算机终端向另一计算机终端传送文本信息的相对简单的方法而发展起来的，现在已经演变成为一个功能颇多的系统，可以传送文档、声音、图片、图像等各种信息。电子邮件以其快速、高效、方便、廉价等特点成为许多商家、组织和个人用户的常用服务。

要发送和接收电子邮件，首先需要有一个电子邮件地址。电子邮件地址由三个部分组成：用户名、"@"符号和用户所连接的主机地址。如在 sw_ 120304612@163. com 中，"sw_ 120304612"是用户名，"163. com"是用户所连接的主机地址。

2. 文件传输（FTP）

文件传送协议（File Transfer Protocol，FTP）是在因特网上传送文件的一个重要协议。FTP 是因特网中广为使用的一种服务，这种服务主要用于两个主机之间的文件传输：用户可以把远程主机上的文件下载到自己的主机上，也可以把文件上传到远程主机上。目前，个人用户常常利用 FTP 服务从因特网上下载各种资料、软件、电影、MP3 等。

FTP 的一个重要任务就是要减少不同操作系统下文件的不兼容性质。因为客户机和服务器（远程主机）可能是完全不同类型的计算机，更可能使用完全不同的操作系统，那么它们的文件类型就可能或多或少地存在差别。如果不能消除这些差别，文件传输到客户机时，客户机的操作系统也不能正确识别这种文件，展现在用户面前的将是一堆乱码或者是不能执行的程序。FTP 能够对客户机和服务器的操作系统进行鉴别，依照协议的规定对数据文件进行相应的转换。FTP 传输的文件类型可以分为文本文件和二进制文件两种。一般情况下，为了保证传输的正确性，都以二进制文件进行传输。

3. 万维网（WWW）

万维网（World Wide Web，WWW）也称 Web，是一种基于超文本方式的信息查询工具，它最大特点是拥有非常友善的图形界面，非常简便的操作方法以及图文并茂的显示方式。

WWW 是一种客户机/服务器模式。服务器是用于提供信息服务的 web 服务器，客户机是运行在客户端的客户程序，又称为 WWW 浏览器。在服务器与浏览器之间通过 HTTP（Hyper Text Transport Potocol）进行 web 网页的传输。WWW 为用户提供世界范围的超文本服务。此外，WWW 仍可提供传统的因特网服务，如 FTP、E-mail 等。

万维网是图形化的、超媒体的信息发布和获取系统。万维网把各种类型的信息（静止图像、文本、声音和影像）有机地集成起来，提供一种超媒体的、可随时随地获取和发布信息的方法，用户在获取和发布信息时，不仅可以使用文本，也可以使用图像、动画和声音。

万维网与平台无关。可以通过任何类型的计算机，使用任何操作系统，使用任何显示器去访问各种基于 UNIX 平台或基于 Windows 平台的 WWW，且显示的信息结果都是一样的。万维网可以把分布在全世界数以千万计的网络站点上的各种（超文本的或超媒体的）信息有机地链接起来，而每个站点只负责提供和维护它所发布的信息。在万维网中，每个网络站点，以及该站点上的每一个网页都唯一和一个地址对应，该地址称为统一资源定位器 URL（Uniform Resource Locator）。

例如：上海热线的 URL 是 http：//www. online. sh. cn/。用户只要记住这个地址，在世界上的任意与因特网相连的计算机上都可以访问到上海热线。万维网是交互式的，即使用因特网的用户可以进行实时的"即时通信"。在万维网以前的许多因特网软件中也有交互功能，如远程登录，FTP 等，但这些软件的交互功能还比较简单。万维网为用户提供了高性能的交互工具，例如，目前国内最受欢迎的"腾讯 QQ"（见图 3 – 9）就是典型的交互型即时通信工具。

图 3 – 9　QQ 登录界面

4. 远程登录（Telnet）

远程登录即可以使本地计算机连接到一个远程的计算机上，执行存储在其他计算机或机器上的程序。前提是必须有对远程计算机的使用权。登录以后的本地计算机就可以成为这个远程计算机的终端，就像在本地一样，可以使用远程计算机允许使用的各项功能。远程登录就是在网络通信协议 Telnet 的支持下，使自己的计算机暂时成为远程计算机终端的过程。为了和远程计算机建立连接，必须事先知道远程计算机的域名或者 IP 地址，并成为远程计算机的合法用户，现在部分机构提供匿名登录。目前，许多图书馆、政府部门和研究机构等通过 Telnet 对外提供联机资料查询，使得远程用户能共享资源。

5. 电子公告栏

电子公告栏（Bulletin Board System，BBS）是用电子通信手段"张贴"各种公告和消息，是 Internet 上著名的服务之一，是由许多人参与的论坛系统。它的优势在于能迅速接近范围更广、距离更远的"读者"，使之成为强有力的信息传播工具，如图 3 – 10 所示为中国人民大学经管之家（原人大经济论坛，著名的学术交流网站）主页。

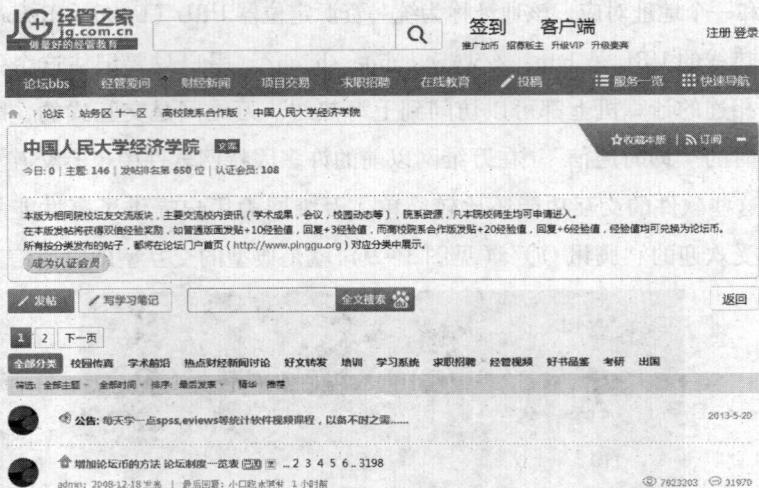

图 3-10　人大经济论坛网站

　　由于用户需求的不断增加，BBS 现在的功能十分强大，大致包括：信件讨论区、文件交流区、信息布告区和交互讨论区这几部分。它作为网上直接对话的窗口，为情趣相近和有着共同需要的人提供了一个虚拟的、开放式的交流空间。它具有便捷、开放等特点。

　　继 E-mail、BBS 之后，博客（Weblog，缩写为 Blog）成为一种新的网络交流方式。Blog 的中文名称除"博客"外还有"网志""网络日记""部落客"等。博客可以理解为一种表达个人思想和网络链接，内容按照时间顺序排列，并且不断更新的出版方式。博客网站是网民们通过互联网发表各种思想的虚拟场所，其主要特点是：频繁更新、简洁明了和个性化。图 3-11 为新浪博客网页。

图 3-11　新浪博客

一个 Blog 就是一个网页，它通常是由简短且经常更新的帖子所构成。这些张贴的文章都按照年份和日期排列。Blog 的内容和目的有很大的不同，有对其他网站的超级链接和评论，也有各类新闻，更多的是日记、照片、诗歌、散文，甚至科幻小说。许多 Blog 是个人心中所想之事情的发表，其他 Blog 则是一群人基于某个特定主题或共同利益领域的集体创作。撰写这些 Weblog 或 Blog 的人就叫做 Blogger 或 Blog writer，他们以超级链接为工具书写网络日记，代表着一种新的生活、工作和学习方式。

网络即时通信是 Instant Messaging（IM）的中文译名，这是一种可以让使用者在网络上建立某种聊天室（chatroom）的实时通信服务。它囊括了 E-mail 的所有功能，例如文字、文件、图片的传输等等，并且实现了信息的实时交互，在安装麦克风和摄像头之后还可以实现语音、视频聊天。

目前国内市场上约有 50 款即时通信软件，腾讯 QQ 占据绝大部分市场份额，其次是 MSN Messenger、新浪 UC、网易 POPO、雅虎通、Skype、淘宝旺旺等。这些即时通信软件基本可以分化为两类：一是信息终端和多媒体娱乐终端，以 QQ、MSN Messenger 为代表，它们提供丰富的专业资讯，有强大的通信功能，整合有趣而实用的功能，有漂亮生动的软件界面，成为信息交流和网络互动娱乐的软件终端；二是专注某一专门功能或用途的软件，以 Skype、Google Talk 和 ET 为代表。它们以更为专业的技术，提供更专业的服务，如语音通信、视频通信、商务交流等，网络电话（VOIP）软件就是这当中的典型。

3.3 电子数据交换（EDI）技术

电子数据交换（Electronic Data Interchange，EDI）是现代计算机技术和远程通信技术相结合的产物，进入 20 世纪 90 年代以来，EDI 已成为世界性的热门话题。为竞争国际贸易的主动权，各国的企业界和商业界人士都积极采用 EDI 来改善生产和流通领域的环境，以获得最佳的经济效益。本节主要介绍 EDI 的基本概念、结构及 EDI 在物流行业的应用。

3.3.1 电子数据交换技术基本概念

电子数据交换（EDI）是 20 世纪 80 年代发展起来的、融现代计算机技术和远程通信技术为一体的产物。它将贸易、生产、运输、保险、金融和海关等事务文件，通过电子信箱按个有关部门或公司企业之间的标准格式进行数据交换，并按照国际统一的语法规则对报文进行处理，是一种利用计算机进行事务处理的新业务。

一个 EDI 信息包括了一个多数据元素的字符串，每个元素代表了一个单一的事实，比如价格和商品模型号等，相互间由分隔符隔开。整个字符串被称为数据段。一个或多个数据段由头和尾限制定义为一个交易集，此交易集就是 EDI 传输单元（等同于一个信息）。一个交易集通常由包含在一个特定商业文档或模式中的内容组成。当交换 EDI 传输时即被视为交易伙伴。通过 EDI 传递的商业文件，具有标准化、规范化的文件格式，实现了数据的标准化，便于计算机自动识别与处理。采用电子化的方式传送，传输过程无需人工介入，无需纸张文件，可大大提高工作效率，消除许多无谓的重复工作，节省交易双方的支出。手工条件和 EDI 条件下的贸易单证的传递方式如图 3-12 和 3-13 所示，EDI 的使用改善了客户关系，拓展了用户群。

EDI 传输的是格式化的标准文件，并具有格式校验功能。而传真、用户电报和电子信箱等传送的是自由格式的文件。EDI 是实现计算机到计算机的自动传输和自动处理，其对象是计算机系统。而传真、用户电报和电子信箱等的用户是人，接收到的报文必须人为干预或人工处理。EDI 对于传送的文件具有跟踪、确认、防篡改、防冒领、电子签名等一系列安全保密功能。而传真、用户电报没有这些功能。虽然电子信箱具有一些安全保密功能，但它比 EDI 的层次低。EDI 文本具有法律效力，而传真和电子信箱则没有。

传真是建立在电话上，用户电报是建立在电报网上，而 EDI 和电子信箱都是建立在分组数据通信网上。EDI 和电子信箱都建立在计算机通信网开放式系统互联模型（OSI）的第七层上，而且都是建立在 MHS（消息处理系统）通信平台之上，但 EDI 比电子信箱要求的层次更高。传真目前大多为实时通信，EDI 和电子信箱都是非实时的，具有存储转发功能。因此，不需用户双方联机操作，解决了计算机网络同步处理的困难和低效率。如果利用信箱系统，也可实现传真的存储转发。

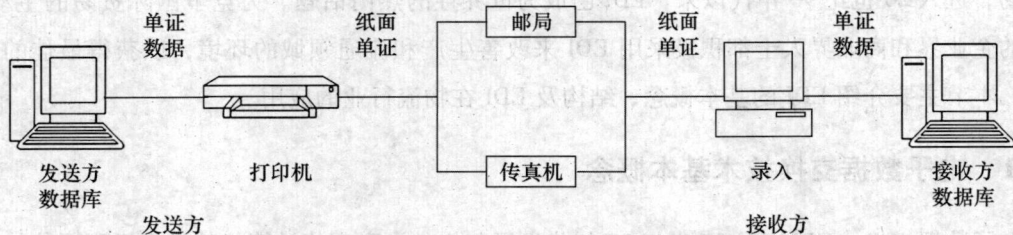

图 3-12　手工条件下贸易单证的传递方式

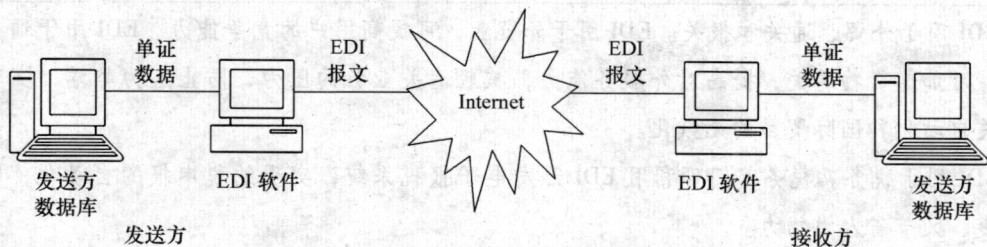

图 3－13　EDI 条件下的贸易单证的传递方式

3.3.2　电子数据交换系统的标准与实施

广义地讲，EDI 技术包括三个基本要素，它们是 EDI 标准、计算机硬件和专用软件、通信网络设施。狭义地讲 EDI 技术是指 EDI 专用的一套结构化数据格式标准。

1. 电子数据交换系统的标准

如同其他标准化工作一样，EDI 的各项标准相互间有一定的内在联系。它们相互联系，互为因果。根据标准体系的编制原则以及 EDIFACT 现在发布的有关规则、目录等内容，我们将 EDI 标准体系大致分为 7 类。①EDI 综合标准，主要指基础标准，这是 EDI 的核心标准。主要有段目录、复合数据元目录、数据元目录、代码表等目录类标准，以及语法规则、报文设计指南与规则等规则类标准。②EDI 管理和规则类标准，涉及 EDI 标准维护的有关评审指南和规则，这些标准主要来自 EDIFACT 的制定机构。③EDI 单证标准。EDI 的数据主要来源于具体业务，必然涉及单证的格式、数据区域等内容，单证标准是为纸面单证向 EDI 报文过渡而制定的涉及各个领域的单证格式标准，实施 EDI 首先要进行单证标准化，达到业务重组的目的。④EDI 报文标准。EDI 数据的载体就是报文，所有数据都利用报文传输，EDI 报文标准涉及行政管理、商业和运输业三大领域，迄今为止由 UN/ECE WP.4 制定的报文标准已有近 200 个。⑤EDI 代码标准。EDI 交换的基本原则是尽可能使用代码描述具体内容，这些涉及 EDIFACT 内的代码，也涉及外部维护的代码标准，它们之间相互关联。⑥EDI 其他标准，主要是指 EDI 专用的通信标准。⑦EDI相关标准，是指数据的安全保密、通信标准等。

【阅读资料 3－2】　　　　　　电子数据交换（EDI）的应用

EDI 用于金融、保险和商检。可以实现对外经贸的快速循环和可靠的支付，降低银行间转账所需的时间，增加可用资金的比例，加快资金的流动，简化手续，降低作业成本。

EDI 用于外贸、通关和报关。EDI 用于外贸业，可提高用户的竞争能力。EDI 用于通关和报关，可加速货物通关，提高对外服务能力，减轻海关业务的压力，防止人为弊端，实现货物通关自动化和国际贸易的无纸化。

EDI 用于税务。税务部门可利用 EDI 开发电子报税系统，实现纳税申报的自动化，即方便快捷、又节省人力物力。

EDI 用于制造业、运输业和仓储业。制造业利用 EDI 能充分理解并满足客户的需要，制订出供应计划，达到降低库存，加快资金流动的目的。运输业采用 EDI 能实现货运单证的电子数据传输，充分利用运输设备、仓位，为客户提供高层次和快竭的服务。对仓储业，可加速货物的提取及周转，减缓仓储空间紧张的矛盾，从而提高利用率。

2. 电子数据交换系统的实施

（1）准备工作。包括应用需求分析及业务流程的简化与重组。

在建立 EDI 应用系统前，要先根据单位的应用条件弄清需求，可从以下 5 个方面考察。①应用系统的角度。原有信息系统中的哪些信息、业务流程和 EDI 处理相关联，目前业务流程是否合理等。②传递信息的种类和数量的角度。目前预计采用 EDI 报文的数目与种类，将来增加 EDI 报文的数量和 EDI 报文的交换频度等。③交易伙伴的角度。和多少交易伙伴进行贸易，对方的联系人是谁，对方是否有 EDI 经验等，对方是政府部门还是供应商。④标准的角度。采用哪一种标准，每一种标准有多少版本，选择哪一年的标准等。⑤系统的角度。是否已经具备计算机应用软硬件系统，对原有系统兼容性的考虑，对 EDI 核查跟踪系统的考虑等。

任何一项新技术的应用都会对原有生产过程或管理带来变革。同样，EDI 技术的应用将对传统的贸易过程和管理产生巨大的影响，这将充分体现在业务流程的简化与重组上。例如在供应链中，由于 EDI 的快速高效使供求关系变得更紧密，无形中供方成了需求方的一个后勤部门。在 EDI 中，贸易过程的每一个环节的完成对应一个 EDI 报文的传输，因此 EDI 的使用使贸易过程规范化，所有 EDI 报文体现了贸易的全过程，EDI 还使"出差"成为多余的事情等等。因此我们应该充分考虑到 EDI 对业务过程和管理方式的影响，及时进行调整。

（2）单证和代码的标准化。

第一，单证的标准化。当前国际贸易主要是以单证为媒介来实现的。贸易合同签订以后，货物从出口商到进口商的整个过程中，每一环节都需要单证的缮制、处理、交接和传递，以满足商业、运输、银行、保险、商检、海关以及政府机关等多方面的需要。由此可见，单证是完成国际贸易程序不可缺少的手段，是国际贸易工作的一个重要组成部分。国内商业贸易过程，也需要各种单证，例如合同、提货单、发票等等。在 EDI 中传送的每一个报文，恰好和贸易过程中的单证一一对应。由于 EDI 报文具有严格的格式，因此在实施 EDI 前就需要将贸易单证规范化、标准化，以便实施向 EDI 过渡。单证标准化的方法是在有相应国家标准或行业标准时使用国家标准或行业标准，在没有国家标准或行业标准时建议制定相应的标准。

第二，代码标准化。在 EDI 中，相当多的数据元使用代码。因此，代码标准化也是一个十分重要的事情。EDI 的双方在报文的设计中应尽可能使用代码，而且在代码的应用上必须统一，否则将导致报文内容的异议。EDI 的双方很可能处在不同的行业，因此应尽可能放弃行业代码，使用统一的国际或国家标准代码。

（3）软硬件的选择。

第一，软件选择。实现 EDI，需要配备相应的 EDI 软件及硬件。EDI 软件具有将用户数据库系统中的信息译成 EDI 的标准格式以供传输交换的能力。由于 EDI 标准具有足够的灵活性，因而可以适应不同行业的众多需求，然而，每个公司有其自己规定的信息格式，因此，当需要发送 EDI 报文时，必须用某些方法从公司的专有数据库中提取信息，并把它翻译成 EDI 标准格式，进行传输，这就需要 EDI 相关软件的帮助。同时，使用一个较好的系统平台，则会给 EDI 软件的操作带来方便。因此，有必要对系统软件和 EDI 用户软件的选择作一讨论。建立 EDI 系统时，EDI 用户软件一般为自行开发或者购买商品化软件，大部分使用者以购买现成的软件为主。购买现成的软件的优点主要是周期短、成本低、投入的技术人员少、包含的 EDI 标准多等。自主开发的优点是后续维护容易、扩充性强、易于连接。

第二，硬件选择。EDI 所需的硬件设备大致有：计算机、调制解调器（Modem）及通信线路。①计算机。目前所使用的计算机，无论是 PC 机、工作站、小型机、主机等，均可利用，不必特地为应用 EDI 而购买新的设备。②Modem。由于使用 EDI 来进行电子数据交换，需通过通信网络，目前采用电话网络进行通信是很普遍的方法，因此 Modem 是必备的硬件设备。Modem 的功能与传输速度，应根据实际需求而选择。③通信线路。一般最常用的是电话线路，如果对传输时效及资料传输有较高要求，可以考虑租用专线（Leased Line）。

（4）网络选择。用户可基于本身现阶段数据交换量的大小，选择不同的通信网络。对于中小型企业，其数据交换量不是很大，且贸易伙伴较为固定，交易圈较小，考虑成本因素，故宜选择因特网等通信费用较为便宜的网络。而对于大型企业，建议选用 VAN 的方式，其数据的安全保密性高，而且可通过增值网提供的各种服务减少企业内部以及与各贸易伙伴之间的数据处理。由于 EDI 的起源是基于 VAN，因此在本节主要论述有关 VAN 的内容。

VAN 可以帮助一个企业很快开始与许多贸易对象进行 EDI 交易，利用 VAN 主要是因为直接连接方式不能满足应用情况的需求。例如以下情况：收件人无法接受不同时区地域或长达数小时操作时间的传输；双方的传输硬件不兼容，如调制解调器速率限制等；许多送件人要同时发件给一个收件人，以至于容纳不下须排队等候；双方的计算机操作系统不兼容；双方使用的信息格式不相同等。

还有其他一些非技术方面的因素，导致利用 VAN 作为 EDI 的传输手段，例如：收件人不想让发件人直接进入自己的计算机系统；要立即知道交易核查跟踪信息，避免日后滋生纠纷；VAN 可提供培训、指导、技术支持等专业化的服务。VAN 一般使用现成的通信线路（如电信局的数据网络 DDN、X. 25），利用电话线路连接最终用户，开展网络上的附加价值信息服务，为使用者提供一个理想的信息传输界面。

3.4　电子商务网站建设技术

网站是一个企业或机构在 Internet 上建立的站点，目的是为企业形象、发布产品信息、商业服务提供更多的途径和可能。电子商务网站是企业从事电子商务活动的基本平台，通过互联网浏览器访问有关的电子商务网站，进行信息交互，进而完成商业的业务流程。建立电子商务网站对于从事电子商务的企业有利于树立企业的形象，改进企业的业务流程，提高企业管理水平，更好地为客户服务。网站的建设已成为一个企业提高竞争力的重要标志。

3.4.1　域名的注册

注册域名是电子商务网站规划的第一步。域名是 Internet 上的一个企业或机构的名字，是企业的网络商标。域名的注册遵循先申请先注册原则，每一个域名的注册都是独一无二的、不可重复的。在网络上，域名是一种相对有限的资源，而且好的域名与企业形象相辅相成，相互辉映。一个好的域名要求简洁、明了、好记；含义深刻、突出公司主营业务或网站主题；域名可以作为网站的品牌，好域名可以提升电子商务公司在用户心中的地位。图 3 – 14 为当当网的域名及其首页，该网站域名具有上述特点。域名的重要性和价值，已经被全世界的企业所认识。

由于 Internet 最初是在美国发源的，因此通用的是英文域名，国际上最通用的域名共有 7 个，也称为顶级域名。人们按用途把它们分为几个大类，它们分别以不同的后缀结尾：. com

图 3-14 当当网主页

（用于商业公司）；.net（用于网络服务）；.org（用于组织协会等）；.gov（用于政府部门）；.edu（用于教育机构）；.mil（用于军事领域）；.int（用于国际组织）。最初的域名体系也主要供美国使用，因此美国的企业、机构、政府部门等所用的都是"国际域名"，随着 Internet 向全世界的发展，.edu、.gov、.mil 一般只被美国专用外，另外三类常用的域名.com、.org、.net 则成为全世界通用，因此这类域名通常称为"国际域名"，直到现在仍然为世界各国所应用。

国际域名由 InterNICe 审批和维护。随着互联网的发展，许多国家纷纷采用自己国家文字的域名，因此在我国出现了中文域名。中国互联网络信息中心是我国域名注册管理机构和域名服务器运行机构。国内域名和国际域名在互联网上的使用方法没有本质区别。注册域名时，用户向指定的域名注册服务机构提交域名申请表和相关证件等，由代理机构进行域名的注册工作。

3.4.2 空间的购买

要想在网上进行交易、信息交流和资源共享只有域名还远远不够，就像注册一个公司，只有响亮的名字还无法立即开业，还需要办公场地。与此类似，用了网上招牌，还需要有网上的营业场所——服务器空间。目前，建立电子商务网站的主要方式有以下几种。

（1）虚拟主机。所谓虚拟主机是用特殊的软硬件技术，把一台真实的物理计算机的主机分割成一台台"虚拟主机"（每个主机都没有物理实体），每一台虚拟主机都具有独立的域名和 IP 地址（或共享的 IP 地址），具有完整的 Internet 服务器功能。这样，在同一台硬件、同一个操作系统上，运行着为多个用户打开的不同的服务器程序，互不干扰；而各个用户拥有自己的一部分资源（域名、文件存储空间、内存、CPU 时间等）。虚拟主机之间完全独立，在外界看来，每一台虚拟机和一台独立的主机的表现完全一样。

网站内容存放在提供虚拟主机服务的网络公司的服务器上。每台虚拟主机配备有专业的技术支持工程师，用户基本上不需要管理和维护自己的主机。虚拟主机较适用于中、小型企业。万网是中国最大的虚拟主机服务供应商，如图 3 – 15 所示。

图 3 – 15　万网主页

（2）主机托管。主机托管指的是客户将自己的互联网服务器放到互联网服务供应商（如中国电信、中国网通、新浪等）所设立的机房，每月支付必要费用，由其代为管理维护，而客户从远端连线服务器进行操作的一种服务方式。客户对设备拥有所有权和配置权，并可要求预留足够的扩展空间。主机托管摆脱了虚拟主机受软硬件资源的限制，能够提供高性能的处理能力，同时有效降低维护费用和机房设备投入、线路租用等高额费用，非常适合中小企业的服务器需求。主机托管适用于大空间、大流量业务的网站服务，或者是有个性化需求，对安全性要求较高的客户。

（3）服务器租用。服务器租用是指由服务器租用公司提供硬件，负责基本软件的安装、配置，负责服务器上基本服务功能的正常运行，让用户独享服务器的资源，并服务其自行开发运行的程序。服务器租用一般由具有实力的主机服务公司提供硬件，并负责基本软件的安装、配置和维护服务器上基本服务功能的正常运行。传统型企业网站，网站仅做公司介绍用，及网站浏览者不多类型的可以选择用虚拟主机。现今，企业对网络的应用也日趋广泛，如 ERP、OA、EMAIL、web2.0、论坛、商城等应用系统大部分应用都选择服务器托管或租用的形式。

3.4.3　程序的选用

主机位置确定后，需要购买和配置 Internet 服务器、操作系统、数据库等程序。服务器有不同厂商提供的不同产品，有个人级别的，PCServer，也有企业级的服务器，需要根据用户的访问人数、企业的业务需求来定。如果使用数据库，当数据量不是很大时，可以选用微软的 Access 数据库；反之可以选用一些专用数据库，如 DB2 等。常用的操作系统有 WindowsNT 和 Unix。

3.5　电子商务的安全技术

随着 Internet 的发展，电子商务已经逐渐成为人们进行商务活动的新模式。作为一种全新的业务和服务方式，电子商务为全球客户提供了丰富的商务信息、简捷的交易过程和低廉的交易成本。但电子商务是以计算机网络为基础载体的，大量重要的身份信息、会计信息、交易信息都需要在网上进行传递，在这样的情况下，安全性问题成为首要问题。如何建立一个安全的电子商务应用环境，对信息提供足够的保护，已经成为商家和用户都十分关心的话题。

3.5.1　电子商务的安全性问题

电子商务的安全问题主要涉及信息的安全问题、交易的安全问题、安全的管理与法律保障问题。

1. 信息安全问题

（1）为了获取重要的商业秘密、资源和信息冒名偷窃。"黑客"常常通过更改对方 IP 地址进行欺骗攻击。有很多"黑客"工具可以远程控制、检查、监控目标用户的所有信息，攻击者利用这些工具控制被攻击者的电脑系统，任意修改、删除文件或者运行程序，它对电子商务系统的威胁要比病毒严重得多，不但可以从一个系统侵入另一个系统，还会破坏所有入侵电脑的数据。

（2）篡改传输的文件。攻击者未经授权进入电子商务系统，删除（删除某个信息或者信息的某些部分）、修改（改变信息流的次序，更改信息的内容，如购买商品的出货时间）、插入（在消息中插入一些信息，导致对方接受错误的信息）某些重要信息，破坏数据的完整性，损害他人的经济利益，或干扰对方的正确决策，造成电子商务交易中的信息风险。

（3）交易信息丢失。在同一个电子商务网络中，可能同时存在多个操作系统，多种型号的电脑设备，使用多种语言，支持多种传输介质。如果平台兼容性存在问题，可能导致系统中数据和交易信息的丢失。此外电子商务系统中的数据在传输过程中可能被截获或线路问题造成信息丢失。各种外界的物理性干扰，如通信线路质量较差、地理位置复杂、自然灾害等，都可能影响到数据的真实性和完整性。

从电子商务进行交易的双方来看，信息安全的风险主要来源于用户以合法身份进入交易系统后，双方都可能在网络上发布虚假的供求信息，以骗取对方的钱款或货物。

（4）计算机病毒的危害。由于任何计算机和网络系统不可能尽善尽美，因此针对这些薄弱点设计出各种各样的病毒，破坏磁盘的文件，使用户在磁盘上的信息丢失或被修改，修改注册表，引起系统崩溃；病毒程序可以自我复制，传染正在运行的其他程序或计算机，冲毁存储器中的数据，致使计算机用户蒙受损失。计算机病毒对于计算机本身、网络和电子商务系统构成了极大的安全威胁，电脑病毒的种类繁多，只要做好病毒的监控，及时更新防病毒软件，做好数据信息的备份工作，就可以把病毒对电子商务系统危害降到最小。

2. 交易的安全问题

（1）对于销售者，面临的安全问题是非法用户假冒合法消费者改变用户交易数据（如商品送达地址，时间等）、解除用户订单、生成虚假订单；恶意竞争来订购产品，假冒他人损坏公司信誉，网络上使用信用卡进行支付时恶意透支，或使用伪造的信用卡骗取卖方的货物行为；对于集团购买者来说，存在拖延货款的可能，卖方需要为此承担安全风险。

（2）对于购买者，面临的威胁是虚假订单，冒充者以客户的名义购买商品，而且有可能收到商品，此时客户却被要求付款或返还商品；付款后不能按时、按地、按量、按质收到商品；机密信息丧失，客户有可能将自己的机密数据或个人的身份数据（如账号、口令等）发送给冒充的商家机构，造成个人经济的损失。

（3）交易双方面临的威胁。买卖双方都存在抵赖的情况，买卖双方都有可能会抵赖曾经发生过的交易。发信者否认曾经发过某些信息，收信者否认曾收过某些信息或相关内容；购买者做了订单，不承认，等等。无论上述那种行为都给电子商务带来了威胁。

3. 安全的管理与法律保障问题

安全的管理是降低电子商务风险的保证，特别是在网络商品交易的过程中，客户进入交易中心，买卖双方签订合同，交易中心不仅要监督买方按时付款，还要监督卖方按时提供符合合同要求的货物。人员管理常常是电子商务安全管理上最薄弱的环节。近年来我国计算机犯罪大都呈现内部犯罪的趋势，其主要原因就是工作人员职业道德修养不高，安全教育和管理松懈。防止此类问题的安全风险需要建立一套完善的法律保障体制，通过法律来规范和制约商务活动中人们的思想和行为，将电子商务纳入规范化、法制化和科学化的轨道。从制度方面制约不法分子对电子商务系统的破坏。

【阅读资料 3-3】 电子商务安全性要求

从安全和信任关系来看，在传统交易过程中，买卖双方是面对面的，因此很容易保证交易过程的安全性和建立起信任关系。但在电子商务过程中，买卖双方是通过网络来联系的，彼此远隔千山万水，因而建立交易双方的安全和信任关系相当困难。电子商务交易双方都面临不同的安全威胁。

1. 服务的有效性要求

电子商务作为网络的一种形式，其信息的有效性是开展电子商务交易的前提。电子商务系统应能防止服务失败情况的发生，预防由于计算机系统硬件及网络故障、应用程序错误和病毒发作等因素产生的系统停止服务等情况，保证交易数据能准确快速的传送。

2. 交易信息的保密性要求

保密性是保证信息为授权者享用而不被泄露给他人，电子商务是建立在开放的网络平台上的，维护商业机密是电子商务全面推广的基础和重要保障。电子商务系统应对用户所传送的信息进行有效的加密，防止因信息被截取破译，信息被越权访问，阻止非法用户获取和理解原始数据。

3. 数据完整性要求

数字完整性是指在数据处理过程中，原来数据和现行数据之间保持完全一致。为了保障商务交易的严肃和公正，电子商务系统应该提供对数据进行完整性验证的手段，防止数据在传输过程中信息的丢失和重复，保证数据传送次序的统一。

4. 身份认证的要求

身份认证是指交易双方确认对方身份的合法性。由于电子商务交易系统是在虚拟空间中进行，所以电子商务系统应提供安全有效的身份认证机制，确保交易双方的信息都是合法有效的，以便发生交易纠纷时提供法律依据，并有效地预防和杜绝欺诈行为的发生。认证已成为电子商务保证安全性的重要技术手段之一，一般可以通过数字签名和数字证书相结合的方式实现用户身份的鉴别。

5. 数据原发者鉴别

电子商务系统应能提供对数据原发者的鉴别，确保所收到的数据确实来自原发者。这一要求可以通过数据完整性及数字签名相结合的方法来实现。

6. 数据原发者的不可抵赖性

不可抵赖性是防止交易一方通信发生后进行否认，及建立有效的责任机制，发送方发送信息后不可抵赖，接收方接受信息后不可否认。电子商务系统应能提供数据原发者的不可抵赖机制，确保数据原发者的抵赖行为不能得逞。这不仅要提供实现不可抵赖性的技术保障，也需要制定相应的法律规范。

3.5.2 电子商务的安全技术

安全技术在电子商务系统中起着重要的作用，它是保证电子商务健康有序发展的关键因素。安全技术守护着商家和客户的重要机密，维护着商务系统的信誉和财产，同时也为服务方和被服务方提供了极大的方便。下面就分别从防火墙技术、数据加密技术、用户认证技术、电子商务安全协议等方面对电子商务的安全技术进行简要的介绍。

1. 防火墙技术

作为近年来新兴的保护计算机网络安全技术性措施，防火墙（FireWall）是一种隔离控制技术，在某个机构的网络和不安全的网络（如 Internet）之间设置屏障，阻止对信息资源的非法访问，也可以使用防火墙阻止专利信息从企业的网络上被非法输出。防火墙是一种被动防卫技术，由于它假设了网络的边界和服务，因此对内部的非法访问难以有效地控制，因此，防火墙最适合于相对独立的与外部网络互联途径有限、网络服务种类相对集中的单一网络。

防火墙是指在两个网络之间强制实施访问控制策略的一系列软件或硬件设备的组织。防火墙被放在两个网络之间，所有的从内部到外部或从外部到内部的通信都必须经过它；只有内部访问策略授权的通信才被允许通过；系统本身具有高可靠性。简而言之，防火墙是保护可信网络，防止黑客通过非可信网络入侵的一种设备，是网络安全的第一道屏障，保障网络安全的第一个措施往往是安装和应用防火墙。最典型的例子是企业内部网。

自从第一个最简单的包过滤路由器防火墙问世以来，在防火墙产品系列中已经出现了应用各种不同技术的不同类型的防火墙。这些技术之间的区分并不是非常明显，但就其处理的对象来说，基本上可以分为三大类：数据包过滤型防火墙、应用级网关型防火墙和代理服务型防火墙。限于篇幅，在此不做详述。

2. 数据加密技术

加密技术是电子商务采取的主要保密安全措施，是实现数据保密的一种重要手段，目的是为了防止合法接收者之外的人获取信息系统中的机密信息。所谓加密，就是采用数学算术的程序和保密的密钥对信息进行编码，把计算机数据变成一堆难以理解的字符串，使得加密后的内容对于非法接收者成为无意义的文字，对于合法接收者，因为掌握密钥，可以通过解密得到原始的数据。由此可见，加密可以有效地对抗信息的被拦截以及被窃取。

数据加密技术是对信息进行重新编码，隐藏信息内容，是非法用户无法得到信息真实的内容的一种技术。加密一般由加密过程和解密过程组成的，如图 3－16 所示。通常情况，人们可懂的文本称为明文，将明文转换成不可懂的文本称为密文，这个转换过程称为加密。反之将密文转换成明文的过程称为解密。密钥是用于加、解密的一些特殊信息，他可以是数字、词汇或语句，是控制明文和密文的关键所在。发送方在发送消息前先用加密程序将明文加密成密文，接收方在接收到消息后，用解密程序将密文再解密成明文。解密是加密的逆过程。加密系统有两种基本的形式：对称加密系统，也称为私有密钥加密系统；不对称加密系统，也称为公开密钥加密系统。两种加密系统有不同的特点，采用不同的方式来提供安全服务。

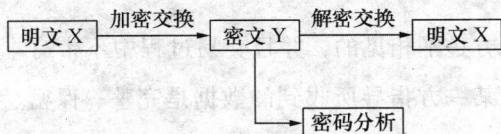

图 3－16　加密解密过程

（1）对称加密系统。对称加密又叫做私有密钥加密，其特点是数据的发送方和接收方使用的是同一把私有密钥，即把明文加密成密文和把密文解密成明文用的是同一把私有密钥。收信方收到密文后，若想解读原文，需要用加密用过的密钥及算法的逆算法对密文进行解密，才能使其恢复成可读明文。在对称加密算法中，使用的密钥只有一个，发收信双方都使用这个密钥对数据进行加密和解密，这就要求解密方事先必须知道加密密钥。对称算法的安全性依赖于密钥，泄漏密钥就意味着任何人都可以对他们发送或接收的消息解密，所以密钥的保密性对通信性至关重要。

（2）不对称加密系统。不对称加密又叫做公开密钥加密，是在 1976 年由斯坦福大学的 Dime 和 Henman 提出来的。与对称加密算法不同，非对称加密算法需要两个密钥：公开密钥（publickey）和私有密钥（privatekey）。当给对方发信息时，用对方公开密钥进行加密，而在接收方收到数据后，用自己的秘密密钥进行解密。公开密钥与私有密钥是一对，如果用公开密钥对数据进行加密，只有用对应的私有密钥才能解密；如果用私有密钥对数据进行加密，那么只有用对应的公开密钥才能解密。

在电子商务中，贸易双方利用非对称加密技术进行机密信息交换的基本思想是：贸易一方生成一对密钥并将其中的一把作为公用密钥向其他贸易伙伴公开；得到公开密钥的贸易伙伴使用该密钥对机密信息进行加密后再发送给贸易方；贸易方用自己保存的另一把专用密钥对加密后的信息进行解密。只有贸易方才拥有私有密钥，所以即使其他人得到了经过加密的发送方的公开密钥，也因为无法进行解密。保证了私有密钥的安全性，也就保证了传输文件的安全性。

（3）两种加密方法的联合使用。由于公开密钥加密技术需要公开密钥和私有密钥两个密钥的配合使用才能完成加密和解密的过程，这样有助于加强数据的安全性。但是同时公开密钥加密的加密和解密的速度很慢，用公开密钥加密算法加密和解密同样的数据所花费的时间相当于对称加密技术加密算法的 1000 倍。然而对称加密技术所使用的密钥数目难于管理，无法验证发送者和接收者身份，因此很难保证信息的完整性和流通性。正是因为公开密钥加密和私有密钥加密各有所长，所以在实际应用中，往往将公开密钥加密与私有密钥加密算法结合起来使用，以起到扬长避短的目的。

3. 认证技术

在电子商务中，交易双方是不相见的，并且交易过程中不带有本人任何特征，因此有可能造成一些交易的抵赖；即使某一方指导所收到的数据是完整、保密、未经篡改的，但仍有一点无法知道，那就是对方是否以假冒身份在进行交易诈骗。为了避免电子商务交易中上述两种情况的发生，需要解决交易双方的身份验证和交易的不可抵赖问题，而这两个问题也正是认证技术所能解决的。目前，认证技术是保证电子商务交易安全的又一项重要技术，可以满足身份认证、信息完整性、不可否认和不可修改等多项交易安全需求，能够有效地规避网上交易面临的假冒、篡改、抵赖、伪造等相关威胁。

在电子商务系统中，所有参与者都需要证明自己的身份，这就需要引入一个公平的裁判——交易双方均信任的第三方，对买卖双方进行身份验证，保证交易双方确信自己是在与对方所说的人进行交易，目前国内常用的第三方认证系统是阿里巴巴集团旗下的支付宝。

认证就是指用户必须提供他是谁的证明，可以是某个银行员工，某个机构的服务人员。认证方法就是要清楚他是谁，他具有什么特征。比如说，系统中存储了他的指纹，他接入网络时，就必须在指纹机上提供他的指纹，只有指纹相符才允许访问该系统。也可以通过视网膜血管分布图来识别，声波纹识别也是商业系统采用的一种识别方式。网络用户用来识别的方法一般是用智能卡或其他特殊形式的标志，它们可以从连接到计算机上的读出器读出来。口令具有共享秘密的属性。例如，服务器操作系统识别要入网的用户，用户必须把他的用户名和口令送服务器。服务器将它与数据库里的用户名和口令进行比较，如果相符，就通过了认证，可以上网访问，否则无法上网访问。除此之外也可以是几种方法组合而成。例如用 ATM 卡和 PIN 卡。

电子商务中认证技术主要涉及下面几个方面的内容。

(1) 身份认证技术。身份认证是用户身份的确认技术，是网络安全的第一道屏障，也是重要的一道防线。只有实现了有效地身份认证才能保证访问控制、入侵防范等安全机制的有效实施。身份认证主要包括两个方面：一个是识别，一个是验证。所谓识别就是用户向系统明确自己身份的过程。这也就要求认证技术对每位合法用户具有识别能力，为了保证认证的有效性，不同的用户应该具有不同的识别符号。验证是指系统核查用户身份证明的过程。用户出示身份之后，系统对其身份进行验证，避免假冒。

在电子商务环境中，身份认证技术必须采用电子的方法数字化，即识别信息需转化为电子数字信号。为了进行信息领域身份鉴别，认证技术需要具有一些基本要求，例如，身份认证要满足实时监测的要求；身份识别对人身体无任何健康危害；身份认证技术要求简单易懂，价格不能太贵，适用于普及。满足上述要求的身份认证技术主要有口令认证、智能卡认证、生理特征认证等。

(2) 数字认证。数字认证是以数字证书为核心的加密技术，可以对网络上传输的信息进行加密和解密、数字签名和签名验证，确保网上传递信息的安全性、完整性。数字证书是网络通信中标志各方身份的一系列数据，提供互联网上验证身份的一种方式，它的作用类似于司机的驾照或者人们日常的身份证。使用了数字证书，即使您发送的信息在网上被他人截获，甚至您丢失了个人的账户、密码等信息，仍可以保证您的账户、资金安全。

数字证书是一种权威性的电子文档。通常，数字证书采用公钥体制，即利用一对互相匹配的密钥进行加密和解密。用户自己设定一把特定的仅为本人所知的私有密钥，用它进行解密和签名；同时设定一把公共密钥由本人公开，为一组客户所共享，用于加密和验证签名。当发送一份保密文件时，发送方使用接收方的公钥对数据加密，而接收方则使用自己的私钥解密，这样信息就可以安全无误地到达目的地了。通过数字的手段保证加密过程是一个不可逆的过程，也就是说只有用私有密钥才能解密。

数字证书可以授权购买，提供更强的访问控制，并具有很高的安全性和可靠性。数字证书可用于发送安全电子邮件，访问安全站点，网上证券交易、招标采购、保险、税务、签约和网上银行等安全电子事务处理和交易活动。电子邮件证书可以用来证明电子邮件发件人以及邮件地址的真实性。收到具有有效电子签名的电子邮件，能够保证邮件确实由指定邮箱发出并且没有被篡改。使用接收的邮件证书，还可以在非安全网络中向接收方发送加密邮件，而且只有接收方的持有者才可能打开该邮件。

3.5.3　电子商务安全的管理对策

电子商务安全管理，不能单纯的仅仅从技术角度去考虑如何解决，而是应该运用综合的安全管理思路来解决。因此，电子商务的安全管理应该从人员、审计、网络维护和防病毒等诸多方面综合考虑，从而建立一个完整的电子商务安全体系。

1.　建立人员管理与保密制度

（1）建立人员管理制度。网络的安全程度取决于网络的最薄弱的环节，最危险的就是个人警惕性的下降和丧失。很多事例显示人员的素质是决定了系统安全的重要因素。因此建立一支遵守纪律、自觉、主动、热爱系统维护与管理的人才队伍是计算机安全工作的最重要一环。

为此首先要严格网络营销人员的选拔，对有关人员进行上岗培训。选拔出思想和职业道德过硬、业务能力强的人择优上岗，同时加强员工思想道德教育，定期为工作人员政治思想、业务水平和道德标准进行考核，发现问题及时处理；此外加强技术培训和安全教育，提高工作人员业务水平和安全意识，保证信息系统的正常运行。

其次落实工作责任制，明确工作人员的岗位和职责范围，各自负责，相互制约，达到安全的目的，特别是系统程序人员和操作人员，要坚持分离原则，以减少犯罪的机会。对违反网上交易安全规则的行为应坚决进行打击，对有关人员要进行及时的处理。

再次，坚持贯彻电子商务安全运作基本原则：包括双人负责原则，重要业务不要安排一个人单独管理，实行两人或多人相互制约的机制，这些人是由系统主管领导指派，忠诚可靠，能胜任此业务，它们应签署工作情况记录以证明安全工作得到保障。任期有限原则，任何人不得长期担任与交易安全有关的职务，工作人员要进行不定期循环任职，强制实行休假制度，保证限期制度的落实。最小权限原则，明确规定只有网络管理员才可以进行物理访问，只有网络人员才可以进行软件安装工作，职责以外的任何与安全有关的事情不得打听、了解和参与。

（2）建立人员保密制度。保密制度需要根据系统信息的安全级别确定安全重点并提出相应的保密措施。信息的保密级别一般分为三级：第一，绝密级。是重点保护对象，只限于公司高层人员掌握。第二，机密级。也是重点保护，只限于公司中层管理者以上人员使用。第三，秘密级。可以在互联网上公开，但必须有保护程序，防止黑客入侵。

2.　审计稽核制度

审计制度是指对工作人员所做的记录，应用科学方法进行系统审核，包括经常对系统日志的检查、审核，及时发现对系统故意入侵行为的记录和对系统安全功能违反的记录，监控和捕捉各种安全事件，保护、维护和管理系统日志，在此基础上做出客观公正评价的制度。稽核制度是指工商、税务、银行、会计人员利用网络借助于稽核业务应用软件调阅、查询、审核辖区内各电子商务参与单位业务经营、流程运作的合理性、安全性，堵塞漏洞，保证网上交易安全，对可能存在的问题发出相应的警示，对已有的违法犯罪行为作出处理处罚的有关决定的一系列步骤及措施。

3. 网络系统的维护制度

对于企业的电子商务系统来说，企业网络系统的日常维护就是针对内部网的日常管理和维护，它是一件非常繁重的工作，但对于防范系统被攻击和破坏却是非常重要和有效的方法。对网络系统的日常维护可以从两个方面进行。一是对软、硬件及网络资源的日常管理维护制度。包括 Intranet、网络设备、服务器和客户机、通信线路、各种支撑软件和应用软件。及时监控用户使用网络资源情况，对陌生用户及时查清来源，并加以相应处理，对于越权用户查明越权原因，根据实际情况限制其权限。除此之外，定期清理网络存储资源，有些用户将自己的私人文件存储到共享区域，严重影响网路资源的利用，还有一些临时文件或日志，需要将他们定期清理。二是定期进行数据备份，数据备份与恢复主要是利用多种介质，如磁介质、纸介质、光碟等，对信息系统数据进行存储、备份和恢复。这种保护措施还包括对系统设备的备份。

4. 防病毒工作

计算机病毒是一段具有破坏性的软件代码，它依附于正常的软件或电子文档，能够自我复制，破坏系统。病毒在网络环境下具有很强的传染性，对网络交易的顺利进行和交易数据的妥善保存造成极大的威胁，因此必须建立病毒防范措施。

目前主要通过采用安装防病毒软件进行防毒。同时还要定期清理病毒、及时升级防病毒软件版本，通报病毒入侵信息等工作。将网络系统中易感染病毒的文件属性、权限加以限制，对各终端用户只许他们具有只读权限，杜绝病毒入侵的渠道，从而达到预防的目的。

其次考虑在何处安装病毒防治软件。在企业中，重要的数据往往保存在位于整个网络中心结点的文件服务器上，这也是病毒攻击的首要目标。为保护这些数据，网络管理员必须在网络的多个层次上设置全面保护措施。建立多层防病毒体系措施，多层病毒防护体系的建设策略是"层层设防，集中控制，以防为主，防杀结合"。除此之外，工作站和邮件服务器也是病毒进入的主要途径，应该在工作站和邮件服务器上安装防病毒软件。

电子商务安全关系到电子商务成功与否的关键性因素，它决定着一个电子商务网站能否为客户提供安全可靠的网上服务。虽然我国的电子商务安全技术已经取得了一定的成绩，但是电子商务要真正成为一种主导的商务模型，而且是一个复杂的系统工程，仅从技术角度防范是远远不够的，还必须完善电子商务方面的立法，以规范飞速发展的电子商务现实中存在的各类问题，从而引导和促进电子商务又好又快地发展。

本章习题

一、单选题

1. Internet 的使用协议为（　　　）。

    A. IPX/SPX   B. TCP/IP

    C. NETBEUI   D. File

2. （　　　）通常是指使用包括指纹、语音、DNA、视网膜扫描等一些不能复制的个人特征来进行鉴别确认。

    A. 口令认证   B. 智能卡认证

    C. 身份认证技术   D. 生理特征认证

3. （　　　）是指将有限的地理区域内的各种通信设备互连在一起的通信网络。它具有很高的传输速率，其覆盖范围一般几百米到 10 千米之内，属于小范围内的联网。

    A. 局域网   B. 城域网

    C. 广域网   D. 以上均不是

4. （　　　）是用户身份的确认技术，是网络安全的第一道屏障，也是最重要的一道防线。

    A. 口令认证   B. 智能卡认证

    C. 身份认证技术   D. 生理特征认证

5. （　　　）拓扑结构各节点通过传输线互联起来，并且每一个节点至少与其他两个节点相连。

    A. 网状型   B. 星型

    C. 环型   D. 总线型

6. 网络服务器是可被网络用户访问的（　　　），它包括可为网络用户提供服务的各种资源，并负责对这些资源的管理，协调网络用户对这些资源的访问。

    A. 计算机系统   B. 安全系统

    C. 第三方电子商务平台   D. 网站

7. 在 Internet 中为了定位每一台计算机，需要给每台计算机分配指定一个确定的"地址"，称为（   ）。

    A. 域名   B. IP

    C. TCP   D. FTP

8. （   ）是设置在互联网防火墙网关的专用应用级代码，这种代码服务能允许或拒绝特定的应用程序或特定的应用功能。

    A. 安全系统   B. 代理服务

    C. 安全验证   D. 数字认证

9. 加密就是采用数学算术的程序和保密的密钥对信息进行（   ），把计算机数据变成一堆难以理解的字符串，使得加密后的内容对于非法接受者成为无意义的文字。

    A. 翻译   B. 替代

    C. 转化   D. 编码

10. 对称加密技术所使用的密钥数目难于管理，无法验证发送者和接收者身份，因此很难保证信息的（   ）和流通性。

    A. 完整性   B. 安全性

    C. 前卫性   D. 快捷性

二、多选题

1. 通常用的网络拓扑包括（   ）。

    A. 星型   B. 环型

    C. 总线型   D. 树型

2. 计算机网络一般由（   ）组成。

    A. 网络服务器   B. 工作站

    C. 网络适配器   D. 传输介质

3. 每个 IP 地址由（   ）组成。

    A. 网络标识   B. 电子识别

    C. 电子证照   D. 主机标识

4. 认证技术能够有效地规避网上交易面临的威胁包括（   ）。

A. 假冒　　　　　　　　　　B. 篡改

C. 攻击　　　　　　　　　　D. 伪造

5. 身份认证技术的方式包括(　　)。

A. 口令认证　　　　　　　　B. 智能卡认证

C. 生理特征认证　　　　　　D. 姓名认证

三、名词解释

1. 计算机网络　　2. 防火墙技术　　3. 身份认证　　4. 计算机病毒　　5. 加密技术

四、简答及论述题

1. 计算机网络的主要功能有哪些?

2. 试论述 Internet 主要应用服务。

3. 试论述数据加密技术。

4. 电子商务的安全问题主要有哪些?

5. 请论述防火墙技术兴起的意义。

案例讨论

开发理财软件留"后门"

一公司职员邹某某在为某金融机构开发理财产品计算机程序时留下"后门程序",之后多次进入该系统,非法获取客户资料并将其账户资金相互转入转出。近日,福田区检察院以涉嫌非法获取计算机信息系统数据、非法控制计算机信息系统罪批准逮捕邹某某。这是刑法修正案(七)施行后,深圳检察系统办理的第一宗以该罪名批准逮捕犯罪嫌疑人的新型案件。

2009 年 7 月,某金融机构委托某公司开发一个银行理财产品的计算机程序,该公司便让邹某某负责研发。在研发过程中,邹某某突起歪念,在未告知公司和该金融机构的情况下私自在程序中加入了"后门程序",以备今后进入该理财产品系统,将该金融机构客户的钱转到自己账户上。之后,程序研发完成并交付该金融机构投入运行。2009 年 9 月,邹某某用自己的银行卡进行测试,通过"后门程序"顺利进入此理财产品系统。成功之后,邹某某又在2009 年 11 月~2010 年 6 月间先后多次进入该系统,并采用技术手段非法获取了 70 多名客户的资料、账户密码,非法查询了多名客户的账户余额,还将 23 名客户的账户资金在不同的客户账户上相互转入转出,涉及金额共计 1 万余元。

自 2009 年 9 月起，该金融机构就陆续接到客户投诉，称自己账户上有小额资金被无根据交易。随着时间的推移，客户投诉越来越多，频率越来越高，该金融机构察觉可能是程序出现问题，便于 2010 年 6 月联系上述公司进行检测，发现了这个秘密的"后门程序"，便立即向公安机关报案。邹某某后被抓获归案。

归案后，邹某某对自己的行为供认不讳，承认其不时利用"后门程序"进入系统对签约客户的银行卡进行测试，大概测试了 100 多次，用了多少账号已记不清。他还供述，目前只是利用"后门程序"对该金融机构的理财签约账户进行客户资料、余额查询、获取密码等操作，同时对部分账户资金进行相互转移，每次转移金额从几十元到几百元不等。这些操作都是用来测试其入侵程序能否成功、是否会被发现等等。一直抱有侥幸心理的邹某某认为每次转移的资金比较少，不引人注目，就算被发现也不会造成多大影响，但其未意识到已经触犯了刑法。后经核实，邹某某一直只是对该系统进行测试操作，尚未对该金融机构的客户造成实际损失。

⑦ **思考讨论题**

何谓"后门"程序？其危害有哪些？如何防范？

资料来源：《开发软件留后门，深圳男子攻击金融机构被捕》，http：//3－dao.com.cn/News＿ruanjianhoumen＿74876/。

第 4 章

电子支付

■ 本章导读

　　电子支付作为技术高速发展下一种新型的支付方式，具有传统支付所无法比拟的优势，而网络银行每天向客户提供 24 小时不间断的服务，使得电子支付与网络银行越来越受到使用者的欢迎。本章首先介绍了电子支付与电子支付系统的概念、发展历程及功能等基本知识，接下来对电子支付工具与支付方式进行了描述，最后对网络银行作了简要的说明。通过本章学习，使读者掌握电子支付的整体情况，了解网络银行的使用知识。

■ 知识结构图

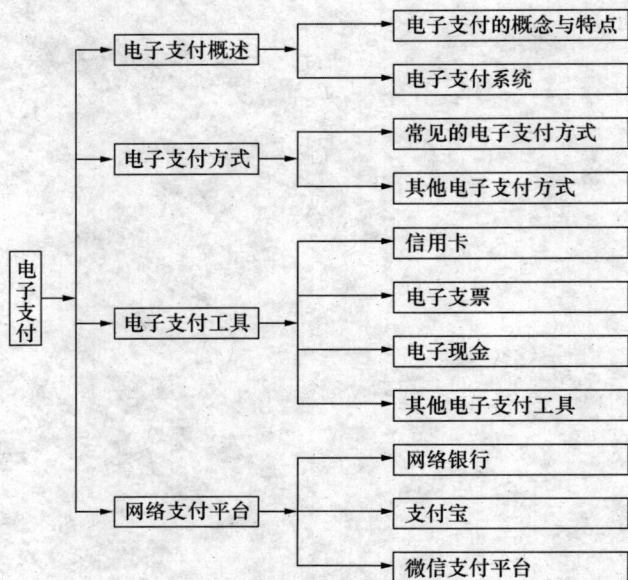

【开篇引例】 支付宝——为淘宝助飞的翅膀

作为全国最优秀的 C2C 电子商务交易平台，淘宝的发展离不开其安全、有效的支付方式。2003 年淘宝凭借免费策略在 C2C 领域内占据了一席之地。而支付宝的推出使淘宝用一年的时间稳居国内 C2C 的第二位，到 2005 年淘宝排名已经超过 eBay 位居第一。

从零到 1 亿用户，支付宝用了 5 年，而从 1 亿到 2 亿用户，支付宝仅仅用了 10 个月。我们不得不感叹，这是个奇迹，也不得不承认，支付宝为淘宝插上了一双翅膀。

淘宝的多种支付方式为各类消费者提供了方便的支付途径。淘宝的支付几乎完全依赖于支付宝，具体可分为网上支付和网下支付两种。

1. 网下支付

消费者在淘宝网购买商品后，可以选择网下支付完成支付。具体有三种方式：刷卡支付、现金支付和货到付款。

（1）刷卡支付。消费者可以到与支付宝合作的营业网点（如便利店、邮局、药店等），用刷卡的方式完成网上点单的付款和支付宝账户的充值。刷卡后，消费者将得到支付宝充值码，将此充值码输入支付宝系统中，即可完成充值。

（2）现金支付。使用现金支付方式，需要消费者先到邮局用现金办理"网汇 e"汇款。汇款完成后，在支付宝系统中提交汇票号码和汇款密码即可完成交易支付或支付宝充值。

（3）货到付款。淘宝的货到付款是指淘宝买家在收到货、验货后再付款给快递员，由快递员代收货款。

2. 网上支付

网上支付方便快捷，已经被越来越多的买家所接受。淘宝的网上支付结算完全通过支付宝来实现。支付宝的网上支付方式灵活多样。

（1）支付宝余额。如果买家支付宝上的余额充足，则可以选择用支付宝上的余额完成支付，余额不足的可以选择向支付宝充值或通过支付宝利用网上银行、支付宝卡通等完成支付。

（2）支付宝卡通。支付宝卡通是一种绑定了支付宝的银行卡。目前，招商银行、建设银行、邮政储蓄等都推出了支付宝卡通服务。淘宝买家如果持有支付宝卡通，则可以通过支付宝卡通来完成支付宝的充值或交易的支付。

（3）网上银行。淘宝买家可以利用网上银行向支付宝账户充值或对交易进行支付。支付过程需要输入网上银行的账号和密码。

（4）消费卡。买家可以选择用百联 OK 卡或话费充值卡向支付宝账户充值。充值完成后，用支付宝账户余额为交易付款。

资料来源：吴爽主编，《电子商务理论与实务》，清华大学出版社 2010 年版。

4.1　电子支付概述

进入 21 世纪以来，随着网络技术的不断发展，我国的电子支付系统也日臻完善。一方面，当前的网络交易和大宗商品交易都是通过电子支付系统完成的。另一方面，高效的电子支付可以全面记载公民和法人的经济行为信息，是非常重要的社会管理和行业监管工具，对于维护我国金融秩序稳定具有显著意义。

4.1.1　电子支付的概念与特点

1. 电子支付的概念

电子支付是电子商务的重要组成部分，是消费者、商家和金融机构三者之间通过网络进行的货币支付或资金流转。1989 年美国法律学会批准的《统一商业法规》对电子支付定义如下：电子支付是支付命令发送方把存放于商业银行的资金，通过一条线路划入收益方开户银行，以支付给收益方的一系列转移过程。

从历史的角度看，电子支付的发展经历了 5 个不同的阶段。

第一阶段是银行内部电子管理系统与其他金融机构的电子系统连接起来，如利用计算机处理银行之间的货币汇划、结算等业务。

第二阶段是银行计算机与其他机构的计算机之间资金的结算，如代发工资、代缴养老保险费等。

第三阶段是银行利用网络终端向客户提供各项银行自助服务，如客户在自动柜员机（ATM）上进行取、存款、查询、转账等操作。

第四阶段是利用银行销售终端（POS 机）向消费者提供商户消费时的自动扣款服务，这是现在阶段电子支付的主要方式。

第五阶段网上支付阶段，即电子支付可随时随地通过 Internet 进行直接的转账、结算，形成电子商务的特殊环境，这将是 21 世纪的主要金融支付方式，我们称它为网上支付。网上支付的媒介称为网上支付工具，主要有信用卡、数字现金、电子支票、智能卡等。

2. 电子支付的特点

电子支付主要依托于网络，有实时支付、支付便利等优势，与传统的支付方式相比，电子支付存在以下特点。

（1）支付方式数字化。电子支付是采用先进的技术通过数字流转来完成信息传输的，其各种支付方式都是采用数字化的方式进行款项支付的；而传统的支付方式则是通过现金的流转、票据的转让及银行的汇兑等物理实体的流转来完成款项支付的。

（2）开放的系统平台。电子支付的工作环境是基于一个开放的系统平台（即互联网）之中；而传统支付则是在较为封闭的系统中运作。

（3）通信手段更加先进。电子支付使用的是最先进的通信手段，如因特网、Extranet；而传统支付使用的则是传统的通信媒介。电子支付对软、硬件设施的要求很高，一般要求有联网的计算机、相关的软件及其他一些配套设施；而传统支付则没有这么高的要求。

（4）其他支付上的优势。电子支付具有方便、快捷、高效、经济、安全的优势。用户只要拥有一台上网的 PC 机，便可足不出户，在很短的时间内完成整个支付过程。支付费用仅相当于传统支付的几十分之一，甚至几百分之一。也无需现金、票据等在交易活动中出现，电子支付更加安全。

基于以上特点，电子支付的出现有其一定的合理性和价值性。

3. 电子支付的程序

整个电子支付工作的程序分为下面 7 个步骤（见图 4-1）。

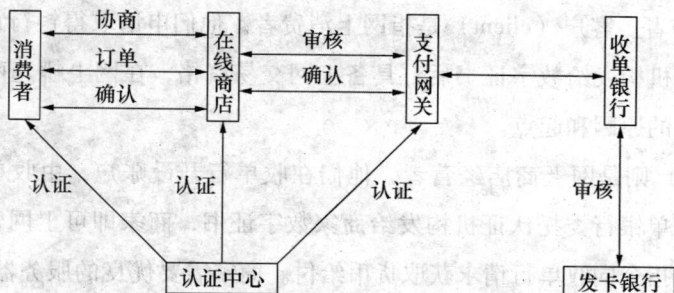

图 4-1　电子支付的流程

（1）消费者利用自己的计算机通过互联网选定所要购买的物品，并在计算机上输入订货单，订货单上需包括在线商店、购买物品名称及数量、交货时间及地点等相关信息。

（2）通过电子商务服务器与有关在线商店联系，在线商店作出应答，告诉消费者所填订货单的货物单价、款项数额、交货方式等信息是否准确，是否有变化。

（3）消费者选择付款方式，确认订单，签发付款指令。此时 SET（支付协议）开始介入。

（4）在 SET 中，消费者必须对订单和付款指令进行数字签名。同时利用双重签名技术保证商家看不到消费者的账号信息。

（5）在线商店接受订单后，向消费者所在银行请求支付认可。信息通过支付网关到收单银行，再到电子货币发行公司确认。批准交易后，返回确认信息给在线商店。

（6）在线商店发送订单确认信息给消费者。消费者端软件可记录交易日志，以备将来查询。

（7）在线商店发送货物，或提供服务；并通知收单银行将钱从消费者的账号转移到商店账号，或通知发卡银行请求支付。

4.1.2　电子支付系统

电子支付系统是采用数字化、电子化形式，通过网络进行电子货币数据交换和结算等金融活动的业务系统。即把新型支付手段，包括电子现金（E-Cash）、信用卡（Credit Card）、借记卡（Debit Card）、智能卡等的支付信息通过网络安全传送到银行或相应的处理机构，来实现电子支付。电子支付系统是实现网上支付的基础。

1. 电子支付系统的构成

电子支付系统是集购物流程、支付工具、安全技术、认证体系、信用体系以及金融体系为一体的一个综合的大系统，分为支付服务系统、支付清算系统、支付信息管理系统三个层次，具体包括参与者、支付工具与安全协议几个部分，其基本构成如图 4-2 所示。

（1）活动的参与者。客户（client）是指网上消费者，他们申请取得银行认可的电子支付工具，由银行委托认证机构发给数字证书后，具备上网交易资格，在网上挑选商家的产品发起支付，是支付体系运作的原因和起点。

商家（merchant）则是网上商店经营者，他们在收单行开设账户，由收单银行对其进行审定，通过审定后由收单银行委托认证机构发给商家数字证书，商家即可上网营业，营业过程中根据客户发起的支付指令向收单行请求获取货币给付。商家需要优良的服务器来处理这一过程，包括认证以及不同支付工具的处理。

客户的开户行（issuing bank）是指客户开设账户、申请支付工具的银行，开户行在给客户提供支付工具的同时也提供了一种银行信用，即保证支付工具的兑付。

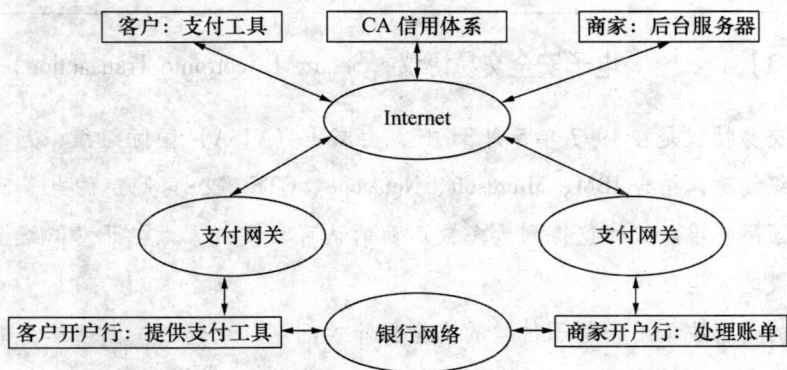

图 4-2　电子支付体系的基本构成

商家开户行是商家开设账户的银行，其账户是商家在整个交易中获得资金归集的地方，也称收单行（acquiring bank）。商家将客户的支付指令提交给其开户行后，就由开户行进行支付授权的请求以及银行间的结算等工作。

支付网关（payment gateway）是公用网和银行专用网之间的接口服务器，起着数据转化与处理中心的作用。支付信息必须通过支付网关才能进入银行支付系统，进而完成支付结算活动。支付网关的建设关系着支付结算以及银行自身的安全，必须十分谨慎，需要由收单银行授权，再由认证机构发放数字证书，方可参与网上支付活动。

金融专用网络（financial special network）是银行内部及各银行之间交流信息的封闭的专用网络，通常具有较高的稳定性和安全性。

认证机构（certificate authority，CA），接受客户开户行和收单行的委托，为参与的各方发放数字证书，确认各方的身份，保证网上支付的安全性，必须是参与交易各方都信任的第三方中立组织。

（2）支付工具。电子支付中客户拥有的、银行发行的电子支付工具，包括银行卡、电子现金、电子支票等。其实质是通过网络模拟传统现金交易的支付方式，可以模拟资金转账，汇兑委托收款等业务，还可以有不断的金融创新，是一个十分有发展潜力的领域。

（3）支付协议。支付协议是对公用网上支付信息的流通规则及安全保护负责的合约。一般对应不同的支付共有不同的协议，对交易中的购物流程、支付步骤、支付信息的加密、认证等方面作出规定，以保证在网上交易双方能快速、有效、安全地实现支付与结算。目前在电子支付中常用的安全协议有：安全套接层协议（Secure Sockets Layer，SSL）和安全电子交易协议（Secure Electronic Transaction，SET）。

【阅读资料 4-1】 电子安全交易协议（Secure E lectronic Transaction）

电子安全交易协议是在 1997 年 5 月 31 日，由威士（VISA）国际组织、万事达（Master-Card）国际组织创建，结合 IBM、Microsoft、Netscope、GTE 等公司制定的电子商务中安全电子交易的一个国际标准。该协议得到大多数厂商的认可和支持，为在开发网络上的电子商务提供了一个关键的安全环境。

其主要目的是解决信用卡电子付款的安全保障性问题，这包括：保证信息的机密性，保证信息安全传输，不能被窃听，只有收件人才能得到和解密信息；保证支付信息的完整性，保证传输数据完整接收，在中途不被篡改；认证商家和客户，验证公共网络上进行的交易活动，包括会计机构的设置、会计人员的配备及其职责权利的履行和会计法规、制度的制定与实施等内容。合理、有效地组织会计工作，意义重大，它有助于提高会计信息质量，执行国家财经纪律和有关规定；有助于提高经济效益，优化资源配置。会计工作的组织必须合法合规、讲求效益，必须建立完善的内部控制制度，必须有强有力的组织保证。

资料来源：百度百科 http：//baike. baidu. com/view/1102909. htm。

2. 电子支付系统的功能

（1）网上交易商场是一个虚拟的、开放的市场，为实现交易的安全性，电子支付系统可以通过认证机构或注册机构对网上参与交易活动的各方发放数字证书，并在交易过程中使用数字签名来进行身份的有效性认证，防止交易欺诈。同时，交易过程中双方出现纠纷时，如果某一方对交易情况予以否认，如客户对他所发购买消息的否认，支付金额的否认、商户对他接收订单的否认等，就会使另一方的权益受到威胁。电子支付系统可以采用数字签名等技术保证对业务的不可否认性。

（2）网上交易传输的信息都是关于各方身份、交易内容、资金等的私密内容，为了防止这些信息的泄露，电子支付系统可以使用私有密钥加密法和公开密钥加密法进行信息加密与解密，并采用数字信封、数字签名等技术来加强数据传输的保密性，以防止未被授权的第三者获取信息的真正含义。

（3）交易信息在网上传输的过程中，有可能被未授权者非法篡改，为保护数据完整无缺地到达接收者，电子支付系统可以采用消息摘要算法以确认信息的完整性。

（4）由于网上交易牵涉到客户、商家和银行等多个方面，商家只有确认了支付信息后才会继续交易，银行也只有确认了购付信息后才会提供支付，因此，买卖信息与支付结算信息的传送必须连接在一起，同时，商家不能读取客户的支付信息，银行不能读取商家的订单信息，电子支付系统可以采用双联签字等技术来处理这种交易中多边支付的问题。

4.2 电子支付方式

随着网络经济时代的来临，货币与银行在电子商务活动中已经成为不可或缺的部分。但传统的支付方式无法适应这种新型的商务形态，电子支付方式以其便捷、高效的优势越来越受到消费者的欢迎。本节介绍的电子支付方式包括：网上支付、移动支付、固定电话支付、自动柜员机支付、销售网点终端支付等几种常见的电子支付方式和其他电子支付。

4.2.1 常见的电子支付方式

1. 网上支付

网上支付是指用户通过互联网实现的资金转移，也称互联网支付。网上支付采用先进的技术通过数字流转来完成信息传输，客户和商家之间足不出户即可完成交易，网上支付的手段主要有：银行卡网上支付与第三方网上支付。

（1）银行卡网上支付。银行卡网上支付是指通过商业银行提供的银行卡为网上交易的客户提供电子结算的手段。用户首先向银行申请银行卡并要求开通网上支付；在网站购物或消费时，通过网站提供的接口，进入网银在线支付页面，使用开通了网上支付功能的银行卡，点击立即支付后，输入银行卡号及验证码，按照接下来的提示进行操作即可在银行支付系统中进行交易付款，将消费金额直接转入商家对应的银行账户。银行卡网上支付具有方便、快捷、高效、经济、安全、可靠的优势，是目前应用最为广泛的电子支付模式。

（2）第三方网上支付。第三方网上支付是指具备一定实力和信誉保障的第三方独立机构与各大银行签约，提供与银行支付结算系统接口的交易支持平台的网络支付手段。在通过第三方支付平台的交易中，买方选购商品后，使用第三方平台提供的账户进行货款支付，由第三方通知卖家货款到达、进行发货；买方检验物品后，就可以通知付款给卖家，第三方再将款项转至卖家账户。

第三方网上支付大致可分为两种模式。一是支付网关模式，第三方支付网关是完全独立于电子商务网站，由第三方投资机构为网上签约商户提供围绕订单和支付等多种增值业务的共享平台。此模式下，消费者并不是其客户，网站商家和银行才是它的客户，消费者最终还是要使用各网上银行进行付款。这种模式以首信易支付、百付通为代表。二是账户支付模式。此种模式的买家和卖家在同一个支付平台上开设账户，买家选购商品后，通过平台在各个银行的接口，将购买货物的货款在网上转账到平台的账户上，支付平台收到货款之后通知卖家发货，买家收到货物之后再通知支付平台付款给卖家，支付平台这时才把钱转到卖家的账户上。这种模式以支付宝、贝宝为代表，一定程度上增加了网民对网上购物的可信度，减少了网络交易欺诈。

2. 移动支付

移动支付，就是允许用户使用其移动终端（包括手机、PDA、移动 PC 等）对所消费的商品或服务进行款项支付的方式。整个移动支付价值链包括移动运营商、支付服务商（比如银行，银联等）、应用提供商（公交、校园、公共事业等）、设备提供商（终端厂商，卡供应商，芯片提供商等）、系统集成商、商家和终端用户。

手机是目前移动支付中使用最普遍的移动设备，利用手机进行支付的支付方式称为手机支付。移动支付系统为每个移动用户建立一个与其手机号码关联的支付账户，为移动用户提供了一个通过手机进行交易支付和身份认证的途径。用户通过拨打电话、发送短信或者使用 WAP 功能接入移动支付系统，移动支付系统将此次交易的要求传送给 MASP，由 MASP 确定此次交易的金额，并通过移动支付系统通知用户，在用户确认后，付费方式可通过直接转入银行、用户电话账单或者实时在专用预付账户上借记等多种途径实现。另外，类似公交卡、校园卡等能够刷卡支付的支付工具都属于移动支付的范畴。

【阅读资料 4 – 2】　　　　移动支付行业火热，体量同比增长近四倍

2014 年，第三方移动支付市场交易规模达到 59924.7 亿元，较 2013 年增长 391.3%，继续呈现出较高的增长状态。而 2013 年，第三方移动支付的增长率达到了 707.0%。移动支付已经连续两年保持超高增长。预计 2015 年开始，移动支付的增速将放缓，2018 年移动支付的交易规模有望超过 18 万亿。

艾瑞分析认为，2014 年移动支付市场的快速增长原因：第一，移动互联网时代用户上网习惯从 PC 端逐渐迁移；第二，移动互联网的普及使得用户从年龄、学历、收入等各维度都呈现长尾化趋势，使得用户数量快速增长；第三，支付场景的拓展使得移动支付成为网民继银行卡、现金外新的惯常使用的支付工具；第四，宝宝类货币基金的规模化和现金管理工具化带

动了移动支付用户黏性的增长。

　　2015 年春节，"抢红包"不仅登陆了直播 7 亿收视率的央视春晚，还成了春晚观众互动的一个重要环节。这标志着"抢红包"背后的移动支付完成了量的积累，正式升级成了一个全民参与的社会现象。抢红包让众多长尾用户"初识"和"初试"了移动支付，当部分用户自助或在亲朋的帮助下完成注册、认证、绑卡等过程后，形成了向移动支付用户的转化。支付宝、财付通等企业再趁热打铁地跟进一些培养用户小额高频的使用习惯的营销活动等，真正将这部分长尾用户培养成有效用户，这步将完成移动支付的质的飞跃。

资料来源：http://www.d188.cn/news/detail/id/1031.html。

3. 固定电话支付

　　固定电话支付是指消费者使用固定电话或其他类似固定电话的终端设备，通过银行系统就能从个人银行账户里直接完成付款的方式。固定电话支付有两种模式：一是消费者订购商品或服务后，通过固定电话拨打银行卡发卡行的电话银行，如招商银行的 95555、中国工商银行的 95588 等；另一种是采用智能刷卡电话支付（见图 4-3），智能刷卡电话只比一般固定电话多了一道刷卡槽，除了通话功能外，可以进行所有 ATM 机和 POS 机的功能，但不能提取现金。

　　固定电话支付业务具有交易安全、成本较低、操作简便、业务扩展性强等特点。

图 4-3　智能刷卡电话

4. 销售网点终端支付

　　销售网点终端支付是指通过销售场所的销售点终端 POS（Point of Sale）机（见图 4-4）实现电子资金转账的电子支付方式。POS 机是一种多功能终端，把它安装在信用卡的特约商户和受理网点中与计算机联成网络，为客户提供现场购物刷卡，实现电子资金的自动转账。销售点终端 POS 机具有消费预授权、查询支付名单等功能，避免了验钞、找零等手续，使购物方便、安全、快捷。

图 4-4　POS 机

5. 自动柜员机支付

　　自动柜员机支付是指通过商业银行的自助银行系统与银行的网络连接完成资金服务的方式。

自动柜员机即 ATM（Automated Tellermachine）机（见图 4-5），是一种高度精密的机电一体化装置，利用磁性代码卡或智能卡实现金融交易的自助服务，代替银行柜面人员的工作。自助银行借助 ATM 机等设备为客户提供实时的现金支取、资金转账等金融服务，还可以进行现金存款存折补登等工作。自动柜员机支付是被消费者较早接受的电子支付方式，并且在大中型城市中已经得到普及。

图 4-5　ATM 机

【阅读资料 4-3】　　　　　　　　ATM 机的发明

1939 年，Luther George Simjian 发明了自动取款机。但是，现代意义上的自动取款机，其概念提出于 1968 年，原型机出现于 1969 年。第一台自动取款机被安装在纽约的化学银行。如今，ATM 机发展的速度相当快，与银行机构的比例达到了 4:1。美国海军甚至将 ATM 机装到了军舰上。

现代意义上的自动取款机发明人是英国的谢波德·巴伦。谢波德 1925 年出生在苏格兰的罗斯郡，毕业于爱丁堡大学。20 世纪 60 年代中期，他是德拉路仪器公司的经理。有一天，他在洗澡时突发灵感。"我常常因为去银行取不到钱而恼火，为什么不设计一种 24 小时都能取到钱的机器呢？"他见到英国巴克莱银行的总经理，让对方给他 90 秒时间来听他介绍这个主意，结果对方在第 85 秒就给了答复："只要你能把这种机器造出来，我们马上买。"

一年后，谢泼德成功了。1967 年 6 月 27 日，世界上第一台自动取款机在伦敦附近的巴克莱银行分行亮相。最初，顾客从自动提款机中一次只能取 10 英镑，因为当时 10 英镑已足够普通家庭维持周末了。

资料来源：http：//baike. baidu. com/view/26. htm#sub5395795。

4.2.1　其他电子支付方式

随着网络的发展，越来越多的新型电子支付方式应运而生，例如电视银行就是目前正在发展中的电子支付方式之一。电视银行是依托数字电视运营商的双向数字网，以有线电视机与机顶盒作为客户终端，以电视遥控器作为操作工具的"家居银行"。通过技术创新，增加浏览器软件二次加密技术，保证了客户信息的安全，解决了跨系统、跨网络的数据安全问题，使广大市民在欣赏电视节目的同时，足不出户就可以享受费用缴纳、电视购物、银行资金转账等现代金融服务。

中国邮政储蓄银行是国内首家在总行层面推出电视银行系统的全国性银行，截至 2015 年 3 月，中国邮政储蓄银行电视银行系统已相继在江苏（南京）、湖南、黑龙江（哈尔滨）、广西、上海、厦门、浙江、湖北、广东、福建（泉州）、贵州、四川（成都）、河南、陕西、北京、河北、安徽、山西（晋城）18 个省市上线，陆续还将与其他广电运营商合作，在全国其他省市推出。目前已实现个人客户本币账户信息查询、转账（定活互转、行内转账）、电视支付、信用卡（还款、账单查询）、缴费、银行信息查询等功能，未来将实现个人客户外币通（定活互转、外币理财）、跨行转账、基金业务、理财业务、国债业务、保险业务、贵金属业务、个人贷款等功能，以全面满足客户多样化的业务需求。

4.3　电子支付工具

电子支付工具是信息社会必不可少的支付工具，它由传统的支付方式衍生而来，依附于非纸质电磁介质存在，通过计算机网络系统以传输电子信息的方式进行电子数据交换来实现支付。今天，传统的现金支付已经"退居二线"，各种电子支付工具成为人们日常消费的主要支付工具。本节主要介绍信用卡、电子支票、电子现金、其他电子支付工具等几种电子支付工具。

4.3.1 信用卡

信用卡 1915 年起源于美国,至今已有近 100 年的历史。最早发行信用卡的机构并不是银行,而是一些百货商店、饮食业、娱乐业和汽油公司。美国的一些商店、饮食店为招徕顾客,推销商品,扩大营业额,有选择地在一定范围内发给顾客一种类似金属徽章的信用筹码,后来演变成为用塑料制成的卡片,作为客户购货消费的凭证,开展了凭信用筹码在本商号或公司或汽油站购货的赊销服务业务,顾客可以在这些发行筹码的商店及其分号赊购商品,约期付款。这就是信用卡的雏形。

1. 信用卡的概念

"信用"一词来自英文 credit,包括:信用、信誉、贷款、信任及声望等含义。信用卡(Credit Card)由银行向资信良好的个人和机构签发的一种信用凭证,持卡人可以在银行特约商场、饭店及其他场所中购物、消费和向银行存取现金的特制载体卡片。

信用卡一般是长 85.60 毫米、宽 53.98 毫米、厚 1 毫米(尺寸大小是由 ISO 7810、7816 系列的文件定义),正面印有发卡银行名称、有效期、号码、持卡人姓名等内容,背面有磁条、签名条的特殊塑料制成的卡片。我国几乎所有的商业银行都发行各自的信用卡,例如中国建设银行的龙卡、中国工商银行的牡丹卡、中国农业银行的金穗卡、中国银行的长城卡、中国邮政储蓄银行的普卡等(见图 4-6)。

图 4-6 各种信用卡片

【阅读资料 4-4】 信用卡也有默认上浮额度,到底什么是超限费?

信用卡超限额度是部分银行为方便用户刷卡消费而设立的一个隐含额度,刷卡人不用临时再申请调高额度或者刷卡无法支付一般超限额度须小于总额度的 10%。一般来说,若逾期未还款,刷卡人要按照超出透支额度金额 5%~10% 的比例支付超限费。

有银行相关人士告诉记者,为了避免客户忘记申请调高临时额度,而在使用信用卡面临超限无法支付的尴尬，一些银行会根据有关规定，将信用卡刷卡消费的最高额度控制在原额度的 110%。例如，若客户持有一张信用额度为 1 万元的信用卡，按照规定，客户信用卡最多可以直接刷卡消费 1 万 1 千元，对于超出信用额度的 1 千元，如没有按时还款，银行可以收取一定比例的超限费。

不过，相关人士也指出，不同银行对于信用卡超额功能设置也不同，有的需要自行申请开通，有的则是办卡时就已经默认开通，需要客户自行致电取消。

记者通过调查发现，虽然上浮额度和超限费的说明，一般情况下会与客户办理的信用卡一同寄出，但不会对于超限额度或者相关费用进行特别强调。由于不少持卡人并不会仔细阅读说明，因此普遍不知道信用卡有默认的"上浮额度"，同时对于"超限费"的存在也并不知情。更有甚者，由于不知道超额消费需要全部还清，而直接选择了 10% 的最低还款额，在承担超限费的同时，还不得不面临按超限未还金额 5% 的罚息。因此，近年来，因持卡人逾期不还钱或忘记还钱造成产生高额滞纳金而被银行起诉的个例不在少数。

资料来源：http://bank.hexun.com/2016－03－04/182568115.html。

2. 信用卡的特点

信用卡将支付与信贷融为一体，按照性质与功能可划分为：借记卡——先存款，后支用；贷记卡——先消费，后还款；综合卡——结合两种功能的卡，偏重"借记"。其主要特点如下。

（1）享有资金上的优惠。信用卡不需要提前存款即可消费，享有 25～56 天的免息期，按时还款利息分文不收；按消费金额还可以积分，并有礼品赠送；持卡在银行的特约商户消费，可享受折扣优惠。

（2）易于携带，使用方便。信用卡一般都是小巧轻薄，不易损坏便于携带。还可采用联网设备在线刷卡记账、POS 结账、ATM 机取款等方式进行支付，通行全国无障碍。

（3）积累个人信用。在您的还贷款过程中积累自己的个人信用。

（4）安全性强。信用卡支付使用公钥系统、消息摘要、数字签名等技术，保护信息的不泄露、丢失与篡改，安全系数比较高。每月免费邮寄对账单，让你透明掌握自己的每笔消费支出。

信用卡是目前电子支付中最简单、最常用的工具。其方便、快捷、安全的支付方式为信用卡的推广和普及打下了良好的基础，使人们的结算方式、消费模式和消费观念发生了根本性的改变。

4.3.2 电子支票

电子支票是纸质支票的电子替代物，它与纸质支票一样是用于支付的一种合法方式，完成与纸质支票相同的结算功能，在提高结算速度、减少处理成本和增强安全性方面有着纸质支票无法比拟的优势。

1. 电子支票的概念

电子支票（Electronic Check）是支票的新形式，由客户向收款人签发的，无条件的数字化支付指令，通过互联网或无线接入设备来完成钱款从一个账户转移到另一个账户的电子付款形式（见图4-7）。

电子支票的签发人只需要在网络上生成一张电子支票，其中包含支付人姓名、支付人金融机构名称、支付人账户名、被支付人姓名、支票金额，最后，像纸质支票需要本人签名一样，电子支票需要经过数字签名即可形成，然后通过网络以电子函件形式直接发送给收款方，收款人从电子邮箱中取出电子支票，并用电子签名签署收到的证实信息，再通过电子函件将电子支票送到银行，

图4-7 电子支票与电子支票打印机

银行使用数字凭证确认支付者和被支付者身份、支付银行以及账户，就可以使用签过名和认证过的电子支票进行账户存储。

【阅读资料4-5】　　　　世界上第一张电子支票

1996年，美国通过的《改进债务偿还方式法》成为推动电子支票在美国应用的一个重要因素。该法规定，自1999年1月起，政府部门的大部分债务将通过电子方式偿还。1998年1月1日，美国国防部以及由银行和技术销售商组成的旨在促进电子支票技术发展的金融服务财团（FSTC）通过美国财政部的财政管理服务支付了一张电子支票以显示系统的安全性。1998年6月30日，在美国出现了世界上第一张电子支票。当时IBM公司联合美国波士顿银行、美洲银行和美国金融服务技术联合签发了这张支票。从此出现了现代电子商务概念基础上的网上支付。

资料来源：帅青红，《电子支付与结算》，东北财经大学出版社2011年版。

2. 电子支票的特点

电子支票是一种适合网上支付的电子结算工具，其具有以下特点。

（1）易于接受。电子支票与传统支票工作方式相同，适用现有的商务流程，因而易于理解，能够被迅速采用。

（2）安全性更强。加密的电子支票使它们比基于公共密钥加密的数字现金更易于流通，买卖双方的银行只要用公共密钥认证确认支票即可，数字签名也可以被自动验证，解决了传统支票中大量存在的伪造问题。

（3）适用范围广。电子支票适于各种市场，可以很容易地与 EDI 应用结合，推动 EDI 基础上的电子订货和支付。尤其适用于 B2B、B2G 等大额电子商务交易。

（4）具有第三方收益性。第三方金融服务者不仅可以从交易双方收取固定交易费用或按一定比例抽取费用，它还可以以银行身份提供存款账目，且电子支票存款账户很可能是无利率的，因此给第三方金融机构带来了收益。

4.3.3　电子现金

电子现金自 1982 年由 D. Chaum 提出以来，已经是一种比较成熟的电子支付手段，它从根本上改变了纸币在安全性、方便性和隐私性方面的缺陷，开辟了一种全新的货币流通形式。

1. 电子现金的概念

电子现金（Electronic cash），又称为数字现金，它使用一系列的加密序列数来表示现实中各种金额的币值，并以数据形式通过网络流通的货币。用户只要在开展电子现金业务的银行开设账户并在账户内存钱，就可以在接受电子现金的商店购物了。

【阅读资料 4 - 6】　　　　　金融 IC 卡都支持电子现金

电子现金可以在所有印有"Quick Pass 闪付"的 POS 机、自助售货机等支付终端上消费，持卡人无需输入密码和签单，可快速完成支付。这些终端主要分布于超市、便利店、电影院等小额消费类商户。电子现金的交易方式分为两种，一种是联机交易，一种是脱机交易。脱机交易时只需把卡放在读卡器附近刷卡，"嘀"一声即可完成交易，不需要输入密码、不用签名，就像刷公交卡一样。

目前多家银行推广的金融 IC 卡都具有电子现金账户功能，电子现金可以实现金融 IC 卡的一卡多账户、一卡多功能，满足人们一卡在手，跨行业、跨区域的小额快速支付使用。持卡人在使用电子现金闪付前，要向电子现金预存一定的金额（圈存），电子现金中的金额视同现金，电子现金不挂失、不计息，不能透支、不能取现。中国人民银行规定，金融 IC 卡电子现金余额最高不得超过 1000 元人民币，单笔最高支付金额不得超过 1000 元人民币。

资料来源：http://www.gndaily.com/news/2014 - 06/24/content_ 1340388. htm。

2. 电子现金的特点

电子现金是以数据形式流通的在线即时支付工具，包括商家、用户、银行三个主体，以及初始化协议、提款协议、支付协议、存款协议四个安全协议，适用于那些通过网络进行支付的小额交易。其具有以下特点。

（1）货币价值性。电子现金与纸币一样，代表了一定的货币价值，可用于网上交易。

（2）可转移性。电子现金作为一种支付结算方式，可以在用户、银行与商家之间转移，促使交易的实现。

（3）协议性。电子现金的应用要求银行和商家之间有协议和授权关系。

（4）依赖性。消费者、商家和电子现金银行都需使用电子现金软件，并且形成的电子现金应当存储于一个不可修改的专用设备中。

（5）不可重复性。电子现金和纸币一样，只能支付一次。对电子现金的复制和双重使用能够很容易的被发现。

（6）匿名性。电子现金与现金一样，具有匿名性，买卖双方在使用电子现金时不用暴露自己的身份，转移过程不可跟踪，可以防止泄露电子现金用户的购买历史。

（7）可分解性。这是电子现金与纸币现金的一个重要区别。与纸币现金受所发行的纸币单位的影响不同，电子现金可以根据交易双方达成的支付协议上金额的多少分成任意金额多次使用，只要各部分的面额之和与原电子现金面额相等即可。

虽然电子现金使用起来具有方便、灵活、费用低的优点，也存在着高成本、不利于对违法用户的追踪、用户承担的风险较大等问题，因此电子现金目前使用量较小，只有少数几家银行提供电子现金业务，也只有少数商家接受电子现金。

4.3.4　其他电子支付工具

除了以上几种常见的电子支付工具外，随着市场竞争的日益激烈、网络技术不断的发展，一些新型的电子支付工具逐渐涌现，如储值卡，虚拟卡等。

1. 储值卡

储值卡（Value Card），又称预付卡、消费卡、智能卡、积分卡等，是发卡银行或者其他经中央人民银行认可有权发卡的企业单位将持卡人预先支付的货币资金转至卡内储存，交易时直接从卡内扣款的电子支付卡片（见图4-8）。

目前，储值卡的支付在不断的发展与创新当中，使用领域越来越广。如：光大银行的阳光

图 4-8　各种储值卡

旅行储值卡、工商银行的牡丹储值卡等；电信行业发行的移动、联通手机卡；商场、超市、餐饮、娱乐、美容、理发等商业机构发售的优惠卡、购物卡、会员卡、加油卡等；公用事业单位发行的公交 IC 卡、水费卡、天然气费卡、电费卡、医疗卡、社保卡等；不销售商品或提供服务的机构发行的第三方机构储值卡。

　　储值卡应用范围广泛、灵活多样，但是安全措施较差，对发行计划、管理模式、风险控制等的监管还不规范，如果发卡方倒闭，消费者权益会受到损害。

【阅读资料 4-7】　　　　　店铺关张会员卡"下岗"钱咋办

　　"我办理的会员卡上还有近 2000 元，现在不让用了，真急人！"2 月 29 日上午，市民王女士向淇河晨报记者反映。据了解，王女士去年在淇滨区鹤煤大道附近的纳萱花想容精致美容美发生活馆办了一张理发用的会员卡。去年 12 月，那家店的老板说房租到期不干了，便把办了会员卡的顾客介绍到了另一家理发店，并对顾客说可以在那家理发店继续使用会员卡中的余额。前几天，王女士去那家理发店理发的时候，理发店老板说原纳萱花想容精致美容美发生活馆的会员卡已经不能用了。

　　市消费者协会工作人员王长录说，预付式消费对于商家来说就像拿到一张高额的信用卡，最初经营起来快意无限，但到了中后期很容易因为经营不善而发生"崩盘"。河南鹤淇律师事务所主任律师直艳军告诉记者，由商家造成的预付卡问题，可分为主观和客观两个方面。商家以"恶意圈钱"为目的发放预付卡然后"跑路"，属于典型的诈骗行为，消费者可向公安机关报警。此外，因商家经营不善等客观原因导致资金链断裂、店面倒闭，消费者追讨预付款就属于民事纠纷范畴，只能申请工商部门进行调解，或向法院提起民事诉讼。"受害者在此类民事诉讼活动中，不仅有可能需要付出较大的时间成本，还将面临较大的举证困难以及判决无法执行的风险。"直艳军说，对于预付金额普遍不高的消费者而言，诉讼并不是一个理想的解决问题的方式。

资料来源：http://www.453000.cn/news/hnxw/hb/201603/149543.html.

2. 虚拟卡

虚拟卡是互联网服务提供商为了方便消费者网上购物（包括实体物品和增值服务）而设立的虚拟账户，代替实物卡片成为电子商务中重要的支付工具。近几年，几乎每家知名的网络服务商都推出了自己的虚拟货币，如腾讯的 Q 币、百度的百度币、新浪的 U 币等，虚拟卡作为网络虚拟货币的载体，使用账户中的虚拟货币进行网上消费。

虚拟卡按照发行主体的业务类型分为两种形式。第一种，B2C 型虚拟卡。这类虚拟卡主要解决企业在网络上销售其商品或服务时消费者的支付问题，以支付的便捷性来促进其商品的销售，其发行主体为 B2C 服务提供商，如腾讯、盛大、新浪。目前，B2C 型虚拟卡目前基本上属于封闭式，局限于各企业内部使用，相互间尚未形成正式的交换机制。第二种，C2C 型虚拟卡。这类虚拟卡主要解决消费者之间在其平台上交易时的支付问题，以支付的便捷性和安全性来提高其平台的竞争力，其发卡机构为 C2C 服务提供商，如淘宝网、ebay 易趣。尽管 C2C 型虚拟卡目前仍为封闭式，但由于 C2C 服务提供商目前有向其他领域扩张的趋势，因此 C2C 型虚拟卡有逐渐扩大作用范围、发展成通用型虚拟卡的倾向。

【阅读资料 4 - 8】　　　　　　　　　　腾讯 Q 币

Q 币，是由腾讯推出的一种虚拟货币，通常它的兑价是 1Q 币 = 1 人民币，用腾讯拍拍网交易一般都是 9 折。腾讯 Q 币，通过购买 QQ 卡，电话充值，银行卡充值，网络充值，手机充值卡等方式获得。QQ 卡面值分别有 10 元，30 元，50 元，60 元，100 元，200 元等；用户使用拨打腾讯公司的声讯电话申请方式得到的 Q 币，申请到的 Q 币可以在腾讯网站使用一系列相关服务，购买时根据相应的提示投入相应的 Q 币数。也可以做某些任务获得。网络充值时输入 QQ 号，QQ 卡卡号，密码，输入验证码，即可完成 Q 币的充值。

Q 币可以用来支付 QQ 的所有服务（包括申请 QQ 行号码、购买 QQ 靓号、QQ 会员服务、QQ 交友、QQ 贺卡、QQ 宠物、会员等），还可以购买 QQ 游戏（包括游戏大厅中的各种游戏以及 QQ 堂、QQ 幻想、QQ 音速、QQ 三国）中的道具。

资料来源：搜狗百科 http://baike.sogou.com/v52465.htm.

随着电子商务的发展，进入虚拟卡市场的企业也越来越多，目前国内市场的虚拟卡发卡机构超过四百多家。

4.4　网络支付平台

随着网络环境的日益完善，移动互联网的需求逐渐被激发，网络支付在整个电子商务发展发挥着愈加重要的作用。目前，我国网络支付发展迅速，普及进程加快，2016 年 1 月发布的第 37 次中国互联网络发展状况统计报告指出，截至 2015 年 12 月，我国使用网上支付的用户规模达到 4.16 亿，较去年增长 36.8%，我国网民使用网络支付的比例也从 46.9% 提升至 60.5%，网络支付正潜移默化地改变着网民的日常生活。网络支付方式在本章第一节中已经做了介绍，本节主要补充介绍一下几种常见的几种网络支付平台。

4.4.1　网络银行

1. 网络银行的概念

网络银行（Internet Bank or E-bank），又称网上银行、在线银行，是指银行利用 Internet 技术，通过 Internet 向客户提供开户、查询、对账、行内转账、跨行转账、信贷、网上证券、投资理财等传统服务项目，使客户可以足不出户就能够安全便捷地管理活期和定期存款、支票、信用卡及个人投资等业务。简而言之，网络银行就是 Internet 上的虚拟银行柜台。

2. 网络银行的特点

网络银行是信息革命带给金融领域的创意，其基本模式脱胎于传统银行并得到发展，相对于传统银行，网络银行的特点包括以下几点。

（1）网络银行服务方便、快捷。依托迅猛发展的计算机通信技术，利用渗透到全球每个角落的因特网，网络银行能够在任何时间（Anytime）、任何地点（Anywhere）、以任何方式（Anyway）为客户提供金融服务，因此也称为 3A 银行。

（2）网络银行经营成本较低。网络银行摒弃了传统银行的实体网点与柜台，把业务直接在因特网上推出，节约了租赁、装修、维护等费用，以及煤、水、电、办公费等日常开支。

（3）网络银行全面实现无纸化交易。网络银行以电子票据和收据代替传统的票据和单据，以电子货币代替原有的纸币，通过数据通信网络传送传统纸质文件，实现业务无纸化。

（4）网络银行向客户提供更标准的服务。传统的营业网点会因为工作人员情绪的波动、业务素质差异等问题，难以为客户提供统一、详细的信息咨询服务。利用互联网和银行支付系统，可以提供一对一的服务，客户自行挑选、进行银行金融服务，提高服务的标准化程度。

（5）网络银行系统简单易用，便于升级维护。网络银行服务只要一台电脑和调制解调器，不需要特别的软件，界面简单无需专门的培训，使用账号和密码登录便能与银行联网，按照网上银行页面的提示进入自己所需的业务项目，处理个人交易。银行在升级维护应用系统时只需简单地更新或升级服务器应用程序即可，无需对客户端作任何变动。

（6）网络银行安全性强。用户通过网络办理银行业务，避免了到柜台办理业务可能泄露信息的环节，同时网络银行采用了加密系统对客户信息加以保护，使用户的利益得到保障，而且随着技术的发展以及网络交易的规范化，商业罪犯将更难以找到可乘之机。

3. 网络银行的功能

网络银行是银行业务电子化的一个方面，客户通过因特网享受的综合性银行服务，包括传统银行业务的网上实现和针对互联网多媒体互动特性设计的创新性业务两个部分，为个人和企业提供服务。从业务细分的角度讲，网络银行一般包括以下几个方面的功能。

（1）公共信息发布。网络银行通过网站对银行进行宣传、介绍，发布广告、向客户提供及时的、有价值的金融信息、产品说明。包括银行的历史背景、经营范围、网点分布、业务品种、国际市场外汇行情、兑换利率、储蓄利率、汇率、国际金融信息、证券行情、金融法规等内容。

（2）咨询投诉。网络银行一般以 E-mail、BBS、在线论坛、在线客服、留言板等方式，向客户提供业务咨询及投诉服务，通过对客户反馈信息的收集、整理，了解客户关注的焦点及市场的需求，为银行业务的调整和拓展提供依据。

（3）账务查询与账单核对。网络银行可以为企业与个人客户提供其账户余额及历史交易明细的查询，使客户能够及时、准确地掌握自己账户资金的变动情况。

（4）申请、撤销和挂失。客户可以按网络银行提供的步骤进行存款账户、信用卡开户、电子现金、电子支票的申请、贷款、信用证的申请，预约服务的申请，企业各种表格的报送，预约服务的撤销，账户的挂失等业务。因为网络有一对一服务的特性，通过网上银行申请、撤销和挂失，简化手续，缓解了实体网点办理排队的现象，方便了客户，提高了服务效率。

（5）网络银行交易。网络银行交易项目主要包括转账、网上购物与公共服务缴费的结算、金融理财业务等内容。①转账。客户可以通过网络银行将自己名下账户的资金进行内部转账，如活期转定期、外汇币种的转换等。②网上购物与公共服务缴费的结算。通过账户间资金的划转，足不出户地完成购物付款的全过程，并且可以缴纳煤、水、电、电话、有线电视等费用等，大大为客户的生活提供了方便。③金融理财业务。网络银行支持客户的股票交易、国债、外汇买卖、期货交易、黄金买卖等理财业务。不仅提供支付买卖平台，而且由专人进行理财分析，提供符合客户经济状况的理财建议、计划及相应的金融服务。为客户提供多种金融服务产品，如保险、抵押和按揭等，以扩大网上银行的服务范围。④其他业务。网络银行还为客户提供代发工资、贷款等服务，甚至有些网络银行还会为客户提供公益捐款等服务。

（6）提醒服务。银行会在持卡人所欠款项到期，定期存款到期，贷款到期、账户金额不足支付款项等问题出现前对客户予以信息提醒，减少客户不必要的损失。

4. 网络银行发展模式

目前，网络银行的发展模式有两种。

（1）没有物理网点支持的虚拟银行。所谓的虚拟银行就是完全依赖于互联网的电子银行，这种网上银行一般只有一个办公地址，没有分支机构，也没有营业网点，采用国际互联网等高科技服务手段与客户建立密切的联系，提供全方位的金融服务。以美国安全第一网上银行为例，它成立于 1995 年 10 月，是在美国成立的第一家无营业网点的虚拟网上银行，它的营业厅就是网站，当时银行的员工只有 19 人，主要的工作就是对网络的维护和管理。

（2）有物理网点支持的网上银行。这种网上银行是在现有传统银行的基础上，利用互联网开展传统银行的业务服务。即传统银行利用互联网作为新的服务手段为客户提供在线服务，实际上是传统银行服务在互联网上的延伸，这是目前网上银行存在的主要形式，也是绝大多数商业银行采取的网上银行发展模式。事实上，我国还没有出现真正意义上的"虚拟银行"，国内现在的网上银行基本都属于第二种模式。

自 1995 年世界第一家网上银行——美国安全第一网上银行诞生以来，全球银行业在电子化道路上开始了爆发式的飞跃。网上银行在我国获得了迅速发展。1996 年，我国只有一家银行通过国际互联网向社会提供银行服务，到 2002 年底，在互联网上设立网站的中资银行占中国现有各类银行的 27%。截止 2014 年底，个人网银用户达 3.82 亿人，占整体网民规模比例达到58.9%；企业网银用户达到 1729.5 万户，同比增长 27.7%。网上银行经过多年的发展已积累起较为稳定的用户群，庞大的电子银行用户为银行业拓展电子商务市场奠定了坚实的基础，发展电子商务及互联网金融等创新业务将成为电子银行交易规模增长的主要动力。同时，我国网上银行发展也存在很多问题，例如现行的法律很难规范网上银行业务的发展和保护消费者权益、金融业的网络建设缺乏整体规划、监管意识和现有监管方式的滞后、安全问题十分突出等。但网上银行是现代银行业的发展方向，指引着银行未来的发展趋势，在我国仍有着巨大的发展空间。

4.4.2 支付宝

支付宝（中国）网络技术有限公司是国内领先的独立第三方支付平台，由阿里巴巴集团创办，致力于为中国电子商务提供"简单、安全、快速"的在线支付解决方案。支付宝公司从2004 年建立开始，始终以"信任"作为产品和服务的核心。旗下有"支付宝"与"支付宝钱包"两个独立品牌。自 2014 年第二季度开始成为当前全球最大的移动支付厂商。截至 2015 年 6月底，实名用户数已经超过 4 亿。

支付宝在覆盖绝大部分线上消费场景的同时，也正在大力拓展各种线下场景，包括餐饮、超市、便利店、出租车、公共交通等。支付宝的国际拓展也在加速。目前，境外超过 30 个国家和地区，近 2000 个签约商户已经支持支付宝收款，覆盖 14 种主流货币，还支持韩国、欧洲购物退税。在金融理财领域，支付宝为用户购买余额宝、基金等理财产品提供支付服务，目前使用支付宝支付的理财用户数超过 2 亿。支付宝在电子支付领域稳健的作风、先进的技术、敏锐的市场预见能力及极大的社会责任感赢得银行等合作伙伴的认同。目前国内工商银行、农业银行、建设银行、招商银行、上海浦发银行等各大商业银行以及中国邮政储蓄银行、VISA 国际组织等各大机构均和支付宝建立了深入的战略合作，不断根据用户需求推出创新产品，成为金融机构在电子支付领域最为信任的合作伙伴。

【阅读资料 4 - 9】 支付宝"余额宝"正式上线

2013 年 6 月 17 日，支付宝备受关注的"理财神器"余额宝在京宣告正式上线。用户将资金转入余额宝内，将能享受基金公司提供的货币基金投资收益，分析人士认为，这种彻底打通互联网和理财分界的新模式有望开启碎片化理财新时代。

支付宝方面介绍，虽然越来越多的用户已习惯在网购时通过快捷支付直接付款，但目前还是有大约 30% 的用户习惯先给支付宝充值，再使用支付宝余额付款。现在，用户可以选择将资金转入余额宝，不但能在购物或转账时方便付款，还能享受基金公司提供的投资收益。不过因为涉及货币基金的购买，用户必须首先通过实名认证才能使用余额宝的功能。支付宝对余额宝还提供了被盗全额补偿的保障。

"通过互联网，每个人哪怕是只有一块钱，都可以平等地享有闲散资金增值的权利。"阿里小微金服集团国内事业群总裁樊治铭表示，余额宝的推出给年轻人也提供同样的理财机会，一块钱就能起买，余额宝内的资金又能随时用于消费。

资料来源：http：//tech. hexun. com/2013 - 06 - 18/155234852. html。

4.4.3 微信支付平台

微信支付是集成在微信客户端的支付功能，2014 年 3 月，微信 5.0 版开放微信支付功能，使用户可以通过手机完成快速的支付流程。微信支付以绑定银行卡的快捷支付为基础，向用户提供安全、快捷、高效的支付服务。用户只需在微信中关联一张银行卡，并完成身份认证，即可将装有微信 app 的智能手机变成一个全能钱包，之后即可购买合作商户的商品及服务，用户在支付时只需在自己的智能手机上输入密码，无需任何刷卡步骤即可完成支付，整个过程简便流畅。微信是腾讯集团推出的免费应用程序，微信支付借助腾讯开放平台拥有的强大社交化能力迅速成为电子支付方式中的一匹黑马。目前微信支付已实现刷卡支付、扫码支付、公众号支付、APP 支付，并提供企业红包、代金券、立减优惠等营销新工具，满足用户及商户的不同支付场景。

【阅读资料 4 - 10】   红包大战：支付宝完败于微信，面临巨大挑战

2015 年的春节，最受民众关注的焦点，俨然不再是曾经称为国民年夜饭的央视春晚，而是微信和支付宝两位主角之间的红包大战，已经成为一场全民式的狂欢。

除夕夜的红包大战，从支付宝方面给出的数据来看还是非常漂亮的，近 7 亿人次参与，红包总数达到 2.4 亿个，总金额 40 亿元。考虑到支付宝钱包的活跃用户为 1.9 亿左右，每人近 3.5 次的参与还是很不错的互动。不过他们没有给出红包中现金红包的数据和参与人次的计算方法。

有着 2014 年的成功试水，凭借着全民 APP 庞大的用户基数，再加上牵手全民年夜饭的春晚大舞台，2015 年微信红包可谓是大放光彩。微信官方发布数据称：

(1) 除夕当日微信红包收发总量达 10.1 亿次。

(2) 春晚全程（18 日 20：00～19 日 00：48），微信春晚摇一摇互动次数达 110 亿次。

(3) 春晚微信祝福在 185 个国家之间传递了约 3 万亿公里，相当于在地球与月球之间往返 370 万次。

（4）18 日 22：34 春晚摇一摇互动出现峰值，达 8.1 亿次/分。

在这组数据面前，支付宝看似喜人的成绩简直就不值一提，完全不在一个量级上。两相对比，不得不承认：羊年红包大战，微信全面胜出支付宝。

未来可以预见，在移动支付市场，微信支付将通过 O2O、移动电商等多种途径强势进入支付宝的传统势力范围，成为移动支付市场不容忽视的新生力量。对于支付宝而言，输了红包之战本身并不可怕，最担心的正是微信凭借红包大战的胜利，打破其在移动支付上的垄断地位。而这一天终于来临，今后微信和支付宝在移动支付上将直接面对面交手，市场竞争会更加激烈。

资料来源：网易财经 http：//money. 163. com/15/0219/17/AIR63NAB00253B0H. html。

本章习题

一、单选题

1. 以下属于传统支付方式的是（　　）。

    A. 储值卡   B. 票据

    C. 虚拟卡   D. 电子现金

2. （　　）是指消费者、商家和金融机构三者之间通过网络进行的货币支付或资金流转。

    A. 网络交易   B. 电子支付

    C. 即时支付   D. 即时金融

3. 下列不属于电子支付与传统支付的区别的是（　　）。

    A. 电子支付是采用先进的技术通过数字流转来完成信息传输，而传统的支付方式则是通过现金的流传、票据的转让等物理实体的流转来完成款项支付的

    B. 电子支付的工作环境是基于一个开放的系统平台之中，而传统支付则是在较为封闭的系统中运作

    C. 电子支付使用的是最先进的最先进的通讯手段，如 Internet、Extranet，而传统支付使用的是传统的通讯媒介

D. 电子支付的支付费用是传统支付的支付费用几十倍，甚至几百倍

4. 移动支付中所使用的移动设备不包括(   )。

A. 手机   B. 笔记本电脑

C. 固定电话和小灵通   D. PDA

5. 下列支付工具中，安全性最差的是(   )。

A. 电子现金   B. 储值卡

C. 电子钱包   D. 信用卡

6. 校园卡属于(   )的电子支付方式。

A. 移动支付   B. 网上支付

C. 固定电话支付   D. 自动柜员机支付

7. 牡丹卡是(   )发行的信用卡。

A. 建设银行   B. 招商银行

C. 工商银行   D. 交通银行

8. 具有不可重复性特点，只能支付一次的电子支付工具是(   )。

A. 电子现金   B. 储值卡

C. 电子支票   D. 信用卡

9. 商业机构发售的购物卡不属于(   )。

A. 虚拟卡   B. 储值卡

C. 预付卡   D. 智能卡

10. 1995 年全球第一家办理网络支付和交易业务的网上银行是(   )。

A. 中国人民银行   B. 中国招商银行

C. 美联储   D. 美国安全第一网络银行

二、多选题

1. 电子支付系统的功能包括(   )。

A. 采用数字签名等技术保证对业务的不可否认性

B. 使用私有密钥加密法和公开密钥加密法进行信息加密与解密

C. 采用消息摘要算法以确认信息的完整性

D. 采用双联签字技术来处理交易中多边支付的问题

2. 电子支付方式包括(   )。

A. 网上支付   B. 移动支付

    C. 固定电话支付   D. 销售网点终端支付

3. 属于第三方网上支付账户支付模式的是(　　)。

    A. 支付宝   B. 贝宝

    C. 易支付   D. 百付通

4. 网上银行又被称为 3A 银行，其 3A 包括(　　)。

    A. anyperson   B. anywhere

    C. anytime   D. anyway

5. 网上银行的功能一般包括(　　)。

    A. 银行业务项目   B. 信息发布

    C. 商务服务   D. 企业管理

三、名词解释

1. 电子支付   2. 信用卡   3. 电子支票   4. 电子现金   5. 网上支付

四、简答及论述题

1. 信用卡的特点有哪些？

2. 何为第三方支付？可以分为哪几类？

3. 简述电子支票的特点。

4. 何为虚拟卡？有何特点？

5. 试论述微信支付的优点。

案例讨论

5 万货款无故蒸发引起的纠纷

    随着我国电子商务的快速发展，网上购物凭借其快捷、低价的特点，已经走入了人们的生活。但是随着网购交易量的大幅增加，网络交易纠纷也随之频发。

    2010 年 10 月 12 日，王某和李某在网上商城"上海瞻世数码批发商场有限公司"订购了电脑配件，使用易宝支付平台转账付款 5 万元，但一直没有收到瞻世公司的发货信息。瞻世公司称没收到过订单。二人要求易宝支付退款，却被告知款已付给瞻世公司。

    王李二人认为，易宝支付作为第三方支付平台，有审查与其签约商户的资质及保护交易安全的义务，在交易过程中也有监督并协助交易完成的义务，但其在购买者尚未得到商品的情况下即行付款，未尽到相应义务，应返还货款 5 万元。

    易宝支付的经营者北京通融通信息技术有限公司则称，其作为独立的第三方支付平台，只提供纯粹的支付环节的服务，不从事具体商品及其服务的交易活动，也没有义务监督或协助商家进行发货，并且，所有订单款项已结算给瞻世公司。

朝阳法院于 2011 年 6 月 22 日和 8 月 19 日两次开庭审理了此案，但因案情较为复杂，尚未作出判决。

类似的网购纠纷层出不穷。朝阳法院发布的调研报告称：18.5% 的网购用户在近半年时间里有过不满意的网购经历，但由于诉讼成本高、诉讼周期较长、取证困难等原因，只有少数交易纠纷通过诉讼解决。

⑦ 思考讨论题

1. 根据案例，请分析易宝支付出现问题的主要原因，并提出你的解决建议。
2. 谈谈目前我国电子支付发展中存在哪些问题？试分析其发展趋势。

资料来源：http://rmfyb.chinacourt.org/paper/html/2012-04/23/content_43774.htm。

第 5 章

电子商务法律

■ 本章导读

　　作为一种新型的商务模式，电子商务要想健康发展，必须有相应的法律制度作为保障。但原有的法律制度和规范以传统商务模式为原型，并不能适应电子商务；在主体法、合同法、银行法、知识产权法、人格权法、证据法、民事诉讼法、国际私法等方面，电子商务都遇到了挑战。本章在介绍电子商务法律概念、特征与规范的基础上，重点分析了电子商务中的知识产权保护合同、电子合同、税收、支付中的法律问题以及电子商务交易安全的法律保障问题。

■ 知识结构图

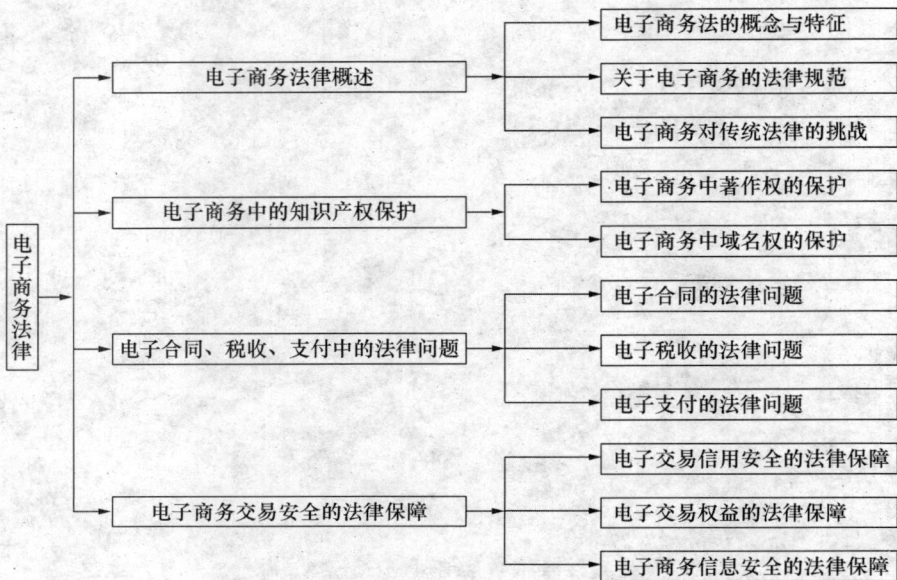

【开篇引例】 莫某诉杭州某电子商务公司网络购物合同纠纷

案情介绍

被告杭州某电子商务公司在天猫商城注册并经营某某专营店，销售数码电子产品。2012年12月2日，原告莫某某在被告经营的该网店网购了 Apple/苹果 iPhone4 手机一部，订单号为××××××，价格为3130元。被告承诺所售手机绝对是全新正品、全国联保且七天内无理由退换货。2012年12月4日，原告收到了被告邮寄的手机及发票。原告在查验手机的过程中发现，该手机无法激活，手机上显示的 IMEI（即串号），与包装盒、发票所记载串号不一致。后原告向苹果售后客服查询得知：包装盒上的串号暂时还没有登记，无法查询到；该串号与包装盒上序列号不匹配；产品数据显示有三台以上机子。也即是说，被告并未依约交付正品手机于原告。原告已多次向被告提出退货、退款并赔偿相应的损失，被告却一再推诿，至今仍未予以妥善处理。

原告认为，被告以非正品手机冒充正品手机销售的行为已经构成欺诈，该行为已经严重损害了作为消费者的原告的合法权益，被告除应退还原告购买手机款项外，还应加倍赔偿原告的损失。几经协商未果，原告向法院提起诉讼，请求判令：1. 解除原被告之间的网络购物合同；2. 被告退还原告3130元货款并赔偿原告3130元损失。

案情分析

1. 网络购物合同纠纷特点：网络购物日渐成为广大消费者的购物方式之一，网络购物合同纠纷案件也随之增加，与传统购物方式相比，网络购物纠纷具有消费者取证难（电子数据等证据容易串改、需要公证；被告以货物并非其邮寄货物抗辩）、诉讼成本高（卖家所在地可能离买家住所地较远）、适用法律不完善（现主要依据消费者权益保护法、合同法、产品质量法等法规）等等特点。很多案件中，争议的诉讼标的金额较小，消费者往往忍气吞声作罢。

2. 网络交易平台提供者能否作为网络购物合同纠纷案件的被告？现在网络交易平台大致分成两种类型，一种如京东商城，其本身就是商品销售者，直接与消费者发生交易往来，该网络交易服务平台当然应作为被告起诉。另一种如天猫商城，仅提供网络交易服务平台，其本身不直接销售商品或提供服务，不与消费者订立合同，但其提供了正品销售、商城无假货、7天无理由退换货等服务承诺；对于该种类型的网络交易服务平台能否作为被告，现行的法规并没有明确的规定。但是，根据新修订的《消费者权益保护法》第四十四条规定：消费者通过网络交易平台购买商品或者接受服务，其合法权益受到损害的，可以向销售者或者服务者要求赔偿。网络交易平台提供者不能提供销售者或者服务者的真实名称、地址和有效联系方式的，消费者也可以向网络交易平台提供者要求赔偿；网络交易平台提供者作出更有利于消费者的承诺的，应当履行承诺。网络交易平台提供者赔偿后，有权向销售者或者服务者追偿。因此，笔者认为，在网络交易平台提供了销售者或服务者的真实名称、地址和有效联系方式的情况下，网络交易平台提供者可免于作为被告，由实际的销售者或服务者承担相应的法律责任；但若没有提供的话，则可以将该网络交易平台提供者作为被告起诉，以保障消费者的合法权益。对于并非消费者身份发生的交易，能否同样适用该规定，目前还未有明确规定。从合同法、消费者权益保护法的立法理念而言，应该不能套用，因此，作为非消费者身份的买家进行网购交易时更应慎重起见。

资料来源：周书玲，《莫某诉杭州某电子商务公司网络购物合同纠纷》，找法网 http：//zhoushulinglvshi. findlaw. cn/lawyer/jdal/d72916. html。

5.1　电子商务法律概述

5.1.1　电子商务法的概念与特征

1. 电子商务法的概念

（1）狭义的电子商务法和广义的电子商务法。电子商务法，顾名思义，就是调整电子商务产生的社会关系的法律规范的总称。但是，由于人们对于电子商务的认识并不相同，对于由此产生的社会关系的理解自然也就有了分歧；所以，关于电子商务法的概念，同样出现"仁者见仁，智者见智"的局面。一般认为，电子商务法有狭义的电子商务法和广义的电子商务法之分。

狭义的电子商务法是与狭义的电子商务相对应的，它是指调整通过计算机网络进行数据电文传递而进行的商事活动所产生的社会关系的法律规范总称。

广义的电子商务法是与广义的电子商务相对应的，它包括所有调整以数据电文方式进行的商事活动所产生的社会关系的法律规范总称。广义的电子商务法内容非常丰富，至少可以分为调整电子商务交易形式的法律规范和调整电子信息交易内容的法律规范两大类。前者的典型代表是联合国的《电子商务示范法》，后者的典型代表是联合国国际贸易法委员会的《电子资金传输法》。

（2）形式意义上的电子商务法和实质意义上的电子商务法。从结构上看，电子商务法有形式意义上的电子商务法和实质意义上的电子商务法之分。

形式意义上的电子商务法是指按一定逻辑顺序编纂的有关电子商务的成文法。典型者如联合国国际贸易法委员会的《电子商务示范法》、美国的《统一电子交易法》、澳大利亚的《电子交易条例》、新加坡的《电子交易法》、印度的《电子商务支持法》等等。

实质意义上的电子商务法是指所有调整电子商务社会关系的法律规范总称。它不仅包括关于电子商务的成文法，还包括散见于其他法律规范中的与电子商务相关的法律规范。典型者如《合同法》中关于数据电文的规定。

2. 电子商务法的特征

（1）国际性。互联网虽然最早源于美国，但经过几十年的发展，早已超出美国，在全世界广泛运用。借助于网络的电子商务，自然也就具有了鲜明的无国界性。规范电子商务的法律规范，自然而然也就具有国际性。这与《民法》《刑法》等部门法更多地具有民族性有所不同。

只有建立一个全球性的电子商务法律体系，使世界范围内的电子商务活动遵循一个统一的标准，才能确保全球范围内的电子商务交易顺利、有序地进行，健康、快速发展。美国早在1997 年发布的《全球电子商务纲要》就要求建立一个可预见的、干预最少的、一致的、简明的电子商务法律环境。电子商务公约是 2005 年由联合国国际贸易法委员会在电子商务示范法、电子签名示范法基础上制定的正式国际法律文件。该公约有 16 个国家签署，在 3 个成员国正式批准之后，已于 2013 年 3 月 1 日生效。

（2）技术性。电子商务需要借助互联网来实现，网络的虚拟性和交易的非见面性使得交易双方身份的确认、交易的安全性、信息的完整性等有了较高的要求；而满足这些要求，则离不开相应的计算机和网络的技术支持。例如网络协议的技术标准、安全技术的使用，当事人如果不遵守，就不可能进行正常的电子商务交易。电子商务法具有技术性的特点。

此外，在电子商务法律规范中，很多都是直接或间接地由技术规范演变而来的。如一些国家运用公开密匙体系生成的数字签名，即将有关公开密匙的技术规范，转化成了法律规范。

正是因为技术性，电子商务法也体现出程序性的一面。即电子商务法主要解决交易的形式问题，一般不直接涉及交易的具体内容。所以，它又被认为是商事交易的程序法。

（3）开放性。由于电子商务是借助于计算机网络技术，而计算机网络技术又是不断地发展和进步，因此，电子商务也随之不断地变化。因此，电子商务法应当以开放地态度对待任何技术手段和信息媒介，设立开放性的规范，让所有有利于电子商务发展的设想和技巧都容纳进来。目前，国际组织及世界各国的电子商务立法中，都大量地使用了开放性条款和功能等同性条款，其目的就是为了开拓社会各方面资源，以促进科学技术的进步及其社会应用的广泛发展。

电子商务法的开放性不仅体现在对各种技术的开放性，还体现在对世界每个国家和地区的开放性上。只有这样，才能实现世界网络信息资源的共享。

（4）复杂性。电子商务的复杂性，导致了电子商务法也具有复杂性。

电子商务法的复杂性，首先体现为调整对象的复杂性。传统民商法中的主体一般仅限于买方与卖方，而电子商务中，往往需要网络交易中心、网络认证机构等主体的参与。因此，电子商务法所调整的社会关系比传统商事关系，更加复杂。

电子商务法的复杂性，还体现为技术手段的复杂性。电子商务的进行，离不开技术层面的支持，由于比较复杂的技术手段，电子商务法也随之复杂起来。

3. 电子商务法的定位

从本质上看，电子商务并未改变商务活动的基本属性，仍然属于商务活动的范畴，其各项活动仍然要遵循一般商业活动或者交易的游戏规则；所以，电子商务所产生的社会关系仍然遵守一般商业或交易的法律规范。就像有的学者所言，"电子商务法不是试图涉及所有的商业领域、重新建立一套新的商业运作规则，而是尊重已有的商业运作规则基础上，将重点放在探讨因交易手段和交易方式的改变而产生的特殊商事法律问题上。"[1] 因此，电子商务法仍然从属于一般商业法律规范：商法。

但电子商务毕竟不同于一般的商务或者交易，它是在计算机互联网络环境中建立在电子信息技术平台上的数字化商业活动，它在诸多方面是信息数字化的新问题，是现有商业规范、传统商法无法解决的。因此，根据电子商务的特殊性建立起来的电子商务法，不同于传统商法，而是商法的特别法。

尽管电子商务法是商法的特别法，但是，电子商务所涉及的社会关系远非电子商务法能够单独所调整，还需要其他部门法一起调整。比如，涉及知识产权的问题，就需要知识产权法予以调整；涉及税收问题，即需要税法予以调整。

5.1.2 关于电子商务的法律规范

关于电子商务的法律规范，不仅有国家层面的法律规范，还有一些国际公约。因此，本书

---

[1] 许忠，何有世：《电子商务概论》，江苏大学出版社 2011 年版。

主要从国际、国外、国内三个方面予以介绍。需要说明的是，这里的"法律规范"应当做一种广义的理解。接下来介绍到的法律规范有些知识指导性规范，并不具有法律强制力，不是严格意义上的法律规范。

1. 国际上关于电子商务的法律规范

电子商务的前提是现代信息技术的产生和发展。这里的现代信息技术，主要包括计算机技术、数据库技术、计算机网络技术，特别是计算机网络技术的 Intel 的技术。现代信息技术的产生与发展，使人类可以更加容易地对自然信息、社会信息进行采集，储存、加工处理、分发和传输，同时，也使人类不断地继承挖掘前人的经验、教训和智慧，扩充了人类知识。

（1）联合国及其国际贸易法委员会。联合国讨论电子商务的法律问题可以追溯至20世纪80年代。当时的联合国国际贸易法委员会在第十五届会议上正式提出计算机记录的法律问题，并且在第十八届会议上提出《计算机记录的法律价值》报告，建议各国政府确认数据电文、电子签名等计算机记录作为诉讼证据的法律地位。此后，联合国国际贸易法委员会就一直致力于扫清电子商务在签字、书面形式和认证等方面的法律障碍。

1996 年 12 月 16 日，联合国国际贸易法委员会第 85 次全体大会通过了《电子商务示范法》，该法是世界上第一个电子商务的统一法规，其目的是向各国提供一套国际公认的法律规则，以供各国法律部门在制定本国电子商务法律规范时参考，促进使用现代通信和信息存储手段。虽然它不具有任何强制性，但它的颁布为逐步解决电子商务的立法问题奠定了基础，为世界各国制定本国的电子商务法律规范提供了框架和示范文本。

除《电子商务示范法》之外，联合国国际贸易法委员会还颁布了《电子商务示范法指南》，内容包括立法背景和条文说明，有助于各国政府和学者解释做出这些规定的原因和考虑，并有助于各国考虑是否根据本国的特殊情况对《电子商务示范法》的某些条款做出更改。

为了弥补《电子商务示范法》中有关电子签名规定过于简单的不足，2001 年 7 月 13 日联合国国际贸易法委员会又通过了《电子签名示范法》。2005 年在电子商务示范法、电子签名示范法基础上制定了正式的国际法律文件《电子商务公约》。《电子商务公约》旨在确保以电子方式订立的合同和往来的其他通信在公约成员国之间的效力和可执行性与传统的纸面合同和通信相同，从而促进在国际贸易中使用电子通信，保障在国际合同中使用电子通信的法律确定性和商业可预期性。

（2）世界贸易组织。世界贸易组织建立后，立即开展了信息技术的谈判，并先后达成了三大协议，即 1997 年 2 月 15 日的《全球基础电信协议》（其主要内容是要求各成员国向外国公司开放其电信市场并结束垄断行为)、1997 年 3 月 26 日的《信息技术协议》(其主要内容是要求所有成员国将主要的信息技术产品的关税降为零)、1997 年 12 月 31 日的《开放全球金融服务市场协议》(其主要内容是要求各成员国对外开放银行、保险、证券和金融信息市场)。这三项协议为电子商务和信息技术的健康有序发展确立了新的法律基础。

1998 年 5 月,世界贸易组织在部长级会议上通过了《关于全球电子商务宣言》,规定至少 1 年内免征互联网上所有贸易活动关税。1998 年 9 月,世界贸易组织总务理事会通过了《电子商务工作方案》,该方案极具影响力。1999 年 9 月,又通过了《数字签名统一规则草案》,就电子合同实施中的电子签名问题作出了初步规定。

(3) 国际商会。近些年来,国际商会也为制定有关电子商务的交易规则而努力,以促进国际贸易安全进行。它在 1997 年 6 月巴黎举行的世界电子商务会议上通过了《国际数字保证商务通则》,该通则试图平衡不同法律体系的原则,为电子商务提供指导性政策,并统一有关术语。

(4) 经济合作与发展组织。1998 年 10 月经济合作与发展组织在渥太华召开了第一次以电子商务为主题的部长级会议,并形成了一批对于电子商务实际运作具有指导性意义的文件。主要有《在全球网络上保护个人隐私宣言》《关于在电子商务条件下保护消费者的宣言》《关于电子商务身份认证的宣言》《电子商务:税务政策框架条件的报告》。

此外,经济合作与发展组织先后发布了《国际数据流宣言》《信息系统安全性指南》《电子商务中消费者保护的指南》《OECD 电子商务部长级会议结论》《全球电子商务行动报告》等有利于电子商务发展的纲领性文件。

(5) 欧盟。1997 年 4 月 15 日,欧盟委员会发布了《欧盟电子商务行动方案》(又译为《优美电子商务倡议书》),就发展电子商务的问题阐明了欧盟的观点。后来又出台了一系列的法律文件,其中与电子商务有关的法律规范主要是以下三个指令。第一是 1997 年 5 月欧盟颁布的《关于远程合同中对消费者保护的指令》,该指令堪称欧盟的电子商务保护指令,目的在于使成员国国内规范消费者与经营者之间经由远程缔结的合同的法律规范逐渐走向一致。第二是 1998 年 11 月欧盟发布的《欧盟发展电子商务法律架构指令》,其目的在于清除欧盟内部境内对电子商务造成障碍的不当法律规定。第三是 1999 年 11 月欧盟电信部长理事会通过的《欧盟电子签名指令》,其立法目的在于降低消除使用电子签名的困难,确认电子签名的法律效力。欧盟委员会于 2000 年 5 月 4 日又通过了《电子商务指令》。

2. 国外关于电子商务的法律规范

在电子商务的立法上,美国无疑走在了世界前列。1995 年犹他州颁布了世界上第一部全面规范电子交易行为的法律——《犹他州数字签名法》。1998 年美国伊利诺伊州通过了世界上第一部关于电子商务安全的专门性法律——《电子商务安全法》。1996 年 12 月 11 日美国政府发表《全球电子商务政策框架》，1997 年克林顿总统签发了《全球电子商务纲要》，1998 年参议院、众议院分别通过《互联网免税法案》，1999 年 7 月《计算机信息交易统一法》出台，2000 年 6 月《电子签名法》出台。这些法律规范无疑对电子商务在美国的迅速发展起到了保驾护航的作用。

其他国家和地区关于电子商务的立法主要有德国《德国多媒体法》（1997），新加坡《电子商务法》（1998），印度《电子商务支持法》（1998），加拿大《统一电子商务法》（1999），韩国《电子商务基本法》（1999），百慕大群岛《电子交易法》（1999），哥伦比亚《电子商务法》（1999），澳大利亚《电子交易法》（1999），中国香港地区《电子交易法令》（1999），法国《信息技术法》（2000），菲律宾《电子商务法》（2000），爱尔兰《电子商务法》（2000），意大利《电子信息与文书法》（2000），日本《电子签名与认证服务法》（2000），中国台湾地区《电子签章法》（2001）等。随着电子商务蓬勃发展，在第一次高潮中完成立法的国家，也纷纷修改原有法律，简化关于电子签名及其认证的法律规范，适应电子商务市场新需要。例如，新加坡于 2010 年重新颁布了电子交易法，取代了 1998 年旧法，大量简化了关于电子签名及认证的规定。

3. 国内关于电子商务的法律规范

我国关于电子商务的法律规范最初始于计算机立法，即国务院在 1991 年 5 月 24 日通过的《计算机软件保护条例》。真正意义上的电子商务立法始于 1999 年的《合同法》。《合同法》不仅将书面形式扩大至数据电文形式，还有其他的相关规定。我国第一部专门性的电子商务法律是 2004 年 8 月 28 日通过的《电子签名法》。它的颁布标志着我国电子商务法制建设进入到了一个新阶段。信息产业部制定的《电子认证服务管理办法》作为《电子签名法》的配套，也于 2005 年 4 月 1 日实施。

随后，我国相关部门出台了一系列有关电子商务的法律规范。

2005 年 1 月 8 日国务院办公厅出台了《关于加快电子商务发展的若干意见》，对于电子商务的发展给予了政策性支持。

2005 年 2 月 8 日信息产业部出台了《电子认证服务业管理办法》，对电子认证进行了规范。该办法在 2009 年 2 月 28 日被工业和信息化部新颁布的《电子认证服务业管理办法》所取代。

2005 年 10 月 26 日中国人民银行发布了《电子支付指引（第一号）》，对电子支付进行了规范。

2007 年 3 月 6 日商务部发布了《关于网上交易的指导意见（暂行)》，其目的是为了贯彻国务院办公厅《关于加快电子商务发展的若干意见》的文件精神，推动网上交易的健康发展、逐步规范网上交易行为、防范网上交易风险。

2007 年 6 月 1 日，国家发展与改革委员会、国务院信息化工作办公室联合发布了《电子商务发展"十一五"规划》，这是我国第一个电子商务规划。

2010 年 5 月 31 日国家工商总局出台了《网络商品交易及有关服务行为管理暂行办法》对于网络商品交易及有关服务行为做出了比较详细的规定。

2010 年 6 月 21 日中国人民银行出台的《非金融机构支付服务管理办法》对电子支付起到了规范作用。

2011 年 4 月 12 日商务部发布了《第三方电子商务交易平台服务规范》，旨在倡导诚信规范的经营服务理念、完善电子商务发展环境、促进电子商务健康发展。

2012 年 2 月 6 日国家发展与改革委员会、财政部、商务部、人民银行等联合发布了《关于促进电子商务健康快速发展有关工作的通知》为规范电子支付，建立电子商务信用服务体系等做出详细规定。

2013 年 10 月 31 日商务部针对当前电子商务发展面临的突出问题，出台了《关于促进电子商务应用的实施意见》，促进电子商务示范工作深入开展。

2014 年 9 月 29 日工商总局、工信部联合发布了《关于加强境内网络交易网站监管工作协作，积极促进电子商务发展的意见》，为推动网络交易市场诚信机制的形成提出指导意见。

2015 年 6 月 20 日国务院办公厅出台了《关于促进跨境电子商务健康快速发展的指导意见》，这是新形势下，促进跨境电子商务加快发展的指导性文件。

无疑，上述国家各部委出台一系列的政策法规，为 12 年来我国电子商务的长期、健康、有序的发展提供了强有力的制度保证与标准规范。

5.1.3　电子商务对传统法律的挑战

电子商务虽然没有彻底颠覆传统商务的模式，也没有颠覆传统商务模式所对应的法律体系；但是，不能不承认，建立在计算机技术和互联网基础上的电子商务模式给传统法律体系带来了巨大的挑战，传统法律无论在立法、执法还是司法领域都要做出相应调整。电子商务法与传统法律不同，对传统法律的挑战主要体现在以下 10 个方面。

1. 对主体法的挑战

首先，在传统法律中，法律主体不论自然人、法人，都是真实存在；而在电子商务法中，交易主体有时以虚拟状态出现①。因此，电子商务法要解决交易主体是客观真实存在的，并且能使对方当事人确认其真实身份。这是传统法律所没有的，需要电子商务法予以解决。

其次，在传统商法中，任何商主体必须进行商事登记；而在电子商务中，由于网络的开放性，理论上任何人都可以在网络交易平台上设立商店销售产品或提供服务。这就给传统主体法提出了新问题，每个网店是否都需要进行商事登记？

再次，根据传统民法，限制民事行为能力人只能从事与其年龄、智力状态相适应的民事行为（纯获利益的行为自不待言），否则，其实施的民事行为就属于可撤销的民事法律行为。而在电子商务中，由于交易的非当面性和"点击性"，可能会出现限制民事行为能力人冒充完全民事行为能力人进行交易的情形。这个问题也是传统主体法所没有的，但电子商务法必须解决。

2. 对合同法的挑战

在传统商业模式下，除了即时结清或小额交易外，一般都要签订书面合同来记载当事人的意思表示。而在电子商务中，当事人的意思表示却是以电子化的形式存储于电脑硬盘或其他电子介质中，离开电脑或其他相关工具，则无法被人感知。更何况，这些记录方式还容易被涂改、删除、复制等。这也是电子商务给传统合同法提出的难题。

此外，电子商务中也不是以传统的门牌、地址来标示人们的位置，那么，合同成立和生效的时间、地点又从何谈起？这也是电子商务给传统合同法提出的难题。

【阅读资料5-1】 一份订单引起的电子商务合同纠纷

刚上小学二年级的男童，在某购物网站以他父亲李某的身份证号码注册了客户信息，并且订购了一台价值1000元的小型打印机。但是当该网站将货物送到李某家中时，曾经学过一些法律知识的李某却以"其子未满10周岁，是无民事行为能力人"为由，拒绝接收打印机并拒付货款。由此双方产生了纠纷。

李某主张，电子商务合同订立在虚拟的世界，但却是在现实社会中得以履行，应该受现行法律的调控。而依我国现行《民法通则》和《合同法》，一个不满10周岁的未成年人是无民事行为能力人，不能独立进行民事活动，应该由他的法定代理人代理民事活动。其子刚刚上小学二年级，未满10周岁，不能独立订立打印机买卖合同，所以，该买卖合同无效；自己作为其法定代理人有权拒付货款。

---

① "你都不知道电脑那头是一个人，还是一只狗。"这句话清楚地道出了这点。

对此，网站主张：由于该男童是使用其父亲李某的身份证登录注册客户信息的，从网站所掌握的信息来看，与其达成打印机网络购销合同的当事人是一个有完全民事行为能力的正常人，而并不是此男童。由于网站是不可能审查身份证来源的，也就是说网站已经尽到了自己的注意义务，不应当就合同的无效承担民事责任。

请问应如何正确处理该纠纷？

资料来源：华律网 http://www.66law.cn/laws/52796.aspx。

3. 对银行法的挑战

电子商务的支付手段已经实现专门性的计算机网络的电子化支付，如信用卡支付、网上结算、电子资金划拨等。网络支付越来越普及，传统银行法中的货币发行、支付风险、支付责任等规定就越难越适用于电子支付。这自然给传统银行法提出了新问题。

4. 对知识产权法的挑战

如今互联网已经成为人们查找信息、传递信息或存储信息的重要平台，在互联网上存在大量信息可以被任意下载，这可能就会构成对著作权的侵犯；但是，经过著作权人的同意和支付费用，可操作性差、效率低，又会阻碍互联网的发展。这就给传统知识产权法提出了新的挑战。

域名作为电子商务中的一个重要工具，对于交易主体愈发重要。但是，传统知识产权法对域名如何保护，则是不能不面临的一个新问题。

5. 对人格权法的挑战

互联网使得人们可以轻易获得各种信息，但与此同时，也让很多人失去了隐私。"人肉搜索"即是一例。在电子商务中，大部分情况下消费者都要将自己的部分个人信息（如姓名、电话、邮箱、地址等）披露给经营者。但是，由此也会导致消费者个人信息被非法利用。比如网络购物后，用户的电子邮箱会收到很多商业广告邮件和其他垃圾邮件；但是，用户无法知悉这些商家是如何得知自己邮箱的。更有甚者，有的商家会根据用户的个人情况，"量身定做"地发给一些广告。在传统商业模式中不会出现的隐私权保护问题，在电子商务中就出现了。因此，这给传统人格权法提出了挑战。

6. 对消费者权益保护法的挑战

在电子商务中，一些不良商家发布一些不真实的广告或信息，而电子商务的非见面性，消费者往往就会信赖商家的信息；如此一来，消费者的知情权就容易受到侵犯。还有，一旦出现质量问题，电子商务中的维修、换货、退货等补救措施较传统商业模式也落后，消费者的退换货权难以得到有效保障。因此，电子商务所引发的消费者权益保护，是对传统消费者权益保护法的一个巨大挑战。

7. 对税法的挑战

电子商务作为一种商业，应当纳税。但是，从促进电子商务发展的角度来看，一定时期内实行免税又很有必要。所以，是否征税是一个难题。此外，如果按照现行税法进行征税，比如要涉及税务票据问题，但电子发票的实际运用技术尚不成熟，其法律效力也有较大争议，这方面问题需要深入研究。更何况，即使对电子商务予以征税，常设机构的判断、课税对象的认定、税收管辖权的确定等也是传统税法难以解决的棘手问题。还有，在电子商务环境中，营业主体不固定、数据信息容易变动和修改，这使得税务机关的税收监管变得困难起来。这些问题都构成了对传统税法的挑战。

8. 对证据法的挑战

传统证据法是和传统社会及传统商业模式相对应的。在传统商业模式下，证据的种类、形式、效力、证明力等和纸质介质联系在一起。而在电子商务中，确定交易各方权利义务的载体都是采用电子形式，其证据表现形式是电子证据。电子证据由于使用磁性介质，记录的内容容易被改动且不留痕迹；计算机人员操作的失误或者技术方面的原因，都会使其出现误差。因此，电子证据的效力、审查判断问题都构成了对传统证据法的挑战。

9. 对民事诉讼法的挑战

电子商务中，如果当事人发生纠纷，就可能会诉至法院。这就涉及法院的管辖权问题。由于网络世界的虚拟性、网络主体与现实主体不完全一一对应性（甚至现实主体很难确定下来）；所以，不能按照传统民事诉讼法来处理；但是，又如何处理呢？由此可见，法院的管辖权给传统民事诉讼法提出了挑战。

10. 对国际私法的挑战

电子商务虽然发生在互联网这个虚拟世界，但是，一旦发生纠纷，都要适用现实世界的法律。但现实世界是有国界的，不同国家的法律可能并不相同，而互联网偏偏又具有超越地域性，没有国界。因此，电子商务的法律适用问题给传统国际私法提出了挑战。

综上所述，作为新兴事物的电子商务，给传统法律提出了很多挑战。基于篇幅的原因，本书不对上述问题一一研究，只对其中比较重要的合同、知识产权保护、消费者权益保护和税收四个问题予以探讨。

5.2 电子商务中的知识产权保护

在知识经济的今天，知识产权的作用愈发明显；在互联网上的电子商务往往也会涉及知识产权、知识产权保护。因此，知识产权保护已成为电子商务中一个突出的法律问题，以保护信息为主要内容的知识产权保护也成为电子商务法律中的重要组成部分。

传统知识产权主要指著作权、商标权和专利权。在电子商务中，著作权是最容易受到侵害的权利，所以，问题比较突出的是著作权保护。此外，域名作为企业的"网上商标"愈发重要，域名权的保护也是电子商务中比较突出的一个问题。

5.2.1 电子商务中著作权的保护

著作权是指作者对其作品所享有的专有权利。电子商务中的著作权又被称为网络著作权。

1. 网络著作权的客体

著作权的客体是作品，随着科学技术的不断进步，作品的范围日益扩大；网络著作权的客体更是如此，数字化作品更是层出不穷。除了传统作品外，以下三个也是网络著作权的客体。

（1）计算机软件。计算机软件是指计算机系统中的程序及其文档，其中程序是计算任务的处理对象和处理规则的描述，文档是为了便于了解程序所需的阐明性资料。

计算机软件不同于一般的文字作品，其版权保护对象是：操作系统、微程序、固化程序、SSO（程序的结构、顺序和组织）、用户接口、文档和其他应用软件。

世界大部分国家和地区都将计算机软件纳入著作权保护中。我国早在1991年颁布的《计算机软件保护条例》就将计算机软件作为一种特殊作品加以保护，殊值赞扬。

（2）数据库。数据库，简单说就是按照数据结构来组织、存储和管理数据的仓库。它是电子商务的重要基础，从原料查询、采购、产品显示、订购到电子支付，所有的网上交易活动都离不开数据库的支持。由此，也引出知识产权保护问题。

数据库如果是由著作权作品选编、汇集而成，属于编辑作品的范畴。如果数据库是由不受著作权保护的数据或材料汇编而成，但在材料选取或编排上有独创性的，也属于编辑作品的范畴，受到著作权法的保护。这点已经成为国际上的通行作法。

（3）多媒体。多媒体是指将传统的单纯以文字方式表现出来的计算机信息在程序的驱动下，以文字、图形、声音、动画等多种方式展现出来的制品。

多媒体作为一种汇编作品，其组成内容有可能本身就是受到著作权法保护的作品或材料。此时，汇编作品就是一个具有双重著作权的作品：可分的作品由各自的著作权人享有著作权，同时该多媒体作为一个整体也是一个著作权客体。

2. 网络著作权的内容

和普通著作权一样，网络著作权也包括人身权利和财产权利两大部分。前者主要指发表权、署名权、修改权和保护作品完整权；后者主要指复制权、发行权、出租权、展览权、放映权、广播权、网络传播权、摄制权、改编权、翻译权、汇编权等。在诸多财产权中，较为重要的是作品的网络复制权和信息网络传播权。

网络复制权是指作品在网络上以印刷、复印、拓印、录音、录像、翻录、翻拍等方式将作品制作一份或者多份的权利。它应当是一种能够维护著作权人利益和社会公共利益并且兼顾网络技术发展的复制权：如果过分强调著作权人的利益，可能会阻碍电子商务的发展；如果过分强调公共利益，又可能让著作权人牺牲过多。因此，网络复制权中的"复制"有一定限制，即网络环境下的复制只是指用户为了达到特定目的而通过进行特定操作而固定作品的行为，暂时复制（即互联网缓存中所发生的复制）不包括在内。

信息网络传播权是指以有线或无线方式向公众提供作品，使公众可以在其归入选定的时间和地点获得作品的权利。2001 年修订的《著作权法》第 10 条第 12 项首次对其作出了规定。2006 年 5 月 10 日国务院通过了《信息网络传播权保护条例》，这是一个对信息网络传播权专门性的规定。该条例共 27 条，包括合理使用、法定许可、避风港原则、版权管理技术等一系列内容，使得信息网络传播有了坚实的法律基础。

3. 我国关于网络著作权的法律规范

我国目前对于网络著作权的法律保护主要有四个方面：一是 WTO 规则涉及知识产权保护的《与贸易有关的知识产权协议（TRIPS）》；二是 2010 年修订的《著作权法》及其实施条例；三是 2002 年施行的《计算机软件保护条例》和 2006 年的《信息网络传播权保护条例》；四是 2006 年修订的《关于审理涉及计算机网络著作权纠纷案件适用法律若干问题的解释》和《关于审理著作权纠纷案件适用法律若干问题的规定》等等。这些法律渊源对于网络著作权的保护起到了重要作用。

5.2.2　电子商务中域名权的保护

1. 域名的含义

域名是指网络设备和主机在互联网中的字符型地址标识。它是用来指示互联网上网站的地址，因此又被称为"互联网上的门牌号"。

域名作用一种字符的创意和构思组合，具有如下法律特征：一是标识性，在互联网上不同的主体是以不同的域名来标识自身并相互区别；二是国际性，域名是在互联网上出现的，而互联网是全球范围的，没有国别、地域之分；三是唯一性，域名在全球范围内必须是独一无二的，不可能出现两个完全相同的域名，这也是标识性的保障；四是排他性，经过注册后的域名只能被权利人使用，其他人未经许可无权使用，这也是唯一性的进一步延伸。

域名是作为一种技术性手段建立起来的，它本质上并不是一种智力成果，因此，域名本来不能像商标、专利那样当做知识产权的客体受到保护。但是，作为一种商业标识，域名具有商业价值；事实上，它也成为商誉的一部分，并且作为无形财产被交易着。随着其商业价值的不断加强，法律开始对域名予以保护。

2. 域名权的法律纠纷

从域名纠纷表现形式的角度看，域名纠纷可以分为三类：

第一是"抢注类"域名纠纷。它是指将他人的商标、商号等商业标识抢先注册为自己的域名，但并不利用注册后的域名从事商业活动。"抢注类"的域名纠纷中最典型的就是域名的"恶意抢注"。"恶意抢注"是指明知他人的商标、商号、姓名等具有较高知名度和影响力而进行抢注，以期商标所有人巨额赎回的行为。恶意域名抢注者就如同信息高速公路上的车匪路霸，对电子商务的发展非常有害。

第二是"不正当竞争型"域名纠纷。它是指将他人的商标、商号等相同或类似的商业标识注册为域名，并利用注册后的域名从事商业活动。例如有个公司注册了 www.playboyxxx.com 的域名，与美国花花公子的注册商标 playboy 相似。

在这种纠纷中，域名人注册了与他人的商标、商号等相同或类似的商业标识，在客观上利用了他人的商标、商号等商业标识来进行自己的商业活动。它可以误导打字错误或者视觉错误的访问者，使一些不知情的访问者访问该网站从而获利。同时，这种行为造成了公众混淆，自然也就损害他人的利益。

第三是"权利冲突型"域名纠纷。它是指在域名注册之前就存在权利配置状况引发的冲突。

如"长城"被汽车、葡萄酒等企业注册为自己的商标，在这种情况下，某个企业使用www.changcheng.com 或者 www.greatwall.com 域名，就会导致此类纠纷。

这是由于域名的唯一性和商标、商号的非唯一性所引发的冲突。根据我国法律规定，商标是分类进行注册；因此，不同类别的商品或服务就可能使用同一个商标。所以，商标、商号等并不具有唯一性，它自然会与域名的唯一性相冲突、相矛盾。

【阅读资料 5 - 2】   域名纠纷

原告匡威公司创建于 1908 年，拥有商标"CONVERSE"的注册商标专用权，经过 90 多年的发展，"CONVERSE"已经成为世界运动鞋类和服装领域的著名品牌，在全球 90 多个国家通过约 9000 家经销商向顾客销售，在中国各大中城市先后建立了 190 多家专卖店和专柜。

被告北京国网信息有限责任公司抢先于 2000 年 2 月 23 日注册了"converse.com.cn"并使用了该域名，但被告使用该域名的网站为网络类，与服装运动鞋类无关。原告与被告协商不成，遂诉至法院。

法院审理后认为，国网公司在无正当理由的情况下，将匡威公司的注册商标"CONVERSE"注册为自己的域名并加以使用，可能造成与匡威公司所提供的产品或服务的混淆，并可能导致社会公众误认为该域名的持有者与匡威公司存在某种联系，引起公众对其出处的混淆，误导网络用户访问其网站。该行为无偿占有了匡威公司的商业信誉，损害了其权益，具有主观恶意。根据最高人民法院《关于审理涉及计算机网络域名民事纠纷案件适用法律若干问题的解释》的规定，国网公司注册、使用"CONVERSE"域名的行为对匡威公司的注册商标专用权构成了侵害，属不正当竞争行为，应依法承担停止侵权的法律责任。匡威公司的诉讼请求依法成立，应予以支持。

资料来源：百度文库 http://wenku.baidu.com/view/27188cceda38376baf1fae7f.html。

3. 关于域名权的法律规范

由于域名具有国际性，所以，域名权纠纷自然也涉及全球，并无国界之分；因此，需要全球统一的域名纠纷解决机制。因此，互联网名称与数字地址分配机构（ICANN）在 1999 年 3 月 4 日公布了《关于委任域名注册机构规则的声明》，开始着手建立防止域名纠纷的机制；同年 8 月 6 日又公布了《统一域名争议解决政策》以及随后公布的实施细则，完成创设处理国际顶级域名纠纷法律依据的步骤。不久，ICANN 又指定了世界知识产权组织等机构作为"纠纷仲裁机构"。至此，全球统一的域名纠纷处理机制基本完成。

为了妥善解决域名注册和纠纷问题，2001 年 7 月 24 日，最高人民法院颁布了《关于审理涉及计算机网络域名民事纠纷案件适用法律若干问题的解释》，该解释成为我国各级法院审理相关案件的指导性文件。信息产业部在 2002 年 8 月 1 日公布了《中国互联网络域名管理办法》。中国互联网络信息中心在 2006 年制定了《中国互联网络信息中心域名争议解决办法》。

需要说明的是，《中国互联网络信息中心域名争议解决办法》适用的域名争议仅限于由中国互联网络信息中心负责管理的 CN 域名和中文域名的争议；并且，所争议域名注册期限满两年的，域名争议解决机构不予受理。

5.3 电子合同、税收、支付中的法律问题

电子商务合同、税收和支付等借助于数据电文方式，打破了传统交易活动的旧模式，具有高效率、低成本、全球化、无纸化的特点，在现代社会发挥着越来越重要的作用。

5.3.1 电子合同的法律问题

电子合同（即电子商务合同）是电子商务交易主体设立、变更、终止民事法律关系的协议。电子合同是电子商务中最为常见的交易活动，电子合同关系的订立、变更和解除成为最为重要的基本法律问题。

1. 电子合同的订立

（1）电子合同的订立过程。电子合同的订立是指电子商务交易当事人做出要约和承诺意思表示并达成合意的行为和过程。《合同法》第 13 条规定："当事人订立合同，采取要约、承诺方式。"电子商务交易当事人要约和承诺意思表示达成一致，电子合同即告成立。

第一，有关电子合同要约。要约是指一方当事人向另一方当事人提出合同条件，愿与对方当事人订立合同的意思。我国《合同法》第 14 条规定："要约是希望和他人订立合同的意思表示，该意思表示应当符合下列规定：（一）内容具体确定；（二）表明经受要约人承诺，要约人即受该意思表示约束。"其中，发出要约的一方当事人称为要约人，相对方称为受要约人。

构成电子合同要约，应满足以下要件：一是必须是特定电子商务交易人所为的希望得到受要约人的承诺并签订合同的意思表示。二是要约必须是向电子合同交易相对人发出。三是电子

合同要约的内容必须具体确定。所谓"具体"是指电子合同要约的内容必须具有足以使合同成立的主要条件；所谓"确定"是指电子合同要约的内容必须可以根据一般生活常识或特定交易行业的知识确定下来。四是要约明确提出受要约人做出答复的期限，在此期限内要约人受自己要约的约束，且不得擅自撤回或变更要约。

符合构成要件的电子合同要约到达受要约人时生效，其中，收件人指定特定系统接收数据电文的，该数据电文进入该特定系统的时间，视为到达时间；未指定特定系统的，该数据电文进入收件人的任何系统的首次时间，视为到达时间。

《合同法》规定："要约可以撤回。撤回要约的通知应当在要约到达受要约人之前或者与要约同时到达受要约人。"然而，对于电子合同要约能否撤回，却存在明显的分歧。有的学者坚持，采用数据电文订立合同，在要约人发出要约指令几秒钟内，就会到达对方的系统，因此，电子商务环境中不存在撤回要约的问题。但是也有学者认为，可能由于技术问题，如在服务器发生故障或线路过分拥挤的情况下，可能使得要约撤回通知先于或同时到达受要约人。本书认为，在电子商务环境中，要约一般不能撤回，但在某些特殊情形下，应当允许要约人撤回要约。

符合法定条件，要约可以撤销。《合同法》规定："要约可以撤销。撤销要约的通知应当在受要约人发出承诺通知之前到达受要约人。"一般来讲，电子合同要约到达受要约人特定系统后，在受要约人发出承诺之前，存有受要约人处理信息、进行交易调研等期间，要约人有时间和机会撤销要约。允许电子合同要约人撤销要约，可以使要约人根据市场行情变化而及时修改和取消要约，有利于减少要约人的损失，消除一些不必要的电子合同纠纷。但是，"有下列情形之一的，要约不得撤销：（一）要约人确定了承诺期限或者以其他形式明示要约不可撤销；（二）受要约人有理由认为要约是不可撤销的，并已经为履行合同作了准备工作。"[1]

第二，有关电子合同承诺。承诺是电子合同受要约人作出的同意要约的意思表示。《合同法》规定，承诺必须具备承诺必须由受要约人做出；承诺必须向要约人做出；承诺的内容应当和要约的内容实质性一致；承诺必须在要约的存续期间做出的条件。值得注意的是，受要约人对要约的内容作出实质性变更的，为新要约。其中，有关合同标的、数量、质量、价款或者报酬、履行期限、履行地点和方式、违约责任和解决争议方法等的变更，是对要约内容的实质性变更。

符合构成要件的电子合同承诺通知到达要约人时生效，其中，收件人指定特定系统接收数据电文的，该数据电文进入该特定系统的时间，视为到达时间；未指定特定系统的，该数据电

---

[1] 详见《中华人民共和国合同法》。

文进入收件人的任何系统的首次时间，视为到达时间。

如因重大误解订立的合同、订立合同时显失公平的、一方以欺诈、胁迫的手段或者乘人之危，使对方在违背真实意义的情况下签订的电子合同，受欺诈、胁迫等的"受害方"可以撤销承诺，但撤销权一般通过法院或者仲裁机关行使。

（2）电子合同的订立与电子合同成立关系。电子合同的成立与电子合同的订立是两个不同的概念，两者既有联系又有区别。两者都从属于合同，是合同的重要环节。两者区别在于，电子合同的订立是指电子合同要约和承诺的过程，是动态的概念；电子合同的成立是指合同意思表示一致的节点，是静态的概念。

电子合同承诺生效时合同成立，承诺生效的地点为合同成立的地点。电子合同承诺生效的地位为收件人的主营业地，其中，收件人没有主营业地的，其经常居住地为合同成立的地点。当事人另有约定的，按照其约定。当事人采用数据电文等形式订立合同的，可以在合同成立之前要求签订确认书。签订确认书时合同成立。

电子合同的内容一般由当事人约定，主要包括当事人的名称或者姓名和住所；标的；数量；质量；价款或者报酬；履行期限、地点和方式；违约责任；解决争议的方法等条款。

2. 电子合同的效力

（1）电子合同的生效。电子合同的生效，是指已经成立的电子合同对当事人产生一定的法律效力。电子合同生效后，电子合同履行力便受到法律的保护，并能够产生合同当事人所预期的法律后果，即如果一方当事人不履行合同义务，另一方当事人则可以依靠国家强制力强制当事人履行合同并要求其承担违约责任。电子合同生效必须满足电子合同当事人具有相应的民事行为能力；当事人意思表示一致且真实；合同的内容没有违反法律或者社会公共利益等要件。

电子商务交易双方可以约定生效条件或期限。一方面，当事人对合同的效力可以约定附期限。附生效期限的合同，自期限届至时生效；附终止期限的合同，自期限届满时失效。另一方面，当事人对合同的效力可以约定附条件。附生效条件的合同，自条件成就时生效；附解除条件的合同，自条件成就时失效。但是，当事人为自己的利益不正当地阻止条件成就的，视为条件已成就；不正当地促成条件成就的，视为条件不成熟。

在大多数情况下，依法成立的合同，合同成立时即具备了生效的要件，电子合同自成立时生效。但是，成立并不等于合同生效，二者存在较大区别。第一，合同的成立与生效体现的意志不同。合同成立体现了当事人的意志，而合同是否生效，则体现了国家对电子合同关系的干预。第二，合同的成立与合同的生效，反映的内容不同。"合同的成立属于合同的订立范畴，解决的是合同是否存在的事实问题，属于对合同的事实上的判断。而合同的生效属于合同的效力范畴，解决的是已经存在的合同是否符合法律规定，是否具有法律效力的问题。"① 第三，合同成立与生效的效力及产生的法律后果和拘束力不同。合同成立是合同生效的前提，但成立后的合同并不必然产生当事人所追求的法律效果，只有符合法律规定的生效要件的合同才会产生法律拘束力。

（2）电子合同的效力待定情形。电子合同出现限制民事行为能力人、无处分权人，或者行为人没有代理权、超越代理权或者代理权终止后以被代理人名义订立合同的情形，电子合同成立后不自然生效，而处于效力待定状态。

一是限制民事行为能力人订立的合同，经法定代理人追认后，该合同有效，但纯获利益的合同或者与其年龄、智力、精神健康状况相适应而订立的合同，不必经法定代理人追认。相对人可以催告法定代理人在一个月内予以追认。法定代理人未作表示的，视为拒绝追认。合同被追认之前，善意相对人有撤销的权利。撤销应当以通知的方式作出。

二是行为人没有代理权、超越代理权或者代理权终止后以被代理人名义订立的合同，未经被代理人追认，对被代理人不发生效力，由行为人承担责任。相对人可以催告被代理人在一个月内予以追认。被代理人未作表示的，视为拒绝追认。合同被追认之前，善意相对人有撤销的权利。撤销应当以通知的方式作出。但是，行为人没有代理权、超越代理权或者代理权终止后以被代理人名义订立合同，相对人有理由相信行为人有代理权的，该代理行为有效。

三是无处分权的人处分他人财产，经权利人追认或者无处分权的人订立合同后取得处分权的，该合同有效。

（3）电子合同的无效情形。电子合同成立并不自然生效，当出现以下情形之一的，电子合同无效：①恶意串通，损害国家、集体或者第三人利益；②一方以欺诈、胁迫的手段订立合同，损害国家利益；③以合法形式掩盖非法目的；④损害社会公共利益；⑤违反法律、行政法规的强制性规定。合同无效、被撤销或者终止的，不影响合同中独立存在的有关解决争议方法的条款的效力。

当电子合同约定了免责条款，约定对造成对方人身伤害的、因故意或者重大过失造成对方财产损失的免责条款无效。此外，电子商务交易双方采用格式条款签订合同的，提供格式条款一方免除其责任、加重对方责任、排除对方主要权利的，该条款无效。

合同无效或者被撤销后，因该合同取得的财产，应当予以返还；不能返还或者没有必要返

---

① http://zhidao.baidu.com/question/24541402。

还的，应当折价补偿。有过错的一方应当赔偿对方因此所受到的损失，双方都有过错的，应当各自承担相应的责任。当事人恶意串通，损害国家、集体或者第三人利益的，因此取得的财产收归国家所有或者返还集体、第三人。

【阅读资料 5 - 3】　　　　　国内首例电子合同案件获裁决认可

　　法大大电子合同平台近日在深圳宣布由众安保险承保法大大平台的信息安全及电子签名风险，成为国内首个电子合同平台引入第三方保险的案例。

　　该案件中，申请人与被申请人在法大大平台上签署了借款合同，双方约定借款 8000 元，申请人向被申请人账户付款 8000 元人民币，后被申请人未还借款。申请人于是向上海仲裁委员会申请仲裁。仲裁庭认可双方在法大大平台签署的电子合同的法律效力，并据此裁决被申请人向申请人还款并承担相应的仲裁费。据悉，这是国内首例针对使用数字签名的第三方电子合同平台所产生的合同纠纷仲裁案件。

　　该仲裁案件裁决引起法律界人士对数字签名电子合同的热议。上海仲裁委发展部部长李昱表示，随着商业和贸易的开展由传统的纸面形式转向无纸的数字化形式，如今的许多纠纷中已无法忽视电子证据的存在，裁判者也不再会轻易否定电子证据，在确认仲裁协议有效性的前提下，重点则是对电子合同的真实性、合法性及关联性等进行审查。此次使用法大大平台电子合同的仲裁案件，正是基于平台所采用的国家认可 CA 数字证书及国际认可的防篡改技术及第三方取时技术，基于完整的证据链，仲裁庭认可了这一电子合同与纸质合同具有同等的法律效力，并予以采纳。不少法律界人士认为，这一模式是对"互联网 + 法律"的一大创新探索。

资料来源：http://www.legaldaily.com.cn/index/content/2015 - 10/19/content_ 6311498.htm? node = 20908。

3. 电子合同的履行

　　（1）电子合同履行原则。电子合同履行中应遵循全面履行、适当履行、协作履行、经济合理等原则。①坚持全面履行原则。电子合同当事人要按照合同规定的标的、数量、质量、价款、期限、地点、方式等条款，全面完成和履行合同所规定的义务。应当按照约定全面履行自己的义务。②坚持适当履行原则。电子合同当事人要正确行使合同权利履行合同义务，防止违约情况发生。③坚持协作履行原则。电子合同当事人要遵循诚实信用原则，根据合同的性质、目的和交易习惯履行通知、协助、保密等义务，并积极协助对方完成合同履行。④坚持经济合理原则。电子合同当事人在履行合同时，要讲求经济效益，以取得最佳的效益。

（2）电子合同履行问题处理。

第一，电子合同条款不明问题。电子合同生效后，当事人就质量、价款或者报酬、履行地点等内容没有约定或者约定不明确的，可以协议补充。电子合同当事人不能达成补充协议的，按照合同有关条款或者交易习惯确定：质量要求不明确的，按照国家标准、行业标准履行；没有国家标准、行业标准的，按照通常标准或者符合合同目的的特定标准履行；价款或者报酬不明确的，按照订立合同时履行地的市场价格履行；依法应当执行政府定价或者政府指导价的，按照规定履行；履行地点不明确，给付货币的，在接受货币一方所在地履行；交付不动产的，在不动产所在地履行；其他标的，在履行义务一方所在地履行；履行期限不明确的，债务人可以随时履行，债权人也可以随时要求履行，但应当给对方必要的准备时间；履行方式不明确的，按照有利于实现合同目的的方式履行；履行费用的负担不明确的，由履行义务一方负担。

第二，履行抗辩问题。满足法定条件时，电子合同当事人可依法行使拒绝履行抗辩、先履行抗辩和同时履行抗辩。其一，电子合同当事人互负债务，没有先后履行顺序的，应当同时履行。一方在对方履行之前有权拒绝其履行要求。一方在对方履行债务不符合约定时，有权拒绝其相应的履行要求。其二，电子合同当事人互负债务，有先后履行顺序，先履行一方未履行的，后履行一方有权拒绝其履行要求。先履行一方履行债务不符合约定的，后履行一方有权拒绝其相应的履行要求。其三，有确切证据证明对方经营状况严重恶化；转移财产、抽逃资金，以逃避债务；丧失商业信誉或者有丧失或者可能丧失履行债务能力等其他情形之一的，应当先履行债务的电子合同当事人可以中止履行。中止履行的，应当及时通知对方。中止履行后，当对方提供适当担保时，应当恢复履行；对方在合理期限内未恢复履行能力并且未提供适当担保的，中止履行的一方可以解除合同。但是，当事人没有确切证据中止履行的，应当承担违约责任。

5.3.2　电子税收的法律问题

电子商务作为一种全新的商务贸易模式，虽然在贸易形式上与传统贸易有着明显的区别，但是贸易实质依然没有改变，电子商务具有商品交易的本质属性，存在通过税收工具予以调节的政策和现实需求，因此，随着电子商务的快速发展，电子商务税收法律制度已经被提上了建设日程。

1. 电子税收的征管

由于传统的税收征管模式已经无法满足现代化电子商务环境下税收征管的发展需要，因而税收征管模式的更新是势在必行。

（1）征管范围。在传统商业领域中，纳税主体身份判定的问题就是税务机关应能正确判定其管辖范围内的纳税人及交易活动是以实际的物理存在为基础，然而，电子商务打破了这一物理限定。当前我国现行税收法律制度主要是针对有形产品制定的，同时将产品的归属地以及销售地作为管辖范围。实现纳税义务和纳税人之间的联系。针对电子商务本身具有网络化和数字化特征，现行的税收法律制度不能服务于电子商务。

在电子商务中，交易行为发生在网上虚拟空间，交易主体、对象、信息均转化为数字电子信息在虚拟世界传送，电子商务纳税主体已无法用国界来区分，更无法依靠任何一个国家的税收法律制度来规范网上交易行为的课税。

电子商务承载的贸易主体依旧是产品与服务，没有发生实质性的改变，为此，在确定电子税收征管范围时应该基于现行的税收制度，尽量使其与已有的税收政策相适应，这样就不会对传统贸易税收政策产生较大的影响，也不会使国家财政收入出现较大的波动。

可以依照电子商务主体进行税收征管范围的确定，要求从事电子商务的企业和个人，在办理电子商务经营业务之前，必须到税收主管部门进行税收征管登记，获取电子税务登记标识。电子商务主体凭借唯一的税务登记标识，在各网站平台注册并开展电子商务。

（2）征税电子化。征税电子化包括电子申报和电子缴税两个方面。电子申报是指电子商务纳税主体利用各自的计算机和电话，通过电话网、分组交换网、互联网等通信网络系统，直接将申报资料发送给税务机关，从而实现纳税人远程申报的一种方式。电子缴税是指纳税人、税务局、银行等主体之间通过计算机网络进行税款结算、划拨的过程。

与此同时，完善我国目前的税收体制，在增值税、消费税、营业税、关税、所得税等具体的税收法律中补充对于电子商务的规定条款，将电子商务的税收征纳引入到法律监管的层面。

（3）征税优惠[①]。全面清理电子商务领域现有前置审批事项，无法律法规依据的一律取消，严禁违法设定行政许可、增加行政许可条件和程序。落实注册资本登记制度改革方案，放宽电子商务主体住所（经营场所）登记条件，完善相关管理措施。

从事电子商务活动的企业，经认定为高新技术企业的，依法享受高新技术企业相关优惠政策，小微企业依法享受税收优惠政策。科技部、财政部、税务总局需联合推进"营改增"，逐步将旅游电子商务、生活服务类电子商务等相关行业纳入"营改增"范围。

---

① 参见《国务院关于大力发展电子商务加快培育经济新动力的意见》。

【阅读资料 5－4】　　　　　　我国首例"网络交易"偷税案

几年前，上海人张黎和丈夫合开了一家黎依市场策划公司做礼品生意，张黎担任公司法人代表。2006 年 6 月，初为人母的张黎开始在网上购买婴儿用品，她惊讶地发现，婴儿用品在网上卖得很红火。于是她也开始在网上销售奶粉和尿片，并用该市场策划公司的名义在淘宝网上开了家商铺。

后来，张黎的生意日渐兴旺，在累积了一定的客户群后，她又用公司的名义自建了一个销售婴儿用品的网站——"彤彤屋"。半年来，"彤彤屋"生意越做越大，销售了价值 280 多万元的商品。

由于之前有网上购物经验，张黎了解到网上交易几乎都不开发票。在和其他卖家交流之中，她也掌握了一套逃税方法，比如不开具发票，不记账等。但黎依公司的偷税行为在警方侦查一起诈骗案时被意外发现了。2007 年 1 月下旬，张某在接受公安机关调查时如实交代了犯罪事实，又主动交代了公安机关尚未掌握的上海黎依市场策划有限公司偷税的上述犯罪事实。

经上海市普陀区国家税务局税务核定：上海黎依市场策划有限公司于 2006 年 6 月至 12 月销售货物，含税金额人民币 289.5 万余元，不含税销售金额人民币 278.4 万余元，应缴增值税人民币 11 万余元。

法院经过审理后认为，上海黎依市场策划有限公司的行为已构成偷税罪，依法应予处罚。张黎系被告单位的法定代表人兼经理，全面负责上述公司的经营管理活动，对该公司犯偷税罪负直接负责的主管人员责任，亦应以偷税罪论处。综上，法院判决上海黎依市场策划有限公司犯偷税罪，判处罚金 10 万元，张黎犯偷税罪，判处有期徒刑二年，缓刑二年；并处罚金 6 万元。

资料来源：作者根据网络新闻改编。新浪网 http：//finance. sina. com. cn/g/20070820/07563897584. shtml；中国网：http：//www. china. com. cn/law/txt/2007－08/20/content_ 9313062. htm。

2. 电子商务国际避税

（1）电子商务国际避税方式。电子商务具有很强的隐蔽性、流动性和隐蔽性，直接导致各种新的避税形式，严重侵蚀了现行税基。

第一，利用电子商务的隐蔽性避税。电子商务交易采用无纸化方式，交易双方的合同、销售凭证等各种票据均以电子形式存在，这些无纸化信息折扣了传统征税和会计审计的根据，便利了采用电子商务避税。第二，利用电子商务的流动性避税。由于电子商务的流动性极强，选择一个税负低的交易地点非常轻松，在避税地如巴哈马设立一个虚拟公司更是易如反掌，只需利用避税地优惠进行避税。第三，利用电子商务的侵蚀性避税。传统贸易进出口货物和劳务都需通过各国海关，从而有效控制和掌握进出口商品的数量、出入境时间和税基，然而，电子商务不仅不受数量和时间限制，还导致各国海关难以有效掌控，造成了关税的大量流失。

（2）电子商务国际避税的防范。电子商务实践中，多采用以下方式防范国际避税问题。

一是识别和掌控电子商务纳税主体，防止通过纳税主体国际转移进行国际避税。实践中，大多通过控制自然人利用移居国外的形式，或者控制法人利用变更居民或公民身份的形式规避电子商务税收负担。二是识别和掌控电子商务征税客体，防止通过征税客体国际转移进行国际避税。三是通过情报交换和共享制度，防止通过电子商务国际转移进行国际避税。如，联合国相关规章规定了电子商务情报交换制度，要求缔约国间根据有关年度情报资料的不同，定期进行例行交换（ordinary exchange）、经特别请求的交换（specific exchange）和自动交换（automatic exchange）电子商务情报，从而防止通过电子商务国际转移进行国际避税。四是通过国际税收管理的相互协助，防止通过电子商务国际转移进行国际避税。各国签订国际税收管理相关协议，通过括缔约国一方代表另一方代为送达纳税通知书、在纳税责任未确定前对有关纳税人及其财产代为实施某些税收保全措施等，协助国际税收管理协议另一方执行某些征税行为，防止通过电子商务国际转移进行国际避税。

5.3.3　电子支付的法律问题

电子商务与传统经济贸易相比，经济流程发生了巨大的改变，通过通信设备与网络平台完成了商业交易。电子支付是电子商务的基本构成要素和基本特征。电子支付，是指电子商务交易当事人通过电子手段进行货币支付或资金流转的付款或结算方式。

1. 电子支付方式

随着电子商务的发展，银行业务的功能需求也相应地增加。当前，出现了网上支付、电话支付、移动支付、销售点终端交易、自动柜员机交易和其他电子支付等方式，其中，网上支付、移动支付、电话支付为主要的电子支付方式。

网上支付是电子支付的一种常见形式，广义地讲，网上支付是以互联网为基础，利用银行所支持的某种数字金融工具，发生在购买者和销售者之间的金融交换，而实现从买者到金融机构、商家之间的在线货币支付、现金流转、资金清算、查询统计等过程，由此电子商务服务和其他服务提供金融支持。移动支付是使用移动设备通过无线方式完成支付行为的一种新型的支付方式，移动支付所使用的移动终端可以是手机、PDA、移动 PC 等，如今通过支付宝、微信等手机客户端进行电子支付已经成为当代中国常见的电子支付方式。电话支付是电子支付的一种线下实现形式，是指消费者使用电话（固定电话、手机、小灵通）或其他类似电话的终端设备，通过银行系统就能从个人银行账户里直接完成付款的方式。

电子支付过程中的当事人，包括资金划拨人、发端人代理银行、收款人、受益人代理银行、中介银行。资金划拨人有权要求银行按照指令的时间及时将指定的金额支付给指定的收款人，但其一旦向银行发出支付指令，自身也受电子支付指令约束并接受核对确认。

2. 电子支付流程

在电子商务中，支付过程是整个商贸活动中非常重要的一个环节，同时也是电子商务中准确性、安全性要求最高的业务过程。

电子支付流程主要包括：支付的发起、支付指令的交换与清算（或轧差）、支付的结算等环节。

支付的发起是指电子交易收款方依照电子合同约定，发出或下达支付指令信息；清算指结算之前对支付指令进行发送、对账、确认的处理，还可能包括指令的轧差；轧差指交易伙伴或参与方之间各种余额或债务的对冲，以产生结算的最终余额；结算指双方或多方对支付交易相关债务的清偿。值得注意的是，清算与结算是不同的过程，清算的目的是结算。但在一些金融系统中清算与结算并不严格区分，或者清算与结算同时发生。

电子支付的资金流是一种业务过程，而非一种技术。但是在进行电子支付活动的过程中，会涉及很多技术问题。

3. 电子支付安全

电子支付被人们接受的同时，其支付安全也成为关注的焦点问题。基于网络平台的开放性，为电子支付埋下了安全隐患。银行业务的电子化联网化发展，对电子支付形成了一定程度的隐患影响，因为联网形式就代表一家同类银行出现网络漏洞，其他银行的电子支付安全也将面临严重的威胁。此外，一些非法人员通过攻击手段获取、篡改电子商务信息，或者非法占有用户的服务资源等行为都成为电子支付的风险源，影响电子支付的安全。

建立电子合同等电子交易凭证的规范管理机制，确保网络交易各方的合法权益。加快推进电子商务法立法进程，研究制定或适时修订相关法规，明确电子票据、电子合同、电子检验检疫报告和证书、各类电子交易凭证等的法律效力，作为处理相关业务的合法凭证。

5.4 电子商务交易安全的法律保障

电子商务发展面临管理方式不适应、诚信体系不健全、市场秩序不规范等问题，亟须采取措施予以解决电子商务交易新模式的健康快速发展，需要通过各种法律手段保护电子交易中的信息、支付、权益等权利。

5.4.1 电子交易信用安全的法律保障

建立电子认证、签名和信用责任等信用体系，促进电子认证机构数字证书交叉互认和数字证书应用的互联互通，推广数字证书在电子商务交易领域的应用。

1. 电子交易主体认证

电子交易是一种虚拟的商事活动，保证当事人之间的交易安全至关重要，为此，要确保参加电子商务活动的各类主体能够建立起信任关系，并获得公正的、权威的交易环境，主体认证制度显得尤为必要。电子认证是确认和审核电子商务参与主体资格和状态的重要模式，是指以"电子认证服务提供商为中心，由其依照法律规定审验电子签名使用人的身份、资格等属性，确保电子签名与签名使用人之间唯一对应的具有法律意义的服务"。[1]

（1）电子商务认证机构。认证机构（Certification Authority，CA），又称为"认证中心""验证机构""认证证书管理中心"等。认证机构是指提供用户身份验证服务，能对电子商务中用户颁发数字证书的第三方机构。以上电子商务认证机构的概念，基本得到了一致的认可，如我国《电子认证服务管理办法》第二条则对电子认证服务提供者界定为："是指为电子签名人和电子签名依赖方提供电子认证服务的第三方机构"；联合国国际贸易法委员会《统一电子签名规则》中认为，认证机构是指在其营业中从事以数字签名为目的，而颁发与加密密钥相关身份证书的人或实体；新加坡《电子交易法》规定："认证机构是指颁发数字证书的人或组织。"

"电子认证机构作为电子商务中承担安全电子交易认证服务、签发数字证书，并能确认用户身份的服务机构，其存在是开放性电子商务活动得以健康发展的重要保障。"[2] 具体来讲，电子

---

① 夏露：《电子商务法规》，清华大学出版社 2011 年版。
② 张继东：《电子商务法》，机械工业出版社 2011 年版。

商务认证机构主要服务功能包括：①制作、签发、归档、撤销、更新管理电子认证证书；②确认签发的电子认证证书的真实性；③提供电子认证证书目录信息查询服务；④提供电子认证证书状态信息查询服务；⑤保管公共密钥，应有关当事人的申请进行身份认证。

为了实现电子交易双方的彼此信赖，保证虚拟商事活动的交易安全，亟须对认证机构的设立条件作出严格规范，确保电子商务认证机构的可靠与权威。认证机构应具备以下 5 个条件。一是具有独立承担民事责任能力。从事电子认证服务的申请人应当持电子认证许可证书依法向工商行政管理部门办理企业登记手续，其应能够以自己的名义从事认证服务并独立承担责任。从事认证业务的机构应以具备独立法人资格的组织作为发起人申请设立，并获得认证业务经营许可，未取得经营许可证和营业执照的任何组织和个人都不得从事电子认证活动。二是具有法定的认证人员。《电子认证服务管理办法》规定，从事电子认证服务的专业技术人员、运营管理人员、安全管理人员和客户服务人员不少于 30 名。与此同时，认证人员必须具有一定的专业知识、技审或资格，如律师资格或公证人资格，并不得录用曾欺诈、伪证等刑事犯罪的人。三是具备一定的资金和经营场所。认证机构不仅必须具备一定的营业财产，有法定注册资本最低限额，还需向主管部门提供一定数额的责任担保金（又称营业保证金）或投保责任保险，具有能够满足电子认证服务要求的物理环境和设施。四是具备一定的安全性。如新加坡《电子交易法》要求认证机构必须具备"可信赖系统"，即要求认证机构的"计算机硬件、软件和程序，是相当安全的，可防止侵扰和滥用；具有较高的可用性和可靠性，并提供了正确的操作；非常适合执行它们的固有功能；符合通常公认的安全程序。"五是拥有良好的管理制度。认证机构内部管理制度及其运行情况的好坏，直接关系着认证服务质量和认证信息的安全性，因此，认证机构必须建立健全内部管理制度，约束认证机构内部人员的职业操守，规范信息审核、证书制定、信息披露、信息保密、信息管理和密码使用等全过程认证活动。如我国《电子签名法》规定："电子认证服务提供者应当制定、公布符合国家有关规定的电子认证业务规则，并向国务院信息产业主管部门备案。电子认证业务规则应当包括责任范围、作业操作规范、信息安全保障措施等事项。"

（2）电子认证证书及管理。电子认证证书，又称数字证书（Digital Certificate，ID），其是认证服务的核心内容，是证实电子商务主体身份及其对网络资源访问权限的特定化电子信息。新加坡《电子交易法》规定："证书是指为支持数字签名而签发的记录，该数字签名能够确定持有私有密钥人的身份，以及其他一些重要特征。"

颁发电子证书是认证机构的基本业务内容之一。电子认证机构收到用户认证证书申请后，应当对申请人的身份进行查验，并对有关材料进行审查，审核合格后方可签发认证证书。认证证书应当准确无误，并应当载明电子认证服务提供者名称；证书持有人名称；证书序列号；证书有效期；证书持有人的电子签名验证数据；电子认证服务提供者的电子签名等内容。认证机构通过向其用户提供可靠的证书，保证证书上用户名称与公钥是真实有效的，以此来解决可能存在的欺诈问题。

认证证书的发布是指认证机构向全社会作出的一种公告行为。认证证书发布的方式与内容，一般由法律规定和协议的条款来决定。

为了保证证书的使用安全，认证机构几乎都对证书使用时间进行了期限限制。在证书期限届满之前，用户可以向认证机构申请证书更新。证书更新过程与证书颁发的程序和要求基本相同。

认证证书中止是为了保证交易安全而对认证证书采取的暂时性措施。当出现影响认证安全的法定事由时，认证机构可以对认证证书进行中止管理，暂时阻却证书的使用功能，一旦中止的事由消失，证书又重新恢复其效力。

认证证书颁发之后，在整个有效期内都可使用，但当出现一些个人用户死亡、法人用户消亡、用户私钥泄密等特殊情况时，认证机构可撤销证书。证书的撤销与中止，都涉及阻却认证效力的措施，但中止只是暂时性的，而撤销则是永久性的。

电子认证证书的有效期限届满后，证书自然失效，认证证书效力终止。

（3）电子认证的法律责任机制。电子认证业务活动，尤其证书信息的公正性，是电子认证业务存在的根本条件，也是电子商务安全性和信用性的核心依赖，它直接关系到认证机构与其用户，以及证书信赖人之间交易风险的分配，因此，必须明确电子认证的法律责任机制。

未经许可提供电子认证服务的，由国务院信息产业主管部门责令停止违法行为；有违法所得的，没收违法所得；违法所得三十万元以上的，处违法所得一倍以上三倍以下的罚款；没有违法所得或者违法所得不足三十万元的，处十万元以上三十万元以下的罚款。

电子认证机构暂停或者终止电子认证服务，未在暂停或者终止服务六十日前向国务院信息产业主管部门报告的，由国务院信息产业主管部门对其直接负责的主管人员处一万元以上五万元以下的罚款。

电子认证机构不遵守认证业务规则、未妥善保存与认证相关的信息，或者有其他违法行为的，由国务院信息产业主管部门责令限期改正。逾期未改正的，吊销电子认证许可证书，其直接负责的主管人员和其他直接责任人员十年内不得从事电子认证服务。吊销电子认证许可证书的，应当予以公告并通知工商行政管理部门。也是认证法律规范的实现过程。以下所论述的各种制度，在一定意义上都是预防认证机构风险发生的具体措施。

【阅读资料 5 - 5】 电子认证服务

电子认证服务是确认网络主体身份、开展网络可信身份管理的重要手段，可以有效解决网络行为责任认定的举证问题。

据工信部信息安全协调司王宏处长介绍，作为我国互联网领域的重要法律，《电子签名法》在保障网络安全、促进网络可信应用方面具有重要意义，今年将着力推动可靠电子签名司法效力认定，推动《电子签名法》在经济社会发展中发挥更大的作用。

据了解，目前我国获得工信部电子认证服务许可证的机构已经有 37 家。截止到 2014 年底，我国电子认证服务业整体市场规模约 130 亿元，较 2013 年增长了 38%，有效数字证书总量约达 2.83 亿张，广泛应用在电子政务、电子商务、网上银行、医疗、教育等众多领域。

资料来源：http://it.people.com.cn/n/2015/0604/c1009-27102237.html。

2. 电子签名

电子签名作为识别电子商务交易对方身份的常用手段，已在实践中为交易各方普遍接受和认同。当前，世界各国与地区组织在电子签名上都达成了较为一致的看法，纷纷通过立法对电子签名进行规范和约束。我国 2004 年审议通过了《中华人民共和国电子签名法》。

（1）电子签名类型。电子签名一般划分为数字签名、电子化签名、生理特征签名等。

一是数字签名。"数字签名是目前国内外电子商务、电子政务中应用最普遍、技术最成熟、可操作性最强的一种电子签名方法。"[①] 数字签名除了具有传统签名的身份识别、防止否认、确认完整性功能外，还具有数据保密等新增功能。数字签名被认为是目前最适合互联网和广域网上的安全认证。

美国电子签名标准（DSS，FIPS186—2）从技术的角度将数字签名界定为，用以确定签名者的身份和数据的，利用一套规则和一个参数对数据计算所得的结果。因为数字签名一般运用非对称加密系统和哈希函数等技术获得，所以，一般认为，数字签名是基于公钥基础设施（Public Key Infrastructure，PKI）运用非对称加密系统和哈希函数变换的电子记录组成的电子签名方式。

二是电子化签名。电子化签名是通过一定的技术，将签名者传统的手写签名进行模式识别和转换的电子签名方式。电子化签名需要通过高度精确的模式识别技术、笔迹压缩技术和加密

---

① 李祖明：《电子商务法教程》，对外经济贸易大学出版社 2009 年版。

技术等实现，并需将手写签名样式进行加密和留存，以便进行真伪验证。

三是生理特征签名。生理特征签名是利用人唯一的生理表征，通过生物识别技术，将用户指纹、视网膜结构、手掌掌纹、声音纹、全身形体特征以及脸部等生理特征转换为身份识别依据的签名方式。生理特征签名是现代生物技术与计算机技术的结合，其不需要用户进行相应的签名行为，而是由生物识别系统自动采集、处理，完成对用户的身份认证。生理特征签名不仅免去了携带、保存、丢失、记忆等行为，还大大提高了签名的安全性和可靠性。

（2）电子签名效力。我国《电子签名法》规定："可靠的电子签名与手写签名或者盖章具有同等的法律效力。"电子签名法律效力的确立，需要满足合法性、有效性和可靠性要求，也就是说，在众多的电子签名方法和手段中，并不是所有的电子签名都是安全有效的，只有满足一定条件的电子签名，才会具有与手写签名或者盖章同等的效力。

可靠的电子签名需要符合以下条件：①电子签名制作数据用于电子签名时，属于电子签名人专有；②签署时电子签名制作数据仅由电子签名人控制；③签署后对电子签名的任何改动能够被发现；④签署后对数据电文内容和形式的任何改动能够被发现。

5.4.2 电子交易权益的法律保障

1. 限制和排除不正当竞争

不正当竞争行为是指经营者违反法律规定，扰乱电子商务竞争秩序，损害其他经营者乃至消费者合法权益的行为。如何制止电子商务中不正当竞争行为，也是保护消费者权益的一个方面。在电子商务领域中不正当竞争行为，主要包括产品或服务混淆行为、仿冒行为、网上虚假广告宣传、商业贿赂、侵犯商业秘密、低价倾销、不正当有奖销售、诋毁他人商誉、串通投标、协议垄断、滥用市场支配地位等。

2. 充分维护消费者权利

传统商业领域，消费者权益包括安全权、知情权、选择权、公平交易权、损害赔偿权、双倍赔偿权、监督权、结社权等权利，由于电子商务环境的复杂性、虚拟性，导致法律责任主体不明确，消费者举证困难，因此，电子商务消费者名誉权、知情权、赔偿权、公平交易权、监督权的保护尤为重要。

当前，各级机构已经开始重视电子商务的消费者权益保护问题，严厉打击网络欺诈等行为，努力保护消费者电子商务知情权、赔偿权、公平交易权、监督权等。如北京工商行政管理局发文明确要求："利用因特网从事经营活动的经营者提供商品或服务时，应当按照国家有关规定或商业惯例向消费者出具购货凭证或服务单据；消费者索要购货凭证或者服务单据的，网上经营者必须提供。""消费者利用因特网购买商品或接受服务，其合法权益受到侵害时，可以通过北京市工商局网上工作网点（HD315. gov. cn）进行在线投诉，也可以拨打 12315 投诉电话进行投诉。工商行政管理部门将依法对侵害其合法权益的行为进行纠正或查处。"

3. 保障交易履约安全

电子商务是虚拟环境下的交易，交易双方义务的履行、权利的享有和交易支付等是非常重要的关注内容。关于电子商务交易履行及支付安全问题，本章相关章节进行了详细讲解，在此不再赘述。

5.4.3 电子商务信息安全的法律保障

开展电子商务的最基本条件是拥有尽可能多并且有一定消费能力的用户。由于网络本身具有的虚拟性、流动性、隐藏性和无国界性等特点，使得信息安全面临着严峻挑战。因此，要充分发展电子商务，就有必要加强电子商务中信息的保护。

1. 信息侵权的类型

电子商务信息的侵害主要有三类：信息的非法收集、信息泄露、信息的二次开发利用和信息的交易。

为了拓展其业务、的产品开发、研制、生产、销售而合理进行个人信息的收集，具有一定的道理。但是，如果消费者如果不提供某些信息将不能进行正常的购物或享受服务，或者在电子商务交易对方不知情的情况下通过软件方式"特洛伊木马"等方式来收集个人信息便是非法收集。`

未经交易相对人允许，电子商务企业将电子商务交易中依法收集的信息透露给第三方，即为信息泄露。

对数据信息二次开发利用指的是商家把通过网络收集到的个人信息存放在专门的数据库中，然后经过数据加工、数据挖掘等方法得到有商业价值的信息，并用于生产经营等活动。比如电子商务企业根据收集的个人信息，建立特定消费者的有关兴趣爱好、身份健康状况、消费习惯、消费者信用和财产状况等档案，并将其作为商业行为参考。这属于对电子商务消费者个人隐私信息的一种侵害。

个人信息的交易目前主要有两种形式：第一种形式是企业之间交易个人信息，当一公司对另一公司所掌握的个人资料感兴趣，且另一公司也对该公司有类似要求时，两公司之间通过协商各取所需；第二种形式是企业与个人之间的信息买卖，即通过各种渠道收集的消费者的个人信息，明码标价进行交易。

2. 信息安全的法律保护

（1）制定电子交易信息安保护法律。我国现有电子商务信息安全法律保护制度，多散见于《民法通则》《合同法》《消费者权益保护法》《电信条例》《计算机信息网络国际联网管理暂行规定》《计算机信息网络国际联网安全保护管理办法》等规定中，现有法律条文很难直接适用到电子商务中。为了促进电子商务的蓬勃发展，应当尽快制定有关的电子商务信息保护、交易安全管理的法律，明确电子商务交易各方的安全责任和义务，切实保护电子商务中信息安全。

（2）依法惩处信息侵权违法行为。鼓励电子商务企业加强与网络安全专业服务机构、相关管理部门的合作，共享网络安全成胁预警信息，消除网络安全隐患，共同防范网络攻击破坏、窃取泄露和交易电子商务信息等违法犯罪活动。

（3）促进电子商务行业自律。电子商务信息空间广、容量大、传输快，单纯依靠政府通过立法或司法监督来切实保护电子商务交易信息有一定的局限性。为此，行业自律也是保护电子商务中个人信息的一个不可或缺的手段。很多电子商务发达的国家在加强立法的同时，鼓励行业自律，即依照法律和行业惯例制定信息资料使用政策和保护制度。

本章习题

一、单选题

1. 电子商务法是调整以数据电文为交易手段而形成的因（　　　）所引起的商事关系的规范体系。

　　A. 交易形式　　　　　　　　　B. 交易内容

　　C. 交易方式　　　　　　　　　D. 交易结果

2. 我国《合同法》第十一条规定："书面形式是指合同书、信件和数据电文（包括电报、电传、传真、电子数据交换和电子邮件）等可以有形表现所载内容的形式。"这一规定说明我国对数据电文形式问题的解决方案采取的途径是(　　　)。

    A. 合同解决途径　　　　　　　　B. 法律解释途径

    C. 功能等同法　　　　　　　　　D. 技术中立原则

3. 关于数据电文的法律效力，正确的表述是(　　　)。

    A. 由于数据电文的易篡改性，其法律效力是不能确定的

    B. 由于数据的电文是一种新的形式，其法律效力需要等待法律的明确规定

    C. 数据电文是否具有法律效力，由有关的当事人约定

    D. 不得仅仅以某项信息采用数据电文形式为理由，而否定其法律效力

4. 数据库的合法用户不经数据库制作者的同意，不可以实施以下行为(　　　)。

    A. 为任何目的，复制或传播数据库内容的实质性部分

    B. 为私人目的，复制或传播数据库内容的实质性部分

    C. 为教学科研目的，复制数据库内容的实质性部分，但要标明材料的来源，使用的内容
      也不能超过实现非商业性目的所需的程度

    D. 为公共安全、行政管理或司法程序的目的，复制或传播数据库内容的实质性部分

5. 《著作权法》根据网络环境下著作权保护的需要，采纳的一个全新的法律术语是(　　　)。

    A. 信息网络使用权　　　　　　　B. 信息网络收益权

    C. 信息网络复制权　　　　　　　D. 信息网络传播权

6. 在网络交易中，为保护消费者的权益，许多国家的法律赋予消费者在一定期限内使用商品，并无条件解除合同的权利。这无条件解除合同的期间被称为(　　　)。

    A. 解除期　　　　　　　　　　　B. 试用期

    C. 退货期　　　　　　　　　　　D. 冷却期

7. 根据《合同法》的规定，对格式条款的理解发生争议的，应当按照通常理解予以解释。对格式条款有两种以上解释的，应当做出(　　　)的解释。

    A. 有利于提供条款一方　　　　　B. 不利于提供格式条款一方

    C. 最符合经济效益原则　　　　　D. 有利于双方当事人合法利益

8. 网络隐私权不包括(　　　)。

    A. 网络个人信息收集的知悉权

    B. 网络信息传播权的保护权

    C. 网络个人信息资料的安全请求权

D. 网络个人信息资料的控制权

9. 国际税收中性原则是指（　　）。

A. 对电子商务交易采用适度优惠政策

B. 企业因征税产生的成本和政府的管理成本都应尽可能最小化

C. 电子商务交易与其他形式交易在征税方面要一视同仁，反对开征新税或附加税

D. 居民税收管辖权和来源地管辖权并重的原则

10. 我国最早关于电子商务的立法是（　　）。

A. 中华人民共和国电信条例　　　　B. 合同法

C. 计算机软件保护条例　　　　　　D. 电子签名法

二、多选题

1. 电子商务法的特征是（　　）。

A. 技术性　　　　　　　　　　　B 国际性

C. 开放性　　　　　　　　　　　D. 兼容性

2. 电子商务对传统法律规范带来的冲击表现在以下方面（　　）。

A. 书面形式问题　　　　　　　B. 主体资格问题

C. 签名问题　　　　　　　　　D. 证据效力问题

3. 电子合同的生效要件包括（　　）。

A. 必须采用双方当事人约定的形式　　B. 意思表示真实

C. 行为人具有完全民事行为能力　　　D. 内容不违反法律

4. 信息之所以为交易的标的物，是因为（　　）。

A. 信息可以在线交易

B. 信息可以作为交易的手段

C. 这些信息具有一般物的独立存在的属性

D. 这种信息具有价值和交换价值，可以满足当事人的需求

5. 国际社会对电子商务税收问题达成的共识包括（　　）。

A. 税收中性原则　　　　　　B. 公平税负原则

C. 常设机构原则　　　　　　D. 简单透明原则

三、名词解释

1. 电子商务法　　2. 数据电文　　3. 要约　　4. 承诺　　5. 税收管辖权

6. 网络隐私权

四、简答及论述题

1. 电子商务法的特征主要有哪些?

2. 简述电子商务对传统法律的挑战。

3. 电子签名主要有哪些分类?

4. 简述电子合同的内容。

5. 简述电子合同和合同条款无效的情形。

6. 简述合同成立与合同生效的区别。

7. 某人在一次网购时，按要求提供了手机电话的号码，结果推销、宣传广告电话不断打来。请分析：应当如何收集和合理利用个人信息? 应当如何防止对个人信息的侵害?

案例讨论

网购引发纠纷男子状告电商及购物网站

　　如今，网购已成为多数网友必不可少的一种生活方式。海口市民刘强（化名）通过某购物网站买了一台电风扇，使用后发现电风扇风力过大，他认为电风扇存在质量问题，并且电商存在价格欺诈行为，遂起诉电商及购物网站要求给予赔偿。对于刘强的起诉，电风扇的专卖店以及购物网站称，他们并不存在价格欺诈行为。法院对于该案会作出什么样的判决呢?

　　刘强介绍，2014 年 5 月 16 日，他通过某购物网站向某某专卖店购买了一台电风扇，该电风扇在购物平台上号称"原价为 699 元，促销价格为 199 元包邮"。刘强说："我当时觉得价格确实很优惠，所以就买了"。刘强随后通过支付宝付款成功。

　　"我购买的电风扇存在严重的设计问题，调到最小档风力或静音时都没办法吹，因为风力太大了。"刘强说，同年 5 月 20 日收到网购的电风扇后，他发现该电风扇存在质量问题，于是向购物网站投诉，要求退货退款、运费由专卖店承担。刘强随后又改变维权诉求，他要求电商退货退款并赔偿 597 元。刘强的要求遭电商及购物网站拒绝。刘强随后又向购物网站的客服投诉，对方称已将款项支付给专卖店了。刘强与客服沟通并没有取得满意的效果，他接着向专卖店所在地的工商部门反映此事，在工商部门介入后，专卖店同意退货退款并承担运费，但不承认价格欺诈。

　　刘强认为，卖家标注原价为 699 元属于价格欺诈，因为他查询发现，该商品在网上标出的参考价为 239 元，厂家参考价应为产品指导价（即原价），卖家因价格欺诈应赔偿原告 3 倍购买款共 597 元。

　　刘强表示，专卖店在商品销售页面介绍涉案商品的原价为 699 元并无事实依据，其行为应依法认定为价格欺诈；而购物网站作为交易平台，没有尽到应有的监督管理责任和价格审核责任。2014 年 6 月 26 日，刘强向法院提起诉讼，请求法院判令：原告无条件退回商品且由被告专卖店承担 100 元费用（包括运费），退回原告购物款 199 元；被告专卖店的销售行为是价格欺诈，被告需赔偿原告三倍价款 597 元；被告赔偿原告误工费 5000 元；被告赔偿原告精神损失费 4000 元；被告在购物网站等平台上取消原价、一口价等忽悠消费者的价格标示方法，只标识真实的产品销售价格；被告对侵害原告利益的行为进行书面道歉，并承诺以后严格管理交易平台。

对于刘强的起诉，专卖店有关负责人称，他们已与原告达成和解，在 2014 年 7 月 9 日向原告支付了三倍价款 597 元。原告属于重复诉讼、恶意诉讼。据专卖店介绍，原告应以同一经营者降价前后进行对比，并非与其他经营者的价格进行对比。专卖店称，刘强是在购买商品后，看到其他商城此款产品的销售成交价均为 239 元左右，刘强此时举证的也是其他商家的促销价格，所以才会得出专卖店的原价高于其他商家的（促销）价格。该负责人称，在相关部门协调下，专卖店已向刘强支付了 3 倍价款 597 元。专卖店认为，刘强没有提供误工证明以及销售的商品并没有对其身体造成损害，不存在所谓的精神损失费的情况。

购物网站在庭审答辩时称，购物网站作为网络交易平台，并非买卖合同相对方，不应对买卖双方在买卖合同履行过程中所产生的商品价格争议承担任何形式的法律责任。

法院认为，原告提供的官网截图、网络交易平台上其他店铺销售成交截图等，欲用以证明被告专卖店价格欺诈。刘强用上述证据进行比较并不符合有关价格欺诈的相关规定。关于原告请求退回商品、专卖店向其退回 199 元货款及赔偿 597 元的问题，因原告未提供证据证明专卖店的行为构成价格欺诈，虽然专卖店已向原告支付 597 元，但有关行政管理部门对专卖店的行为并不作出具体认定，因此不能认定专卖店的行为构成价格欺诈。

以于原告请求被告赔偿误工费、精神损失费、书面道歉等情况，由于原告确认其基于网络购物合同的法律关系提起本案诉讼，而专卖店基于网络购物合同不具有上述义务，法院不予支持。对于购物网站，原告基于网络购物合同关系请求其承担责任，于法无据，法院对原告的上述请求不予支持。法院对该案依法判决如下：驳回原告刘强的诉讼请求。

? **思考讨论题**

请根据所学知识对本案例进行评述。

资料来源：《网购引发纠纷男子状告电商及购物网站》，光明网 http：//legal. gmw. cn/2016 – 05/02/content_ 19926068. htm。

第 6 章

电子商务物流

物流是实现电子商务的根本保证，没有一个高效、畅通的物流体系，电子商务就难以发挥其独特的优势。但是，当前物流的发展还无法与日益增加的订单量所匹配，物流环节已经成为制约电商发展的重要瓶颈。不过随着现代物流技术的不断进步以及企业界的高度重视，物流对电商制约的问题有望得到有效解决。本章首先对电子商务物流进行了简单的介绍，接着主要介绍了电子商务物流的模式和配送，最后重点阐述了现代物流技术在电子商务物流中的具体应用。通过对本章的学习，我们能够对电子商务的物流体系有一个较为全面的认识和理解。

知识结构图

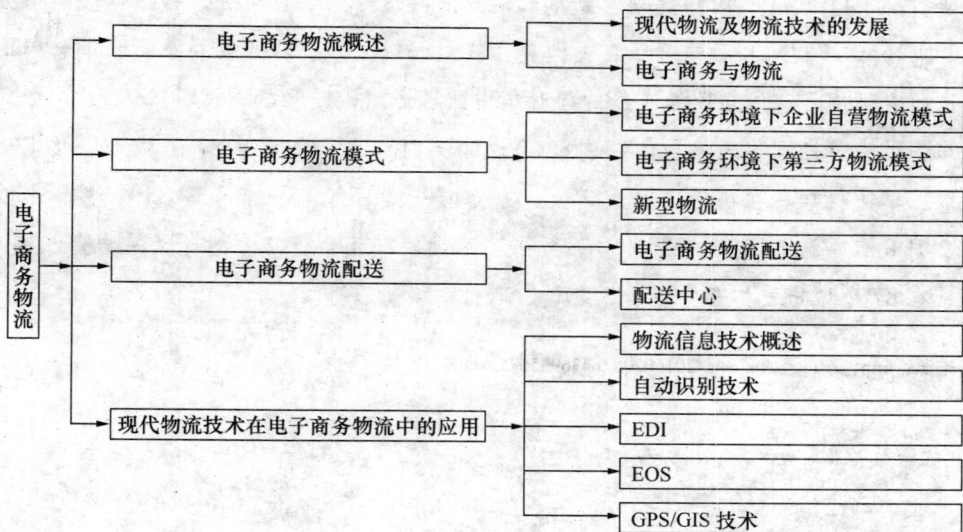

【开篇引例】　　　天猫、国美、京东三家主流电商的猴年春节物流部署

2016年春节临近，越来越多的人选择网购年货，而对于消费者关注的春节物流，各大电商都在节前公布了自己的部署和安排。

天猫、淘宝依靠第三方物流配送，春节期间所有的物流安排只能以第三方为准。但是淘宝还是细致的考虑了商家和消费者双方面的利益，做出了相应的措施。首先，在保障商家权益方面，淘宝关闭了2月20日（正月十三）16：00之前的"发货时间承诺"功能，从而将春节期间因物流配送延误而给商家带来的风险降到了最低。其次，淘宝要求凡消费者于2月1日~2月16日期间购买的小件商品，卖家必须要在2月19日（正月十二）之前发货；对于家装建材、大家电等大件商品，从1月15日~2月22日付款订单暂停发货，卖家必须在2月29日前发货。定制、预售及其他特殊情形买卖双方另行约定发货时间。商家发货时间，以快递公司系统内记录的时间为准。

国美在线依托于线下门店的强大供应链和物流仓储体系，推出的春节物流不打烊系列活动。2月7日~2月13日春节放假期间，国美在线推出"181个城市物流不打烊"服务，自营大家电全部正常下单配送，保证在下单后1~2日送达。同时，遍布全国400多个城市的物流中心，以及国美全国1700多家线下门店春节都将正常营业，家电3C支持就近配送和上门自提。在小件方面，国美在线春节期间支持北京市、天津市、石家庄市、保定市、唐山市、上海市、广州市、深圳市、成都市、重庆市在内的10个城市正常配送。全国区域春节期间亦可正常下单，2月11日（初四）起恢复正常配送。限时达等个性化服务，将根据实际情况进行调整，2月16日（初八）后恢复正常。国美在线对一级、二级、三级等不同城市仓储中心货物调配进行合理规划，缩短配送半径的同时集中配送资源，提升配送效率。

京东商城春节期间将确保小件订单88个城市不打烊，大件商品87个城市以及139个京东帮县级区域不打烊。在小件商品配送上，京东首先确保了北上广深等88个城市"核心区域"在2月8日~2月10日（正月初一至初三）期间的正常配送。对于大家电等大件订单，京东保证在87个城市支持正常生产、配送、取件、换新服务。

资料来源：http：//mt. sohu. com/20160205/n436935685. shtml。

6.1　电子商务物流概述

电子商务的发展给贸易方式、消费方式和服务方式带来了巨大的变化。这就要求包括物流、商流、资金流、信息流相结合的电子商务物流体系的建设要适应电子商务的发展。2015 年我国电子商务交易总额超 18 万亿元，电子商务的发展为物流业的发展提供了空前的机遇，而当前物流业的滞后已经成为我国电子商务发展的瓶颈。

6.1.1　现代物流及物流技术的发展

1. 物流的概念

"物流"的概念最早起源于 20 世纪 30 年代的美国，1979 年才传入我国。因认识问题的角度不同，目前尚未有统一的对物流的定义。

联合国物流委员会对物流定义为：物流是为了满足消费者需要而进行的起点到终点的原材料、中间过程库存、最终产品和相关信息有效流动和存储的计划、实现和控制管理的过程。

美国物流管理协会的定义是：物流是对货物、服务及相关信息从供应地到消费地的有效率、有效益的流动和储存进行计划、执行和控制，以满足客户需求的过程。

我国 2001 年颁布的《中华人民共和国国家标准物流术语》中对物流的定义是：物品从供应地向接收地的实体流动过程。根据实际需要，将运输、储存、装卸、搬运、包装、流通加工、配送、信息处理等基本功能实现有机结合。

以上定义虽然不尽相同，但都强调了物流是一个由有多种活动要素所构成的过程，而不仅仅是商品运输这一个环节。这可能与我们大多数人的认识不太相同。

2. 物流的发展

物流的发展大致可以分为以下三个阶段。

（1）传统物流阶段。传统物流的作用领域以商品的销售作为主要对象，具体完成将生产的商品送交消费者的过程中所发生的各种活动，包括公司内部原材料的接收和保管，产成品的接收和保管，工厂内部及物流中心的运输等。

（2）综合物流阶段。综合物流大大拓宽了传统物流的领域和功能，将原材料的采购、商品的生产、传统物流和商品的销售等予以综合的考虑，对从采购原材料开始到最后将产品送交顾客这一物流的全过程进行综合一体化管理。

（3）现代物流阶段。社会生产和科学技术的发展使物流进入了现代物流的发展阶段，其标志是物流活动领域中各环节的技术水平得到不断的提高。

3. 物流的功能要素

现代物流业是一个融合了运输业、仓储业、信息业等产业的复合产业，物流的功能也是由与物流活动相关的运输、仓储等各种活动共同实现的。因此，现代物流的功能要素包括运输、仓储、包装、流通加工、装卸、配送及物流信息等。各种物流功能的构成要素是物流功能实现的根本保证，各种功能之间不是独立的，而是相辅相成的，只有各种功能之间相互协调，有机结合才能有效提高物流效率，降低物流成本。

4. 现代物流的特征

随着现代物流技术和市场需求的不断发展，物流业取得了长足的进步。与传统的物流业相比现代物流具有如下特征。

（1）物流反应快速化。激烈的市场竞争要求物流服务在速度上再上新台阶。物流服务提供者对上游、下游的物流、配送需求的反应速度越来越快，前置时间及配送间隔越来越短，物流配送速度越来越快，商品周转次数也越来越多。

（2）物流功能集成化。现代物流着重于将物流与供应链的其他环节进行集成，包括：物流渠道与商流渠道的集成、物流渠道之间的集成、物流功能的集成、物流环节与制造环节的集成等。物流功能的集成包含生产、管理和商务等方面，是一项综合性的系统工程。

（3）物流技术现代化。物流业的快速发展依赖于先进的技术与设备的使用和现代化管理手段的应用。计算机技术、通讯技术、语音识别技术等在物流业中得到普遍应用，实现了物流系统的自动化、机械化、无纸化和智能化。此外，由于计算机信息技术的应用，物流服务的需求方与供给方之间的联系愈加密切，物流过程中的库存积压、延期交货等问题大量减少，从而大大提高了物流活动的效率。

（4）物流过程绿色化。采用可降解材料制造包装，减产永久性固体废料。推广托盘、包装箱、货架标准化，提高重复利用率。缩短供应链，降低包装材料的使用量。

（5）物流活动国际化。经济全球化的发展，企业面对的不再是地区的、国内的市场，而是面向全球的市场，在全球范围配置资源和销售产品与服务。因此，其物流的需求与选择也超出了国界，放眼于全球市场范围。

6.1.2　电子商务与物流

电子商务的出现大大地推动了物流产业的发展，物流业的快速发展也为电子商务的发展提供了有力的保障。

1. 物流在电子商务中的地位和作用

物流是实现电子商务的根本保证。在电子商务中，要在虚拟的网络卖场获得现实的物品，当然离不开物流。电子商务的发展带来了交易方式，特别是流通模式的创新。在电子商务的发展中，物流的作用至关重要。没有一个高效、畅通的物流体系，电子商务就难以发挥其独特的优势。

（1）高效的物流体系保障了电子商务的市场范围。随着经济国际化的发展，尤其是我国加入 WTO 后，电子商务的应用更加重视跨区域物流，甚至是跨国物流。只有建立完善的物流系统，才能保障电子商务中跨国物流、跨区物流的顺利实现，真正扩大电子商务的市场范围。

（2）物流支持电子商务的快速发展。通过互联网，电子商务口的信息流、商流和资金流的问题得到了更高效的解决。但只有将商品安全、及时、准确的送到消费者手中，电子商务过程才宣告完成。因此，物流系统效率的高低是电子商务成功与否的关键，只有不断地提高物流系统的效率，才能保证电子商务的快速发展。

2. 电子商务对物流业发展的影响

（1）电子商务扩大物流业市场范围。电子商务是一场空前的商务革命，开辟了网上商业市场，给物流产业的发展提供了巨大的市场保障。电子商务贸易没有地域与国界之分，互联网可以在瞬间使处于全球任何两地的买卖双方达成交易，但买卖的成交最终要依赖于物流的实现。在未来几年的电子商务交易额将以数十倍的速度增加，物流量也将随之以这个速度递增。

【阅读资料6-1】　　　　顺丰国际：全力打造跨境物流新模式

顺丰国际致力于为海内外客户提供完整便捷的跨境物流解决方案。目前业务已拓展至新加坡、马来西亚、日本、韩国、泰国、越南、澳洲、蒙古、印尼、俄罗斯和美国。顺丰国际除了有标准快递、国际特惠、Box Direct 和 Shipmax 等产品之外，还可根据客户自身的需求量身订制不同的物流解决方案。同时，针对全球电商卖家与消费者，顺丰国际最新打造的国际电商物流服务平台，致力于为全球电商卖家和消费者提供专业化的过出口全球物流解决方案。

目前主营业务包括商家和消费者进出口物流服务、俄罗斯业务。其中出口物流服务包括国际小包、国际专线和国际仓储，已覆盖全球 200 多个国家及地区；进口物流服务包括全球顺（直邮、保税、商家代理），实现运输、清关、派送全球购一条龙服务；俄罗斯业务已辐射东欧十国，为电商客户提供出口物流及仓配一体化解决方案。

资料来源：http：//help.3g.163.com/0414/16/0204/12/BEVRM0B5041403U2.html。

（2）电子商务带动物流实现信息化、自动化和智能化。电子商务能保证企业与各级客户间的即时沟通，这就要求物流系统中每一个功能环节的即时信息支持。在信息化的基础上，物流才能实现自动化，从而大大提高物流的效率。物流的智能化也已成为电子商务下物流发展的一个新趋势，电子商务存在使企业可以寻求物流的合理化，使商品实体在从销售者到购买者的运动过程中达到效率最高、距离最短、时间最少的要求。

（3）电子商务改变物流企业的竞争状态。电子商务时代，物流企业的竞争状态发生了变化。以往物流企业之间的关系是单纯的竞争，各个物流企业为了在竞争中生存，所采取的往往是压缩物流成本，提高服务水平等手段。在电子商务时代，商品交易突破了时间与空间的限制，这就需要建立一个全球性的物流系统来保证商品的顺利流通，单个物流企业很难满足这一要求。在这一前提下，物流企业的关系将由以前的单纯竞争转化为协作竞争，通过协作满足全球化物流的需求。

（4）电子商务促进了物流设施的改善和技术与管理水平的提高。基础设施建设是物流业提高效率的基础，但是仅有基础设施建设是不够的。电子商务高效率和全球性的特点也要求物流业技术水平和管理水平的提高。只有基础设施、技术水平与管理水平协调发展，才能确保物流的畅通进行，实现物流的合理化和高效化，促进电子商务中物流的发展。

6.2 电子商务物流模式

电子商务物流模式是指在电子商务环境下的企业物流方式的选择，包括企业自营物流、第三方物流、第四方物流、绿色物流及供应商管理库存等。

6.2.1 电子商务环境下企业自营物流模式

1. 自营物流的含义

企业自营物流即企业自己开展物流活动。在电子商务发展的初期，电子商务企业规模不大，从事电子商务的企业多选用自营物流的方式,他们自行组建物流配送系统,经营管理企业的整个物流运作过程。在自营物流模式下,企业会自建仓库组建运输车队,也会向仓储企业购买仓储服务,向运输企业购买运输服务,但是这些服务都只限于一次或一系列分散的物流功能,而且是临时性的纯市场交易的服务。

2. 自营物流的优势

(1) 掌握控制权。企业自营物流,可以对物流活动的各个环节进行有效的调节,对企业整体的物流运作系统进行全程控制;能够快速、准确地取得整个供应链以及最终顾客的第一手信息,及时解决物流活动的过程中出现的问题,实现企业内部物流及外部物流的协同管理。

(2) 避免商业秘密的泄露。企业在正常的商业生产与运营中,都会存在一些不愿向外公开的商业秘密,比如原材料的构成、生产工艺等等,这些商业秘密是企业构建不同于竞争对手的核心竞争力的根本。企业将物流业务外包给第三方物流供应商时,尤其是生产环节中的内部物流外包,就可能会导致商业秘密外泄,削弱企业的竞争能力。因此,很多企业为了防止商业秘密外泄,选择自营物流的模式。

(3) 降低交易的不确定性。选择物流外包,企业很难全面掌握第三方物流服务提供商的完整、真实的信息。选择自营物流,企业自己完成物流业务,可以通过内部行政权力控制原材料的采购和产成品的销售,而不必与物流供应商进行运输、仓储、配送和售后服务等问题的谈判,避免了交易结果的不确定性,降低交易风险。

(4) 提高企业品牌价值。企业选择自营物流,自主控制生产经营中的物流环节,可以更近距离的与顾客接触与沟通,使顾客以最近的距离了解企业、熟悉产品,提升企业形象;同时,企业自营物流可以掌握最新、最全面的市场信息和顾客的动向,从而及时调整经营战略方案,提高企业的竞争力。

【阅读资料 6 - 2】　　　唯品会"蜂巢式电商 4.0"颠覆传统物流系统

作为全球最大的特卖电商,唯品会的物流体系和操作模式与一般以常态性销售方式的电商仓储有着极大的不同。特卖下"快进快出"的物流运作效率成了支持线上交易量的重要保障,也因此对唯品会的仓库运营提出了更高的要求。

唯品会的蜂巢式电商 4.0 系统,是根据电商行业仓储物流的难点量身打造的创新解决方案,完全颠覆了传统的"集中式物流系统"。与一般仓储系统"人找货"的拣选方式不同,蜂巢系统全程采用机器小车拣货,其中包括巷道穿梭车(纵向)、转载穿梭车(横向)、提升计（立体）这三个维度的自动拣货小车，订单处理效率大大提高。在该系统操作下，一个工作人员的处理速度是 10 秒内 1 个订单行，一个小时能处理 360 个订单行，效率是传统仓库的几倍。

由于系统采用全自动机器拣选，蜂巢不会受到人工拣货的限制（比如货架高度、货架间距等），因此整体货架布置非常密集。传统仓库一个平方米最多能存储两个周转箱，而蜂巢系统能存储 20 个周转箱，容积率也是传统系统的 10 倍。

资料来源：http：//www.chinawuliu.com.cn/information/201601/25/309058.shtml。

3. 自营物流的劣势

（1）资源配置不合理。运输和仓储是物流活动最主要的环节，企业自营物流必须具备与生产能力相符的运输力量和仓储容量。企业为了维持物流系统的运转，需要花大量的人力、财力及物力，这必然减少企业其他重要环节的投入，分散了企业的资本，削弱企业的市场竞争能力，不利于企业抵御市场风险。

（2）企业物流效率低下。相对于第三方物流公司提供的专业化物流服务而言，企业自己开展物流活动的效率较低。通常来看，物流并不是企业所擅长的活动，再加上缺乏专业的物流工具与技术的缺乏和物流管理水平的相对落后，导致企业的物流活动效率低下。

（3）物流成本较高。企业自营物流，由于物流规模较小，专业化程度低，很难形成规模效应，导致物流成本过高。物流成本是产品总成本的一部分，尤其是在我国的企业中，物流成本居高不下导致产品成本升高，市场竞争力降低是很常见的现象。

6.2.2 电子商务环境下第三方物流模式

1. 第三方物流的含义

2001 年，我国公布的国家标准《物流术语》中将第三方物流定义为："由供方与需方以外的物流企业提供物流服务的业务模式"。第三方物流是相对于"第一方"发货人和"第二方"收货人而言的，是指由发货人和收货人之外的第三方来完成物流服务活动，满足物流服务需求的物流运作模式。第三方物流提供商通过与第一方或第二方的合作来提供专业化的物流服务，他不拥有商品所有权，不参与买卖过程。

第三方物流的产生是社会分工的结果。随着信息技术的发展和经济全球化趋势，越来越多的企业在全球范围内从事商品的生产流通活动，物流活动日益庞杂，原有的自营物流模式已很难满足经济社会对物流服务的需求。此外，在新型管理理念的影响下，各企业为增强市场竞争力，将企业的资源投入到其核心业务上去，而许多非核心业务从企业生产经营活动中分离出来，其中就包括物流活动。因此，越来越多的企业选择将物流业务委托给第三方专业的物流公司负责。

2. 第三方物流服务的内容

第三方物流企业可以提供多种服务，既可以是简单的货品存储、运输等服务，也可以是复杂的物流设计、实施和运作乃至整个物流体系建设等服务。到底提供什么样的服务，这取决于客户的具体需求。

（1）基本业务。第三方物流企业通过自建或整合外部物流资源，向顾客提供诸如仓储、运输、装卸搬运、配送等基本物流服务，这类服务是第三方物流企业的基本业务。

（2）附加值业务。除基本业务外，第三方物流企业还可为客户提供增值服务。其增值服务主要是对仓储、运输、配送等基本物流服务的延伸，如在提供仓储服务的基础上增加商品质检、自动补货等服务；在提供配送服务的基础上增加集货、分拣包装、贴标签等服务；在提供运输服务的基础上增加运输方式和运输路线选择、配载、运输过程中的监控、跟踪等服务。

（3）高级物流服务。随着市场对物流需求的变化，第三方物流企业还可为客户从供应链角度对物流进行一体化整合和集成，如库存管理与控制、采购与订单处理、构建物流信息系统、物流系统的规划与设计、物流系统诊断与优化等。

3. 第三方物流的特征

（1）个性化服务。每个物流服务需求者对物流服务的需求都是独特的，这就要求物流服务供应商为其提供个性化的物流服务。从客户的具体需求出发，选择和组合仓储、运输、包装、配送、信息处理、流通加工等物流活动；并根据所运的特点选择运输工具、运输路线、堆放方式、包装方法等。

（2）专业化服务。第三方物流企业是专门从事物流服务的生产与经营，为客户提供专业化的物流服务的企业。其服务的专业化表现在物流设施的专业化，物流技术的专业化，物流管理的专业化及物流人才的专业化等方面。这既是物流消费者的需求，也是第三方物流自身发展的基本要求。

（3）系统化服务。物流服务是复合型服务，只能提供运输、仓储等单一性服务的企业不能称为物流企业。第三方物流企业必须要能为物流服务的需求者提供包括基本业务、附加值业务乃至高级物流业务在内的各种服务。

（4）信息化服务。信息技术是第三方物流发展的基础。物流服务过程中，信息技术的发展实现了数据的快速、准确传递，也提高了仓库管理、装卸运输、采购、订货、配送发运、订单处理的自动化水平，极大地提高了物流效率。第三方物流企业常见的信息技术有：EDI 技术、EFT 技术、条形码技术等。

4. 第三方物流在我国的发展

上世纪 90 年代中期，第三方物流的概念开始传到我国。近几年，随着市场经济体制的完善和企业改革的深入，企业自我约束机制增强，外购物流服务的需求日益增大。特别是随着外资企业的进入和市场竞争的加剧，企业对物流重要性的认识逐渐深化，视其为"第三利润源泉"，对专业化、多功能的第三方物流需求日渐增加。

我国较早的第三方物流企业多为传统仓储和运输企业转型而来。目前，我国第三方物流企业仍以运输、仓储等基本物流业务为主，加工、定制服务等增值服务发展相对缓慢。从整体上看，企业规模不大，服务水平不高，第三方物流还只停留在某个层面或某个环节上，没有实现从原材料供给到商品销售整个供应链的全程服务。

【阅读资料 6 - 3】 物流业增长明显，第三方物流服务是全球趋势

随着经济增长，中国物流业增长明显，总物流支出与物流投资大幅提升。据中国统计局数据，2014 年中国物流固定资产投资为人民币 4.3 万亿元，同比增加 18.7%；2014 年总物流支出为人民币 10.6 万亿元，同比上涨 6.9%，2004 ~ 2014 年的年复合增长率为 13.5%。另外根据中国物流与采购联合会数据，2015 年 1 ~ 10 月，社会物流总费用 8.0 万亿元，同比增长 8.3%，增速较 1 ~ 9 月回落 0.2 个百分点。其中，运输费用 3.9 万亿元，同比增长 8.7%，较 1 ~ 9 月增速低了 0.3 个百分点，虽有所回落，但仍高于同期 GDP 增速。

第三方物流服务是全球物流业趋势。为了缩减开支、提高经营效率并且专注于制造及零售等方面的核心竞争力，企业将一些功能外包给第三方物流服务供应商。自 20 世纪 90 年代初起，离岸制造业务骤增，并且国内供应链及其国内物流管理需求转变至国际供应链及其国际物流需求。开展全球业务更为复杂，对地区及当地市场的管理运输、仓储及遵循政府法规方面的专业能力要求增加。供应链复杂性的提升推动许多公司寻找第三方物流服务供应商。相应的，具有国际运输管理、仓储及配送专业能力的第三方物流服务供应商也正为全球贸易提供服务，促进经济发展。

资料来源：http://stock.stcn.com/2015/1127/12492202.shtml。

6.2.3　新型物流

1. 第四方物流

（1）第四方物流的含义。1998 年，美国埃森哲咨询公司提出了第四方物流的概念。第四方物流提供者与第一方物流、第二方物流及第三方物流供应商的最大不同在于，他本身不承担具体的物流活动，他是一个供应链的集成商，通过调配和管理公司自身，以及具有互补性的服务供应商的资源、能力和技术，为客户提供一整套综合的供应链解决方案。

（2）第四方物流的特征。

第一，资源集成。第四方物流的出现弥补了物流发展过程中的缺陷，采用供应链集成模式，依靠包括技术、管理咨询和第三方物流等服务商，整合相关物流资源，为物流服务的需求方提供整套的有针对性的供应链物流解决方案。

第二，价值增值。物流运营成本是企业运营成本的重要组成部分，第四方物流供应商通过整合供应链，提高物流运作效率、降低物流运营成本，能够为整条供应链的所有客户都带来利益，增加价值。

第三，标准化运营。物流是一个系统，标准化的运营能大大提高系统内部的运营效率，降低运营成本。第四方物流的发展应注重技术标准、工作标准的统一，以系统为出发点，研究各分系统与分领域中技术标准与工作标准的配合性，以实现提高效率降低成本的目标。

（3）第四方物流的运作模式。

第一，协助第三方物流公司提高运营效率。以这种模式运营的第四方物流公司是为第三方物流供应商提供服务的，他为第三方物流公司提供其缺少的技术和战略技能。

第二，协助物流服务需求方设计物流方案。以这种模式运营的第四方物流公司主要是为物流服务需求方提供服务的，他与第三方物流提供商及其他物流服务提供商联系，为物流服务需求者设计合理物流方案，提高物流运作效率。

第三，协助供应链成员运作供应链，实现产业革新。第四方物流服务商通过整合技术、管理咨询和第三方物流等服务商，为众多的产业成员运作供应链。

（4）第四方物流与第三方物流的主要区别。第三方物流发展历史长，理论与实践经验比较成熟，第四方物流则发展历史较短。第三方物流公司一般拥有提供物流服务所必需的固定资产和设备。第三方物流供应商为客户提供所有的或一部分供应链物流服务。第三方物流公司提供的服务既可以是帮助客户安排一批货物的运输，也可以复杂到设计、实施和运作一个公司的整个分销和物流系统。第四方物流供应商是供应链的集成者，通过对整个供应链的优化和集成来降低企业的运行成本。

2. 绿色物流

（1）绿色物流的定义及内涵。绿色物流是部分学者近几年提出的一个新课题，是从环境保护和可持续发展的角度开展物流活动。《中华人民共和国国家标准——物流术语》中对绿色物流的定义是：在物流过程中抑制物流对环境造成的危害的同时，实现对物流环境的净化，使物流资源得到最充分利用。即指开展物流活动时以降低对环境的污染、减少资源消耗为目标，利用先进物流技术规划和实施运输、仓储、装卸搬运、流通加工、配送、包装等物流活动。

从以上对绿色物流的定义可以看出，绿色物流具有其独特的内涵。

①绿色物流是环境共生型物流。绿色物流注重环境保护和可持续发展，力求环境与经济发展的共存，改变了以往经济发展与物流、消费与物流的单向作用关系，形成了一种既能促进经济的发展，又能抑制环境危害的绿色物流过程。

②绿色物流是资源节约型物流。绿色物流强调对资源的节约，在物流过程中，充分利用先进技术及各种市场信息，提高物流管理水平，最大限度地减少资源的浪费。

③绿色物流是循环型物流。传统物流关注的焦点集中于"正向物流"，而绿色物流除了关注"正向物流"之外，也关注废旧物品的回收、再生资源的利用等形成的"逆向物流"，实现经济活动的闭环式流程。

（2）绿色物流的管理。物流过程的绿色管理，即是将环境保护及可持续发展的理念导入到物流的全过程中。

①选择绿色包装。绿色包装指对生态环境和人类健康无害，能重复使用和再生，符合可持续发展的包装。绿色包装是在绿色浪潮冲击下对包装行业实施的一种革命性的改变，绿色包装一方面保护环境，另一方面就是节约资源，二者相辅相成，不可分割。它不仅要求对现有包装的不乱丢、乱弃，而且要求对现有包装不符合环保要求的要进行回收和处理，更要求按照绿色环保标准采用新包装和新技术。

②绿色运输管理。绿色运输是指以节约能源使用、减少环境污染为目标开展的运输活动。绿色运输管理实施的途径主要包括：合理选择运输方式和运输工具；合理安排运输路线，克服迂回运输和重复运输，以实现节能减排的目标；建立高效的物流运输网络；选择绿色货运组织形式等。

③绿色储存管理。储存是物流的中心环节之一，在物流系统中起着缓冲、调节和平衡的作用。仓库是储存的主要设施，仓库布局过于密集，会增加运输的次数；仓库布局过于松散，则会降低运输的效率。绿色仓储要求仓库布局合理，以节约运输成本。实现绿色储存还应注意现

代储存技术的采用，如气幕隔潮、气调储存和塑料薄膜封闭等技术。

④绿色流通加工管理。流通加工是在流通过程中继续对商品进行生产性加工，包括包装、分割、计量、分拣、组装、价格贴付、标签贴付、商品检验等简单作业。绿色流通加工的途径主要有两个：第一是变用户分散加工为专业集中加工，以规模作业方式提高资源利用效率；第二是集中处理用户加工中产生的边角废料，以减少用户分散加工所造成的废弃物污染。

绿色物流是 21 世纪我国物流发展的新方向，不但可抑制物流对环境造成的危害，还能使流业走上可持续发展的道路。

（3）绿色物流的实施。

第一，树立绿色物流观念。21 世纪是绿色世纪，据世界经济合作与发展组织统计，2000 年世界绿色消费总量已达到 3000 亿美元，未来还会大幅度增长。循环经济或绿色经济要求物流企业综合考虑社会的近期需求和长远利益、企业利益和社会利益，策划绿色物流活动。这就要求企业管理者尽快提高认识、转变观念，把绿色物流作为绿色革命的重要组成部分，确认绿色物流的未来。

第二，开发绿色物流技术。绿色物流的发展离不开绿色物流技术的应用和开发，没有先进绿色物流技术的发展，就没有绿色物流的立身之地。目前，我国物流技术与绿色物流的发展要求有较大的差距，因此需要物流企业提高自主创新能力，大力开发新型能源、新型材料、新型物流信息技术等绿色物流技术，加快物流技术创新。

第三，制定绿色物流法规。目前，一些发达国家的政府比较注重对绿色物流进行管理和控制，制定了相关的政策和法规，如污染发生源、限制交通量、控制交通流等。尽管我国自 20 世纪 90 年代以来一直致力于环境污染方面的政策和法规的制定和颁布，但针对物流行业的还不是很多。制定绿色物流政策和法规，便于物流企业经营者进行分析研究，明确方向，克服障碍，推动绿色物流的顺利发展。

第四，加强对绿色物流人才的培养。要实现绿色物流的目标，熟悉绿色理论和实务的物流人才是关键，因此培养绿色物流人才是当务之急。应有针对性地开展绿色物流人才的培养和训练计划，为绿色物流业培养更多合格人才；还可以通过产学研的结合，使大学与科研机构的研究成果能转化为指导实践的基础，提升企业物流从业人员的理论业务水平。

【阅读资料 6-4】　　　　　"大华捷通"平台开启智慧物流新模式

　　银联商务"大华捷通"平台以第四方物流平台形式整合物流产业上下游企业，为电商和物流企业提供业务撮合、支付场景配适、资金回笼、信息管理等一站式、智慧型电商物流供应链解决方案。

接入"大华捷通"平台的电商企业，能够通过参数设置、搜索、匹配等智能化方式快捷地在平台上找到区位优势明显、性价比最高的专业落地配送物流公司；对于接入"大华捷通"平台的物流公司来说，不仅能够在更大范围内被有物流需求的电商企业主动找到，获得业务订单，更能"一站式"解决各类支付场景、信息采集及管理、资金归集等一系列问题。

"大华捷通"目前已与 EMS、申通、顺捷丰达、如风达等国内 200 多家物流企业达成合作，智慧型的物流配送网络覆盖全国各地。同时，平台上游也已接入当当网、聚美优品、唯品会、国美在线等近 20 家国内大中型知名电商。

长期以来困扰电商和物流企业的货款回收效率和安全问题在"大华捷通"平台上通过一系列的资金归集解决方案迎刃而解。例如在货到付款场景中，物流企业通过"大华捷通"移动 POS 终端刷卡收款，移动 POS 将支付信息、订单信息传输到"大华捷通"平台，平台在第二个工作日就自动将收款拆分成电商的货款和物流企业的快递费用，并支付到对应的企业账户。由于货款资金自始至终不在物流企业账户上落地，物流公司也就不必再向合作的各个电商缴纳押金，从而大幅减轻资金负担。

通过移动 POS 终端、手机客户端，"大华捷通"一并实现了信息流的采集、传输和管理。快递员可以直接使用移动 POS 或调用手机摄像头扫描运单号，完成派件、签收、运单查询、问题件报送以及交易明细查询等功能，并同步将这些一线的物流节点信息实时上传"大华捷通"平台，供货主、承运物流企业共享信息，彻底实现与后台监控系统的扁平化对接，让服务链上的物流信息交互服务更加可视化和透明化。

资料来源：http：//paper. dzwww. com/jjdb/data/20150522/html/7/content_ 8. html。

3. 供应商管理库存

（1）供应商管理库存的含义。供应商管理库存（Vendor managed inventory，简称 VMI）是一种供应链环境下的库存运作模式，是指供应商等处于供应链上游的企业基于其下游客户的生产经营状况及库存信息，对其库存进行管理与控制。这种运作模式是以参与各方都获得最低成本为目的。这种库存管理策略打破了传统的各自为政的库存管理模式，体现了供应链的集成化管理思想，适应市场变化的要求，是一种新的、有代表性的库存管理思想。

（2）VMI 的特点。

第一，企业互信合作。供应商库存管理模式的采用，客观上需要供应链上各企业相互信任，密切合作，信任是合作的基础。

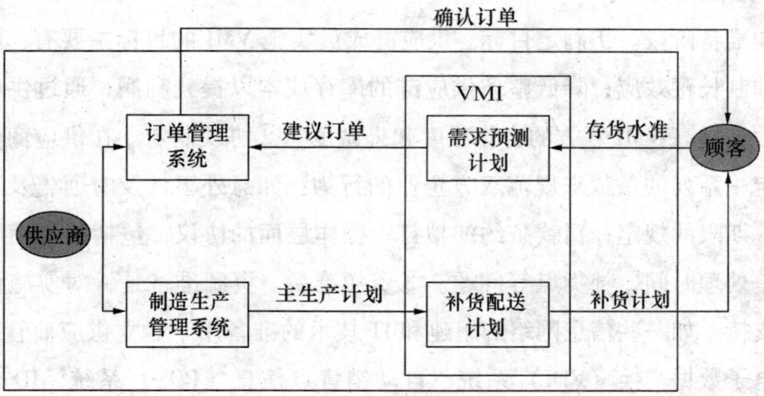

图 6 - 1　VMI 概念性架构图

第二，实现企业双赢。供应商库存管理不是考虑如何就供应链各方的库存成本进行分摊，其目标是在降低供应链各方库存总成本的前提下，降低供应链成员各自的库存成本，实现企业的双赢。

第三，企业积极互动。供应商库存管理要求参与企业之间建立通畅的信息沟通渠道，并快速反应、积极应变，努力降低由于信息不畅、反应缓慢而引起的库存费用过高的状况。

第四，事先签订协议。供应商库存管理的实施，要求企业通过协议对合作双方的权利和义务做出明确、具体的约定，一经双方签署确定，即对协议双方具有约束力。

（3）VMI 模式与传统的库存管理的比较。VMI 与传统的库存模式有很多差别，主要从以下几个方面体现出来。

第一，采购订单。传统库存模式是客户根据采购订单来确定物料的种类和数量；在 VMI 模式下，供应商负责订单的投放，客户只提供需求预测和要货申请。

第二，存货透明度。传统库存模式客户有需求时向供应商采购，不与供应商共享存货信息；VMI 模式下，供应商可以实时地了解客户的库存水平，也可以掌握客户存货的消耗时间，地点和数量。

第三，存货补充。在传统库存模式下，客户决定订单的投放时间、需求时间及批量，供应商被动接受订单；在 VMI 模式下，供应商决定订单的投放时间和订单批量大小，并按照客户需求日期进行补货。

第四，存货计划。传统库存模式中客户负责维护库存计划；在 VMI 模式下供应商根据协议确定库存计划。

（4）VMI 的实施。

第一，前期准备阶段。①确定目标。供应链成员实施 VMI 的目标主要有：降低整个供应链上产品库存，抑制长鞭效应；降低整条供应链的库存成本以提升利润；通过供应链管理保证企业的核心竞争力；提高 VMI 双方的合作程度和忠诚度。②协议制定。在供应商管理库存实施的过程中，应规定一系列的条款来规范双方企业的行为：如意外事件及时通告及通告的渠道和方式；付款方式、期限的规定；罚款条约的拟订；操作层面的协议，包括供应商管理库存过程中前置时间，订单处理时间，补货点等问题。③资源准备。资源准备是针对实施供应商管理库存所必需的一些支持：如一些信息网络的组建和 IT 技术的准备用于建立供应商管理库存信息决策支持系统，如电子数据交换（EDI）系统、自动销售点信息（POS）系统、ID 代码准备、条形码技术、连续补给程序编写等。

第二，供应商管理库存的实施阶段。①沟通平台建设。良好的信息沟通平台是顺利实施供应商管理库存的保障。VMI 参与各方要重新整合原有的 EDI 资源来构建一个适合于供应商管理库存的信息沟通系统。②工作流程设计。VMI 工作流程主要分为库存管理和仓储与运输配送两个部分。库存管理是由销售预测、库存管理和供应商共同组成的。供应商由买方企业处获得产品的销售数据及当时的库存水平，由供应商的库存管理系统做出决策，直接将产品配送给买方企业或通知生产系统生产产品后再将产品配送给买方企业。仓储与运输配送系统一方面负责产品的仓储，包括产品的分拣、入库及产品的保存；另一方面负责产品的运输配送，把产品及时送达买方企业手中，编排尽量高效的运输配送计划等。③组织机构调整。实施供应商管理库存后，参与各方为了适应 VMI 的管理模式，需要根据 VMI 的工作流程来对组织机构进行相应的调整，要设立 VMI 的协调评估部门、销售预测部门、库存管理部门及仓储运输部门等，保障 VMI 的顺利运行。详见图 6－2。

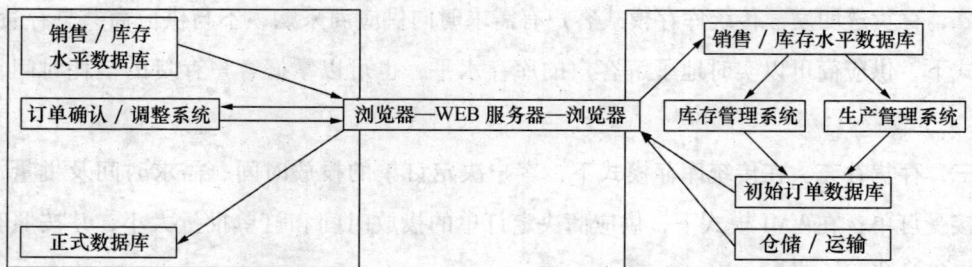

图 6－2　VMI 基于 Internet/Intranet 基础上的信息系统结构

【阅读资料 6 – 5】 家乐福与雀巢的 VMI 计划

　　家乐福一直在努力寻找合适的战略伙伴以实施 VMI 计划。经过慎重挑选，家乐福最后选择了其供应商雀巢公司。之前双方只是单纯的买卖关系，但家乐福对雀巢来说是一个重要的零售商客户。在双方的业务往来中，家乐福具有十足的决定权，决定购买哪些产品与数量。两家公司经协商，决定由雀巢建立整个 VMI 计划的机制，总目标是增加商品的供应效率，降低家乐福的库存天数，缩短订货前置时间，以及降低双方物流作业的成本率等。由于双方各自有独立的内部 ERP 系统，彼此并不相容，因此家乐福决定与雀巢以 EDI 连线方式来实施 VMI 计划。在 VMI 系统的经费投入上，家乐福主要负责 EDI 系统建设的花费，没有其他额外的投入；雀巢公司除了 EDI 建设外，还引进了一套 VMI 系统。经过近半年的 VMI 实际运作后，雀巢对家乐福配送中心产品的到货率由原来的 80% 左右提升至 95%（超越了目标值），家乐福配送中心对零售店铺产品到货率也由 70% 提升至 90% 左右；库存天数由原来的 25 天左右下降至 15 天以下，在订单修改方面也由 60%～70% 下降至现在的 10% 以下，每日商品销售额则上升了 20% 左右。VMI 使家乐福受益无穷，极大地提升了其市场反应能力和市场竞争能力。同时，雀巢公司也受益匪浅，过去雀巢与家乐福只是单向买卖关系，彼此都忽略了真正的市场需求，导致好卖的商品经常缺货，而不畅销的商品却有很多存货。这次合作使双方愿意共同解决问题，从而有利于从根本上改进供应链的整体运作效率，并使雀巢容易掌握家乐福的销售资料和库存动态，以更好地进行市场需求预测和采取有效的库存补货计划。

资料来源：http://www.ciotimes.com/ProCase/65099.html。

6.3　电子商务物流配送

6.3.1　电子商务物流配送

1. 电子商务物流配送的概念

　　电子商务物流配送是基于传统物流概念的基础上，利用计算机和互联网技术来完成整个物流过程的协调、控制和管理，是根据用户的订货要求，按照约定的时间和地点将确定数量和规格要求的商品传递到用户的过程，实现了网络前端到最终客户端的所有中间过程的服务。

2. 电子商务物流配送的特征

与传统的物流配送相比，电子商务物流配送具有以下特征。

（1）物流配送网络性。一方面电子商务物流配送源于网络，物流配送系统运用计算机通信网络开展工作。物流配送中心通过计算机网络与供应商、制造商及下游顾客进行联系。比如配送中心向供应商提出订单这个过程，就可以使用计算机通信方式；另一方面是物流组织的网络化。如台湾电脑业 90 年代创造的"全球运筹式产销模式"，就是按照客户订单组织生产，生产采取分散形式，将全世界的电脑资源利用起来，采取外包的形式将一台电脑的所有零部件、元器件、芯片外包给世界各地的制造商去生产，然后通过全球的物流网络将这些零部件、元器件和芯片发往同一个物流配送中心进行组装，由该物流配送中心将组装的电脑迅速发给订户。

（2）物流配送信息化。条码技术、数据库技术、电子订货系统、电子数据交换、快速反应及有效的客户反映、企业资源计划等新技术在物流管理中的广泛应用，使物流配送的信息化水平大大提高，主要表现为物流配送信息收集的数据库化和代码化、信息处理的电子化、信息传递的标准化和实时化、信息存储的数字化等。

（3）物流配送实时性。信息化不仅能让管理者获得高效的决策信息支持，也可以实现对配送过程实时管理。物流信息化和配送数字化、代码化之后，使物流配送突破了时空制约，通过物流信息共享平台，物流服务的需求方和供给方都能及时准确的获取相应的信息，减少了物流配送过程中的不确定性，实现对物流配送活动的全程监控。

（4）物流配送个性化管理。随着市场的变化，物流服务提供者面对的市场需求转化为以"多品种、小批量"为特点的个性化需求，还有些物流服务的需求方对物流服务提出一些独特的要求。因此，作为一种新型的运输服务类型，满足个性化的配送需求是电子商务物流配送的重要特性之一。

（5）物流配送增值性。电子商务物流配送除了可以完成传统的分拣、备货、配货、加工、包装、送货等作业以外，还可以利用计算机和网络完成市场调研、采购及订单处理、物流方案的规划与选择、库存控制决策等附加功能。

3. 发展我国电子商务物流配送的措施

（1）建设物流配送基础设施。建设物流配送基础设施首先要开展硬件建设，硬件建设主要包括配送中心、路网、信息平台等的建设。除了硬件设施的建设外，还要努力推动国内物流与国际物流标准的接轨，包括物流术语标准化、物流条码标准化和物流设备标准化等。只有国内物流与国际物流标准真正的接轨，才能推动我国物流产业的国际化发展。

（2）建立和完善电子商务物流配送法律法规。政府应当出台相应的政策法规，支持和推动电子商务物流配送行业的发展。以政府为主导建立全国性物流协调机构，承担物流产业的组织协调工作。规范电子商务物流配送发展的产业政策，加大对电子商务物流配送行业的投资力度，建立我国电子商务物流配送的实体网络，形成全国范围内的电子化物流配送系统。

（3）培育高层次的电子商务物流人才。为了适应电子商务时代物流配送行业的新要求，必须大力培养从事物流理论研究与实务的专门人才；懂得电子商务理论与实务的专门人才；既懂IT 技术又懂电子商务的网络经纪人；既懂电子商务又懂现代物流的复合型人才。

6.3.2　配送中心

1. 配送中心的概念

物流配送中心 20 世纪 30 年代形成于西方国家，到 70 年代得以迅速发展。国内外学者及各种学术组织对配送中心的定义不尽相同。

中华人民共和国国家标准物流术语中对配送中心的定义是：从事配送业务的物流场所或组织，应基本符合下列要求：主要为特定的用户服务，配送功能健全，完善的信息网络，辐射范围小，多品种、小批量，以配送为主，储存为辅。

物流企业操作指南对配送中心的定义为："接受并处理末端用户的订货信息，对上游运来的多品种货物进行分拣，根据用户订货要求进行拣选、加工、组配等作业，并进行送货的设施和机构。"

日本《物流手册》将配送中心定义为："从供应者手中接受多种大量的货物进行倒装、分类、保管、流通加工和情报处理等作业，然后按照众多需要者的订货要求备齐货物，以令人满意的服务水平进行配送的设施。"

从物流配送的发展过程来看，在企业经历了以自我服务为目的的企业内部配送中心的发展阶段后，政府、社会、零售业、批发业以及生产厂商都积极投身于物流配送中心的建设。专业化、社会化、国际化的物流配送中心显示了巨大优势，有着强大的生命力，代表了现代物流配送的发展方向。

2. 配送中心的功能

配送中心是从事货物配送活动的场所，集加工、理货、送货等多种职能于一体。配送中心的功能主要有核心功能、基础功能和其他功能。

（1）核心功能。

第一，与分拣作业有关的核心功能：①分拣功能和理货功能。分拣功能，是指在配送之前将货物按照不同的要求，分别拣开、集中在一起。例如，快递公司分拣快递包裹按送达目的地分开，是典型的分拣作业。在商品批次很多、批量很小、客户要货时间很紧时，分拣任务十分繁重，分拣作业就成为配送中心不可缺少的一个环节。如图 6-3、6-4。②理货功能，是指在分拣完成以后，配送中心要按照订单对分拣后的物品查点数量、检查外观、分类集中等作业活动。

图6-3　自动分拣系统

图6-4　计算机控制分拣

第二，与配送有关的核心功能：分装、配货功能和送货功能。①分装、配货功能。配货是指把分拣过的货品经过检查后，包装并做好标示，送到配货准备区，等待装车发送的活动。配送中心的分装、配货可以满足用户多批次、小批量的进货要求，将不同客户所需要的货物进行有效的组合包装，依据送货次序在配送车辆上进行有效的码放。如图 6-5。②送货功能。送货功能是配送中心的末端职能，配送运输中的关键问题在于最佳路线的设计与选择及货物配装与路线的有效搭配。

图6-5　分装、配货功能

（2）基础功能。

第一，与流通有关的基础功能：采购功能、集货功能。①采购功能。要做到及时准确地为用户供应其所需物品，配送中心必须首先采购所要供应配送的商品。配送中心须根据市场的供求变化，制定采购计划，并由专门的人员与部门组织实施采购。②集货功能。为了能够按照用户的要求配送货物，配送中心首先必须从众多的供应商处按各用户的需要组织货源。集货功能是配送中心的基础职能，是配送中心取得规模优势的基础。

第二，与储存保管有关的基础功能：储存功能、保管功能、装卸搬运功能。①储存功能。配送中心要能在用户规定的时间和地点把商品送到其手中，就必须储存一定数量的商品。无论何种类型的配送中心，储存功能都是其最重要的功能之一。②保管功能。商品保管的主要目的是加强商品养护，确保商品质量安全。同时还要加强储位合理化工作和储存商品的数量管理工作。这些都直接影响商品配送作业效率。见图 6-6。③装卸搬运功能。配送中心的各项工作都需要装卸搬运的帮助，它是配送中心的基础性职能，有效的装卸搬运能大大提高配送中心的工作效率。配送中心为了提高装卸搬运作业效率，通常配有各种专业化的装卸搬运机械。见图 6-7。

图 6-6　储存保管图

图 6-7　装卸搬运

（3）其他功能。

第一，与运输有关的其他功能：集散功能、衔接功能。①集散功能。是将不同企业的各种产品货物集中到一起，经过分拣、配装，形成经济、合理的配货向各家用户发送。②衔接功能。配送中心衔接着生产与消费，它通过集货和储存平衡供求，且能有效地协调产销在时间、空间上的分离。

第二，与提升物品附加价值有关的其他功能：流通加工功能。配送中心通常配备各种加工设备，具有一定的流通加工能力。配送中心的基本加工功能有拆包、组配、贴标及条码制作等。见图 6-8。

图 6-8　流通加工

第三，信息交换和处理功能。完备的信息处理系统使配送中心无论在集货、储存、拣选、流通加工、分拣、配送等一系列物流环节，及物流管理和费用、成本、结算等方面实现了信息共享。配送中心是整个流通过程的信息中枢。

3. 配送中心的分类

（1）按内部特性分类。①储存型配送中心，是指有很强储存功能的配送中心。我国目前建设的一些配送中心，都采用集中库存形式，库存量较大，多为储存型配送中心。瑞士 GIBA—GEIGY 公司的配送中心拥有世界上规模居于前列的储存库，可储存 4 万个托盘；美国赫马克配送中心拥有一个有 163000 个货位的储存区，他们都属于储存型配送中心。②流通型配送中心，是以暂存或随进随出方式进行配货、送货的配送中心。日本阪神配送中心只有暂存，大量储存则依靠大型补给仓库。③加工配送中心，可以根据用户的需要对配送物进行加工的配送中心。在这种配送中心内，一般有分装、包装、初级加工、组装产品等加工活动。

（2）按流通职能分类。①供应配送中心，是指专门为某个或某些客户组织供应的配送中心。配送中心配送的用户有限并且稳定，用户的配送要求范围也比较确定，多为企业型用户。如为大型连锁超市组织供应的配送中心就属于此类。②销售配送中心，是以销售为目的的配送中心。目前，国内外的配送中心多向销售配送中心方向发展。销售型配送中心的客户一般是不确定的，而且客户的数量很大，每一个客户购买的数量较少。

（3）按配送区域的范围分类。①城市配送中心，是以某城市为配送范围的配送中心，这种配送中心可用汽车直接配送到最终用户。他们多从事多品种、少批量、多用户的配送。②区域配送中心，其辐射能力和库存准备能力较强，向区域、全国乃至国际范围的用户配送。

4. 配送中心的选址的影响因素

（1）产业布局。配送中心的选址首先要考虑产业布局，这是配送中心高效运转的保障。如制造业服务的配送中心选址应在制造企业集中的区域，农副产品配送中心应选在农副产品的生产及加工基地。

（2）货物分布和数量。货物是配送中心配送的对象，因此，配送中心应该尽可能地与生产地和配送区域形成短距离优化。配送中心选址合理，可以减少输送过程中不必要的浪费。

（3）运输条件。物流配送中心应接近交通运输枢纽，使配送中心形成物流过程中的一个恰当的节点。对于一般的物流配送中心，可选在高速公路、国道、快速道路及城市主干道路附近；对于综合型物流配送中心，应尽可能地选择在两种以上运输方式的交汇地。

（4）政策法规。包括产业政策、土地政策等，既要考虑到现在的发展情况，也要考虑今后的扩展空间。

（5）环保要求。配送中心操作过程可能会给周边居民的生活带来影响，对当地交通也会造成较大的干扰，还要考虑周边的人文环境和城市景观的协调程度，以免给社会带来负面影响。

【阅读资料 6 - 6】　　　7 - 11 便利店根据温度来管理配送过程

7 - 11 的商品多是牛奶面包、酒水饮料、日常饮食等，在物流配送过程中需要对其进行细分，而细分方法就是按照商品的温度来分类，配送时也会根据温度进行管理。

在各个区域设立的共同配送中心，7 - 11 会根据产品的不同特性，将商品分为冷冻型（零下 20 摄氏度），如冰淇淋；微冷型（5 摄氏度），如牛奶、生菜等；恒温型，如罐头、饮料等；暖温型（20 摄氏度），如面包、饭食等四个温度段进行集约化管理。"根据温度管理"的想法来自 7 - 11 注重食品鲜度、崇尚产品品质的经营理念。据了解，7 - 11 每个配送中心都有冷冻商品配送中心、常温商品配送中心。

冷冻型商品和恒温型商品的运作方式大致相同。这两类商品都由配送中心代为管理，配送中心对供应商的库存商品负有管理的责任。等到门店订货后，配送中心根据配送单据配送好商品，将其按要求送到门店内。冷藏型商品则不同。为保证这类商品的新鲜度，配送中心不设库存，而是由生产商或供货商在收到门店订货单后，来统一并直接配送。

资料来源：http://business.sohu.com/20160202/n436624085.shtml。

6.4　现代物流技术在电子商务物流中的应用

6.4.1　物流信息技术概述

1. 物流信息的概念及分类

（1）物流信息的概念。信息技术支撑现代物流的发展，没有信息技术就没有现代物流的发展。

中华人民共和国国家标准物流术语中对物流信息的定义是：反映物流各种活动内容的知识、资料、图像、数据、文件的总称。从狭义的范围来看，物流信息是指物流活动的相关信息。从广义的范围看，物流信息还包括其他与物流活动有关的信息，如商品交易信息等。

（2）物流信息的分类。物流信息按照不同的标准可以划分为不同的种类。

按照管理层次的划分，物流信息可以划分为：战略管理信息、战术管理信息、知识管理信息和操作管理信息。

按照信息的来源划分，物流信息可以划分为：内部信息和外部信息。

按照物流功能划分，物流信息可以划分为：仓储信息、运输信息、流通加工信息和包装信息等。

按照信息的加工程度分，物流信息可以划分为：原始信息和加工后的信息。

2. 物流信息技术

《中华人民共和国国家标准物流术语》对物流信息技术的定义是：物流各环节中应用的信息技术，包括计算机、网络、信息分类编码、自动识别、电子数据交换、全球定位系统、地理信息系统等技术。

物流信息技术是建立在计算机技术、网络通信技术上的各种技术应用，包括硬件技术和软件技术。物流信息技术具体可以划分为基础技术，自动识别技术、信息交换技术、电子订货技术和地理分析与动态追踪技术。

6.4.2 自动识别技术

自动识别技术是以计算机技术和通信技术的发展为基础的将数据自动识别、自动采集并且自动输入计算机进行处理。商场的条形码扫描系统就是一种典型的自动识别技术。在物流系统中，基础数据的自动识别与实时采集是其存在的基础，物流产生的实时数据非常密集，数据量非常大。

在现代物流系统中使用的自动识别技术主要有以下几种。

1. 条码技术

条码技术是在计算机应用的基础上产生和发展起来的一种自动识别技术，是现代物流企业最主要的识别手段，是一种对物流中的货物进行标识的方法，在第三方物流企业中得到广泛的应用。除此之外，条形码技术还被广泛的应用于制造企业的供应链管理、库存管理、配送等涉及产品流转的各个环节。条形码的使用大大提高了企业物流信息化水平，加快了商品流通的速度。

条形码技术具有使用简单，信息采集速度快，可靠性高，设备结构简单使用成本低，灵活

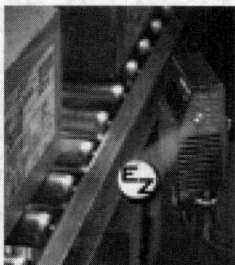

图 6 - 9　条形码图　　　　　　图 6 - 10 工业用自动扫描器　　　　　　图 6 - 11 手持扫描器

实用等优点，因此是目前世界上应用最广泛的自动识别技术。条形码图及所需技术设备如图 6 - 9、6 - 10、6 - 11 所示。

目前，条形码技术主要应用在以下几个物流环节。

第一，生产管理。在生产中可应用条形码技术监控生产，采集生产测试数据，采集生产质量检查数据等，条码管理可有序地安排生产计划，监控生产及流向，提高产品下线合格率。

第二，入库管理。产品由生产者进入流转环节时，物流服务企业或经销商可在产品入库时利用商品上的条形码，录入商品信息，完成产品入库管理，并将商品信息、存放信息存入数据库。

第三，出库管理。当产品销售完成，产品需要从物流企业仓库或经销商处运送至买方，在商品离开仓库时，仓储方可扫描商品上的条码，对出库商品信息进行确认，更改库存数据。对配送的物品等进行条码编码，建立自动分拣系统进行分货拣选，可大大提高物流效率。

第四，库存管理。物品入仓前进行编码，进出仓时读取其条码信息，建立仓储管理数据库，管理者可以随时掌握各类产品进出仓和库存情况，及时准确地为决策部门提供有力的参考。比如，大型零售企业通过自动识别技术可以快速、准确地进行库存盘点，有效地提高市场响应速度，降低库存成本。

2. RFID 技术

RFID（Radio Frequency Identification）即射频识别技术，是 20 世纪 90 年代开始兴起的一种自动识别技术。RFID 又称电子标签，是一种通信技术，可通过无线电信号识别特定目标并读写相关数据。RFID 不局限于视线，识别距离比光学系统远。射频识别卡具有读写能力，可携带大量数据，智能化且难以伪造。

典型的 RFID 系统一般由射频电子标签 Tag、读写器、天线及应用系统几部分构成。在实际应用中，电子标签附着于待识别物体上，阅读器（读出装置）在不接触待识别物的情况下读取并识别电子标签中保存的数据，并通过计算机和计算机网络对采集的信息进行处理、存储或远程传送。

射频识别技术具有体积小、信息量大、寿命长、可读写、保密性好、抗恶劣环境、不受方向和位置影响、识读速度快、识读距离远、可识别高速运动物体、可重复使用等特点，支持快速读写、非可视识别、多目标识别、定位及长期跟踪管理。RFID 技术与网络定位和通信技术相结合，可实现全球范围内物资的实时管理跟踪与信息共享。

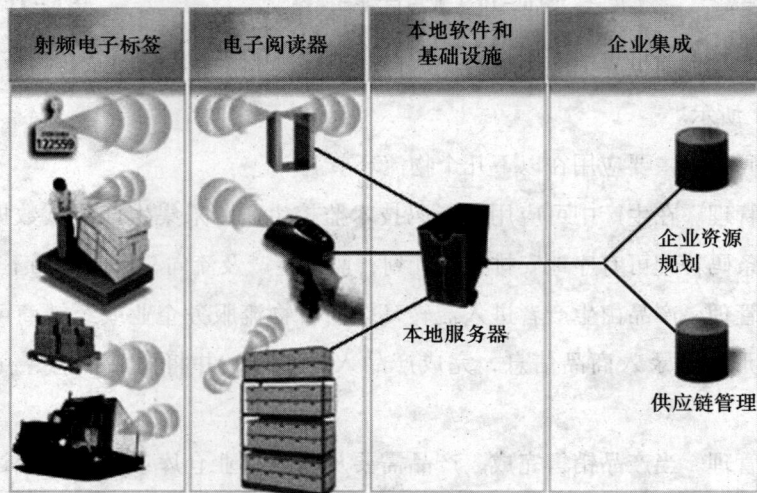

图 6-12　RFID 射频识别技术

目前，RFID 技术主要应用在以下几个物流环节。

第一，应用于物流器具。由于射频标签价格较高，因此，在物流过程中一般常用于可回收托盘、包装箱等物流器具。

第二，应用于生产制造过程。用来实现实时的信息管理，用于生产线准确实时的信息反馈，实现自动控制，从而节省时间和人力。RFID 技术还可以使企业内部的不同生产车间、外部的制造商之间实现无缝的连接，驱动整个供应链的协调一致。不同型号的产品混合编码，通过电子标签内的信息的识别，可按加工设备产品的型号，完成产品的分类，将产品送入正确的生产线，帮助生产企业提高货物、信息管理的效率。

第三，应用于供应链管理。通过 RFID 技术可使产品及半成品在整个供应链中被精确地识别与跟踪。通过准确、实时的信息反馈，使得生产企业能快速和准确地查到出现问题产品的各种信息。

第四，应用于零售业。商场、超市等渠道终端采用 RFID 技术可以支持商品编码，从而控制商品的库存和避免脱销。

6.4.3 EDI

EDI（Electric Data Interchange）即电子数据交换。它是通过电子方式，采用标准化的格式，利用计算机网络进行结构化数据的传输和交换。EDI 将贸易、运输、保险、银行和海关等行业的信息，用标准格式，通过计算机通信网络，使有关部门和企业之间进行数据处理与交换，并完成以贸易为中心的全部业务过程。

由于本书第 1 章中已对 EDI 的模型做过介绍，故在此仅补充一下其在贸易和运输方面的运用。

20 世纪 90 年代初，EDI 主要应用于国际贸易。目前，EDI 在各行各业得到广泛的应用，如商检、税务、邮电、铁路、银行等领域。

在贸易领域，EDI 技术可以将各个贸易伙伴之间的供应、生产、销售、物流等有机地结合起来，使这些企业节约成本，利润获得大幅提升。贸易领域的 EDI 业务适用于那些规模较大、具有良好计算机管理基础的制造商和销售商。

在运输领域，通过采用集装箱运输 EDI 技术，可以将各种承运商、运输代理商、港口码头、仓库、保险公司等企业联系在一起，解决传统单证传输模式下处理时间长、效率低下等问题。

在外贸领域，采用 EDI 技术可以实现自动化通关。将海关、商检、卫检部门与企业紧密地联系起来，便于企业完成申报、审批等工作，大大简化了进出口贸易程序，提高了货物通关的速度。

【阅读资料 6-7】 　　　　　　　　京东与美的实现电子数据交换

京东与国内最大白电企业美的宣布双方已成功实现了电子数据交换（Electronic Data Interchange，简称 "EDI"）的深度协同，可完成从销售计划到订单预测以及订单补货的深度对接。这也意味着京东与美的已经初步建立了深度协同型供应链，标志着京东已经从单纯商品发售平台渗透到向产品制造商的信息资源供应。对京东和美的来说，这种尝试将进一步提升双方的运营效率，通过精准的数据分析既可以做到产品库存的最小化又保证不会出现缺货现象。京东与美的将在智能家电、智能家居及渠道拓展、深度定制、大数据分析等领域展开深度合作。

资料来源：http://tech.china.com.cn/elec/20150913/200217.shtml。

6.4.4 EOS

1. EOS 含义

EOS（Electronic ordering system），即电子订货系统，是不同组织间利用通信网络和终端设备，以在线连接方式进行订货作业与订货信息交换的体系。EOS 能处理从新产品资料的说明直到会计结算等所有商品交易过程中的作业，EOS 涵盖了整个物流过程。

2. EOS 的组成

EOS 系统是指企业间利用通信网络和终端设备以在线联结方式进行订货作业和订货信息交换的系统。因此，一个 EOS 系统必须有供应商、零售商、计算机系统和网络。供应商主要包括某具体商品的制造者或供应者，如产品生产商、产品批发商等。零售商是指商品的销售者或需求者。计算机系统用于产生和处理订货信息。网络被用于传输订货信息，如订单、发货单、收货单、发票等。

3. EOS 的特点

EOS 系统是对企业内部计算机网络应用功能完善。采用 EOS 系统能及时产生准确的订货信息，并迅速实现零售商和供应商之间的信息传递。EOS 是多个零售商和供应商组成的整体运作系统，电子订货系统在零售商和供应商之间建立起了一条高速通道，使订货过程的周期大大缩短，保障了商品的及时供应，加速了资金的周转。

4. 类型

（1）连锁体系内部的网络型。这种 EOS 系统通常存在于大型连锁机构内部，通过连锁总部的接单电脑系统和连锁门店的电子订货设施传输订货信息。

（2）供应商对连锁门店的网络型。这种 EOS 系统主要包括两种类型，一种是不同连锁体系下属的众多的门店对供应商，由供应商直接处理订单并发货至各连锁门店；另一种是以各连锁体系内的配送中心直接向供应商订货，供应商按商品类别向配送中心发货，并由配送中心向连锁门店送货。

（3）标准网络型。这种 EOS 系统是众多零售系统共同的 EOS 系统。这种 EOS 系统也包括两种类型，一种是区域性配套的信息管理系统网络；另一种是专业性配套信息管理系统网络。这是高级形式的电子订货系统，必须以统一的商品代码、统一的企业代码、统一的传票和订货的规范标准的建立为前提条件。

5. 配置与使用

第一，硬件配置。要使用 EOS，各销售门店需具备电子订货终端机、数据机和个人电脑、价格标签及店内码的印制设备等。

第二，确立电子订货方式。常用的电子订货方式有三种：电子订货簿、电子订货簿与货架卡并用及低于安全存量订货法。

6.4.5　GPS/GIS 技术

1. GPS

GPS 是 Global Positioning System 的缩写，是利用 GPS 定位卫星，在全球范围内实时进行定位、导航的系统，称为全球卫星定位系统。

GPS 技术的使用可以提供包括定位、导航和测量的空间位置服务。定位作用如汽车防盗、地面车辆跟踪等。导航作用如飞机航路引导和进场降落、智能交通、汽车自主导航及导弹制导等。测量作用主要包括测量时间、速度及测绘等。利用 GPS 定期记录车辆的位置和速度信息可以计算道路的拥堵情况。

2. GIS

GIS 是 Geographic Information System 的缩写，即地理信息系统。它是集计算机科学、地理学、信息科学等学科为一体的新兴边缘科学。它是由计算机硬件、软件和不同的方法组成的系统，该系统设计支持空间数据的采集、管理、处理、分析、建模和显示，以便解决复杂的规划和管理问题。

通过 GIS 技术的使用，可以采集、管理、分析和输出多种地理空间信息。GIS 技术具有区域空间分析、多要素综合分析和动态预测能力。GIS 技术由计算机系统支持进行空间地理数据管理，并由计算机程序模拟常规的或专门的地理分析方法，作用于空间数据，产生有用信息。

【阅读资料 6-8】　　　　　　　　京东的 GIS 系统

京东拥有中国电商行业最大的仓储物流设施。支撑京东物流配送系统，为其物流运输提供保障的是其自主研发的 GIS 系统。京东通过 GIS 系统的应用，可以对订单轨迹、行车轨迹、配送员轨迹做实时的监控和调度。在企业端完成站点规划、车辆调度、GIS 预分拣、配送员路径优化、GIS 单量统计等模块管理，对用户实现 LBS（基于位置的服务）、订单全程可视化、送货时间可预期、基于 GIS 的 O2O 等服务，大大提高了用户的购物体验。京东 GIS 系统架构包含基础层、展示层、监控层和运营层，通过不断进行系统优化，京东物流系统已经发挥出规模效应，有效解决了物流配送环节的突出问题。

资料来源：http://gps.it168.com/a2015/0415/1720/000001720410.shtml。

3. GPS/GIS 结合技术

GPS/GIS 结合技术可以提供动态的地理空间信息服务，在物流中的应用主要有以下几种。

（1）货物位置查询。通过 GPS 技术实时获取移动目标的位置及运动状态，并能在监控中心和移动目标终端上显示出来，进而可以利用 GIS 提供的空间检索功能，得到定位点周围的信息，从而实现决策支持。对于调度人员和用户来讲，他们可根据系统提供的参数，随时了解货物当前所处的位置，以及货物到达目的地的时间，便于提前做相应接货和调度准备。

（2）网络分析。在物流配送过程中，为了达到运输时间或运输成本的最小化，需要计算运输费用最小路径或配送时间最短路径等，GIS 的网络分析功能就能满足用户的此项需求，使物流服务商用最少的时间和最低的成本，将货物送到货主手中。

（3）监控导航。通过 GPS/GIS 技术，用户可查询运输工具运动的实时状态。物流服务公司的监控中心能与运输人员实时通信，并对其进行调度和控制，指引运输人员做相应运输路线的调整，保证最优化运输。

（4）实时调度。通过运输车上配的 GPS 接收器，可以精确地显示车辆的具体位置。调度管理人员可以根据取货地点，通知最近的司机去取货，大大节省了车辆运转成本和时间，提高了用户对货物运送的满意程度。

物流系统应用 GIS/GPS 技术，不仅实现了时空数据可视化，更能对实时空间信息进行分析、处理；集成 GIS/GPS 技术的物流配送模式使商品流通更容易实现信息化、自动化和智能化，通过对时空数据的综合统计和分析，为物流管理决策提供强有力的支持，真正做到货畅其流，物尽其用。

本章习题

一、单选题

1. 电子商务的任何一笔交易都由(　　)组成。

   A. 商流、资金流、物流　　　　　　B. 信息流、商流、物流

   C. 信息流、商流、资金流　　　　　D. 信息流、商流、资金流、物流

2. 在商品生产的过程中，现代化的物流活动可以(　　)。

   A. 提高生产成本　　　　　　　　　B. 优化库存结构

   C. 增加资金占压　　　　　　　　　D. 增加生产周期

3. (　　)又称电子标签，是一种通信技术，可通过无线电信号识别特定目标并读写相关数据。

   A. EDI　　　　　　　　　　　　　B. RFID

   C. GIS　　　　　　　　　　　　　D. EOS

4. 以下是对电子商务环境下物流业的发展趋势进行了预测，其中不合理的是(　　)。

   A. 物流系统要有良好的信息处理和信息传输系统

   B. 物流企业将向跨国经营和全球化方向发展

   C. 在电子商务的环境下，物流向粗放型阶段发展

   D. 在电子商务环境下，物流企业是介于买卖双方之间的第三方

5. 配送中心的选址首先要考虑(　　)，这是配送中心高效运转的保障。

   A. 产业布局　　　　　　　　　　　B. 货物数量和分布

   C. 运输条件　　　　　　　　　　　D. 政策法规

二、多选题

1. 按照物流活动的特性，物流可以分为(　　)。

   A. 自营物流　　　　　　　　　　　B. 第三方物流

   C. 第四方物流　　　　　　　　　　D. 第二方物流

2. 物流的信息化包括(　　)。

   A. 商品代码和数据库的建立　　　　B. 运输网络合理化

   C. 销售网络系统化　　　　　　　　D. 物流中心管理电子化

3. 对物流企业而言，不断提高对客户的(　　)是他们的追求目标。

   A. 服务质量　　　　　　　　　　　B. 信息流量

C. 服务水平   D. 业务水平

三、名词解释

1. 第三方物流   2. 第四方物流   3. 绿色物流   4. 供应商管理库存

5. 配送中心

四、简答及论述题

1. 现代物流有哪些特征？

2. 自营物流有哪些优势和劣势？

3. 简述条形码技术在物流环节中的引用。

4. 配送中心的核心功能主要有哪些？

5. 试论述影响配送中心选址的因素。

案例讨论

中通快递成跨境电商强力引擎

商务部预测，2016 年中国跨境电商进出口贸易额将达 6.5 万亿元，未来几年跨境电商占中国进出口贸易比例将会提高到 20%，年增长率将超过 30%。

跨境电商一路高歌猛进，但已有的海淘物流模式却无法满足电商对物流价低、时效性高的要求，更无法应付井喷发展带来的巨大货流量，这无疑给国内快递行业带来了巨大商机。而另一方面，在国内快递业洗牌的关键时期，价格战已经白热化，微利瓶颈倒逼，不少家民营快递企业都将目光瞄准了跨境电商市场。

早在 2012 年，中通快递便开始与阿里合作，铺设跨境物流工作；2013 年，利用深圳得天独厚的地理条件，大力开拓海淘业务客户，顺利拿下香港三大化妆品类购物平台业务；2014 年更是成为宁波市"三通一达"中第一家、也是唯一一家入驻保税区的快递企业。2015 年在还未"爆红"小红书河南保税区建仓之处，给予大力支持和帮助，最终承接下其全部配送业务，加上此前一直合作的聚美优品，中通在郑州的跨境业务做得红红火火。

时效保障是快递业的金字招牌。如何更快地让快递"漂洋过海来见你"，成为跨境物流首要攻克的难题。"在提货项目组，不仅有专门的大组长负责人员的调配以及仓库的日常管理，还设有提货小组长负责与客服核对数据、对接问题件处理以及负责日常的提货操作。"为了确保跨境电商"落地配"时效，中通杭州公司市场部专门配备了提货项目组，24 小时待命，专职负责下沙物流园区内的快递操作。

而除了日常的环节增加管理，跨境物流还往往要面对电商"造节"带来的短期巨大货流的挑战。2015年的聚美店庆五周年，聚美在5天的时间内产生了超过70万的包裹。面对持续增长的订单量和不断积压的包裹，中通河南公司当机立断，申请总部增派车辆支援，最终，在中通、聚美、保税区等的携手合作下，聚美优品顺利度过了"301大促"高峰，所有发出包裹都得到了及时有效的转运。

打通信息流，让物流环节"有踪可循"。与传统电商相比，跨境电商对售后服务的要求更高、更严苛。发出的每一单快件都需要进行售后跟踪。

为了确保良好的服务体验，中通快递采用一对一售后跟踪的模式。在河南保税物流中心，中通每天为聚美优品承运着70%的快件，而"小红书"每天出的几万单快件，全部由中通提供服务。中通对接聚美优品的客服人数就达到了60余人，其中负责物流跟单的客服30余人，负责推送妥投信息的客服10余人，负责问题件处理的客服20余人。

除了快件实时跟踪，中通还按快件流通进程为客户提供实时的手机信息推送。在中通深圳车公庙公司，他们会在货物进港后第一时间给客户发一条信息告知，会在清关完成后再发一条信息，转运开始后再发一条信息。想客户之所想，急客户之所急，把信息第一时间实时推送，提升用户体验。

目前，中通已与天猫国际、网易考拉、聚美优品、小红书等知名跨境电商平台建立了良好的合作关系，开通了欧盟、美国、澳洲、新西兰、日韩、东盟等国家的专线包裹寄递业务，尤其是牵手天猫国际后，跨境业务量更是节节攀升。

? 思考讨论题

结合案例，请分析为适应跨境电商的快速发展，物流公司应做好哪些方面的准备工作？

资料来源：http：//www.china.com.cn/cppcc/2016-02/02/content_37721090.htm

第 7 章

网络营销

本章导读

　　网络营销是电子商务最重要的具体应用，没有网络营销，就无法实现电子商务产品的交换，电子商务也就失去了最终的意义。本章主要讲述网络营销的基本概念、网络营销的活动、网络营销的理论基础、网络消费者的行为分析、网络营销的策略以及常用的网络营销工具和方法内容等。通过本章学习，读者可以获取全面的网络营销相关知识，加深对网络营销的理解和认识，为今后从事实际工作奠定基础。

知识结构图

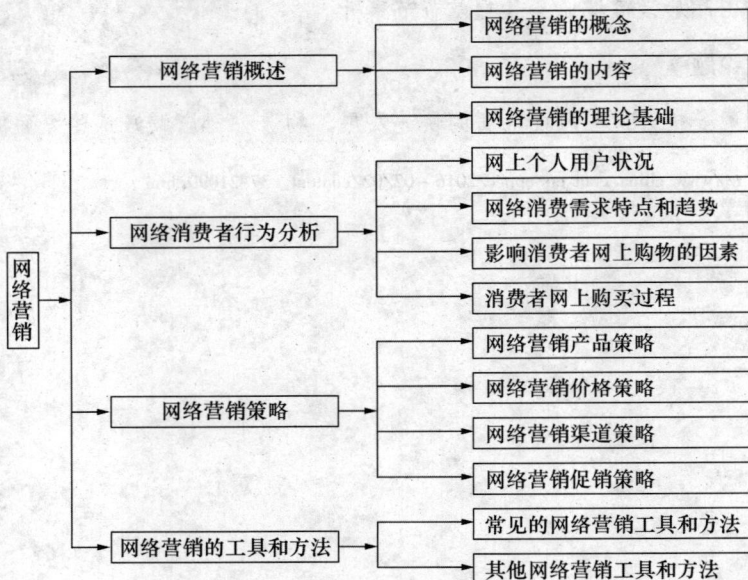

【开篇引例】 百度成功的病毒式营销

百度唐伯虎系列小电影广告，是中国首个真正意义上的互联网病毒营销案例。

百度副总裁梁冬曾经开玩笑说：三个视频短片的创作是因为"没有广告预算"而想出来的。话虽诙谐，却道出了这三个短片以十万级的拍摄费用，达到了近亿元的传播效果的实质。事实上，相比于目前许多品牌动辄聘请知名导演以千万级的费用拍摄宣传片，百度的三个短片仅仅通过员工给朋友发邮件，以及在一些小视频网站挂出下载链接等方式扩散开来，传播人群超过 2000 万人次，确乎是一次病毒营销的奇迹。

作为"百度，更懂中文"品牌活动的一部分，三个短篇采用中国武侠电影和周星驰风格的诸多元素构建，诙谐之余且极具意趣。这充分符合了病毒传播的第一定律"传播对用户有价值的东西"。

很多广告人都认为，最难沟通的目标消费群是网民，因为他们使用互联网的习惯，只会萃取对自己有用的资讯，很容易就会把广告的信息过滤掉。在这种情况下，一切传统形式的广告对于他们来说，都是不起作用的，因此，把"百度，更懂中文"这个品牌形象灌输给目标人群，必须另辟蹊径。

病毒营销是指那些鼓励目标受众将市场信息像病毒一样传递给他人，使之在曝光率和影响上产生几何级增长速度的一种营销推广策略。这种策略可以耗费较少的人力、物力，将信息在短暂的时间内快速地、爆炸式地传递给成千上万的消费者。病毒式营销已经成为网络营销最为独特的手段。

其绝妙之处就在于"让每一个受众都成为传播者"，通过受众主动自发地传播企业品牌信息，病毒式视频营销获得成功需要三个要素：第一个是种子，也就是好的、有价值的内容；第二个是易感人群；第三个是媒介通路。关键要找到最核心的易感人群，这群人会把种子呈几何级数地传播开来。百度公司通过联合中国人搜索行为研究中心对网民搜索习惯的研究发现，2005 年就是视频娱乐形式爆炸式发展的时期，易感人群所在位置也被确定。

在"百度，更懂中文"之《唐伯虎篇》中，将"百度，更懂中文"阐释得淋漓尽致。片子是在一种周星驰式的风格中展开的，面对一张中文告示，风流才子唐伯虎三度通过分词断句，将一个自以为懂中文的洋人身边的女粉丝全部抢夺过来，最后连他亲密的女朋友亦被唐伯虎征服，最后该洋人被气得吐血。借此表明百度对中文有更深的理解力，以及拥有独到的中文分词技术等。

另外一部也获得热烈传播的网络小电影是《孟姜女篇》，走的是古装幽默小品路线，旁白用四川话，主角是一个神叨叨的导演和一个满脸无辜的孟姜女，在肆无忌惮、滔滔满天的泪水中用四川话喊出"这个流量硬是大得很啊"，诉求百度的中文流量第一。《孟姜女篇》加上《唐伯虎篇》再加上《刀客篇》，分别对应"中文""第一""搜索"三个关键概念，从而将百度是中文第一搜索引擎的概念完整表现出来，为百度的品牌价值建设提供了丰富的沟通体验。

病毒式视频营销的传播性价比是传统的电视广告无法想象也无法做到的。以百度的三条视频短片为例：没有花费一分钱媒介费，没有发过一篇新闻稿，只用了一个月，就在网络上至少超过 10 万个下载或观赏点，到现在还在扩散中。在网络上传播的最高峰时期，在 GOOGLE 和百度上都能搜索出超过 90 万个网页页面上提供了百度视频的下载和播放，尤其值得一提的是：由于对视频关注较高的是白领人群，这次活动使大量白领搜索引擎用户转向百度。

资料来源：《病毒式营销详解以及百度病毒式营销经典案例》，中国冷链物流网 http://www.cclcn.com/shtmlnews-files/ecomnews/731/2013/201310171737312267.shtml。

7.1　网络营销概述

20 世纪 90 年代初，飞速发展的互联网促使网络技术在全球范围内被广泛应用，世界各地纷纷掀起了应用互联网的热潮。网络技术的发展和应用不仅改变着信息的分配和接收方式，也深刻影响着人们的工作、学习和生活方式。企业争先恐后地不断利用新技术来变革经营理念，探索新的管理模式和营销方法，网络营销正是在这一背景下应运而生。

7.1.1　网络营销的概念

网络营销的产生是科技发展、消费者价值变革、商业竞争等综合因素促成的。与许多新兴学科一样，"网络营销"并没有一个公认的的定义。我们可以通过下面的相关描述来认识网络营销。

（1）网络是企业利用网络媒体来开展的各类市场营销活动，是传统市场营销在网络时代的延伸和发展；

（2）网络营销不单纯是网络技术，仍然是市场营销；

（3）网络营销不是单纯的网上销售，还是企业现有营销体系的有力补充，是 4CS 营销理论的必然产物。

基于此，网络营销的概念可以概括为：企业以现代营销理论为基础，以 Internet 为主要手段，最大限度地满足客户需求以达到开拓市场、增加赢利目标的经营过程。

网络营销是企业整体营销战略的一个组成部分，作为企业经营管理手段，是企业电子商务活动中最基本和最重要的网上商业活动。

【阅读资料 7 - 1】　　　　　　　网络营销与电子商务

网络营销是开展电子商务的基础。电子商务是利用 Internet 进行各种商务活动的总和。发展过程中必须解决与之相关的法律、安全、技术、认证、支付和配送等问题。而其中一些问题已成为中国电子商务发展的瓶颈问题，而网络营销则对之要求不高。国际上有许多实施网络营销成功的范例，一些知名的企业都建有自己的网站，这些网站以自己各具特色的站点结构和功能特点、鲜明的主体立意和网页创意开展网络营销活动，给企业带来了巨大的财富。

网络营销的一个重要职能是进行网上产品分销，主要包括建立网上产品展示平台，建立网上产品分销渠道等工作。网络营销与电子商务的共同点在于围绕企业和产品进行宣传、展示和促销。

网络营销主要是从市场营销的角度利用互联网展开的系列活动，而电子商务则着重于通过互联网，达到企业产品零售或分销的整个流程的实现。两者的主要分界线就在于是否有交易行为发生。因此网络营销只是一种手段，无论传统企业还是互联网企业都需要网络营销，但网络营销本身并不能替代一个完整的商业交易过程。

电子商务经过几十年的发展，已经在发达国家显示出巨大的经济潜力。对我国的企业来说，电子商务既是契机也是挑战，而网络营销则是赢得挑战的突破口，是企业电子商务战略中不可忽视的重要一环。通过网络营销缔造贸易良机是中国企业抓住机会迎接挑战的重要手段。

资料来源：根据仝新顺等主编的《电子商务概论》整理编写。

7.1.2　网络营销的内容

作为伴随着国际互联网高速发展而出现的全新的营销方式，网络营销的本质并没有改变，其核心依然是满足消费者的需求。因此，网络营销活动仍然是由市场调研、消费者行为分析、制定营销策略等组成。但由于借助了 Internet 平台，网络营销在活动的具体方式上发生了一些新的变化。具体而言，网络营销的内容包括以下几种。

1. 网络市场调研

网络市场调研是指企业借助 Internet 的开放性、自由性、平等性、广泛性和直接性的特性，利用有效的网上调查工具和手段所进行的市场调研。与传统市场调研手段相比，网络市场调研具有低成本并、高效率的优点，因而被越来越多的企业所采用。

2. 网络消费者行为分析

企业只有真正的了解消费者，才能制定有的放矢的营销策略。因此，要开展有效的网络营销活动，就必须深入了解网络消费者的需求特征、购买动机和购买行为模式。网络消费者是伴随着电子商务的兴起而不断增长的庞大群体，这个群体具有与传统的消费行为特征。开展网络营销的企业需要对目标消费者行为进行全面的研究分析，准确把握用户的需求，以便进行有效的营销活动。

3. 制定网络营销策略

企业开展网络营销活动必须要制定与之经营环境相适应的营销策略。在制定网络营销策略时，企业需综合考虑各种因素对营销活动的影响，在不同阶段采取与不同的营销策略。例如在产品的不读生命周期阶段，企业的网络营销策略就要有所不同。

网络营销的策略包括产品和服务策略、价格策略、渠道策略以及促销策略等等，企业在制定这些策略时，必须结合 Internet 的特性和网络消费者的特征，以真正适应网络消费者的需求。

4. 营销流程改进

与传统的营销流程相比，网络营销流程发生了根本性的变化。不仅大部分的交易环节可以在网络平台上直接实现，而且利用现代网络技术，企业还可以通过大数据分析准确把握消费者的消费需求和行为特征，从而有针对性的提供客户所需要的产品和服务。例如，美国著名的 Levis 公司，就是利用 Internet 为客户量身定做需要的牛仔裤。客户可以通过 Levis 的网站直接提供其所需的牛仔裤的尺码、款式和颜色等，公司就可为其量身定做，从而使客户的个性化需求得以满足。

5. 网络营销管理与控制

网络营销依托互联网开展营销活动，而 Internet 自身的一些特性，如匿名性、开放性、共享性等也会给网络营销带来新的问题，例如网络产品质量的保证问题、消费者隐私保护问题以及信息的安全问题等，这些问题促使企业必须开展有效的营销管理与控制工作。

7.1.3　网络营销的理论基础

1. 直复营销理论

直复营销理论是 20 世纪 80 年代引人注目的一个概念。美国直复营销协会对其所下的定义是："一种为了在任何地方产生可度量的反应和（或）达成交易所使用的一种或多种广告媒体的相互作用的市场营销体系。"直复营销是指利用直接反馈广告、邮件、电话和其他相互交流形成的媒介所实施的大范围市场营销体系，其特点包含以下几点。

（1）直复营销特别强调直复营销者与顾客之间的"双向信息交流"，以克服传统营销中的"单向信息交流"方式所造成的营销者与顾客之间无法沟通的致命弱点。

（2）直复营销活动强调在任何时间、地点都可以实现企业与顾客的"信息双向交流"。

（3）直复营销活动最重要的特性是，直复营销的效果是可以测定的，网络营销效果有可测定性、可度量性和可评价性。

2. 关系营销理论

网络关系营销是 20 世纪 90 年以来备受重视的营销理论，它主要包括两个基本点：在宏观上认识到市场营销会对范围很广的一系列领域产生影响，包括顾客市场、劳动力市场、供应市场、内部市场、相关者市场，以及影响者市场；在微观上，认识到企业与顾客的关系不断变化，市场营销的核心应从过去简单的一次性的交易关系转变到注重保持长期的关系上来。

关系营销的基本立足点是建立、维持和促进与顾客和其他商业伙伴之间的关系，以实现参与各方的目标，从而形成一种兼顾各方利益的长期关系。关系营销将建立和发展与相关个人、企业组织的关系作为企业市场营销的关键变量，把握了现代市场竞争的时代特点，故被认为是对营销理念的又一次革命。

3. 软营销理论

软营销理论是针对工业经济时代的以大规模生产为主要特征的"强式营销"而提出的新理论，该理论认为顾客在购买产品时，不仅满足基本的生理需要，还满足高层的精神和心理需求。他们不欢迎不请自到的广告，但他们会在某种个性化需求的驱动下自己到网上寻找相关的信息和广告。网络软营销恰好是从消费者的体验和需求出发，采取拉动式策略吸引消费者的关注，从而达到营销效果的。

4. 整合营销理论

整合营销是基于信息网络之上，近年来新发展起来的一种营销模式，主要有三个方面的含义。

（1）传播资讯的统一性，即企业用一个声音说话，消费者无论从哪种媒体所获得的信息都是统一的、一致的。

（2）互动性，即公司与消费者之间展开富有意义的交流，能够迅速、准确、个性化地获得信息和反馈信息。

（3）目标营销，即企业的一切营销活动都应围绕企业目标来进行，实现全程营销。网络的发展不仅使得整合营销更为可行，而且能充分发挥整合营销的特点和优势，使顾客这个角色在整个营销过程中的地位得到提高。这样，网络营销首先要求把顾客整合到整个营销过程中来，从他们的需求出发开始整个营销过程。

不仅如此，整合营销在整个营销过程中要不断地与顾客交互，每一个营销决策都要从顾客出发而不是像传统营销理论那样主要从企业自身的角度出发。

7.2　网络消费者行为分析

7.2.1　网上个人用户状况

1. 我国网上用户规模

根据中国互联网络信息中心（CNNIC）2016 年 1 月发布的《中国互联网络发展状况统计报告》，截至 2015 年 12 月，我国网民规模达 6.88 亿，全年共计新增网民 3951 万人万。互联网普及率较 2014 底提升 2.4 个百分点，达到 50.3%。在 6.88 亿的网民中，手机网民规模达 6.20 亿，较 2014 年底增加 6303 万人。值得注意的是，2015 年新网民最主要的上网设备是手机，使用率为 71.5%，较 2014 年底提升了 7.4 个百分点。由此可见，手机依然是拉动网民规模增长的首要设备。我国网民规模和互联网普及率见图 7－1。

2. 用户结构特征

（1）性别结构。第 37 次《中国互联网络发展状况统计报告》显示，截至 2014 年 12 月，我

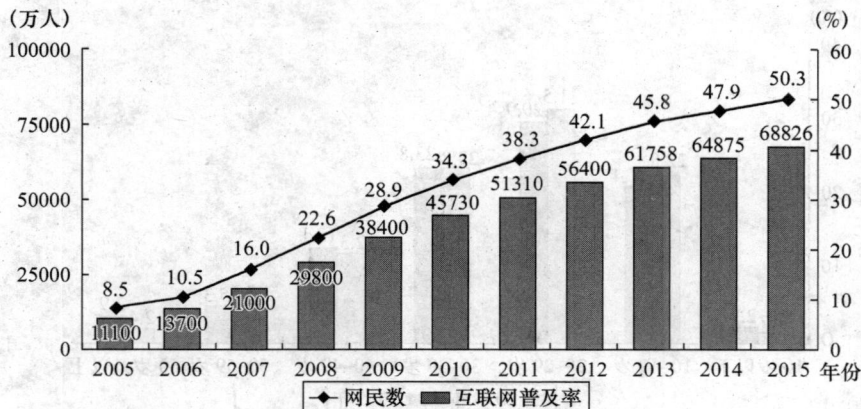

图 7-1　中国网民规模与互联网普及率

国网民中男性比例为 53.6%，女性比例为 46.4%，网民性别结构较上一年度更趋向均衡。我国网民的性别结构见图 7-2。

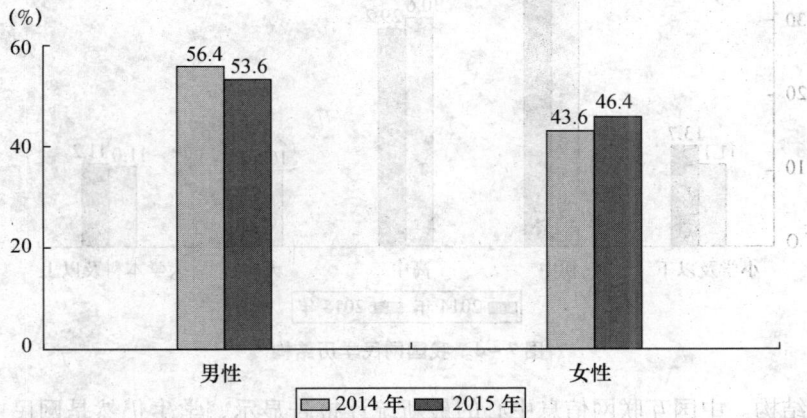

图 7-2　我国网民性别结构

（2）年龄结构。截至 2015 年 12 月，我国网民中 20～29 岁年龄段的网民占比最高，达到 29.9%，10～19 岁、30～39 岁群体占比为 21.4%、23.8%。可见，我国网民以 10～39 岁群体为主。与上一年度相比，10 岁以下低领群体和 40 岁以上中高龄群体所占的比例有所提升，反映了互联网继续向低龄和中高龄这两个年龄段渗透。我国网民的年龄结构见图 7-3。

（3）学历结构。中国互联网信息中心的调查结果显示，我国网民继续向低学历人群扩散。截至 2015 年 12 月，我国网民中小学及以下学历人群占比提升 2.6 个百分点。初中学历的网民占比 0.6 个百分点，达到 37.4%，这也是网民人数最多的一个群体。而拥有高中、大专学历的网民比例继续下降。大学本科及以上的网民比例基本不变。我国网民的学历结构见图 7-4。

(%)

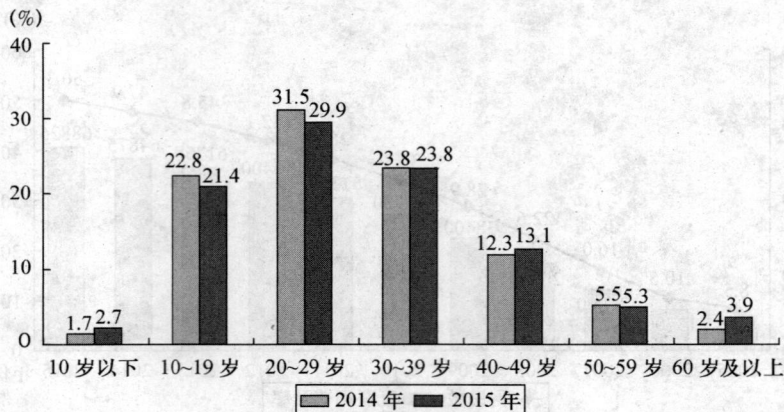

图 7-3　我国网民年龄结构

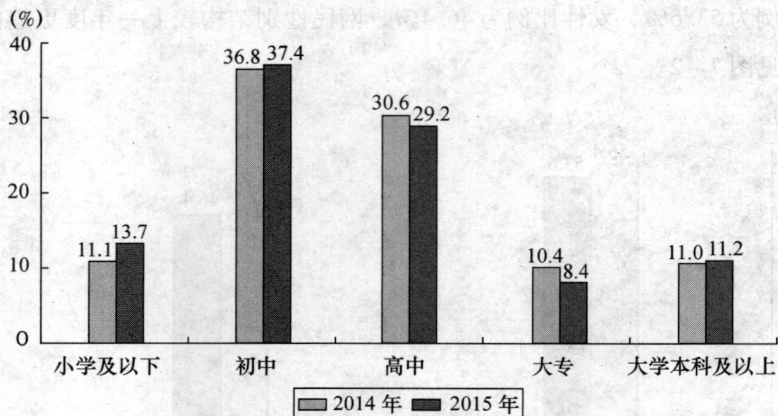

(%)

图 7-4　我国网民学历结构

（4）职业结构。中国互联网信息中心的最新统计报告显示，学生仍然是网民中规模最大的群体，占比为 25.2%，较 2014 年度上升 1.4 个百分点。其次自由职业者，占比为 22.1%，与 2014 年基本持平。企业/公司一般职工占比为 12.4%，较上一年下降 1.8 个百分点。这三类网民占我国网民总数的 59.7%。我国网民的职业结构见图 7-5。

（5）收入结构。截至 2015 年 12 月，我国网民中月收入①在 2001～3000、3001～5000 元的群体占比较高，分别为 18.4% 和 23.4%。从总体上来看，我国网民 2015 年的个人与收入较 2014 年有所提升。我国网民的个人月收入结构见图 7-6。

---

① 根据中国互联网信息中心的解释，学生收入包括家庭提供的生活费、勤工俭学费、奖学金及其他收入，农民收入包括自律提供的生活费、农业生产收入、政府补贴等收入，无业、下岗、失业群体收入包括子女给的生活费、政府救济、补贴、抚恤金、低保等，退休人员收入包括子女提供的生活费、退休金等。

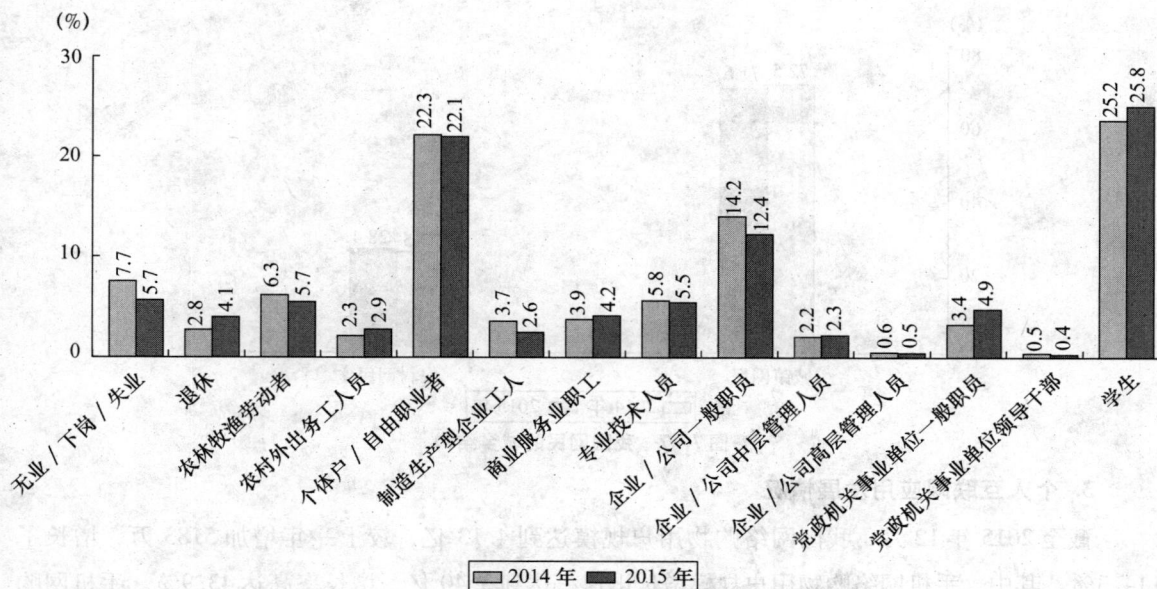

图 7-5 我国网民职业结构

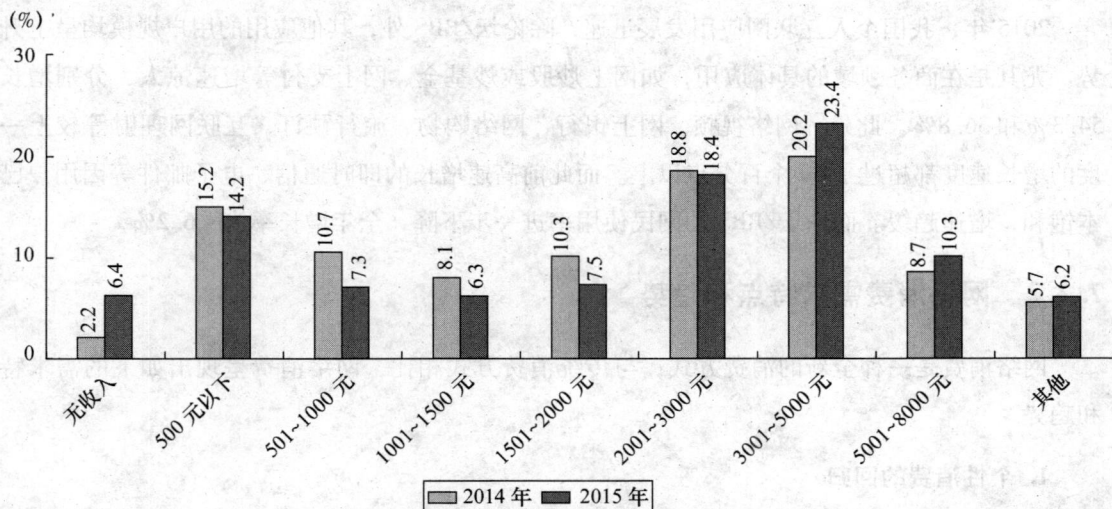

图 7-6 我国网民个人月收入结构

（6）城乡结构。截至 2015 年 12 月，我国农村网民规模达到 1.95 亿，比 2014 年增加 1694 万人，占比为 26.5%。我国城镇网民占比为 71.6%，规模为 4.93 亿人，较上一年度增加 2257 万人。2015 年我国农村网民规模的增幅为 9.5%，而城镇网民的增幅仅为 4.8%，反映出我国农村互联网的普及工作已取得较大的成效。我国网民的城乡结构见图 7-7。

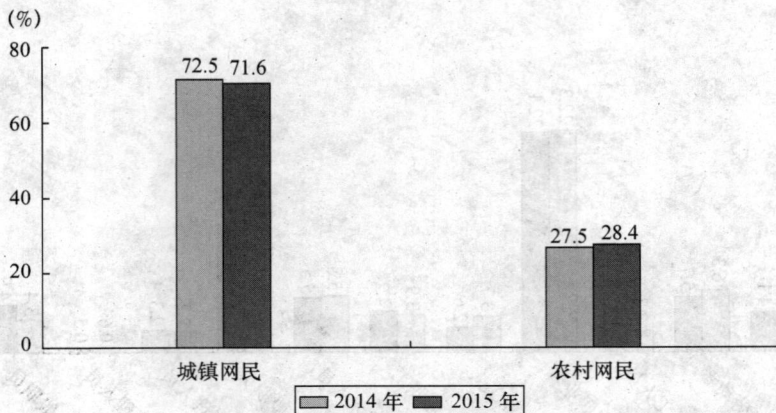

图7-7 我国网民的城乡结构

3. 个人互联网应用发展情况

截至 2015 年 12 月，我国网络购物用户规模达到 4.13 亿，较上一年增加 5183 万，增长了 14.3%。其中，手机网络购物用户规模增长迅速，达到 3.40 亿，增长率高达 43.9%。手机网购用户的规模占网购用户总规模的一半以上，达到 54.8%。

2015 年，我国个人互联网应用发展迅速，除论坛/BBS 外，其他应用的用户规模均呈上升趋势。尤其是在商务领域的具体应用，如网上炒股或炒基金、网上支付等增速惊人，分别增长了 54.3% 和 36.8%。此外，网络视频、网上银行、网络购物、旅行预订、互联网理财等较上一年度的增长速度都超过了 10 个百分点以上。而此前高速增长的即时通信、电子邮件等因用户已基本饱和，增速趋缓。而论坛/BBS 的网民使用率进一步下降，全年增长率为 -6.2%。

7.2.2 网络消费需求特点和趋势

网络消费是一种全新的消费方式，与传统消费方式相比，网络消费呈现出如下的需求特点和趋势。

1. 个性消费的回归

在过去相当长的一个历史时期内，工商业都是将消费者作为单独个体进行服务的。在这一时期内，个性消费是主流。只是到了近代，工业化和标准化的生产方式才使消费者的个性被淹没于大量低成本、单一化的产品洪流之中。到了网络时代，大规模定制化技术的出现，使得消费者的个性化消费重新成为可能。消费者可以根据自己的偏好在网上定制个性化的商品。

2. 消费需求的差异性

消费需求的差异永远都是存在的，但当前网络消费的需求差异比任何一个时期都更加显著。

这是因为网络营销突破了传统营销对地域的限制，使得全球的消费者均可以成为企业的目标客户。因此，开展网络营销的企业必须要正视这种消费需求差异，并制定有针对性的营销策略。

3. 消费主动性增强

消费主动性的增强来源于现代社会的不确定性和人类追求心理稳定和平衡的欲望。在许多购买活动中，特别是大件耐用消费品的购买中，网络消费者往往会主动通过各种可能的渠道获取与商品有关的信息进行比较，以减轻风险感或购买后后悔的可能，增加对产品的信任和争取心理上的满足感。

4. 对购买方便性的需求与购物乐趣的追求并存

购买便利性是影响消费者购买行为的一个重要原因。一般而言，消费者的购买成本除了货币成本外，还有体力成本、精力成本等。无论你是离购物中心有多近，总不及在网上轻点鼠标更便利、更轻松。网络为消费者提供了便利的交易平台，也促进了消费者对便利性的更高追求。此外，由于现代人生活方式的改变，人与人之间面对面的沟通越来越少，为保持与社会的联系，减少心理孤独感，人们愿意花费大量的时间在网络上社交。因此在网上购物，消费者除了能够完成实际的购物需求以外，还能排遣寂寞，获得其中的乐趣。

5. 价格是影响消费者做出购买决策的重要因素

在电子商务在发展的初期，商家是高举免费、低价的大旗来招徕客户的，"网上低价"早已深入人心。而且在网上消费者可以方便地搜索到商品的价格并对这些价格进行比较。尤其是一些比价软件的出现，使得消费者轻点鼠标即可直观地获得欲购商品的价格对比信息。如，消费者在京东商城打算购买某款型号的 HP 激光打印机，在点击价格"上涨"按钮时时，即会自动弹出其他主要电商平台上的该款打印机的价格信息，见图 7 - 8。

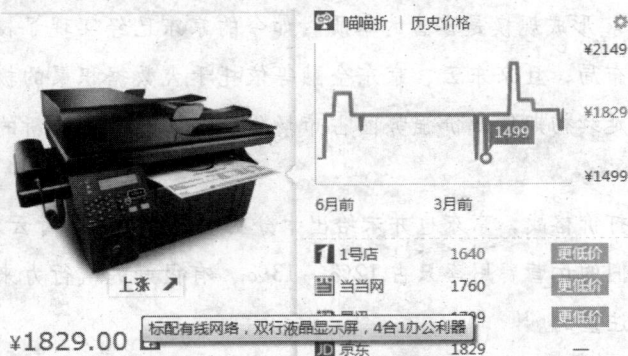

图 7 - 8　比价软件提供的价格对比信息

综上分析，在电子商务时代，网络平台价格的透明性可以使消费者方便地获得商品价格信息，网络消费者对价格依据敏感，价格是消费者做出购买决策的重要因素。

【阅读资料7－2】　　　　　　电商2015年"双十一"价格战

在苏宁进行互联网零售商转型的6年间，其对飚的对象一直是京东。而2015年牵上京东的死对头阿里，苏宁在反击京东上则更添了一层底气。2015年10月18日，苏宁云商COO侯恩龙在微博上写下"平京战役"四个字，正式向京东宣战。"双十一"期间，苏宁对飚京东，在总部层面成立了"价格督察队"，负责监控线上线下商品价格，如果发现有比京东价格高的商品，相关负责人将面临"下课"的处罚。

天猫带着苏宁一起攻到北京，其实惊动的不止是京东，还有国美。2015年国美一直在奋起直追，挂帅国美在线CEO的李俊涛放话称："京东、苏宁易购、天猫都抢到国美总部北京区域来了，不仅在全国，我们在北京跟对手也要干得轰轰烈烈。想把我们边缘化，门儿都没有。"如今的国美还未形成完整的全品类平台，但要继续坐稳家电电商的宝座，价格战会是最有效的策略。

一周以后，国美电器也召开了"双十一"新闻发布会，国美电器总裁王俊洲公布了"双十一"战略。不过，国美一反此前一直针对京东的策略，把比价矛头对准了天猫还打出了"双十一""夺冠"的口号。不过，王俊洲提出的国美门店接下来对线下店购买场景的挖掘是对自身优势的体现。

不过，京东似乎并不热衷于价格战。10月中旬，刘强东曾公开表示，京东已经把价格降到第三位，由此带来京东或在"双十一"期间弱化价格战的猜测。那么背后的原因在于什么？根据艾瑞咨询公布的2015年第一季度网路购物市场数据，在京东擅长的自营B2C领域，该公司已经占据了56.3%。形成规模是零售的本质。如今的京东已经实现了覆盖高低频、各个档位客单价的全品类的布局，且京东云、京东金融等依托于大数据积累的板块也逐步上线，从战术上讲，已经无需延续初期靠低价强势圈占市场份额的阶段，寻求新的增长模式和盈利的时机到了。

但对于究竟打不打价格战，京东也并未给出十分明确的答复。熊青云对此的说法是："京东不怕打价格战，我们的运营费用率只占12%～13%，有很好的执行力来进行价格竞争，但是用户体验是我们最注重的。"

而事实上，除了正面比拼低价，争抢流量，自"双十一"诞生以来，价格战还有一种潜规则的"二选一"打法：每年"双十一"前夕，市场上都流传着一种说法，电商会要求平台上的商户进行"二选一"，即不得在其他平台降价，往往令商户颇为头疼。

不过这种市场现象也引起了工商总局的重视。2015年9月2日，工商总局发布《网络商品和服务集中促销活动管理暂行规定》，该规定明确指出，"网络集中促销组织者不得违反《反垄断法》《反不正当竞争法》等法律、法规、规章的规定，限制、排斥平台内的网络集中促销经营者参加其他第三方交易平台组织的促销活动"。

资料来源：《电商"双十一"乱战开启：联盟争霸｜京东｜苏宁》，凤凰财经 http://finance.ifeng.com/a/20151108/14060206_1.shtml。

6. 网络消费具有层次性

网络消费本身是一种高级的消费形式，但就其消费内容来说，仍然可以分为由低级到高级的不同层次。需要注意的是，在传统的商业模式下，人们的需求一般是由低层次向高层次逐步延伸发展的，只有当低层次的需求满足之后，才会产生高一层次的需求。而在网络消费中，人们的需求是由高层次向低层次扩展的。在网络消费的初期，消费者侧重于精神产品的消费，如通过网络书店购书，通过网络光盘商店购买光盘。到了网络消费的成熟阶段，消费者在完全掌握了网络消费的规律和操作，并且对网上购物有了一定的信任感后，才会从侧重于精神消费品的购买转向日用消费品的购买。

7. 网络消费者的需求具有交叉性

网上各个层次的消费不是相互排斥的，而是具有紧密的联系，需求之间广泛存在交叉的现象。例如，在同一张订购单上，消费者可以同时购买最普通的生活用品和昂贵的饰品，以满足生理的需求和尊重的需求。这种情况的出现是因为网上商店可以囊括几乎所有商品，人们可以在较短的时间里浏览多种商品，因此产生交叉性的购买需求。

8. 网络消费需求的超前性和可诱导性

电子商务构造了一个世界性的虚拟大市场，在这个市场中，最先进的产品和最时髦的商品会以最快的速度与消费者见面。具有创意识的网络消费者必然很快接受这些薪商品，从而带动周围消费层新的一轮消费热潮。从事网络营销的厂商应当充分发挥自身的优势，采用多种促销方法，启发、刺激网络消费者新需求，唤起他们的购买兴趣，诱导网络消费者将潜在的需求转变为现实的需求。

7.2.3　影响消费者网上购物的因素

消费者网上购物除了要受到个人因素，如个人收入、年龄、职业、学历、心理、对网络风险的认知等因素的影响之外，还会受到网购商品的价格、购物的便利性、商品可选择的范围等因素的影响。

1. 消费者的个人因素

网上购物属于新生事物，有着与传统购物方式不同的特点。要实现网上购物，需要一定的软硬件基础，同时也需要消费者具备一定的网络知识。一般来说年轻的、高学历的、高收入的、对网络风险有着正确认知（受消费者网络知识、学历、职业等因素影响）的消费者更倾向于在网上购物。不过随着网络的不断普及，越来越多的消费者正在加入到网购的群体中。

2. 商品的价格

按销售学的观点，影响消费者消费心理及消费行为的主要因素是价格，即使在今天完备的营销体系和发达的营销技术面前，价格的作用仍是不可忽视的。只要价格降幅超过消费者的心理界限，消费者因此心动而改变既定的购买计划是在所难免的。网络的开放性和共享性，使得消费者可以方便地获得商品的报价信息，因而商品的价格是影响消费者做出网购选择的重要因素。

3. 购物的便利性

购物的便利性是营销网络消费者购物的重要因素。这里的便利性是指消费者的购物过程中能够节省更多的时间成本、精力成本和体力成本。当前，拥挤的交通、日益扩大的购物场所，耗费了消费者宝贵的时间和精力；商品的多样化使得消费者眼花缭乱，而层出不穷的假冒伪劣商品又使消费者应接不暇。因此，消费者迫切需要一种全新的、快速而又方便的购物方式，而网上购物恰好适应了消费者的这种需求。网络购模式下，消费者可以坐在家中与卖家达成交易，足不出户即可获得所需的商品或服务。网上购物顺应了现代社会消费者对便利性的追求，因而为越来越多的消费者所接受。

4. 商品的选择范围

商品的选择范围也是影响消费者购物的重要因素。在网络平台下，消费者挑选商品的范围大大拓展，因而广受消费者青睐。网络为消费者提供了多种搜索途径，借助搜索功能，消费者可以方便快速地获得所需商品的信息，通过比较和分析，消费者很容易作出最终的购买决策。

7.2.4　消费者网上购买过程

网上消费者的购买过程就是网上购买行为形成和实现的过程。与消费者的传统购买行为相类似，网上消费者的购买行为早在实际购买之前就已经开始，并且延长到实际购买后的一段时间，有时甚至是一个较长的时期。从酝酿购买开始到购买后的一段时间，其购买过程大致可分为五个阶段：产生需求、收集信息、比较选择、购买决策和购后评价。

1. 产生需求

购买过程的起点是需求。一般来说，需求的产生需要具备两个基本的条件，即消费者既有购买意愿又有购买能力，两者缺一不可。消费者在具备购买能力的前提下，还需要一定的刺激才能唤起真正的需求。影响消费者产生需求的因素很多，机制也很复杂，我们可以从内部和外部两个方面来分析。内部因素主要是指消费者个体方面对消费的渴望和认知，而外部因素则主要来自营销的刺激和他人的影响。

与传统营销相比，网络营销在刺激消费者需求方面更具优势。企业可以通过互联网的互动性、实时性与目标客户进行双向沟通。同时，开展网络营销的企业还可以充分利用现代媒体技术和网络营销工具吸引网络消费者并实行精准营销。网络营销企业要充分发挥不断发展的互联网和信息技术的功能，有效刺激消费者的需求。

2. 收集信息

当需求被唤起之后，每个消费者都希望自己的需求能得到满足。所以，收集信息，了解行情，成为消费者购买过程的第二个环节。这个环节的作用就是汇集商品的有关资料，为下一步的比较选择奠定基础。

消费者在网上购买过程中，商品信息的收集主要是通过 Internet 进行。与传统购买时不同，网上购买信息的收集具有较大的主动性。一方面，网上消费者可根据已了解的信息，通过 Internet 跟踪查询；另一方面，消费者又在不断地网上浏览中，寻找新的购买机会。

3. 比较选择

比较选择是购买过程中必不可少的环节。消费者对各种渠道汇集而来的资料进行比较、分析、研究，了解各种商品的特点及性能，从中选择最为满意的一种。一般说来，消费者的综合评价主要考虑商品的功能、质量、可靠性、样式、价格和售后服务等。通常，一般消费品和低值易耗品较易选择，而对耐用消费品的选择则比较慎重。

网上购物不直接接触实物，因此网上消费者对商品的比较主要依赖于厂商对产品的描述，包括文字的表述和图片的描述。经销商对自己的产品描述的不充分，就不能吸引众多的顾客；

反之，如果过分夸张的描述，甚至带有虚假的成分，则可能永久地失去顾客。对于这种分寸的把握，是每个从事网络营销的厂商都必须认真考虑的。

4. 购买决策

网上消费者在完成对商品的比较选择后，便进入到购买决策阶段。网上购买决策是指网上消费者在购买动机的支配下，从两件或两件以上的商品中选择一件满意商品的过程。

购买决策是网上消费者购买活动中最主要的组成部分，它基本上反映了网上消费者的购买行为。与传统的购买方式相比，网上购买者的购买决策有许多独特之处。首先，网上购买者理智动机所占比重较大，而感情动机的比重较小，这是因为消费者在网上寻找商品的过程本身就是一个思考的过程。他有足够的时间仔细分析商品的性能、质量、价格和外观，从容地作出自己的选择。其次，网上购买受外界影响较小。购买者常常是独自坐在计算机前上网浏览、选择，与外界接触较少，决策范围有一定的局限性，大部分的购买决策是自己作出的或是与家人商量后作出的。因此，网上购物的决策行为较之传统的购买决策要快得多。

网上消费者在决定购买某种商品时，一般必须具备三个条件：第一，对厂商有信任感；第二，对支付有安全感；第三，对产品有好感。所以，树立企业形象、改进货款支付办法，完善物流配送体系，以及全面提高产品质量，是每个参与网络营销的厂商必须重点抓好的三项工作。

5. 购后评价

消费者购买商品后，往往会通过自身的使用体验对购买行为进行检验和反省，进而重新考虑这种购买行为是否明智。这种购后评价往往决定了消费者今后的购买动向。

7.3　网络营销策略

网络营销策略是指开展网络营销的企业为实现营销目标而采取的对企业内部因素，包括生产要素、经营要素等可控要素的把握和利用。一般包括产品（Product）策略、价格（Price）策略、渠道（Place）策略和促销（Promotion）策略四个方面，下面分别进行介绍。

7.3.1　网络营销产品策略

1. 网络营销中的产品

（1）实体产品。实体产品是指具有物理形态的、是人们可以通过视觉和触觉所能感觉到的产品。网络营销是营销方式的一种，从理论上说任何一种实体产品都可以通过这种方式进行交易，但在生活中，仍有许多产品并不适合网上销售。例如，一些需要体验的、难以通过文字和图片来描述的产品以及价值低、体积庞大且不便运输的产品。

（2）虚拟产品。虚拟产品一般是无形的，即使表现出一定形态也是通过其载体体现出来的。例如，计算机软件是有规则的数字编码存储在磁盘上，因而磁盘是软件的载体。在网络上销售的虚拟产品分为软件和服务，如数字类产品，包括各种软件、视听产品及电子书籍等。相比较实体商品，虚拟产品更适合在网上销售。

2. 网络营销产品的特性

（1）产品性质。在电子商务发展的早期，网上销售的产品大多与高技术或与计算机、网络有关。后来随着网络技术、安全技术、物流技术等的发展以及人们消费观念的改变，一些最初人们认为不适合在网上销售的产品，如汽车、房屋、生鲜冷食等一样在网上销售的很成功。尤其是当前 O2O（Online To Offline，线上到线下）新模式的兴起，几乎使得所有的产品都能够实现在网上销售。但客观地分析，网络营销的产品还是会受到产品本身性质的影响。一些产品会非常适合，而另外一些产品则可能不太适合。一般来说，标准化的产品、易于保存和运输的商品、数字化的产品、远程服务等等尤为适合在网上销售。

（2）产品质量。网上购物使得消费者在购买时无法去亲身体验商品而只能是依靠商家提供的文字、图片等介绍，无法做到"眼见为实"。因此，在虚拟的网络世界里，要想取得消费者的信赖，商家所售的产品质量必须要能够得到保障，要经得起消费者的评价。因为基于网络的特性，一旦产品失信于消费者，商家的"恶名"就会广为传播，这些商家也必将被消费者所抛弃。

3. 网络营销产品策略

企业的营销活动以满足需求为中心，而需求的满足只能通过提供某种产品或服务来实现。因此，产品是企业营销活动的基础，产品策略直接影响和决定着企业营销活动的成败。网络营销产品策略主要包括新产品开发策略、产品生命周期策略、产品组合策略、品牌策略等。

网络营销的产品策略与传统营销的产品策略所应用的基本理论是一致的。不同之处在于制定网络营销的产品策略时加入了互联网思维。如在新产品研发过程中可以充分利用网络平台的互动性，倾听客户的心声，甚至可以邀请客户共同参与到产品的研发、设计过程之中。此外，在电子商务所时代，商品的生命周期更短、更新换代更快，这就对企业制定网络营销产品策略提出了新的挑战。

7.3.2 网络营销价格策略

价格策略指企业以按照市场规律制定价格和变动价格等方式来实现其营销目标。与传统营销一样，网络营销产品的价格一样要由市场这只"看不见的手"来决定，价格是由市场供应方和需求方共同决定的。与传统营销的产品价格相比，网络营销产品的价格具有一些新的特征。

1. 网络营销产品的价格特征

（1）全球性。网络营销市场面对的是开放的和全球化的市场，消费者可以在世界各地直接通过网站进行购买，而不用考虑网站是属于哪一个国家或地区的，但企业却必须考虑消费者的国别性质。例如，亚马逊网上商城的产品来自美国，如果购买者也来自美国，那定价可按照折扣定价。但如果购买者来自中国或其他国家，那采用针对美国的定价方法就很难面对全球化的市场。为解决这些问题可采用本地化方法，即在不同国家建立地区性网站，如卓越亚马逊网上商城。同时，企业必须考虑地理位置差异对产品价格造成的影响，不能以统一市场价格来应对变化多端的全球性市场。

（2）低价位。网络经济是直接经济，因为减少了交易的中间环节，所以能够降低网上销售商品的价格。另外，由于网络信息的共享性和透明性，使得消费者可以方便地获得商品的价格信息，因此要求企业必须要以尽可能低的价格向消费者提供产品和服务。如果与竞争对手相比产品成本过高或无法通过网络营销有效降低成本，那么这种产品就不太适合在网上销售。

（3）消费者主导。在网络经济时代，产品或服务的价格呈现出动态变化的特点，消费者利用网络的互动性与企业就产品的价格进行协商，这使得消费者主导定价成为可能。消费者主导定价是指消费者通过充分的市场信息来选择购买或定制生产自己满意的产品或服务，同时以最小代价（产品价格、购买费用等）获得这些产品或服务。

（4）价格透明化。在传统营销时代，由于交易双方的信息不对称，消费者相对于企业来说处于信息"缺失"的被动地位，产品的价格对于消费者而言是不透明的，这样容易造成消费者的利益受损。在网络营销时代，消费者通过滑动鼠标，就可以很客观地全面掌握同类产品的不同价格的信息，此时企业不再具有信息优势，也就无法任意提高产品价格。

2. 网络营销定价策略

（1）免费定价策略。免费定价策略是将企业的产品和服务以无偿使用即以零价格形式提供给消费者使用。有人说，在网上最稀缺的资源是人们的注意力。因此要吸引消费者，提供免费的产品和服务可能是最直接和最有效的手段。免费定价策略主要有四种形式：完全免费、限制免费（一定时间内或一定次数内免费提供产品，如网络杀毒服务）、部分免费（部分内容免费，部分内容收费，如研究报告的数据）和捆绑式免费（在购买产品后，其附属的一些东西免费，如正版软件附带的小软件），免费定价策略适合数字化产品和无形产品。

（2）新产品定价策略。定价策略抉择的正确与否，关系到新产品能否在市场上立足，能否顺利地开拓市场，以及尽快地从产品市场生命周期的导入期进入成长期。目前在网络营销中，对于市场上没有类似产品或创新程度较高的新产品多采用如下三种定价策略。

①撇脂定价策略。撇脂定价策略主要是指新产品上市之初，在市场上奇货可居而又有大量的消费者，产品的需求价格弹性较小且短期内没有类似的替代品，此时企业为新产品制定高价，以求在短期内获取高额利润，尽快收回投资。

②渗透定价策略。渗透定价策略主要指新产品上市之初，将新产品价格定得较低，甚至可能低于产品成本，利用价廉、物美迅速占领市场，取得较高的市场占有率。采取这种策略一方面是由于通过 Internet，企业可以节省大量的成本费用；另一方面是为了扩大宣传、提高市场占有率。

③满意定价策略。满意定价指新产品一投入市场就以适中的、买卖双方均感合理的价格销售产品。它是介于上述两种定价之间的折中策略，既便于吸引消费者，促进销售，防止低价低利给企业带来的损失，又能避免由于价格竞争带来的风险，使企业在相对稳定的环境中获取满意的利润。

满意定价策略一般适用于需求弹性适中、销量稳定增长的产品。不足的是，有可能出现高不成、低不就的情况，对消费者缺少吸引力，也难于在短期内打开销路。

（3）折扣定价策略。折扣定价策略是指企业为了鼓励消费者的某种购买行为，专门对价格进行的修改和调整。网上折扣定价策略可采取如下几种形式：一是数量折扣，为了鼓励消费者多购本企业产品；二是现金折扣，为了鼓励消费者按期或提前付款，以加快企业资金周转；三是季节折扣。为鼓励中间商淡季进货或消费者淡季购买。此外，还有功能折扣和时段折扣等。折扣定价策略是网上市场中经常采用的一种价格策略，其实质是一种渗透定价策略。

（4）差别定价策略。差别定价是指企业以两种或两种以上不反映成本差异的价格来销售一种产品或提供一种服务。差别定价策略的实施是根据消费者、产品、地理位置等方面的差异对同一种产品或服务设置不同的价格，以达到获取最大利润的目的。例如，以商业和经济新闻为主要来源的《华尔街日报》就采取了这种策略，它以较低的价格向商学院和经济学院的学生提供报纸订阅，同时它还会为订报学生和老师提供特别的订阅服务，而其他商业人士则没有这种优惠和待遇。

（5）拍卖定价策略。网上拍卖是目前发展较快的领域，个体消费者是目前拍卖市场的主体，因此这种策略并不是目前企业首要选择的定价方法，因为它可能会破坏企业原有的营销渠道和价格策略。比较适合网上拍卖竞价的是企业的一些原有积压产品，可以通过拍卖展示起到促销作用。网上拍卖竞价方式有下面几种。

①竞价拍卖。竞价拍卖是指卖方将产品资料、拍卖时间、预告公告，挂牌报价，买方自主加价，在约定时间内，无人继续加价后，交易结束，以最后买价成交。

②竞价拍买。竞价拍卖的反向过程，买方提出一个价格范围，求购某一商品，由卖方出价，出价可以是公开的也可以是隐蔽的，买方将与出价最低的或最接近的卖方成交。

③集体议价。在 Internet 出现以前，这种方式在国外主要是多个零售商结合起来，向批发商以数量换价格。Internet 出现后，使得普通的消费者也能使用这种方式购买商品。例如，2002 年 12 月 23 日在雅宝的拍卖竞价网站上，500 多个网民联合起来集体竞价《没完没了》电影票，最终以 5 元购得（原价 30 元）。

（6）个性化定价策略。个性化定价策略是利用网络互动性的特征，根据消费者对产品外观、颜色等方面的具体需要，来确定产品价格的一种策略。网络的互动性使个性化营销成为可能，也将使个性化定价策略有可能成为网络营销的一个重要策略。企业可根据消费者特殊需要的程度，来确定产品不同的价格。

（7）使用定价策略。所谓使用定价，就是消费者通过 Internet 注册后可以直接使用某企业产品，消费者只需要根据使用次数进行付费，而不需要完全购买产品。这一方面减少了企业为完全出售产品进行大量不必要的生产和包装的花费，同时还可以吸引消费者使用产品，扩大市场份额。采用这种定价策略，一般要考虑产品是否适合通过 Internet 传输，是否可以实现远程调用。目前，比较适合该定价策略的产品有计算机软件、音乐、电影、电子刊物等。

（8）品牌定价策略。产品的品牌和质量是影响价格的主要因素，如果产品具有良好的品牌形象，那么产品的价格将会产生很大的品牌增值效应。名牌产品采用"优质高价"策略，既增加了赢利，又让消费者在心理上感到满足。对于这种本身具有很大品牌效应的产品，由于得到人们的认可，在网上产品的定价中，完全可以对品牌效应进行扩展和延伸，利用网络宣传与传统销售的结合，产生整合效应。

7.3.3　网络营销渠道策略

1. 网络营销渠道概述

营销渠道是指产品由生产领域向消费领域转移过程中所经过的所有环节和中介机构。网络虚拟市场作为一种新型的市场形式，同样存在营销渠道的选择问题。对于从事网络营销的企业来说，熟悉网络营销渠道的结构，分析、研究不同网络营销渠道的特点，合理地选择网络营销渠道，不仅有利于企业的产品顺利完成从生产领域到消费领域的转移，促进产品销售，而且有利于企业获得整体网络营销上的成功。

2. 网络直接销售

网络直接销售简称网络直销，是指企业通过网络营销渠道直接销售产品。中间没有任何形式的网络中间商介入其中。

（1）网络直销的优点。

①网络直销对买卖双方都有直接的经济利益。由于网络营销大大降低了企业的营销成本本，企业能够以较低的价格销售自己的产品，消费者也能够买到大大低于现货市场价格的产品。

②营销人员可以利用网络工具，如电子邮件、公告牌等，随时根据消费者的愿望和需要，开展各种形式的促销活动，迅速扩大产品的市场占有率。

③企业能够通过网络及时了解到消费者对产品的意见和建议，并针对这些意见和建议提供技术服务，解决疑难问题，提高产品质量，改善经营管理。

（2）网络直销的缺点。面对大量分散的企业域名，消费者很难有耐心一个个去访问制作平庸的企业主页。特别是对于一些不知名的中小企业，大部分消费者不愿意为此浪费时间。据了解，我国目前建立的数千个企业网站。除个别行业和部分特殊企业外，大部分网站访问者寥寥无几，营销收效不大。

3. 网络间接销售

（1）网络间接销售概述。为了克服网络直销的缺点，网络产品交易中介机构应运而生。这类机构的基本功能是连接网络上推销产品或服务的卖方和在网络上寻找产品和服务的买方，成为连接买卖双方的枢纽，使得网络间接销售具有可能。其基本原理和传统的间接销售渠道一样，产品和服务的卖方和买方不直接面对，产品和服务通过网络产品交易中介机构完成向消费者的转移。

（2）网络间接销售的优点。

①有利于扩大销量。网络间接销售可以充分利用众多网络中介机构的交易平台销售产品，拓展了企业的销售渠道，从而有利于提高产品的销量。

②使交易活动常规化。网络产品交易中介机构可以一天 24 小时、一年 365 天不停地运转，避免了时间上和时差上的限制；买卖双方的意愿通过固定的交易表格统一和规范的表达，避免

了相互扯皮；网络产品中介机构所属的配送中心分散在全国各地，可以最大限度地减少运输费用；网络交易严密的支付程序，使得买卖双方彼此增加了信任感。很明显，由于网络产品交易中介机构的规范化运作，减少了交易过程中大量不确定因素，降低了交易成本。提高了交易成功率。

③便利了买卖双方的信息收集过程。从整个社会的角度来看，网络产品交易中介机构凭借自己的经验、专业知识、规模及掌握的大量信息，在把产品由企业推向消费者方面比企业自己来推销更简化，也更加经济。

7.3.4　网络营销促销策略

1. 网络促销的概念

网络促销是指开展网络营销的企业为了扩大商品的销售而采取的一系列激发目标消费者的购买欲望，促使其产生购买行为的宣传报道、说服、激励、联络等各种营销活动的总称。与传统的促销活动有所不同，网络促销是在虚拟市场环境下进行的。在这个全新的环境下，消费者的消费理念和消费行为都发生了很大的变化。例如，在网络平台上，消费者拥有更大的选择空间、更便捷的信息搜寻手段，因而更容易做出理性的选择。因此，开展网络营销的企业必须要突破传统实体市场和物理时空观的局限性，采用适应虚拟市场的全新的思维方法来制定最适合的促销策略和实施方案。

2. 网络促销形式

（1）打折促销。打折促销是最常见的网络促销形式，是指企业直接在产品或服务原价的基础上给予消费者一定的折扣。打折促销是一种非常有效的促销手段，例如双十一活动之所以能成为我国网络消费者的盛宴，商家的打折促销是最根本的原因。但企业在开展打折促销时需要注意销售的产品必须有价格优势或有比较好的进货渠道，否则只能是赔钱赚吆喝，得不偿失。

（2）赠品促销。赠品促销是指企业在消费者买其产品或服务时，给予消费者一定的赠品以促进主推商品的销量。需要注意的是，赠品不能随意选择，只有那些有特色的、让消费者感兴趣的赠品才能引起消费者的关注。

（3）广告促销。广告促销是一种重要的促销方式，也是网络营销的一种非常有效的手段。因为在浩瀚的网络世界，企业的商品如沧海一粟，如果不采取有效的广告促销策略，再好的是商品也只能是"藏在深闺人未知"。广告促销的形式多样也较为复杂。限于篇幅，本书不做详细介绍。有兴趣的读者可以进一步阅读网络广告方面的教科书。

（4）积分促销。积分促销是指商家根据消费者的积分给予不同的优惠。在许多网站里面，都支持虚拟的积分。消费者每消费一次，给会员累积积分，这些积分可以兑换小赠品或在以后消费中，可以当成现金使用。

（5）抽奖促销。抽奖促销也是网络促销常用的方法，抽奖时要注意公开、公正、公平，奖品要对消费者有吸引力，这样才会有更多的用户对促销活动感兴趣。

（6）节日促销。在节日期间网络促销，也是常用的方法，节日促销时应注意与促销的节日关联，这样才可以更好的吸引用户的关注。

（7）纪念日促销。如果遇到了建站周年，或访问量突破多少大关，成为第多少个用户，成交额突破多少额大关，可以利用这些纪念日可以展开网络促销。

7.4　网络营销的工具和方法

随着网络技术的不断发展和营销理念的不断创新，网络营销的新工具和新方法如雨后春笋般的涌现。微信营销、博客营销、O2O、RSS 营销、SNS 营销、精准营销、嵌入式营销这些创新的网络营销工具和方法的出现极大地丰富了网络营销的内容，拓展了网络营销的功能。

7.4.1　常见的网络营销工具和方法

1. 企业网站营销

企业网站是一个综合性的网络营销工具，在所有的网络营销工具中，企业网站是最基本、最重要的一个。若没有企业网站，许多网络营销方法将无用武之地，企业网络营销的功能也会大打折扣。因此，企业网站是网络营销的基础。企业网站的网络营销功能主要表现在六个方面：品牌形象、产品/服务展示、顾客关系、网上调查、网上合作、网上销售。如果企业自身不具备建设独立网站的能力，则可以选择在第三方提供的电子商务平台上建立网上店铺，由商家自行经营网上商店，就如同在大型商场中租用场地开设店铺一样，是一种比较简单的电子商务形式。网上商店除了具有网络直销的功能外，还是一种有效的网络沟通手段。

2. 搜索引擎营销

搜索引擎（search engine）是指根据一定的策略、运用特定的计算机程序搜集互联网上的信息，在对信息进行组织和处理后，并将处理后的信息显示给用户，是为用户提供检索服务的系统。搜索引擎是网络用户在浩瀚的信息海洋寻找信息的最重要的工具，对网络营销企业而言极具营销价值。

搜索引擎营销（Search Engine Marketing，简称 SEM），是指企业根据网络用户使用搜索引擎的方式，利用用户检索信息的机会尽可能地将营销信息传递给目标用户。用户搜索时使用的关键词说明用户对关键词所代表的产品或问题的关注，这也是搜索引擎应用于网络营销的根本原因。搜索引擎营销追求最高的性价比，以最小的投入，获取最大的来自搜索引擎的访问量，并产生商业价值。

搜索引擎营销的工作是扩大搜索引擎在营销业务中的比重，通过对网站进行搜索更多的挖掘企业的潜在客户，帮助企业实现更高的转化率，最主要的模式有三种：搜索引擎登陆和排名、搜索引擎优化和关键词广告。

3. 交换链接与信息发布

交换链接也称互惠链接或友情链接，是具有一定资源互补优势的网站之间的简单合作形式，即分别在自己的网站上放置对方网站的 LOGO 或网站名称并设置对方网站的超级链接，使得用户可以从合作网站中发现自己的网站，达到互相推广的目。信息发布是网络营销的基本职能，通过 Internet 不仅可以浏览到大量的商业信息，同时企业还可以自己发布信息。最重要的是将有价值的信息及时发布在自己的网站上，以充分发挥网站的功能，如新产品信息、优惠促销信息等。

4. 病毒式营销

病毒式营销是一种常用的网络营销方法，通过"让大家告诉大家"的口口相传的用户口碑传播原理，利用网络的快速复制与传递功能将要表达的信息在互联网上像病毒一样迅速扩散与蔓延。因此病毒式营销是一种高效的信息传播方式，而且，由于这种传播是用户之间自发进行的，因此几乎是不需要费用的网络营销手段，常用于进行网站推广、品牌推广等。

【阅读资料 7-3】   ALS 冰桶挑战赛

病毒式营销的一个经典案例是"ALS 冰桶挑战赛"。该活动旨在是让更多人知道被称为渐冻人的罕见疾病，同时也达到募款帮助治疗的目的。要求参与者在网络上发布自己被冰水浇遍全身的视频内容，然后该参与者便可以要求其他人来参与这一活动。活动规定，被邀请者要么在 24 小时内接受挑战，要么就选择为对抗"肌肉萎缩性侧索硬化症"捐出 100 美元。该活动一经推出即在极短的时间内引爆全球公众的目光，各界社会名流积极参与，从比尔·盖茨、库克、扎克伯格这些 IT 界大佬到梅西、C 罗、詹姆斯、科比、韦德等全球最顶级的体育明星悉数参加。明显效应带动了更多的大众踊跃加入，据统计，仅在美国就有 170 万人参与挑战，250 万人捐款，总金额达 1.15 亿美元，这可能是为某种疾病或紧急情况捐助最多的款项。

资料来源：《冰桶挑战赛》，百度百科 http：//baike. baidu. com/link？url＝9eQRkLa46brFEj55xV7uu3huolAXFcCPJ26vLi EWngf5EkQ8 HYfkJkaeeqjr5r09yS4DzJ582omtPE3VaAA5Ya。

5. 许可 E-mail 营销

E-mail（电子邮件）是一种利用计算机通过电子通信系统进行书写、发送和接收的信件，是一种利用电子手段进行信息交换的通信方式，是 Internet 应用最广泛的服务。

通过电子邮件系统，用户可以用非常低廉的价格，以非常快速的方式，以文字、图像或声音等各种方式，与世界上任何一个角落的网络用户联系。电子邮件结合了电话通信和邮政信件的优势，既能像电话一样快速地传送信息，又能像邮政信件一样，具备收件人的信息、邮件正文等。同时也可以免费得到大量的新闻、专题邮件，实现轻松的信息搜索。正是电子邮件的使用简单、投递迅速、形式多样、传递快捷、易于保存等特点，使得电子邮件被广泛应用，至今已经成为很多人生活中必不可少的通信方式。

许可 E-mail 营销是在用户事先许可的前提下，通过电子邮件的方式向目标用户传递有价值信息的一种网络营销手段。许可 E-mail 营销的一般过程包括确定 E-mail 营销目的；建立或者选择邮件列表技术平台，获取用户 E-mail 地址资源；E-mail 营销的内部设计；根据计划向潜在用户发送电子邮件；对 E-mail 营销营销效果做好评价分析。

6. 博客/微博营销

公司、企业或个人利用博客、微博这种网络互交性平台，发布并更新与企业或个人相关的信息，并且密切关注、及时回复平台上客户对企业或个人提出的相关质疑和询问，以达到营销的目的。2011 年见证了微博在使用时间上对多项传统资讯类别的超越，4 月微博月度浏览时间超过财经资讯和媒体首页；7 月，微博月度浏览时间超过新闻资讯。网民对资讯的关注已经从被动地接受信息转向主动地参与即时交流和网络互动，微博"新媒体"的影响力已初现端倪。

博客营销是通过博客使博客作者和博客浏览者相互接触，利用博客作者个人的兴趣、爱好及生活体验等传播企业及其提供的产品和服务信息的市场营销活动。企业通过博客对特定受众开展"人际营销传播",利用博客开展事件营销和公关活动,往往能取得较好的效果。

微博,微型博客(MicroBlog)的简称,即一句话博客,是一种通过关注机制分享简短实时信息的广播式的社交网络平台。微博是一个基于用户关系信息分享、传播以及获取的平台。微博营销是利用微博平台实现企业信息交互的一种营销方式,是企业借助微博这一平台开展的包括企业宣传、品牌推广、活动策划及产品介绍等一系列的市场营销活动。基于微博的特性,微博营销具有成本低廉、针对性强且传播速度快、表现形式灵活多变的、互动性强等优点,因而越来越受到企业的重视。

7. 网络软文营销

网络软文营销又叫网络新闻营销,是指企业通过门户网站、自建网站或行业网站等网络平台,传播一些具有阐述性、新闻性和宣传性的文章,包括一些网络新闻通稿、深度报道、案例分析等,把企业、品牌、人物、产品、服务、活动项目等相关信息以新闻报道的方式,及时、全面、有效、经济地向社会公众广泛传播的新型营销方式。

从 20 世纪 90 年代中后期至今,软文在中国的营销词典里一直占有很重要的位置,1999 年软文成就了"脑白金",并创造了一个又一个的销售奇迹。1999 ~ 2000 年,国内形成了第一个软文应用的高潮,一些企业开始重视软文并积极模仿;2002 年"清华清茶"模式的出现掀起了软文应用的另一个高潮,随着一批批专业的软文写手和团队浮出水面,软文的应用逐渐普及。2005 年后,随着博客营销的发展,软文在互联网环境下开始了又一轮的创新与发展,并已成为网络营销中普遍采用的营销传播和促销方式。

8. 网络事件营销

网络事件营销(Internet Event Marketing),是事件营销的一个专业分支,是指企业通过策划、组织和利用具有新闻价值、社会影响以及名人效应的人物或事件,以网络为传播载体,吸引媒体、社会团体和消费者的兴趣与关注,以求建立、提高企业或产品的知名度、美誉度,树立良好品牌形象,并最终促成产品或服务的销售手段和方式。[①] 企业利用好网络事件营销方式,往往可以快速、有效的宣传其产品和服务。著名的"封杀王老吉"网络营销事件就是非常典型的案例,王老吉利用网民的爱国、好奇及追捧等心理,向汶川捐款一亿元后,利用正话反说的网络事件营销方式,激发了网民的舆论热情,使王老吉"一夜成名",迅速提升了其产品的知名度及终端销售量。

---

① 林景新:《实战网络营销》,暨南大学出版社 2009 年版。

7.4.2 其他网络营销工具和方法

1. 微信营销概述

微信是腾讯公司 2011 年推出的一个为智能终端提供即时通讯服务的免费应用程序。作为时下最热门的社交信息平台，移动端的一大入口，微信已经不仅仅是聊天工具，它正在演变成为一大商业交易平台，其对营销行业带来的颠覆性变化开始显现。

微信营销是伴随着微信的流行而兴起的一种营销方式，即企业通过微信平台开展品牌及产品推广的宣传活动。微信公众平台是腾讯公司在微信的基础上新增的功能模块，通过这一平台，商家可以针对用户的需求，实现文字、图片、语音的全方位沟通和互动，以推广自己的产品，从而实现点对点的营销。

微信不同于微博，作为纯粹的沟通工具，商家、媒体、和明星与用户之间的对话是私密的，不需要公之于众的，所以亲密度更高，完全可以做一些真正满足客户需求与个性化的内容推送。相比于微博营销，微信营销具有更加精准的点对点营销的优点

2. RSS 营销

RSS（Really Simple Syndication，聚合内容）营销，是指利用 RSS 这一互联网工具传递营销信息的网络营销模式。RSS 可以为其他网站提供信息调用，同时借助于 RSS 阅读器也可以让用户方便地获取最新信息，可见，RSS 在网络营销中的应用主要表现在其信息传递作用。RSS 的深层次应用在很多方面与电子邮件非常相似，因此 RSS 营销的方法与邮件列表营销也有较多的相似之处。RSS 与邮件列表都在用户订阅、信息传递和阅读信息方式等方面有更多的优越性，但两者最大的共同点在于，都是依赖向用户传递有价值信息实现网络营销的目的。

开展 RSS 营销的基本条件是网站提供 RSS 信息源，并通过 RSS 方式向用户传递有价值的信息。这里面包含三个基本要素：第一，要提供 RSS 信息源；第二，要为用户持续提供有价值的信息，并且通过 RSS 及时向用户传递；第三，让尽可能多的用户通过 RSS 获取信息。这三个基本要素也就是企业开展 RSS 需要具备的基本条件。

3. SNS 营销

SNS（Social Networking Services），即社会性网络服务，专指旨在帮助人们建立社会性网络的互联网应用服务。SNS 社区在中国快速发展时间并不长，但是 SNS 现在已经成为备受广大用户欢迎的一种网络交际模式。SNS 营销是随着网络社区化而兴起的营销方式。

SNS 是一种延时的通信工具，从一个圈到另一个圈，理论上可以把整个 SNS 网站都传播遍，

但是由于 SNS 营销相对来说还是一个新型的营销模式，在实际的传播过程中还会有很多冷角。但是在情感表达方面，SNS 营销比其他的营销手段更加丰富多彩，是一种更加容易增加亲密度的工具。

要在 SNS 中的某个社区做营销，就一定要去了解该社区自己的特点，比如风格、氛围、话题等，这样才能明白什么样的营销信息可以在该社区中很好地传播。了解完这些信息后，可以建立自己的品牌群组，这样传播的信息更具有针对性，并且会受到意见领袖在无形中的帮助，因此，必须多接触社区中的一些非常受到关注的用户，找到他们的兴趣点，吸引其注意力，进而通过他们将话题传递给他们的粉丝，这样再进行营销，成功率会高出很多。

4. 精准营销

精准营销（Precision marketing）就是指在目标市场实施精准攻击，以精准的市场定位、精准的产品投放、精准的价格策略、精准的产品工艺、精准的广告投放、精准的亲情服务、精准的全员培训确保精准攻击的成功。"精准营销"能够有效地降低产品的附加成本，将更多的实惠让利给用户。精准营销既要准确、精密又要可衡量，企业通过可量化的精准的市场定位手段打破传统营销只能定性的局限性，依托现代信息技术手段建立个性化的顾客沟通服务体系，将营销信息推送到比较精准的受众群体中，从而节省营销成本，实现企业可度量的低成本扩张之路。

精准营销的方法主要有通过搜索引擎的关键词进搜索、电子邮件推广、通过微博/微信营销等。精准营销的方法包括短信营销、电话营销、SEO 营销、口碑营销、GPS 效果营销、软文营销、图片营销、视频营销等，企业可以根据自己的特点，选择适合的营销方法。

除了以上介绍的几种网络营销工具和方法外，还有视频营销、O2O 营销、嵌入式营销等多种方式，限于篇幅，本书不再逐一介绍。有兴趣的同学可以进一步阅读网络营销方面的相关教材。

本章习题

一、单选题

1. 网络营销的实质是(　　　)。

    A. 市场营销　　　　　　　　　　　　　B. 商品销售

  C. 商品交换   D. 电子商务

2. 网络营销的产品是指(　　)。

  A. 有形产品   B. 无形产品

  C. 网络产品   D. 一切可以满足顾客需要的产品

3. 企业选择软文推广在很大程度上是为了改善促销效果和降低促销成本,因此,软文不可能回避广告的(　　)。

  A. 公益本性   B. 客观本性

  C. 商业本性   D. 娱乐本性

4. 以下列哪一项不属于网络消费者需求特点(　　)。

  A. 消费主动性增强   B. 对购买方便性的需求与购物乐趣的追求并存

  C. 消费需求的差异性   D. 消费者需求逐渐趋同

5. 浙江纳爱斯公司就针对社会广泛关注的下岗职工再就业问题,策划了一系列电视广告,这属于(　　)网络事件营销。

  A. 借用重大突发事件型   B. 借用公众高关注事件型

  C. 借用社会问题型   D. 营造事件型

6. (　　)一般是通过设问引起话题或引起读者的好奇心。

  A. 新闻式软文   B. 悬念式软文

  C. 故事式软文   D. 情感式软文

7. SNS 营销是随着(　　)而兴起的营销方式。

  A. 网络公开化   B. 无线网络出现

  C. 网络社区化   D. 网络费用大幅降低

8. 关于博客,以下观点不正确的是(　　)。

  A. 博客有其稳定的阅读群体

  B. 博客传递信息具有针对性

  C. 博客的每一个阅读群体通常都具有某方面的高度一致性

  D. 博客阅读群体细分程度远低于其他信息传播沟通渠道

9. 下列不属于微博营销的特点的选项是(　　)。

  A. 影响范围广   B. 受众不稳定

  C. 可信度高   D. 传播自主性强

10. (　　)专指旨在帮助人们建立社会性网络的互联网应用服务。

    A. APP 营销   B. RSS 营销

    C. 精准营销   D. SNS 营销

二、多选题

1. 以下属于网络营销的功能是(　　　　)。

    A. 信息发布功能   B. 商业调查功能

    C. 销售渠道开拓功能   D. 特色服务功能

2. 网络营销的方法包括(　　　　)。

    A. 搜索引擎注册与排名   B. 交换链接

    C. 许可 E-mail 营销   D. 邮件列表

3. 消费者网上购买过程包括(　　　　)。

    A. 产生需求   B. 收集信息

    C. 比较选择   D. 购买决策

4. 影响消费者网上购物的因素主要有(　　　　)。

    A. 消费者的收入水平   B. 消费者的年龄

    C. 购物的便利性   D. 离家的远近

5. 病毒式营销的主要特点包括(　　　　)。

    A. 推广成本低   B. 传播速度快

    C. 易于为受众接受   D. 效率高

6. 以下属于软文营销的特点的是(　　　　)。

    A. 本质是非广告   B. 低成本高回报

    C. 易制造诚信   D. 易为企业树立良好的口碑

7. 下列属于网络事件营销的是(　　　　)。

    A. "吃垮必胜客"   B. "买光王老吉"

    C. "凡客体"   D. "贾君鹏你妈妈喊你回家吃饭"

8. 网络事件营销对企业的好处是(　　　　)。

    A. 通过正确的网络事件营销,可以迅速提升品牌知名度

    B. 品牌与事件的有机结合,有助于提升品牌的美誉度

    C. 企业通过网络事件营销,可以提高终端销售量

    D. 通过捆绑热点事件,开展社会营销,有利于塑造企业的社会公众形象

三、名词解释

1. 网络营销   2. 病毒式营销   3. 博客营销   4. 精准营销   5. 微信营销

四、简答及论述题

1. 网络营销活动的内容主要有哪些？

2. 试论述网络消费需求的特点和趋势。

3. 网络营销的促销策略主要有哪些？

4. 开展许可 E-mail 营销应该注意哪些问题？

5. 试论述网络事件营销。

案例讨论

一颗有互联网味道的橙子

褚橙，又名"励志橙"，是红塔集团原董事长、曾经有名的"中国烟草大王"、75 岁高龄又重新创业的褚时健所种植的冰糖脐橙，简称"褚橙"。

褚橙的成功之处在于，它在极短的时间内，把一个上市才 3 年的产品几乎做成了"云南特产"，而且还创下了励志橙这样高大上的名号。褚时健在 2002 在云南哀牢山种橙子的时候，一定没有想到互联网，十余年后，他的"褚橙"会通过互联网红遍大江南北，也一次次成功登上了头条。

的确，褚时健依靠他的"褚橙"，完美的从"烟王"转变到了"橙王"，而现在的褚橙，也变得愈加的互联网化了。那么，如何把一颗橙子吃出了"互联网"的味道？这是褚橙留给大家的思考题。

中国有世界最大的互联网公司，又拥有用户群最多的互联网工具。互联网时代，传播效率最高的互联网工具出现在我们面前。而当农业这个最富有文化底蕴的行业遇见互联网的时候是最有故事的，也是最容易传播的。但前提是产品必须好，因为产品好传播出来的才是好的名声。而褚时健的互联网橙子之所以成功，关键有三点：

其一，橙子要好，要甜，这构成其用户体验的第一步。2013 年推出时曾经一度成为业界佳话的"褚橙柳桃潘苹果"，到现在就只有褚橙成功了，而柳桃和潘苹果却渐行渐远。褚老种植橙子，注重科学管理，管理一片果园像管理现代化工厂，一棵树上只能结 240 个橙子，一个农民只能管理 200 棵树，有计划，有流程，讲工艺，讲质量，井井有条一丝不苟。浇树要用清泉水，施肥要施专门的有机肥，果子附近的枝叶要剪掉要让果子晒太阳，这完全是一套专业学问，而这些专业的技术，也是靠互联网一步步操作实现的。

其二，褚橙被赋予了正面的、向上的积极意义。褚时健的人生曾经跌到谷底，身陷囹圄名利皆失。假如换个一般人，或许早已一蹶不振。然而，褚时健却能够对失败淡然处之，一有机会便东山再起，雄心勃勃地又干起一番事业，他那种不怕失败，败中求胜的精神，对许多企业家和有志于创业的年轻人来说，都是弥足珍贵的。75 岁二度创业，由"烟王"变身"橙王"。这种切合年轻人精神需求的故事与内涵，甚至被赋予了一种励志精神，这是其增值部分，除了口感之外，使吃褚橙增加了一层精神上的体验。

其三，褚时健以及他亲手栽种的"褚橙"因地产大佬王石在微博上的一篇励志故事引爆公众话题，被潘石屹、韩寒、微博大 V 等关注，并通过互联网手段大力赞扬追捧，向外界宣传褚橙的故事，引爆传播。

⑦ 思考讨论题

何谓互联网思维？褚橙的成功是否可以复制？

资料来源：《"褚橙"如何吃出互联网的味道？》，百度百家 http：//cbinews. baijia. baidu. com/article/276271。

第 8 章

网络采购

本章导读

　　本章主要内容包括网络采购的基本概念、形式和与传统采购的区别；网络采购流程；网络采购中供应商的选择；网络采购中应该注意的问题。通过本章学习，读者可以获取全面的网络采购相关知识，了解网络采购与传统采购的异同，从而提升对采购业务的理解。

知识结构图

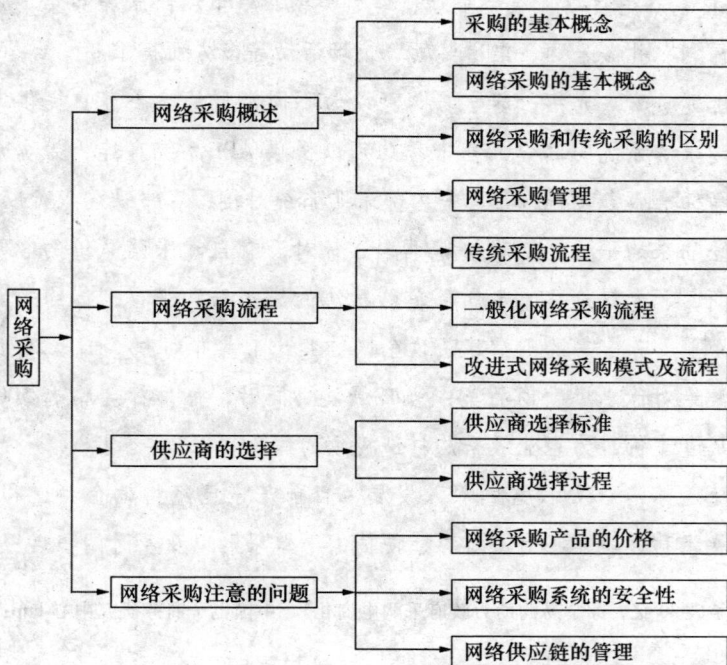

【开篇引例】 苏宁易购助力政府采购电商化

近年来，随着国家推行电子化采购，政府及企业采购也在进行着从线下到线上的转移。同时，政企采购电商化模式，也将有助于解决公共采购领域质次价高、不透明等问题，让采购更加阳光、透明、高效和便捷。

为顺应政企采购电商化的趋势，2014 年年底，苏宁易购政企频道正式上线。其实在此之前，苏宁易购就已经成为第一批中标的中央政府采购网上商城电商类供应商。从 2015 年开始，苏宁易购先后中标上海、江苏、广州、无锡、莆田等省市级政府采购项目并建立合作关系。同时，与中国联通、国家电网、中储粮、万达、万科、保利地产、兴业银行、洋河集团等央企建立线上采购系统对接。

政企采购一直以来的难点在于商品需求广泛，供应商众多，采购一次商品可能要与上百家供应商联系，仅谈判议价这一过程就非常的繁琐。

苏宁易购政企频道相关负责人表示，苏宁易购作为综合性电商平台，则可以满足政企采购的综合需求，提供一站式整体解决方案，使难题迎刃而解。伴随着苏宁"＋商品＋渠道＋服务"的互联网零售发展，截至 6 月底，苏宁易购商品 SKU 数量达到 1220 万，涵盖大家电、3C 电子、办公耗材、日用百货、服装箱包、母婴美妆、超市、商旅等品类，可以满足客户在办公采购、员工福利、礼品采购、渠道奖励、市场活动等多方面需求。

据苏宁易购上述负责人介绍，苏宁易购可以为不同类型的政企客户提供定制化的公共采购方案。针对自建采购系统的客户，苏宁易购可以提供 API 系统直连，为客户开放商品、订单、库存、物流等标准服务接口，与客户内部采购系统对接，客户采购人可以通过 PC 端、移动端等多种形式登陆采购平台，实现快速下单。针对没有自建采购系统的客户，苏宁易购则帮助其打造专属商品、专属价格、专属下单购物流的线上采购平台，节约采购成本并提升效率。针对中小微企业，苏宁易购则搭建了政企采购频道，其中每月 5 日、20 日定义为企业频道的会员日，聚集绝对优惠爆款商品集中当日爆发。同时，每月都会精选 500 款企业常用的商品提供企业会员专享价，为企业级采购打造极致的体验。

另据了解，随着苏宁 O2O 模式的深入发展，目前苏宁已经将政企频道和实体门店融合，为客户提供实物展示和体验、一对一推荐、便捷的下单采购以及及时的售后服务。

资料来源：《半年破 30 亿，苏宁易购助力政府采购电商化》，中国电子商务研究中心 http：//www.100ec.cn/de-tail——6268428.html。

8.1　网络采购概述

降低采购成本是企业在激烈的市场竞争中挖掘潜力的重要手段。在当今时代，互联网以其低成本、开放性、全天候、多媒体、交互式等特点，为企业提供了降低采购成本的有效平台，因而备受企业所重视。下面就对网络采购的相关知识进行一下系统的介绍。

8.1.1　采购的基本概念

"采购"二字的本来含义是指购买者根据自身需要从供应商处购得所需商品的活动。随着全球化竞争的加剧，以及科学技术的迅猛发展，越来越多的企业开始强调资金成本和劳动力成本的最小化，因此，采购不再被视为一项边缘性的工作，而是被提升到战略的高度，甚至被定义为一项新的管理职能，从而成为企业战略资源管理的重要内容。

采购的定义较多，比较有代表性的是美国供应链管理专业协会所推荐的。这个定义由美国供应链展望公司（Supply Chain Vision）创始人 Kate Vitasek 所提出，Kate Vitasek 认为"采购是企业购买所需物品和服务的职能，包括采购计划、采购活动、存货控制、运输、接受、入库检验等业务活动"。

我国学者赵道致、王振强从战略、运营和作业三个层面给出了更加完善的采购定义，他们提出"在战略层面，采购包括在尽可能大的范围内为企业寻求资源，决定资源获取方式以及选择采购方式；在运营层面，采购包括供应商选择与管理、采购计划、存货控制、价格控制、综合成本控制以及内向运输管理等；在作业层面，采购包括接收、入库验收、货款支付等。采购的目的是要以尽可能低的成本满足企业内、外部客户的需要"。

8.1.2　网络采购的基本概念

网络采购的概念有广义和狭义之分。狭义的网络采购概念主要是指网上采购，是指企业以网络媒体和网络技术为载体，将网上信息处理和网下采购操作过程相结合，通过网络这种成熟、便利的工具寻找资源的采购模式。而广义的网络采购概念则是指基于 Web 体系和工作流管理的企业采购解决方案。这种方案将以人工为主的传统采购作业提升为运用互联网技术及相关工具的高度信息化、自动化的采购新方式。广义的网络采购也称为电子采购（Electronic Procurement），本章介绍的网络采购主要是指其广义的概念。

1. 网络采购的形式

荷兰采购和供应链协会的 Arjan V. W. 和瑞典林克平大学的 Nicolette L.（2008）将网络采购的形式划分为五种形式，分别是：

（1）电子拍卖（E-Auction）。电子拍卖是通过因特网或者内部网实现的拍卖行为。大多数情况下由买家先出价。电子拍卖的形式多样，要求不一：比如买家可以限制竞价者的数量，决定是否公开竞价者的名字、或限制竞价次数、或多方面衡量供应商出价等等。

（2）电子交易市场（Electronic Marketplaces，EM）。电子交易市场是指买方和卖方通过因特网操作实际交易。电子交易市场也有不同的形式，包括买方市场，卖方市场和中立市场。买方市场是由属于同一行业的买主建立的。卖方市场是由属于同一行业的卖主组建的。中立市场则是由同时为买方和卖方服务的中间商建立的。

（3）有效的消费者回馈（Efficient Consumer Response，ECR）。ECR 是指在同一供应链上的公司紧密合作，以最好的方式满足最终消费者的需求。对消费者的关注可以促使公司优化各种业务流程（例如物流、新产品开发、促销、供应、管理等），所有在链上的合作伙伴都可以大幅度地提高效率并从中受益。四个主要的 ECR 领域是：产品目录管理、物流、IT 系统和供应链整合。

（4）联合计划、预测和供给（Collaborative Planning Forecasting and Replenishment，CPFR）。CPFR 是供应链上的合作伙伴通过电子信息技术交换需求和供给计划，由此可以减少供应链上的缓冲库存，并缩短对最终消费者的交货时间。

（5）供应商关系管理（Supplier Relationship Management，SRM）。供应商关系管理是通过建立信息系统有效管理与供应商的关系。管理包括合同信息，订购信息，已付发票信息，交货信息，供应商表现，价格历史和成本数据。

2. 网络采购的技术支持

网络采购是计算机技术、网络技术、安全技术、密码技术和管理技术等多种技术在电子商务领域的应用，因此要做好网络采购必须依赖以下几种技术。

（1）计算机技术：网络采购全过程的信息传递是离不开计算机的，计算机的硬件性能保证了信息处理的速度，而其软件性能保证了数据的操作。

（2）数据库技术：数据库的作用在于存储和管理各种数据，支持决策，在电子商务和信息系统中占有重要的地位。

（3）金融电子化技术：电子采购过程包括交易双方在网上进行货款支付和交易结算，金融电子化为企业之间进行网上交易提供保证。

（4）网络安全技术：企业通过网络进行采购，在进行合同签订、货款支付过程中，网上信息是否可靠安全是他们关心的内容，而防火墙技术、信息加密与解密技术、数字签名技术等网络安全技术保障整个网络采购过程的顺利进行。

8.1.3　网络采购和传统采购的区别

虽然发展的历史并不长，但是在进入 21 世纪之后，网络采购得到了广泛的应用，越来越多的企业也放弃采取传统的采购模式。德勤咨询公司的高级经理 Len. P 曾经提到："在电子商务环境下，传统的采购部门将不复存在，取而代之的将是对供应商加强管理，重点协调与供应商的信息交互，并巩固与供应商的关系"。

1. 网络采购的新特征

（1）竞争战略重点从单纯"物资采购"转向"外部合作资源"获取。传统的采购模式往往把自身的重点放在物资交易上，往往忽略与供应商的战略合作。正因为如此，企业很难与供应商进行系统整合、信息共享，从而很难分享有效地信息，从而使企业缺乏快速的市场反应能力。

而网络采购流程不仅仅完成了采购活动，而且利用 IT 技术对采购全过程的各个环节进行管理，可以降低成本，整合买家和卖家的资源。随着信息的公开化和透明化，企业和供应商会更容易建立起战略合作关系，长此以往，网络采购活动也会更加密切。

所以，相对于传统的采购模式，网络采购更加看重通过与外部合作来获取资源，更加看重企业与供应商建立起的战略合作关系。

（2）提高流程中的电子商务能力，实现由"为库存采购"向"为订单采购"转移。传统的采购模式中，由于企业缺乏有效的信息共享机制，所以对市场需求以及市场趋势缺乏了解，所以采购部门的采购目的就是补充库存，避免库存不足造成生产滞后。但是，在很多信息不对称的情况下，企业很可能出现库存积压（市场需求小时），或者无法按照额外订单进行补货（市场需求大时）。

而在网络采购模式下，由于企业可以通过 IT 资源的重新组合和优化，企业和供应行的信息共享和合作流程能力将得到大幅度的增强，从而实现"为库存采购"向"为订单采购转移"。但是，这也从另外一个方面向企业和供应商提出了更高的要求。

企业必须和供应商建立长期的战略合作伙伴关系，使得采购过程中不需要反复协商和签订合同，从而使采购部门摆脱繁琐的合同管理，将工作重点放在维持供应商关系，以及寻找更优秀的供应商上。

企业必须完成与供应商的信息系统整合，通过 Internet 连接，企业可以影响共享采购计划、制造计划和市场变化等重要信息。

企业必须提高采购的决策流程速度，由于在网络采购情况下，供应商的响应程度会更快，所以需要采购部门准确根据订单情况选择合适的供应商，提高效率，降低库存积压。

（3）实现价值增值模式的转变，强调在合作导向的流程中实现价值增值。在传统的采购模式中，企业选择供应商的重点在于质量与价格，所以往往关注双方的谈判和讨价还价的能力。在这种模式下，企业和供应商仅仅是买卖关系，价值获取的方式很有限，而且有可能出现过分追求一次谈判的盈利，失去一个优秀的合作伙伴，造成长期的利益损失。

而网络采购模式则改变了价值或取得途径，通过和供应商建立长远的战略合作，企业能够获得更多除价格以外的利益，比如长期的承诺与质量合作，长期的信息共享，联合开发新产品的机会，等等。企业网站是一个综合性的网络营销工具，在所有的网络营销工具中，企业网站是最基本、最重要的一个。若没有企业网站，许多网络营销方法将无用武之地，企业网络营销的功能也会大打折扣。因此，企业网站是网络营销的基础。

企业网站的网络营销功能主要表现在六个方面：品牌形象、产品/服务展示、顾客关系、网上调查、网上合作、网上销售。如果本企业不具备建设独立网站的能力，则通常会选择网上商店模式。建立在第三方提供的电子商务平台上、由商家自行经营网上商店，如同在大型商场中租用场地开设商家的专卖店一样，是一种比较简单的电子商务形式。网上商店除了通过网络直接销售产品这一基本功能之外，还是一种有效的网络营销手段。

2. 网络采购的重要性

无论是企业界还是学术界，对于网络采购的重要性都进行了论证。例如，德勤咨询公司 2005 年的调查显示，超过 200 家企业在使用网络采购的最初两到三年内，平均可获得 300％的回报。在中国，海尔集团在实施电子采购后，采购成本大幅降低，仓储面积减少一半，降低库存资金约 7 亿元，库存资金周转日期从 30 天降低到了 12 天以下。

总的说，网络采购的重要性主要体现在以下方面。

（1）降低采购成本。第一，由于网络采购的信息处理和管理都是建立在互联网基础上的，所以企业可以在网上订货，这样就减少了文件处理、通信等交易程序；第二，网络采购可以为企业提供一个更广泛的卖家信息数据库，采购企业可以货比三家，挑选出最适合的供应商；第三，由于网络采购使采购周期变短，企业可以减少库存量，库存成本也可以降低。

（2）缩短采购时间。企业可以直接通过网络交易平台进行竞价采购，无需在不同供应商之间来回奔波，大大加速采购过程。

（3）增加有效供应商。由于互联网覆盖的广泛性和开放性，大大地扩大了企业的选择范围，企业可以跳出地域、行业的限制，找到更多、更合适的供应商，可获取更多的供应商情报，从而让自己在供求关系中更加有利，另外，由于采购变得更加透明，供应商的竞争积极性也大大提高，这就从另外一个角度提升了采购企业的议价能力。

（4）信息共享，优化供应链。网络可以使企业和供应商进行及时快捷的信息交流，使企业能够有条件比较、筛选和整合供应商资源，另外，供应商也可以更加了解卖方的需求，调整自己的营销战略，促成更加有效地市场交易。

8.1.4　网络采购管理

网络采购是现代企业普遍采用的采购方式，因此，网络采购管理越来越为学术界和企业界所重视。通过科学的管理，可以促使企业发现网络采购中存在的问题并加以改进，从而提升采购的效率和效益并最终提升企业的市场竞争能力。

1999 年，著名咨询公司 A. T. Keraney 通过对 463 家公司的实证调查研究，提出了杰出采购管理的 8 维模型，将杰出的采购管理分为 8 个维度，分别是：采购和供应战略，采购和供应组织、外包、供应管理、日常采购、绩效管理、信息管理和人力资源管理。他们通过调查发现，领先企业会针对这 8 个维度提出相应的标准活动。通过对杰出采购管理每一个维度的学习与掌握，企业能够更加宏观地分析整个网络采购管理的过程，从而促成更加高效的采购决策。

表 8 - 1　　　　　　　　　　　　　　　采购管理 8 个维度

采购管理的维度	标准活动
采购和供应战略	1. 通过发现供应商市场机会，寻求制定公司战略的机会 2. 根据公司整体采购品种的机会和风险制定采购策略 3. 主动制定组织、执行和管理采购活动的措施
采购和供应组织	1. 用集中引导的方法来指导、协调贯穿企业的采购活动，并据此制定采购策略 2. 调整采购组织结构以适应整体战略 3. 使用团队方式将采购专家意见纳入公司的核心流程 4. 将采购决策提交到公司管理层
外　包	1. 根据市场变化来制定不同的外包策略 2. 在外包过程中充分接触最终用户，以获得市场知识和购入时机 3. 有效评估公司内部需求和可供选择的产品，选取总成本最低的解决方案 4. 严格监督产品规格，减少公司的支出浪费 5. 识别、挑选具有战略优势的供应商，并与其协商，注重长远的合作

采购管理的维度	标准活动
供应管理	1. 管理与供应商的管理，保证合作关系的支持以及双向学习 2. 与供应商整合资源，提高合作价值 3. 开发当前拥有供方市场所不具备的能力的供应商
日常采购	1. 日常活动自动化 2. 减少常规交易的浪费 3. 重视采购人员的部署，让其从事高附加值的活动
绩效管理	1. 通过高层管理者的参与来提高采购流程的绩效 2. 同供应商一起制定采购计划 3. 在内部实施持续的、正式的流程改进计划
信息管理	1. 在内部广泛的共享信息，而且也与供应商共享信息 2. 使用强有力的分析工具辅助绩效管理 3. 使用最新的信息技术
人力资源管理	1. 开放内部和外部多种渠道招聘合适的采购人员 2. 无论是对内部的采购部门还是整个大的采购网络，都要在提高采购能力和技巧方面大量投资

8.2 网络采购流程

采购是买方视角下的一种交易活动，涉及了买卖双方在信息流、物流和资金流三方面的交换，最终实现商品所有权的转移。本节将企业采购活动按是否使用电子网络技术分为传统采购和网络采购两类，并分别讨论其具体的操作流程。

8.2.1 传统采购流程

企业的采购部门和采购人员在进行传统采购活动的过程中不以计算机技术和网络平台为依靠，主要利用当面接洽、电话传真等通讯等方式选择供应商，并在线下管理采购订单、货物交收和货款支付等事项。

1. 流程简述

首先采购部门要根据企业各部门的需求状况制定采购明细表，企业的采购需求一般来自于两个方面：一是直接需求，指原材料、设备、零部件等的生产型采购；二是间接需求，指为生产提供支持和服务的通用型采购，如广告、印刷、软件、维修、培训、办公等设备资料的采购。在确定内部采购需求后，采购人员需要大量搜寻供应商的相关信息，并通过当面或电话会谈等方式商议订单报价和其他交易条件，最终选择合适的供应商。之后，买卖双方订立订单，供应商根据订单规定的货品数量、规格、交货时间、地点、货运方式等要求发出货物，采购企业在收取货物并验收合格后，支付货款，至此一桩采购业务顺利完成。值得注意的是，在付款方式上有些供应商会要求企业提前支付部分或全额货款，因此在操作流程上会有所差异。

2. 对传统采购的评述

传统采购的成本高、效率低。采购部门的所有事项都是人工操作，采购人员不仅要负责整合整个企业的需求，针对不同需求搜集供应商信息，依次谈判议价，还要管理繁复的订单，对每笔订单进行货物验收、支付和记录。同时，由于传统采购的透明度差，且很难搜集到完备准确的供应信息，企业一般只与一个或少数几个供应商实行洽谈，使得供应商具有较高的议价能力，从而提高了订单的成交价格。传统采购模式已不再适应当今的商业竞争环境，企业将全面实现内外部采购信息管理的电子化和网络化。

8.2.2　一般化网络采购流程

网络采购与传统采购的大体操作模式其实是相同的，都分为信息流、物流和资金流交换的三个阶段。网络采购的突出特点在于其利用电子技术、网络系统简化和优化了这三个阶段的具体操作方式，实现了企业采购在节约性、准确性、及时性、灵活性、高效性、公平性、控制性和安全性等方面的全面提高。

本节特意区分了一般化采购流程和改进式采购流程，一般化采购主要指初次与某供应商建立交易关系的采购活动，而改进后的采购模式则是指企业与供应商确立长期合作关系后的货物采购程序。

1. 基于卖方系统的网络采购流程

（1）流程简述。作为卖方的供应商建立网站，公布其销售的产品信息或提供的服务内容。采购方通过浏览网站、在线咨询等方式决定最终的供应商，并登录卖方系统拍下订单。采购方一般要提前预付货款，并在验收货物后确认支付。采用这类采购模式的主要是中小型企业和一次性购买企业。

（2）优劣评述。与传统采购相比，基于卖方系统的网络采购在空间上缩短了买卖双方的距离，节省了竞标谈判的时间，减少了对电话传真等传统通讯工具的依赖，基本上达到了无纸化交易。虽然这类网络采购获取的信息更加详细和准确，但采购方仍需要大量的搜寻和汇总不同供应商的信息，或是依次逐个询价或议价，最后进行分析比较。其次，在供应商系统的订购信息不能直接传送至买方的内部信息系统，两者的平台很难实现对接或集成，因此采购企业不得不人工录入和管理订单。再者，采购方需要一次次登陆卖方系统进行预付货款、跟踪查询物流信息和最终确认支付的操作。综上，这类采购操作过程仍旧繁琐，需要耗费大量的人力成本，采购效率有待提高。

2. 基于买方系统的网络采购流程

（1）流程简述。基于买方系统的网络采购流程是指由采购方直接建立企业网站，在平台上发布采购消息，供应商登陆网站提交其商品信息和报价。采购方将系统上搜集到的全部供应商信息进行汇总，对比评估最优的供应方案，选择最终的供应商，并借助自身平台生成订单。其后的操作与基于卖方系统的采购流程相同，即验收货物和支付货款，具体采用哪种支付方式则依据订单协议确定。

在买方系统上有一种比较特殊的供应商竞标模式，即反向拍卖。其一般流程为买方在采购平台公开发布详细的采购需求，给出初始最高的投标价，并规定出价梯度；各个供应商通过网络不断提交更低的价格，最终出价最低的供应商竞标成功，获得采购方的产品供应权。反向拍卖颠覆了传统的采购流程，一般适用于供大于求的买方市场。详见图 8－1。

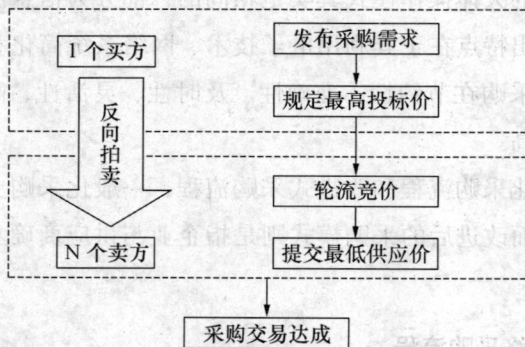

图 8－1　基于买方系统的网络采购流程

（2）优劣评述。买方平台由采购方企业独自建立和维护，需要大量的资金和人力投入，因此该模式比较适宜于具备强大购买力的大型企业。而且，倘若企业知名度不高，其自身网站发布的采购信息也无法吸引到大批供应商源。

但其带来的好处也显而易见，首先省略了对供应商信息的大量搜集工作，在采购方自身系统中就能分析比较所有可能的供应信息。同时企业对采购活动的控制更加便捷和紧密，所有的订单信息、物流跟踪、资金流状况都基于买方平台录入，因而实现了外部信息向内的实时和自动传递。另外，供应商以反向拍卖等公开方式竞标，有效增加价格竞争的激烈度和透明度，有助于采购方获得最为合理的优惠价格。

3. 基于第三方系统的网络采购流程

（1）流程简述。第三方网络交易平台是第三方采购公司以自身专业化的技能建立，通过提供各种支持和服务，匹配采购双方的需求与供应，使得在线交易达成。企业基于第三方系统的采购方式有两类：搜寻供应信息和发布采购信息。在社会分工日益细分化和专业化的趋向下，消费者对购买的风险感随选择的增多而上升，因而对单向的"填鸭式"营销沟通感到厌倦和不信任。在许多购买活动中，特别是大件耐用消费品的购买中，消费者会主动通过各种可能的渠道获取与商品有关的信息进行比较，以减轻风险感或购买后后悔的可能，增加对产品的信任和争取心理上的满足感。消费主动性的增强来源于现代社会不确定性的增强和人类追求心理稳定和平衡的欲望。

例如阿里巴巴网站就是一个采购资源高度集中的第三方平台（如图 8 - 2 所示），企业可以同时采取上述两种采购措施：①按产品项目、关键字、筛选条件搜索供应信息；②发布采购产品的询价单。借用平台上"阿里旺旺"沟通工具，买卖双方可以对网上交易流程中双方所享有的权利、所承担的义务、所购买商品的种类、数量、价格、交货期、交易方式、运输方式、违约和索赔等细节进行谈判。一旦确认供应商后，采购方可直接在平台上订货，并通过"支付宝"支付货款和运费。

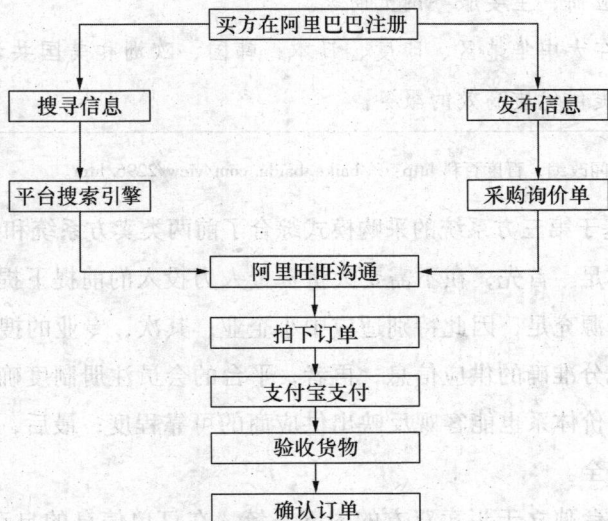

图 8 - 2　基于阿里巴巴第三方系统的采购流程图

【阅读资料 8 – 1】　　　　　　　　阿里巴巴与网络采购

　　阿里巴巴成立于 1999 年，注册地为中国杭州市，现已是全球领先的小企业电子商务公司。阿里巴巴通过旗下三个交易市场协助世界各地数以百万计的买家和供应商从事网上交易。这三个网上交易市场包括：集中服务全球进出口商的国际交易市场、集中国内贸易的中国交易市场，以及透过一家联营公司经营、促进日本外销及内销的日本交易市场。此外，阿里巴巴也在国际交易市场上设有一个全球批发交易平台，为规模较小、需要小批量货物快速付运的买家提供服务。所有这些交易市场形成一个覆盖 240 多个国家和地区的网上社区。

　　作为阿里巴巴的用户，采购商可以通过产品的关键字、来源国家、发布日期、买卖类型和行业分类等多种方式，检索与查询所需要的商业机会信息。在阿里巴巴，每天信息更新近 60 万条，每天的页面访问量超过 6000 万，每天还有超过 35 万个信息反馈和生意机会，所有这些信息反馈和生意机会是买家看到卖家的信息而产生的联系信息，也就是蕴藏着超过 35 万个采购需要。

　　但是，阿里巴巴并不满足于现有成就，为了转型成为可让小企业更易建立和管理网上业务的综合平台，阿里巴巴也直接或通过其收购的公司包括中国万网及一达通，向国内贸易商提供多元化的商务管理软件、互联网基础设施服务及出口相关服务，并设有企业管理专才及电子商务专才培训服务。例如，阿里巴巴拥有 Vendio 及 Auctiva，这两家公司是领先的第三方电子商务解决方案供应商，主要服务网上商家。

　　目前，阿里巴巴在大中华地区、印度、日本、韩国、欧洲和美国共设有 70 多个办事处，将持续为全球采购商提供优质高效的服务。

　　资料来源：根据网络新闻改编，百度百科 http://baike.baidu.com/view/2296.htm。

　　（2）优劣评述。基于第三方系统的采购模式综合了前两类卖方系统和买方系统采购的优点，又恰好弥补了各自的不足。首先，在不需要大量资金人力投入的前提下提供给采购方一个信息发布的平台，且供应资源充足，因此特别适应中小企业；其次，专业的搜索引擎和洽谈工具可以使得采购方获得最充分准确的供应信息；再者，平台的会员注册制度确保了供应商具备真实有效的身份，其信用评价体系也能客观反映出供应商的可靠程度；最后，第三方系统的支付平台也确保了资金流的安全。

　　但是由于第三方平台独立于买卖双方的内部系统，在订单信息的自动传递上仍存在问题。需要通过实施 EDI，或者建立 XML 开放型构架，实现交易信息的共享。

8.2.3　改进式网络采购模式及流程

在与某供应商达成初次交易后，企业会根据采购货品的质量和配套服务的水平对该供应商做出分析评价，决定是否与之开展长期的业务活动。一旦买卖双方由对抗性关系转变为合作关系，企业的采购流程就将得到改进，省略掉初次或一次性采购活动中繁杂的信息搜集、确定供应商、议价谈判的过程。如果企业所需的货物都由一个或少数几个供应商长期负责供应，那么企业的上游供应链就被整合为一体，采购由外部活动转变为内部供应，供应商和企业共用同一个物料信息管理平台，采购的传统概念和流程将被打破，形成改进式网络采购模式，下面主要以 JIT 采购流程为例进行阐述。

1. JIT 采购流程简述

即时制（Just In Time，简称 JIT）采购模式是指供应商根据企业即时变化的物料需要，确保将正确的货物在正确的时间送抵正确的地点，属于改进式的网络采购。JIT 采购采用订单驱动的方式，以顾客需求订单驱动生产订单，以生产订单驱动采购订单，再以物料采购订单驱动供应商的运作，使各类活动得到无缝对接，达到零延迟、零库存和即时响应顾客需求的终极目标。

在 JIT 模式的采购中，内部信息系统根据企业随时产生的需求自动将采购订单传递给供应商，企业在约定的时间收取货物，采购活动被简化到两个步骤。同时，由于买卖双方长期合作，相互信任，货款可以采用批量结算的方式，也省去了每次验货付款的程序。

2. JIT 采购流程优劣评述

JIT 模式的采购对传统采购模式做出了极大的改进，不仅流程优化、操作简便，极大地提高了组织效率，降低了运营成本，还几乎重新定义了企业采购的概念。其优势主要有以下几点。

（1）降低企业成本。首先即时采购不需要在搜集信息、供应商谈判等事项上耗费资金和人力成本；其次物料采用小规模和连续补货的方式配送，直接送到生产车间，最小化了库存成本。

（2）增加信息传递。即时制采购具备广泛信息交换和频繁沟通的特征。买卖双方通过内部信息平台的相互对接实现数据共享，使得两者间的合作更加紧密，各自的订单管理也更加便捷。

（3）建立合作伙伴关系。在即时制下，采购企业和供应商之间可以建立长期合作的伙伴关系，大家相互依赖，相互信任，并且共担风险、共享收益。

（4）增强企业弹性和效率。通过即时采购，企业可以灵活调整生产计划，以适应消费者需求的变化，这在如今动态复杂的竞争市场中显得尤为重要。此外，JIT 其实源自于日本企业精益管理的概念，强调了供货在数量、质量、时间和地点上的准确性，同时通过缩短补货提前期，消除延迟浪费，全面提高了企业效率。

（5）提高产品质量。一般而言，企业在某一类原材料上只有唯一一个即时供应商。供应商能根据采购方特殊的要求提供定制化的货物，最大程度满足其质量要求。同时，供应商也能够迅速收到买家关于制造和设计上问题的反馈，即时做出调整，确保供应的质量。因而高质量的原材料保证了高质量的消费者产品，高质量的产品进一步提升了顾客的满意度和企业的竞争力。

JIT 采购模式的主要缺陷在于实施十分困难。

（1）JIT 的建立需要基于一种合作的文化，在许多欧美国家，企业之间强调的是竞争关系，注重自身利益，很难达成长期合作。

（2）大多数供应商不具备即时生产、即时供应和准确供应物资的能力，企业需要对供应商进行大量培训。

（3）JIT 的实施需要企业员工、管理者和各部门的全面配合：员工需要改变工作习惯，自愿参与到全新采购系统的建立中；管理者则需认同即时采购模式，提供全面支持；除了采购部门的参与，其他部门也要相互合作，实现内部整体需求的即时合并和传递。

（4）JIT 采购比传统采购涉及更频繁和更精细的物料运输工作，如何选择合适的运输公司，将其纳入长期合作体系也是需要考虑的问题。

根据前文的描述，以上各种采购流程可用表 8－2 直观地进行比较。

表 8－2　　　　　　　　　　　各类采购流程比较

	传统采购流程	网络采购流程			改进式采购
		一般化采购			
		基于卖方系统	基于买方系统	基于第三方系统	JIT 采购
信息流	确认需求	确认需求	确认需求	确认需求	自动生成采购订单
	搜寻信息	搜寻信息	发布信息	搜寻/发布信息	
	线下议价	在线询价	汇总评估	在线询价/汇总评估	
	确定供应商	确定供应商	确定供应商	确定供应商	
	订立订单	拍下订单	生成订单	拍下订单	
资金流	预付货款	预付货款	预付货款	预付货款	—
物　流	验收货物	验收货物	验收货物	验收货物	验收货物
资金流	支付货款/余款	确认支付	确认支付	确认支付	合并支付

瞬息万变的顾客需求、持续升级的产品与服务、白热化的市场竞争都要求企业具备迅速的动态反应速度和高效的组织执行效率。通过对流程的持续改进，企业采购由传统的线下活动发展成为网络平台上的交易，将漫长的供应商选择过程优化为与供应商建立长期的合作关系。如

今，JIT 模式的采购已经成为越来越多企业供应链建设的发展目标；未来，基于供应商预测和补给的供应模式将成为采购流程新的改进方向，并实现以消费者为中心，采购方和供应商对库存的合作管理。

8.3 供应商的选择

供应商的选择是采购管理工作中最重要的工作之一。选择好的供应商不仅能准时地为企业提供所需物料，还能使企业提高产品性能并节约使用原料。所有这些，对企业的正常生产以及发展都有很大的帮助。

8.3.1 供应商选择标准

选择供应商的标准有许多，根据时间的长短进行划分，可分为短期标准和长期标准。因此在确定选择供应商的标准时，一定要考虑短期标准和长期标准，把两者结合起来，才能使所选择的标准更全面，最终寻找到理想的供应商。

1. 短期标准

选择供应商的短期标准主要有：商品质量、价格水平、交货时间和整体服务水平。采购方可以通过市场调查获得相关供应单位的资料，就这几方面进行比较，依据比较的结果做出正确选择。

（1）产品质量。采购商品的质量符合采购方的要求是采购单位进行商品采购时首先要考虑的条件。对于质量差、价格偏低的商品，虽然采购成本低，但会导致企业的总成本增加。因为质量不合格的产品在企业投入使用的过程中，往往会影响生产的连续性和产成品的质量，这些最终都会反映到总成本中去。相反，质量过高并不意味着采购物品适合企业生产所用，如果质量过高，远远超过生产要求的质量，对于企业而言也是一种浪费。因此，采购中对于质量的要求是符合企业生产所需，要求过高或过低都是错误的。

当然，好的产品不仅单指产品质量合适，还有产品的价格合适，产品的货源稳定和供应保障良好。

（2）成本。采购价格是企业选择供应商的重要条件之一，采购的低价格对降低企业生产经营成本，提高企业竞争力和增加利润，作用明显。为了达到压低成本的目的，采购方应对供应商提供的报价单进行成本分析，成本不仅仅包括采购的价格，还包括原料或零部件使用过程中以及生命周期结束后发生的一切支出。虽然采购的价格是构成企业成本的最直接的因素，但是，价格最低未必就是最合适的，因此采购要做的就是找到最合适的质量与价格的统一体。

另外，对于网络采购，对供应商的交货也要有一定的要求。如果选择了交货时间上不能达到要求，对采购方造成的损失将会是惨重的。此外，由于选择了地理位置过远的供应商而使运输费用增加，也会导致总作业成本和和处置成本增加。这里所说的处置成本主要包括下列几项：①开发成本，即寻找、评选供应商的支出，还应包括订单处理的费用；②采购价格，即与供应商谈判后购买商品的成本；③运输成本，如果国外采购，买方还需要支付运费，甚至保险费；④检验成本，即进料检验时所需支付的检验人员的工资以及检验仪器或工具的折旧费用。作业成本包括：①仓储成本，包括仓库租金，仓管人员的工资、仓储设备的折旧费等费用；②操作成本；③维修成本。

（3）交货时间。供应商能否按约定的交货期限和交货条件组织供货，直接影响企业生产的连续性，因此交货时间也是选择供应商时要考虑的因素之一。企业考虑交货时间时应该注意两个方面，一方面要降低原料的库存数量，另一方面又要降低断料停工的风险，因此采购方要慎重考察供应商的交货时间，以决定其是否能成为公司往来的对象。影响供应商交货时间的因素主要有：①供应商从取得原料到加工再到包装所需的生产周期；②供应商生产计划的规划与弹性；③供应商的库存准备；④所采购原料或零部件在生产过程中所需供应商的库存准备；⑤所采购原料或零部件在生产过程中所需要的供应商数目与阶层（上下游）；⑥运输条件及能力。供应商交货的及时性一般用合同完成率或委托任务完成来表示。

（4）整体服务水平。供应商的整体服务水平是指供应商内部各生产环节能够配合采购方的水平，如：各种技术服务项目、方便客户的措施、为客户节约费用的措施等等。高服务水平可以保证生产企业不受或尽量少受产品的技术性问题的限制，也可保证采购的产品能物尽所用。评价供应整体服务水平的主要指标有：①处理订单的速度与准确性；②采购流程、生产流程、会计流程、后勤支援系统等，企业交易各流程的弹性和健全程度[①]；③公司内部人员的责任心与服务水准。

2. 长期标准

选择供应商的长期标准主要在于评估供应商是否能保证长期而稳定的供应，其生产能力是否能配合公司的成长而相对扩展，其产品未来的发展方向能否符合公司的需求，以及是否具有

---

① 企业的作业流程愈健全，愈具有弹性，就愈能履行合约的承诺，愈能满足采购方的需求。

长期合作的意愿等。选择供应商的长期标准主要考虑下列 5 个方面。

（1）生产的技术水平。企业的生产能力是供应商能够提供充足货源的保证，只有生产经营能力强的供应商才能使企业不受缺货的威胁。企业的生产能力强表现在：企业生产规模大，历史长，经验丰富，生产设备先进。此外，有高技术水平的保证，供应商提供的产品才能有相对较高合格率，才能站在技术前沿，不容易被淘汰。企业的高技术水平表现在：企业拥有先进的生产技术，卓越的产品设计能力和开发能力，并且，生产设备（装备）也应相当的先进，不使用过时的生产设备，产品的技术含量高。

（2）企业经营能力。企业经营能力是企业对包括内部条件及其发展潜力在内的经营战略的计划、决策能力，以及对企业上下各种生产经营活动的管理能力的总和。企业素质的强弱，是通过企业的经营力集中表现出来的。我们可以从市场地位、市场占有率、人员技术水平、价格水平同行业价格水平、价格升降率、价格策略适应程度等评定企业的经营能力。通过判断企业资产的营运能力，正确的认识我们的供应商从而制定合理得当的采购方案，提高企业的采购水平，获得高质量的原料供应。供应商的竞争优势不仅体现在其产品本身的质量和价格上，还体现在它的供货能力等方面。

（3）供应商质量管理体系是否健全。采购商在评价供应商是否符合要求时，其中重要的一个环节是看供应商是否采用相应的质量体系，质量与管理比如说是否通过 ISO 9000 质量体系认证，内部的工作人员是否按照该质量体系不折不扣地完成各项工作，其质量水平是否达到国际公认的 ISO 9000 所规定的要求。

（4）供应商内部组织是否完善。供应商内部组织与管理会关系到日后供应商的供货效率和服务质量。一个好的供应商必须具有很好的管理体制，这样才能保证长足的发展优势。如果供应商组织机构设置混乱，采购的效率与质量就会因此下降，甚至会由于供应商部门之间的互相扯皮而导致供应活动不能及时地、高质量地完成。判断供应商管理状况的方法很多，例如可查看企业财务报表。

（5）供应商的财务状况是否稳定。供应商的财务状况直接影响到其交货和履约的绩效，如果供应商的财务出现问题，周转不灵，就会影响供货进而影响企业生产，甚至出现停工的严重危机。因此，采购商需要慎重的考察供应商的财务状况，这是其能否及时稳定供货的保障。

8.3.2　供应商选择过程

1. 分析市场竞争环境

若要建立基于信任、合作、开放性交流的供应链长期合作关系，采购方首先必须分析市场竞争环境。这样做的目的在于找到针对某些产品的市场来开发供应链合作关系。如果已建立供应链合作关系，采购方则需要根据需求的变化确认供应链合作关系变化的必要性，同时了解现有供应商的现状，分析、总结企业存在的问题。

2. 建立供应商选择的目标

企业必须确定供应商评价程序如何实施，而且必须建立实质性的目标。供应商评价和选择不仅仅是一个简单的过程，它本身也是企业自身的一次业务流程重构过程。如果实施得好，就可以带来一系列的利益。一般而言企业供应商评价的目标包括以下几点。

（1）获得符合企业总体质量和数量要求的产品和服务；

（2）确保供应商能够提供最优质的服务、产品及最及时的供应；

（3）力争以最低的成本获得最优的产品和服务；

（4）淘汰不合格的供应商，开发有潜力的供应商，不断推陈出薪；

（5）维护和发展良好的、长期稳定的供应商合作伙伴关系。

3. 建立供应商评价标准

供应商评价指标体系是企业对供应商进行综合评价的依据和标准，是反映企业本身和环境所构成的复杂系统的不同属性的指标，是按隶属关系、层次结构有序组成的集合。不同行业、企业，不同产品需求和环境下的供应商评价应是一样的，不外乎都涉及几个可能影响供应链合作关系的方面。

4. 成立供应商评价和选择小组

供应商的选择，绝不是采购员个人的事，而是一个集体的决策，企业必须建立一个由各部门有关人员参加的小组以控制和实施供应商评价，进行讨论决定。供应商的选择涉及企业的生产、技术、计划、财务、物流、市场等部门。评价小组必须同时得到制造商企业和供应商企业最高领导层的支持。

5. 制定全部的供应商名单

通过供应商信息数据库以及采购人员、销售人员或行业杂志、网站等媒介渠道，了解市场上能提供所需物品的供应商。

6. 供应商参与

一旦企业决定实施供应商评选，评选小组必须与初步选定的供应商取得联系，确认他们是否愿意与企业建立供应链合作关系，是否有获得更高业绩水平的愿望。所以，企业应尽可能早地让供应商参与到评选的设计过程中。

7. 评价供应商的能力

为了保证评估的可靠，评价供应商的一个主要工作是调查、收集有关供应商的生产运作等各个方面的信息。在收集供应商信息的基础上，就可以利用一定的工具和技术方法进行供应商的评价。对供应商的评价共包含两个程序：一是对供应商进行初步筛选；二是对供应商实地考察。

8. 选择供应商

在综合考虑多方面的重要因素之后，就可以给每个供应商打出综合评分，选择出合格的供应商。

9. 实施供应链合作伙伴关系

在实施供应链合作伙伴关系的过程中，市场需求将不断变化。企业可以根据实际情况的需要及时修改供应商评选标准，或重新开始对供应商评选。在重新选择供应商的时候，应给予新旧供应商以足够的时间来适应变化。

8.4　网络采购注意的问题

除了供应商的选择，网络采购还应注意以下问题：网络采购产品的价格、网络采购系统的安全性、网络供应链的管理等，下面就分别予以介绍。

8.4.1　网络采购产品的价格

之所以在本节强调网络采购产品的价格，是因为在互联网时代，企业的定价策略必须做出相应改变。信息技术的发展，使得网络市场中商品定价更复杂，同时改变了厂商的定价模式。此外，由于消费者权力的增加，他们在一定程度上拥有了商品的定价权。在互联网环境中，特别是当人们将互联网作为信息渠道时，商品定价增加了透明度。

1. 网络采购能够节约的成本

（1）网络的便利性。网络是一周 7 天、全天 24 小时处于运行状态的。采购商随时可以上网搜索、购物、娱乐或者浏览网页，而且可以用各种网络设备上网。电子邮件使得网络用户之间无论何时何地都可以相互交流。

（2）网络的快捷性。企业借助互联网可以实现一站式购物，这为采购商提供了便利。美国的 AutoMall 网络公司已经与许多公司合作，使得采购者可以在该网站比对了解汽车售价、款式以及汽车制造商的信息。

（3）节约库存成本。网络采购的及时性可以及时地弥补库存的不足，这样就减少了企业的平均库存量，从而节约库存成本。

2. 网络采购花费的成本

网络采购在节省成本的同时，企业要负责购买网络设备、购入昂贵的客户关系管理软件、还要雇用专门的人员负责回复电子邮件，增加网络"帮助""常见问题回答"的功能。企业还要开发和维护网站，开发网络上的客户，这些都需要花费大量的成本。

3. 网上定价的影响因素

（1）市场结构。经济学家将市场分为完全竞争市场、垄断竞争市场、寡头垄断市场和完全垄断市场。对于网络采购商来说，这种市场结构划分是非常重要的，如果市场是完全竞争市场，采购商就可以控制采购的价格；而如果市场是完全垄断市场，采购商就只能听任卖方随意制定价格。

（2）网上购物代理。一些电子商务公司提供价格比较，为采购商比较商品价格，进而为采购商以最低价购买所需商品提供了方便。阿里巴巴、慧聪网都提供这种服务。

（3）商品的价格弹性。网络定价往往价格弹性更大，一旦价格下降，采购数量就会迅速增加；一旦价格上升，采购数量又会迅速减少。在网络上，采购商对价格会更敏感。

（4）价格变化频率。网络市场比实体市场价格变化更灵活，主要有以下几方面原因：第一，网上零售商必须建立具有吸引力的价格来赢得竞争优势；第二，购物代理网站提供给采购者的价格信息也可能促使参与竞争的企业调整价格；第三，厂商可以利用网站数据库随时调整商品价格；第四，网络市场中厂商可以提供多种数量折扣；第五，网络上厂商很容易见机行事，厂商会根据需求在网站上随时调整商品价格以应对竞争。

8.4.2　网络采购系统的安全性

网络采购是一个基于 Web 体系的企业采购解决方案，其安全机制的核心是客户端与服务器之间的相互认证、安全通信，以及传输信息的机密性、完整性和不可否认性。

1. 客户端与服务器认证

传统的网络认证模式无法确保客户端与服务器之间的相互认证以及安全通信。为了避免攻击者冒名申请采购单和审批采购单必须要实现服务器对客户身份的认证，同时为了防止攻击者恶意破坏，客户端也需要对服务器进行认证并且实现安全通信。

（1）信息的机密性、完整性以及不可否认性。网络采购系统网上洽谈模块为企业和客户提供了网上会谈的平台。在会谈过程中需要通过网络多次传输电子合同，因此必须着重考虑洽谈双方身份的真实性以及传输合同的有效性。合同的有效性包括其在传输过程中不被伪造、篡改，即合同的机密性、完整性，以及确认合同发送者的真实身份，即合同修改者或者签署者身份的不可否认性。

（2）加密与数字签名。为了保证电子合同的机密性，采购商使用对称加密算法加密合同，同时为了保证对称加密算法的有效实施，使用接收者数字证书中的公钥加密对称算法中的会话密钥以及初始化向量，与密文一同形成数字信封。为了保证电子合同的完整性并且提高实施数字签名的速度，对合同进行散列运算，形成数字摘要。为了保证电子合同的不可否认性，对合同的数字摘要实施数字签名。

2. 系统安全管理

根据权威机构统计表明：网络信息安全事件大约有70%以上的问题都是由于管理方面的原因造成的，系统安全管理对于实现电子采购系统安全至关重要。

电子采购系统的所有构成要素（包括系统内部的计算机、网络、信息资源、各级系统管理者和系统使用者，系统外部的法律、道德、文化、传统、社会制度等方面的内容）都是其安全管理的对象，系统安全管理贯穿于电子采购系统设计和运行的各个阶段。在系统设计阶段，在软硬件设计的同时，需要规划出系统安全策略；在工程设计中，应按安全策略的要求确定系统的安全机制；在系统运行中，应执行安全机制所要求的各项安全措施和安全管理原则，并经风险分析和安全审计来检查、评估，不断补充、改进、完善安全措施。

8.4.3 网络供应链的管理

1. 网络供应链管理的内涵

网络供应链管理是利用以 Internet 为核心的信息技术进行商务活动和企业资源管理的方式，它的核心是高效率地管理企业的所有信息，帮助企业创建一条畅通于客户、企业内部和供应商之间的信息流，并通过高效率的管理、增值和应用，帮助企业准确地定位市场、扩展市场、提供个性化的服务、不断提高客户的忠诚度，加强与供应商的合作．促使企业采购过程科学化，提高企业内部管理效率，从而提高企业的产品销售量，降低成本，获得更大的效益。

传统业务的链式供应链（见图 8-3）因其对市场反应速度的缓慢而显示出局限性，建立基于电子商务的网络供应链对传统企业是迫在眉睫的大事。网络供应链则通过 Internet 将企业的内部资源（人、财、物、技术、设备、信息、时间）和外部资源（如上游的供应商和协作商、下游的分销商和客户以及银行、认证中心、配送中心等相关机构）有效地整合在一起（见图 8-4），满足传统企业利用全社会一切市场资源快速高效地进行生产经营的需求，实现对企业的动态控制和各种资源的集成和优化，进一步提高效率和在市场上获得竞争优势。建立网络供应链主要应考虑互联网、信息技术和企业内、外部资源的整合。网络供应链管理把企业的全部经营活动融入电子商务之中，把企业的经营活动分为内部信息化和外部电子商务两个部分。具体而言，传统企业应在业务流程重组（Business PIocess Englneering，简称 BPR）的基础上，在企业内部实施企业资源计划（EnteIprise Resource Planning，简称 ERP），在此基础上实施电子商务，从而实现网络供应链管理的高效率和最优化。

图 8-3　传统供应链

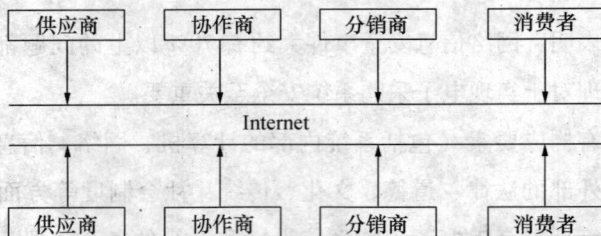

图 8-4　网络供应链

2. 企业资源计划（ERP）

ERP 是一套高级的管理信息系统，实质上是企业信息化的系统工程，包括企业所有事务处理（内部事务和外部事务）实现电子化，以便更好地适应电子商务时代网络供应链管理的需求。ERP 是一个高度集成的系统，包括了企业的内部所有功能集成（人力资源＋财务＋销售＋制造＋采购＋库存＋质量＋成本＋任务分派），是企业内部电子商务的核心。ERP 的实施可实现对企业的动态控制和各种资源的集成和优化，进一步提高效率和在市场上获得竞争优势，适应了企业在电子商务时代市场竞争的需要。

随着 Internet/Intranet/Extranet 技术不断发展，尤其是基于 web 的信息发布和检索技术、Java

跨网络操作系统计算技术及 CORBA 网络分布式对象技术的有机结合，导致了 ERP 系统的体系结构从客户机/服务器（c/s）的主从结构向灵活的多级分布结构的重大演变，使得企业管理软件系统的网络体系结构跨入第三阶段，即浏览器/服务器（B/S）体系结构。它同时兼备了集中处理模式和 C/S 结构体系的分布协同处理模式的优点。同时由于 Java 语言"一次开发，到处运行"的特点，又彻底解决了跨平台问题。ERP 通过企业的电子商务网站，与企业外部电子商务可以实现无缝的集成，共同构成了网络供应链管理的核心。

本章习题

一、单选题

1. 网络采购的实质是（   ）。

   A. 购买商品　　　　　　　　B. 购买服务

   C. 电子采购　　　　　　　　D. 政府采购

2. 反向拍卖通常由（   ）参与竞价。

   A. 众多卖方　　　　　　　　B. 众多买方

   C. 单一卖方　　　　　　　　D. 单一买方

3. 在阿里巴巴上采购属于（   ）。

   A. 基于买方系统的网络采购流程

   B. JIT 网络采购流程

   C. 基于第三方系统的网络采购流程

   D. 基于卖方系统的网络采购流程

4. 下列构成网络供应链核心的是（   ）。

   A. 物料需求计划　　　　　　B. 制造资源计划

   C. 能力需求计划　　　　　　D. 企业资源计划

5. 下列属于改进式网络采购流程的是（   ）。

   A. 基于买方系统的网络采购流程

B. JIT 网络采购流程

C. 基于第三方系统的网络采购流程

D. 基于卖方系统的网络采购流程

6. 下列不属于网络采购优点的是(　　　)。

A. 减少采购成本 　　　　　　　　 B. 提高采购便利性

C. 优化供应链 　　　　　　　　　 D. 提高了对采购人员的要求

二、多选题

1. 以下属于网络采购的形式是(　　　)。

A. 电子拍卖 　　　　　　　　　　 B. 有效的消费者回馈

C. 电子交易市场 　　　　　　　　 D. 供应商关系管理

2. 网络安全技术包括(　　　)。

A. 防火墙技术 　　　　　　　　　 B. 数据库技术

C. 加密及解密技术 　　　　　　　 D. 数字签名技术

3. 以下属于采购管理 8 个维度的是(　　　)。

A. 采购与供应战略 　　　　　　　 B. 外包

C. 人力资源管理 　　　　　　　　 D. 绩效管理

4. 网上定价的影响因素包括(　　　)。

A. 市场结构 　　　　　　　　　　 B. 网上购物代理

C. 价格变化的频率 　　　　　　　 D. 商品的价格弹性

5. 选择供应商的短期标准包括(　　　)。

A. 产品质量 　　　　　　　　　　 B. 成本

C. 生产的技术水平 　　　　　　　 D. 交货时间

三、名词解释

1. 狭义的网络采购　　 2. 广义的网络采购　　 3. 网络供应链管理

4. 有效的消费者回馈　　 5. 企业资源计划

四、简答及论述题

1. 网络采购与传统采购的区别主要有哪些?

2. 网络采购的主要特征有哪些?

3. 请简述网络采购的重要性。

4. 请简述基于第三方系统的网络采购流程。

5. 请论述供应商选择的过程。

案例讨论

鞍钢集团的"互联网+采购"

2015年12月25日，鞍钢集团电子超市正式上线运行。使用单位可以在电子超市上直接对物料进行评价，从而为采购决策提供依据，这标志着鞍钢集团"互联网+采购"迈出重要一步。

2015年8月份，鞍钢集团攀钢矿业兰尖铁矿采矿车间职工张晋在给鞍钢集团公司领导的信中提到通过网络采购实现落实车间成本主体责任和提高采购效率等建议。鞍钢集团公司董事长、党委书记张广宁高度重视，作出关于借助网络实施阳光采购的重要批示。企业有阳光采购的需要，员工有参与企业管理的热情，正是基于这样的双重契机，9月初，鞍钢集团启动"电子超市"信息化项目建设，旨在提高采购工作透明度和职工参与度，充分发挥规模采购优势，实现竞争充分、公开透明、手段有效、监督到位的采购管理目标。

该电子超市打破采购组织间的供应商壁垒、物料标准不统一壁垒，对鞍攀两地区域内采购资源进行协同，形成规模采购优势，实现采购效益最大化。不仅如此，电子超市利用供应商仓储实现企业零库存管理，减少物资存货资金占用，降低财务成本。电子超市除具备商品展示功能，采购组织和使用单位还可对物料质量、使用状况、服务情况进行后评价，这种评价机制既提高使用单位对采购工作的参与度，强化了工厂（车间、作业区）成本主体责任；也能倒逼供应商提高产品质量和服务质量，自主降价，有利于形成供应商间的有效竞争。

目前该电子超市有25家供应商提供的1433个物料品种目录，商品明码标价，品种规格、供应商等信息一目了然。电子超市通过公开招标形式确定采购价格与供应商，并将物料的品种、规格、型号、价格、物料图片、供应商等信息在平台展示，采购组织、使用单位对物料进行查询和评价，提高采购工作透明度，实现阳光采购。电子超市通过信息公开，强化了职工、采购组织、监管部门的监督，不仅提升采购物资的安全性，还提升了采购行为的安全性。

❓ 思考讨论题

结合本案例，谈谈"互联网+采购"的未来发展趋势。

资料来源：《鞍钢集团电子超市上线运行》，中国经济导报—中国经济导报网 http://www.ceh.com.cn/cjpd/2015/12/885584.shtml。

第 9 章

移动电子商务

■ 本章导读

　　移动电子商务（M-Commerce）由电子商务（E-Commerce）的概念衍生而来，是移动通信网、互联网、IT 技术和手持终端设备技术发展的产物，它突破了互联网的局限，拓展了电子商务的领域，是一种全新的数字商务模式，近年来获得了飞速的发展。本章首先介绍了移动电子商务的定义和特征，之后重点对移动电子商务的应用和商业模式以及移动营销进行了介绍；最后对我国移动电子商务的发展前景做了一些展望。

■ 知识结构图

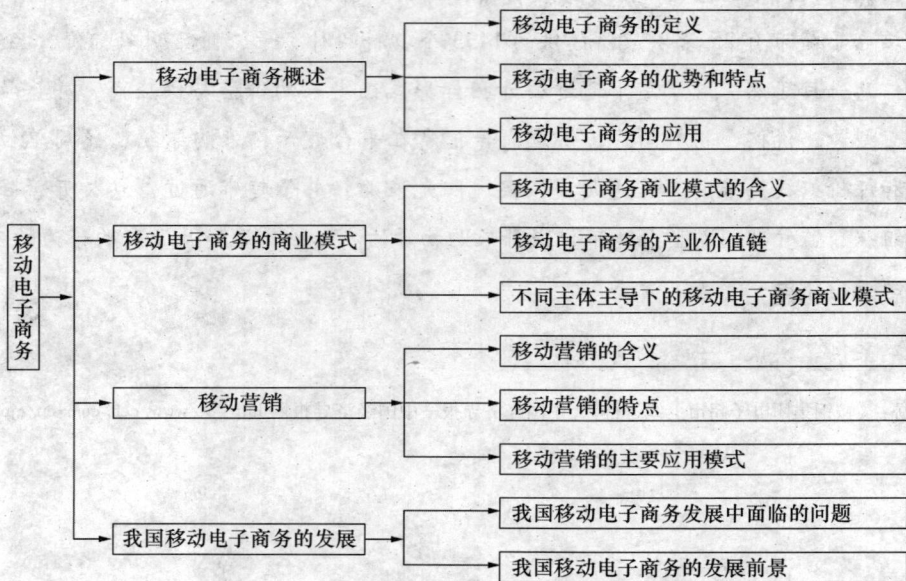

【开篇引例】 阿 Y 的一天

早晨 7 点起，阿 Y 被手机的闹钟声从睡梦中惊醒，新的一天开始了！今天阿 Y 要去北京出差，起床以后，他习惯性地打开手机。由于日程表中有阿 Y 的工作计划，手机自动显示了北京和上海的天气情况。今天两地天气晴好。阿 Y 于是抓紧时间洗漱、吃早点。之后，他拨通了出租车公司的声讯号码，10 分钟后他就在去往浦东机场的公路上了。路上，阿 Y 用手机接入了浦东机场的服务网站，办理了登机手续，选择了一个靠窗的位置。9 点整，阿 Y 登上飞机。11 点整，飞机准时落在首都机场。

出机场后，阿 Y 接入附近租车中心的服务网站，预定了一辆汽车。租车公司很快回复说，车已停在 B 区 20 号车位。开着租来的汽车，阿 Y 把拟拜访公司的地址输入车载导航系统中，系统根据当前交通状态建议了一条最佳行车路线，还提供行车方向语音提示。路经几个收费站，但都无需停车，所有的收费都被自动记录在租车账单上。11 点 40 分，阿 Y 抵达那家公司，与客户交换了电子名片。由于有蓝牙功能，手机接近就可以互换名片，省去了携带纸质名片的烦恼。12 点整，阿 Y 开始与客户谈业务。阿 Y 受雇的是第三方物流企业，他把手机连接到公司数据库，边谈判边检查报价方案，仿佛拥有一个远程支持团队。由于是老客户，双方很快达成一致，顺利地签下了订单。会谈过程中，阿 Y 不失时机地介绍了公司最新的服务内容：移动库存管理、短信查询平台和语音商务。通过 RFID 技术，客户可以随时查询在途货物，定位精度达到数米。顾客也可把订单号码发送至短信平台，查询货物的位置。通过语音服务，系统可以理解客户的自然语言，回答问题的准确度很高。客户对于这些业务内容很感兴趣。

会谈结束后阿 Y 离开公司，想找个餐馆享受一下美味。由于周围环境不熟，阿 Y 用手机搜索了一下周围的无线服务，输入了喜欢的"川菜"进行查询，很快找到了附近一个川菜馆。他手机预订了位置，然后驱车前往。餐馆里，服务生手持 PDA 请阿 Y 点菜，菜单被立刻传到厨房，他很快吃上了可口的饭菜。一小时后，阿 Y 满意地离开餐馆。到机场后，他用手机支付了租车费。16 点 30 分，阿 Y 飞回了上海，北京之行只用了 7 小时。

乘磁悬浮列车回家的路上，Y 用手机回复了几封同事的邮件。快到家时，又在超市采购了一些生活用品。结账时把购物车推出超市，就打印出了购物清单。手机靠近读卡器，就实现了自动付费，非常方便！18 点 30 分，Y 完成了一天的工作回到家里。他打开电视，开始享受幸福的周末生活了！

资料来源：兮兮，《移动商务故事：阿 Y 的一天》，载于《金融管理与研究》，2008 年第 1 期。

9.1 移动电子商务概述

随着智能终端和移动宽带网络的发展，移动电子商务悄然兴起。国际知名市场研究机构的调研数据显示，随着使用手机、PAD、TAB 等移动设备的用户规模越来越大以及移动网络技术的不断发展，移动电子商务未来的发展前景一片光明。

9.1.1 移动电子商务的定义

移动电子商务是通过智能手机、便携式电脑、掌上电脑，如图 9 - 1，诸如 iPhone、iPad 和 Android 设备等移动终端以及无线通信模块所进行的电子商务活动，它是无线通信技术和电子商务技术的有机统一体。初期的移动电子商务应用以移动支付为主，如电信运营商的"手机钱包"和"手机银行"等业务，用户使用这类业务可以实现手机购票、手机购物和公共事业缴费等。

移动电子商务是对传统电子商务的有益补充，它具有商务活动即时、身份认证便利、信息传递实时、移动支付便捷等特点。随着无线通信技术的发展，智能移动终端性能的提升，移动电子商务应用领域不断的拓展与创新，由最基本的移动支付，转向商务活动的各个环节。例如，用户可以直接利用移动设备进行网上身份认证、账单查询、网络银行业务、基于位置的服务、互联网电子交易、无线医疗等。

手机   iPad   笔记本电脑
图 9 - 1　部分移动终端设备

9.1.2 移动电子商务的优势和特点

与传统的电子商务相比，移动电子商务更为简单、灵活方便。移动电子商务能满足消费者的个性化需求。消费者通过移动电子商务可以随时随地获取所需；可以根据自身的时间安排使用智能手机或 PAD 完成诸如采购、选择服务、商业决策、付费等商务活动。移动电子商务的出现改变了人们的商务和生活方式，与传统的电子商务相比，具有明显的优势和特点①。

第一，移动电子商务可以使用户随时随地开展商务活动，而无需受到时空的限制，这大大提高了商务活动的效率和便利性。

第二，移动电子商务可以提供更好的个性化服务。移动设备，如手机和 PAD 等，与一般的网络终端不同，具有很强的专属性，是用户的私人物品。商家通过分析在某一移动设备上的购物情况，可精确获悉使用者的消费习惯和偏好，从而能够为消费者提供更好的个性化服务。

第三，在移动电子商务活动中，用户可以选择多种方式进行网上支付，使支付更加方便快捷。移动支付的分类方式有多种，其中比较典型的分类包括：按照支付的数额可以分为微支付、小额支付、宏支付等，按照交易对象所处的位置可以分为远程支付、面对面支付、家庭支付等，按照支付发生的时间可以分为预支付、在线即时支付、离线信用支付等。

第四，位置定位和跟踪是移动电子商务的特色。移动通信网通过获取和提供移动终端的位置信息，提供与位置相关的交易服务。

【阅读资料 9-1】　　　　　　　　　　移动电子商务的误区

1. 技术替代说：移动技术的特征就是移动电子商务的特征

由于移动电子商务的发展是以移动技术的发展为基础和前提的。因此，一些人只看到移动技术的作用，认为移动技术的特征必然等同于移动电子商务的特征。这种单纯从技术角度看问题的思路和观点是不全面的。

这种不全面的移动电子商务观，会在移动电子商务发展的进程中形成唯技术论，影响移动电子商务的发展和移动电子商务效果的发挥。

2. 加号说：移动电子商务 = 移动技术 + 商务

移动电子商务就是"移动技术 + 商务"的说法听起来几乎没有什么问题但是，仔细想一想，就会发现问题，主要在于此观点没有全面、准确地反映移动电子商务的内涵和特点。

认为移动电子商务就是"移动技术 + 商务"的说法，在技术实现的过程中，不注重移动电子商务整合能力的发挥和释放，降低了移动电子商务价值开发的鞭努力。因此，上述说法是不全面、不准确的。

---

① 蒲忠：《电子商务概论》，清华大学出版社 2013 年版。

3. 等同说：移动电子商务的特征等同于电子商务的特征

移动电子商务本身不是对网络有线方式的替代，商务活动对通信的需要并非是移动，而是"及时、有效、安全"地满足和实现商务需求。因为目前固网、有线的方式不能在全时空下满足这样的需要，所以移动电子商务首先是固网方式的一种拓展、延伸和补充。因此，移动电子商务的特征具有很多电子商务的一般特征，但是它又不能等同于电子商务的全部特征，因为移动电子商务还具有很多电子商务没有或不具备的特征。正是这种差异化优势，才显示了移动电子商务独有的特点和魅力。

4. 唯一说：移动电子商务仅是两个手机之间进行的商务活动

这种说法同样是片面的。因为移动电子商务是利用各种移动设备和移动通信技术，通过创新的业务模式，在移动状态下和环境中完成和实现的商业活动。在各种移动设备中可以包括手机、PDA 和掌上电脑等多种通信设备。

5. 现象说：移动电子商务仅是一种便捷的商务活动

移动电子商务的确是一种便捷的商务活动。但是，移动电子商务不仅仅是一般的便捷的商务活动，而是一种具有增值能力的、便捷的商务活动。只承认电子商务的便捷，丢掉了"增值能力"，就丢掉了移动电子商务最本质的优势。

资料来源：李娜主编，《电子商务概论》，电子工业出版社 2011 年版。

9.1.3 移动电子商务的应用

移动电子商务作为一种新型的电子商务方式，利用了移动无线网络的优点，是对传统电子商务的有益的补充。尽管目前移动电子商务的开展还存在安全与带宽等很多问题，但是相比与传统的电子商务方式，移动电子商务具有诸多优势，因而在如下领域里得到了广泛的应用。

1. 即时通信

随着移动终端用户的迅速增加，即时通信业务得到了广泛的应用。以腾讯公司的 QQ、微信等为代表的即时通信工具极大地方便了移动网络用户的沟通需求，并创造了大量的新的商机。

2. 移动信息传输

移动信息类业务主要满足用户对生活和工作中的各种媒体、餐饮、天气、交通等方面的信息的需要。以前此类信息主要是以文本为主，随着网络技术的不断发展，这类信息逐渐被多媒体信息所替代。

3. 移动订票①

互联网有助于方便核查票证的有无，并进行购票和确认。通过互联网预订机票、车票或电影票等已经发展成为一项主要业务。另外，用户借助移动设备，可以浏览电影剪辑、阅读评论等。

4. 移动娱乐

移动娱乐业务主要满足用户对休闲娱乐的需求。用户通过移动网络从互联网或提供商的网站上下载背景图片、铃声、手机单机游戏、视频短片、活动墙纸等；用户还可以在无线移动平台上实现多人连线的游戏，无线游戏继承了手机离线游戏即开即用、操作简便和便携性的特点，又进一步被赋予了网络游戏人人交互的特点而显得更具挑战性、刺激性和真实感；现在手机电视、视频会议和视频电话将成为移动视频的主要应用，通过无线网络传输多种实时有效的视频内容。

5. 移动金融

移动金融是指使用移动智能终端及无线互联技术处理金融企业内部管理及对外产品服务的解决方案。主要业务包括移动银行、移动支付、移动证券等。

（1）移动银行。移动银行提供金融和账户信息的移动访问。用户可以使用他们的手机访问账户余额信息、支付账单并利用 SMS 进行转账。移动银行提供的服务包括查询、转账、汇款、缴费、手机支付、银证转账、外汇买卖等。

（2）移动支付。在移动金融应用中，最有前景的移动金融应用模式是移动支付业务。移动支付是指进行交易的双方以一定信用额度或一定的金额的存款，为了某种货物或者业务，通过移动设备从移动支付商处兑换得到代表相同金额的数据，以移动终端为媒介将该数据转移给支付对象，从而清偿费用进行商业交易的支付方式。移动支付所使用的移动终端可以是手机、具备无线功能的 PDA、移动 PC、移动 POS 机等。移动支付实时的技术是金融电子化。

（3）移动证券。移动证券是一种移动电话增值业务，能让证券从业人员和股民享受通过手机浏览实时行情、查看各项技术指标、进行专家咨询、查阅图表分析、实现快速交易等证券专业化服务。

5. 移动购物

借助移动电子商务，用户能够通过其移动通信设备进行网上购物。用户利用移动设备可以进行快速搜索、比较价格、使用购物车、订货和查看订单状态。为无线购物者提供的支持服务

---

① 蒲忠：《电子商务概论》，清华大学出版社 2013 年版。

与那些为有线购物者提供的服务类似。移动购物会是一大增长点，如订购鲜花、礼物、食品或快餐等。传统购物也可通过移动电子商务得到改进。例如，用户可以使用"无线电子钱包"等具有安全支付功能的移动设备，在商店里或自动售货机上进行购物。

7. 移动医疗①

移动医疗的概念最初是以"无线电子医疗"的形式提出的。之后无线通讯和网络技术取得了飞速的发展，一些可穿戴的用于移动医疗的系统逐渐普及。谓移动医疗，就是把移动计算技术、医学传感器技术和通信技术结合起来用于医疗服务。国际医疗卫生会员组织 HIMSS 对移动医疗的定义是通过使用移动通信技术如嵌入式设备、PDA、移动电话和卫星通信来提供医疗服务和信息。

移动医疗的体系非常庞大，组成比较复杂，从行业角度来分主要有以下不同的行业或者人群参与：一是，移动通信运营商，提供了远程交互过程中的数据传输通道；二是，医疗器械生产厂商，提供了各类生理传感器模块以满足具体的医疗需求；三是，社区医疗服务中心、大中小型医院这些传统医疗服务的提供者和有远程医疗资源需求的患者，包括患有慢性病或者需要健康监护的老年人，都是移动医疗的直接使用者。

8. 基于定位的移动商务

基于定位的移动商务是指运用有 GPS 功能的设备或类似技术（如广播或移动基站的三角定位）找到用户的位置，根据用户的位置来交付产品或服务。基于定位的服务对于消费者和企业都具有吸引力，从消费者或企业的角度来看，定位提供了安全性、便利性。从供应商的角度来看，基于定位的移动商务为更精确的满足顾客需求创造了机会。

（1）位置查询业务。其主要应用有确定用户位置、相互查询位置、与用户当前位置有关的各种生活、交通、娱乐、服务公共设施等信息服务。

（2）目标定位业务。指对手机用户进行定位，对手机用户的位置进行实时监测和跟踪，是所有被监控对象都显示在监控中心的电子地图上，一目了然。在一些专业领域推出的服务包括救援定位服务、看护服务、车辆调度、物流管理、位置广告、公司内部管理等。

（3）基于定位的广告。如果商家能够即时了解到移动用户所处的位置和偏好或上网习惯，他们就可以将面向特定用户的广告信息发到移动设备上。如地点敏感广告（利用 GPS）可以通知潜在的购物者其所处位置附近的商店和餐馆的信息。利用推送信息将广告发送到用户的手机，

---

① 方翔、朱根：《移动医疗的发展现状及困境研究》，载于《科技视界》2016 年第 5 期。

随着可用的无线宽带越来越多，包括音频、图片、视频片段等内容丰富的广告将针对特定用户的需求、兴趣和倾向生成。

9.2 移动电子商务的商业模式

移动互联网相对于传统的互联网而言有着明显的优势，必将促进新时期电子商务产业的蓬勃发展。作为一种新型的移动电子商务技术，其商业模式的形成为电子商业产业的发展创造了有利的条件，使产业发展的速度不断加快，竞争机制不断升级，价值链传递与转移不断完善。[①]

9.2.1 移动电子商务商业模式的含义

移动电子商务商业模式指的是在移动技术的条件之下，相关经济实体通过商务互动的开展实现价值的创造与实现，最终获取利润。商业模式最基本的核心内容就是创造与实现价值，移动电子商务商业模式通过对价值链中价值的传递与转移分析，找出价值的创造环节。

9.2.2 移动电子商务的产业价值链

在整个的移动电子商务中，有着众多的参与者。主要包括以下几个方面：产品供应商，包括实物类、服务类、虚拟产品类、内容类等；硬件供应商，包括终端设备与基础设备两个方面；软件供应商，包括商务软件、终端操作系统、应用程序等；金融服务供应商，包括银行与券商（支持移动业务支付）、第三方支付、中国银联（提供结算服务）等；移动数据服务商，包括移动网络（中国联通、中国移动、中国电信）、第三方企业、个人等；消费者，是移动电子商务的基本群体；物流供应链服务商；平台提供商。

9.2.3 不同主体主导下的移动电子商务商业模式

1. 以传统的电子商务企业为主导的商业模式

以传统的电子商务企业为主导的商业模式的特点为"营运 + 品牌"。

以传统的电子商务企业为主导的商业模式的实质就是传统电子商务移动化。京东商城是传

---

① 徐丹丹：《移动电子商务商业模式研究》，载于《商场现代化》，2014 年第 23 期。

统电子商务企业的代表，通过对原有的网络页面呈现形象进行改造，推出了适合移动智能终端进行浏览的移动电子商务。当前，国内越来越多的电子商务企业开始开展电子商务，其中移动电子商务仅仅是传统电子商务形式的补充。

以传统的电子商务企业为主导的商业模式中，发展移动电子商务的优势包括以下三点。第一，对原有的企业品牌形象进行延续，一方面能够使移动电子商务平台迅速被用户接受，促进移动电子商务服务的开展；另一方面利用传统电子商务的品牌号召力促进移动电子商务与上下游产业链进行合作，促进移动电子商务发展。第二，移动电子商务的发展继承了传统电子商务中优秀的电子商务管理能力与运营能力，在人力资源、硬件支持、商品渠道、商户资源等方面获得了有利的支持。第三，移动互联网与互联网的网民在一定程度上存在着重叠，如果在 PC 端培养了购物习惯，将能够轻松地应用移动电子商务平台，这部分的客户就相当于传统电子商务为移动电子商务服务进行的原始客户积累，为未来发展奠定基础。

【阅读资料 9 - 2】　　　强强联手　京东腾讯推出"荐书联盟"行业版

如何适应移动互联网时代的用户需求，为读者推荐优质好书？京东商城图书部和京东微信购物 2016 年 3 月 23 日联手推出"京东微信荐书联盟"，今年将招募 5 万个有志于推广优质阅读的机构和个人，参与全民荐书，一起打造中国图书领域航母级的零售平台。

探索图书营销新模式

著名财经作家吴晓波曾预言：由于支付、商业模式的不断成熟，2016 年社群经济将崛起。罗振宇 2015 年曾表示："如果不出大意外，我们在卖书方面大约能达到 1.5 亿到 2 亿的营业额。"有媒体甚至认为，社群营销对传统电商构成了巨大威胁。

京东图书已敏感地捕捉到了这种营销变化。京东图书音像业务部总经理杨海峰说："移动互联网时代最重要的一点就是人的聚合，各种各样的人聚合在各种圈子里，每个圈子都有各自的特点、喜好和价值观。如何利用好这一个个圈子，把优质出版物推介出去，实现小众传播是当下我们一直思考的。在用户调研中我们也发现，买书的用户收入相对比较高，其中一部分人对价格不敏感，他们更希望能有信任的人或推广机构，告诉他们什么书值得阅读，尤其是少儿类、财经类图书，这种用户需求非常明显。"这些阅读机构和个人分享图书，本身就属于精准营销，他们覆盖的是一个个有共同兴趣爱好和价值观的人，推荐转化率非常高。正是对这种营销方式的敏感，去年下半年京东图书部联手京东微信购物开始开发"京东微信荐书联盟"。

打造航母级营销平台

京东希望通过"京东微信荐书联盟"打造图书阅读领域航母级的营销平台。"'京东微信荐书联盟'像一艘航空母舰，承载的是多个推广机构或者推广达人，如罗辑思维已经在'京东微信荐书联盟'注册，是我们的成员之一。也因为这种模式，'京东微信荐书联盟'中推广的是全品类图书，只要有人在读，有人在推荐，都是我们荐书联盟的内容。"京东图书音像业务部总经理杨海峰说。

之所以有这样的"野心"，因为"京东微信荐书联盟"背靠的是京东和微信这两大平台。第一，京东本身具有强大的品牌资源和运营能力，再加上流量优势，以及移动互联时代电子商务前端技术优势，这些保证了"荐书联盟"诞生之初的先天优势；第二，读者通过点击购买链接即可直接进入京东微信购物购买，后续物流配送由京东执行，保证了读者的购买体验。第三，京东图书与全国千家供应商直接合作，是全品种销售策略，能最大程度满足荐书者和读者对品种的需求。

尤其值得一提的是，京东微信购物渠道作为合作方，不仅提供了佣金支持，而且还会在流量引入以及推广方面给予大力度支持，如在京东微信购物圈宣传荐书人。可以说目前"京东微信荐书联盟"是京东微信购物最重要的运营项目之一。

资料来源：《强强联手，京东腾讯推出"荐书联盟"行业版》，http：//www.cctime.com/html/2016－3－23/1151345.htm。

2. 以运营商为主导的商业模式

以运营商为主导的商业模式的特点为"渠道＋平台"。

运营商主要指的是移动通信运营商，主要的服务是提供数据服务。移动通信运营商能够与商业的客户或者用户建立直接的联系，通过 SIM 卡等卡片对用户的身份进行识别，对用户的交易环节进行参与。

以运营商为主导的商业模式的优势包括：第一，运营商经过长时间的运用之后具有庞大的用户规模，且拥有客户的基础信任，能够促进移动电子商务的开展；第二，以用户账户的 SIM 卡身份识别与账户绑定为基础，运营商已经建立了相对成熟的结算渠道，具有明显的渠道优势；第三，运营商对用户的消费数据进行了掌握，通过对这些数据的分析与加工，能够进行针对性的广告推送，实现良好的营销效果。

3. 以金融机构为主导的商业模式

以金融机构为主导的商业模式的特点为"渠道＋平台"。

当前，信用卡商城是金融机构参与电子商务的主要体现，通过对信用卡商城向移动平台的移植，就能够开展金融机构的移动电子商务。我国大多数的银行都已经开展了信用卡商城，而且随着网银的发展，手机银行的用户也不断增加。

银行相对于其他组织而言具有天然的公信力，同样在商家的审核方面也较为严格，实现了对产品品质的保障，能够增加消费者对商家的信用感促进在线交易实现。信用卡商城的用户具有较强的消费能力，再加上银行提供的免息分期还款服务，使银行信用卡商城更加适合奢侈品。起步较晚的信用卡商城，在客户资源、支付环境、购物渠道等方面具有不能够比拟的优势。

4. 以设备制造商为主导的商业模式

以设备制造商为主导的商业模式的特点为"设备 + 服务"。

设备制造商指的是终端设备的提供商，苹果公司的 AppStore 是该模式的代表。该模式的优势为：能够为开发者提供更加方便的应用销售平台，激发开发者的参与积极性，满足了终端用户对于软件的个性化需求，从而促进了终端软件开发业的快速、良性发展。

5. 以新兴商务平台为主导的商业模式

以新兴商务平台为主导的商业模式的特点为"专注 + 创新"。

随着移动电子商务的不断发展，很多专注于移动电子商务的新兴商务平台营运而生，有着针对移动电子商务的服务模式方面的创新，能够提供更加具有移动特色的服务和产品。新兴电子商务的缺陷就是商品渠道方面，尤其是物流与配送方面。

9.3　移动营销

移动营销作为数字经济时代的一种崭新的营销理念和营销模式，是近年来众多营销理念的进展、凝练和升华，是促使企业开辟广阔市场，获取增值效益的"马达"，也是连接传统营销，引领和改造传统营销的一种可取形式和有效方法，它必将成为提升企业核心竞争能力的一把金钥匙。近两年，我国的移动营销获得了快速的发展，我国已经成为世界最大的移动营销潜在市场。庞大的手机用户形成了巨大的消费群体和营销空间，让移动营销形成炙手可热之势。

9.3.1　移动营销的含义

移动营销（又称作无线行销 wireless marketing），国内外学者和营销组织对其定义有很多说法。美国的移动营销协会 MMA 2003 年给出了移动营销的定义：移动营销就是利用无线通讯媒介作为传播内容进行沟通的主要渠道，所进行的跨媒介营销。该定义是目前业界较为公认的定义。这里的无线通信媒介无疑就是被称为"第五媒体"的手机。

通俗地理解，移动营销就是组织透过使用任何的无线媒介（wireless media，主要是手机和掌上电脑）作为信息传递和回应的载体、跨媒介营销传播的即时沟通程序，针对消费者（也就是终端用户）对时间和地点敏感性的、个性化的互动性，打造出最适合消费者的营销信息。移动营销的目的非常简单——开展主动、精准的营销，从而提高企业的营销效果，降低营销成本。移动营销现已成为营销的发展趋势，比其他任何营销模式更具有优越性。

9.3.2　移动营销的特点

由于手机的特殊性，决定了移动营销具有三大特点，即精准传播、便捷互动、即时效果。

1. 精准传播

相对于传统媒体而言，移动营销在精准方面有着先天优势。因为手机是贴身的个人独占的私有物品，这使得移动营销的精准性毋庸置疑。

移动营销可以实现精确的个性化传播——一部手机对应着一个手机用户，因此延伸了大量的移动营销应用。不过移动服务必须满足个人在使用移动设备时对所追求目标的认知需求，因此建立用户数据库是很必要的，发送移动广告也应该经过用户的同意。

在浩瀚人海中如何锁定与自己项目匹配的目标人群并把新的信息有效传播，借助手机报刊、短信等投放系统，通过精准匹配将信息实现四维定向（时空定向、终端定向、行为定向、属性定向），传递给与之相配的目标群体。

手机与电视、广播、报纸、杂志等媒体最大的不同在于，它是一个随身携带的、可以随时使用的、高效便捷的、互动的、个性化的媒体。手机是人机互动，即人与人的互动，这种好处就是双方产生了沟通，有沟通就会有认知，认知度越高，购买或合作倾向就越强烈。

2. 便捷互动

移动终端具有先天的随身性，实用有趣的手机应用服务让人们大量的碎片化时间得以有效利用，吸引越来越多手机用户参与其中；平台的开放也给手机用户更多个性化选择；基于信任的推荐将帮助企业打造出主动传播的天然 SNS，快速形成品牌黏度。移动营销要求企业重视客户关系与客户服务。

3. 即时效果

移动营销既然具有便捷、互动的功能，就会产生即时的效果。移动营销是一种真正个人化、交流导向的即时营销，即人们可以在信息出现的同时就获得信息，并回复信息，起到立竿见影的双向功效。

9.3.3 移动营销的主要应用模式

1. 二维码 + WAP 模式

手机二维码是二维码的一种，可以印刷在报纸、杂志、广告、图书、包装以及个人名片上，用户通过手机扫描二维码或输入二维码下面的号码即可实现快速手机上网，随时随地下载图文、音乐、视频，获取优惠券，参与抽奖，了解企业产品信息。通过中国移动提供的条码识别上网应用服务，支持手机二维码功能并可拍照的用户可用手机拍下二维码，从而访问到企业的 WAP 网站。

企业应用二维码技术进行营销就意味着增加广告内容，丰富广告形式，只要拇指印大小的地方就能在顾客面前展示无限多的文字、精美的图片，甚至清晰的声音和动画、视频，宣传推广不再受到版面局限。应用二维码技术便于评估广告效果，商家投放了不同的广告或宣传单，通过每个二维码的访问数据比较，可以轻松判断出性价比最高的推广方式和推广时段。

2. 微信营销

微信是腾讯公司于 2011 年初推出的一款通过网络快速发送语音短信、视频、图片和文字，支持多人群聊的手机聊天软件。用户可以通过微信与好友进行形式上更加丰富的类似于短信、彩信等方式的联系。微信软件本身完全免费，使用任何功能都不会收取费用，微信时产生的上网流量费由网络运营商收取。微信发展迅速，从 2011 年推出到目前，用户数量已经达到 4 亿，仅用了 2 年多的时间，而相比之下，QQ 发展用了 10 年时间。从数据可以看出用户对微信的认可和接受非常迅速，这就给电商企业带来了巨大的商机。很多企业、网站、商场现在都开通了自己的微信公众号，客户可以通过账号或者二维码等添加。微信公众号可以实现 APP 开发平台技术与电商本身内部所有数据业务系统相结合。从而实现到售前咨询、售中促销、售后反馈与微信闭环。如果一家企业是线上销售的电商，用户发送相关产品指令到其公众频道上，系统就会自动在其电商数据库中查询有关产品，然后将链接发送到用户微信端，如果有用户中意的产品，用户就会点击连接提交订单，购买后反馈信息直接反馈到微信公众号上，系统自动会导入商品评价。

微信本身是朋友之间的沟通工具，是一对一的精准沟通。这种属性和气氛可以让朋友分享的电商链接商品的可靠性和可信度更高，让电商在这个销售生态系统中如鱼得水。据有关数据表明，淘宝有百分之十几的流量都来自微信分享。微信营销本身就是真正的 O2O 的社会化营销模式，在售前咨询、售中促销、售后反馈与微信闭环生态链系统中，用户可以通过电商公众号一站式获得电商的服务：售前咨询、售中促销、售后反馈，这是此前其他营销推广方法所无法实现的。所以微信是电商进入移动精准营销的最佳入口。

【阅读资料 9 - 3】 　　　　　　　　呼叫中心式微信客服

　　去哪儿网携手随视传媒，基于微信平台推出呼叫中心式的微信客服，成为国内首家把呼叫中心功能搬到微信上的 OTA 品牌。巧用微信的强关系交互和简便的第三方登陆能力，开发出"一扫分享"和"优惠券云卡包"等非常方便旅游决策和旅游产品购买的创新服务。且自定义菜单各项功能实用性强，定位精准。微信客服推出后每天好友激增超过 2000 人，去哪儿网在微信上实践一种小规模、高针对性、高 ROI 的社会化营销模式。最近的几次旅游产品抢购活动只限于微信好友，在促销活动前，去哪儿网通过多维度的标签（城市、性别、咨询记录、消费记录、偏好）筛选出目标用户做邀请。2 小时封闭专场卖掉 15 万的旅游产品。

　　资料来源：《去哪儿网，把呼叫中心搬上微信》，麦迪逊邦 http://www.madisonboom.com/2013/10/17/qunar-put-call-center-on-wechat/。

3. APP 营销

　　移动客户端（APP）是随着智能手机用户的高速增长而快速普及的一种应用软件，通过移动客户端，消费者可以对目标网站进行更方便、快捷、舒适的操作。

　　凭借对移动设备硬件软件的强大支持、专一性的功能设计以及日益开放的智能手机操作系统，移动客户端一举超越 web 上网方式。

　　而企业利用移动客户端推广企业的模式主要有两种：一是制作企业产品的移动客户端，然后在官网上进行发布；二是在下载量排前靠近的移动客户端上进行企业产品的宣传营销。

　　随着智能手机的发展，APP 的下载量与日俱增，据苹果官方宣布，其 APP Store 应用程序下载量于美国时间 2013 年 5 月 15 日突破 500 亿次。国内大型的电商企业如淘宝、京东、腾讯都发布了自己的 APP，用户可以在手机和电脑上随时浏览购买自己需要的商品。很多小企业在相关的 APP 上投放广告。而与移动精准营销联系最相关的也是最值得一提的有两款竞争型 APP，一款 iPhone 自带的 Passbook App，它是苹果公司在 2012 发布的一款基于地理位置的应用软件，它可以存放、管理会员卡、登机牌、电影票、积分卡、礼品卡等电子票据信息，当手机联网时，可以随时自动更新信息内容，并基于 GPS，当你到达 Passbook 中所存卡片或票据商的附近时，会自动出现提醒功能，这款软件可以帮助商家真正的实现精准营销的目的，只是目前在中国内地还无法使用，相信开通后会有很好的市场前景。另一款 APP 是"支付宝钱包"，是支付宝 APP 客户端，与 Passbook 相较，支付宝电子钱包更像一个全能型的"管理"工具。支付宝钱包不仅复制和涵盖了苹果 Passbook 的卡券功能，可以整合类服务票据，如电影票、登机牌、积分卡和礼品卡等，更是集收款、付款、转账、缴费、充值、电子券功能于一身，支付宝电子钱包更是借优惠券切入移动互联支付领域。

【阅读资料 9 - 4】　　　　Gilt 使用 APP 消息来带动移动电子商务

　　由于美国闪购网站 Gilt 超过 50% 的收入源于个人设备，所以营销人员在营销中采用的是一个更加综合和复杂的策略：利用自动化、个性化、推送通知和更多方式来保持它的 APP 用户访问频率。这种方法与国内众多知名电商企业在移动化趋势下，使用 Webpower 的智能化营销系统，通过短信、APP、邮件、微信等线上组合渠道无缝营销日趋庞大及多样化的广泛会员，促进营销内容和用户匹配的精准化，实现了一致的效果。

　　Gilt 确保它每天一次给每个用户发送个性化的促销信息。虽然许多品牌通过手机跟踪用户行为，但 Gilt 的这种策略更加深入，因为随着一天天时间的推移，Gilt 可以越来越精确的了解每一个用户的面貌和个性化需求，然后更好地为每一个用户匹配最好的促销产品。公司还使用一个自定义软声音信号向消费者发出出售开始的提醒信号，而无需用户看手机或查看信息。Gilt 还开放给每个用户更多的选择权，每一个用户都可以完全控制他或她更乐意接收哪些信息，让用户获取真正想要的内容，排除不必要内容的干扰。

资料来源：《2015 年最棒的九个移动营销案例》，界面新闻 JMedia http：//www. jiemian. com/article/515844. html。

9.4　我国移动电子商务的发展

　　近年来，我国移动电子商务发展迅速，势不可挡。但我们也应该清醒地看到，在移动电子商务高速发展的同时也存在着一定的制约因素，如安全威胁、隐私和法律问题等等。下面就此问题进行一下简单分析。

9.4.1 我国移动电子商务发展中面临的问题

1. 我国移动电子商务面临的安全威胁

尽管移动电子商务给工作效率的提高带来了诸多优势（如：减少了服务时间，降低了成本和增加了收入），但安全问题仍是移动商务推广应用的瓶颈。有线网络安全的技术手段不完全适用于无线设备，由于无线设备的内存和计算能力有限而不能承载大部分的病毒扫描和入侵检测的程序。且无线网络本身的开放性降低了安全性等原因导致移动电子商务应用过程中存在诸多安全威胁。移动电子商务主要存在的安全性问题有以下几点。

（1）无线网络自身的安全问题。无线通信网络由于自身的限制，给无线用户带来通信自由和灵活性的同时也带来了诸多不安全因素。在移动通信网络中，移动设备与固定网络信息中心之间的所有通信都是通过无线接口来传输的。而无线接口是开放的，任何具有适当无线设备的人，均可以通过窃听无线信道而获得其中传输的消息，甚至可以修改、插入、删除或重传无线接口中传输的消息，以达到假冒移动用户身份欺骗网络信息中心的目的。同时，在有些移动通信网络中，各基站与移动服务交换中心之间的通信媒质就不尽相同，相互之间的信息转换也有可能导致移动用户的身份、位置及身份确认信息的泄漏。

（2）移动设备的不安全因素。移动终端的安全威胁比较复杂。由于移动终端的移动性，因为没有建筑、门锁和看管保证的物理边界安全和其小的体积，无线设备很容易丢失和被盗窃。对个人来说，移动设备的丢失意味着别人将会看到电话上的数字证书，以及其他一些重要数据。利用存储的数据，拿到无线设备的人就可以访问企业内部网络，包括 E-mail 服务器和文件系统。目前手持移动设备最大的问题就是缺少对特定用户的实体认证机制。势必造成安全影响，甚或安全威胁。概括起来移动终端的安全威胁，主要包括如下方面：移动终端设备的物理安全；移动终端被攻击和数据破坏；SIM 卡被复制；RFID 被解密；在线终端容易被攻击。例如不法分子取得用户的移动设备，并从中读出移动用户的资料信息、账户密码等就可以假冒用户身份来进行一些非法的活动。

（3）软件病毒造成的安全威胁。软件病毒造成的安全威胁自从世界上第一个针对 Symbian 操作系统的手机软件病毒出现，移动终端就已经面临了严峻的安全威胁。软件病毒破坏手机软硬件，导致手机无法正常工作；造成通信网络瘫痪。而移动设备相关清除病毒软件才仅仅开始，不能保证所有移动设备不受病毒的侵害。同时由于移动设备自身硬件性能不高，不能承载现今成熟的病毒扫描和入侵检测的程序。况且，手机软件病毒眼下呈加速增长的趋势，每个星期至少有一款新的手机病毒产生，这就加重了这种安全威胁。

（4）移动商务平台运营管理漏洞造成的安全威胁。随着移动商务的发展，移动商务平台林立。大量移动运营平台如何管理、如何进行安全等级划分、如何确保安全运营，还普遍缺少经验。移动商务平台设计和建设中做出的一些技术控制和程序控制缺少安全经验，这就需要在运营实践中对移动电子商务安全内容进行修正和完善。同时移动运营平台也没有把技术性安全措施、运营管理安全措施和交易中的安全警示进行整合，以形成一个整合的、增值的移动商务安全运营和防御战略，确保使用者免收安全威胁。

（5）商家欺诈行为造成的安全威胁。在移动商务中，消费者对于产品的了解只能通过图片和文字的简单说明了解、去判断，这就使消费者对商品的产地、规格、原材料来源、成分等真实情况缺乏全面、深入的了解。这种交易双方的信息不对称，现实中消费者购买的商品与广告的信息不符，这种虚假广告对消费者的欺诈行为，我国移动商务中的售后服务滞后，一旦消费者要向商家退货或索赔，商务网站需要提供该经营者的详细信息资料，但商务网站常常以商业秘密为由拒绝提供。

2. 移动电子商务面临的隐私和法律问题

随着移动电子商务的发展，移动电子商务是虚拟网络环境中的商务交易模式，较之传统交易模式更需要政策法规来规范其发展。现有的法律对新的电子商务模式不能有效适应，这也为移动电子商务活动带来问题，造成责任不清，无法可依。

（1）垃圾短信息。在移动通信给人们带来便利和效率的同时，也带来了很多烦恼，例如，大量的垃圾短信就让人不胜其烦。在移动用户进行商业交易时，会把手机号码留给对方。通过街头的社会调查时，也往往需要被调查者填入手机号码。甚至有的用户把手机号码公布在网上。这些都会暴露用户的手机号码，从而使垃圾短信有了可乘之机。垃圾短信使得人们对移动商务充满恐惧，而不敢在网络上使用自己的移动设备从事商务活动。目前，还没有相关的法律法规来规范短信广告，运营商还只是在技术层面来限制垃圾短信的群发。目前，信息产业部正在起草手机短信的规章制度，相信不久的将来会还手机短信一片绿色的空间。

（2）定位新业务的隐私威胁。定位是移动业务的新应用，其技术包括：①全球定位系统，该技术利用24 颗GPS 卫星来精确（误差在几米之内）定位地面上的人和车辆；②基于手机的定位技术TOA，该技术根据从GPS 返回响应信号的时间信息定位手机所处的位置。移动酒吧就是一个典型的应用案例，当你在路上时，这种服务可以在你的PDA 上列出离你最近的5 个酒吧的位置和其特色。或者当你途经一个商店时，会自动向你的手机发送广告信息。但定位技术在给我们带来便利的同时，也可能会暴露我们的隐私。一些不法分子可以利用该技术窃取我们的行为信息以及实施跟踪等。

（3）移动商务的相关法律法规亟待完善。我国已经制定了《电子商务签名法》《互联网信息内容服务管理办法》《网上银行业务管理暂行办法》等一系列的法律规范，有效规范了电子商务的发展，但是国内还没有一部针对移动电子商务的法律法规。通过法律手段解决移动电子商务交易各方的纠纷成为法律上的一个空白区域。政府应加强移动电子商务法律规范的建设，制定有利于移动电子商务发展的相关政策，建立有效的移动电子商务发展的管理体制，加强互联网环境下的市场监管，规范网络交易行为，保障用户信息与资金安全。只有这样，消费者才能彻底消除安全等方面的疑虑，选择移动电子商务这种快捷、便利的商务模式，并由此推动移动电子商务市场朝着健康的方向发展。

9.4.2 我国移动电子商务的发展前景

现阶段，我国已经在移动电子商务市场取得飞速发展，通过智能手机和平板电脑等移动终端消费的网民日渐增多。移动电子商务的崛起改变了电子商务市场的寡头垄断格局，这种始终在线的电子商务已成为 2014 年中国电子商务的核心趋势和竞争焦点。英国、美国等发达国家对移动电子商务也开始重视，且在零售移动电子商务市场销售额加快增长。随着移动通信技术和互联网的普及应用，在经济全球化条件下，越来越多的企业也开始尝试移动营销，移动电子商务的蓬勃发展对扩大内需，加速我国相关产业的发展有显著作用。

目前我国的移动电子商务处于起步较快，但还远不成熟的探索阶段。要想发掘出它的深层潜力，还需在交易安全、移动支付模式、移动服务和终端等方面进行改进。电商从业者应该正确分析目前的市场形势，采取合适的针对性的商业模式，才能在移动电商领域取得丰硕成就。因此，为了促进移动电子商务的健康有序发展，要抓住机遇，丰富并提高服务技术，保证其交易安全性，完善配套的物流体系，改善移动终端和支付模式。移动电子商务必将为人类的经济生活创造出不可估量的市场价值，对于转变经济形态、加速产业发展、方便人们的生活等方面发挥着重要作用。由此相信，移动电子商务必将成为 21 世纪电商领域的主力军。

本章习题

一、单选题

1. 在移动商务中实现与( )的整合。

    A. 精准营销   B. 网络营销

    C. 传统营销   D. 绿色营销

2. 移动商务推广应用的"瓶颈"是( )。

    A. 技术问题   B. 支付问题

    C. 安全问题   D. 物流问题

3. 下列属于以公益宣传型为主的移动商务的是( )。

    A. 手机文学   B. 安防跟踪

    C. 名酒鉴别   D. 灾后募捐

4. 下列属于以定位跟踪型为主的移动商务的是( )。

    A. 移动支付   B. 安防跟踪

    C. 名酒鉴别   D. 手机文学

5. 在移动营销活动中，建立客户忠诚的手段是( )。

    A. 积分计划   B. 会员制

    C. 情感维护   D. 以上全是

二、多选题

1. 下列属于移动商务一般特征的是( )。

    A. 即时性   B. 连通性

    C. 便携性   D. 方便性

2. 移动商务发展进程中的错误观点是( )。

    A. 移动商务是移动技术 + 商务

    B. 移动技术的特征就是移动商务的特征

    C. 移动商务的特征等同于电子商务的特征

    D. 移动商务具有很多电子商务没有或不具备的特征

3. 移动电子商务的应用包括( )。

    A. 移动金融   B. 移动购物

    C. 移动医疗   D. 移动娱乐

4. 按照最终用户类型分类，移动电子商务可以划分为( )。

A. 个人用户的移动商务　　　　　　B. 企业和组织用户的移动商务

C. 年轻人用户的移动商务　　　　　D. 学生用户的移动商务

5. 移动营销的主要应用模式包括(　　　)。

A. 二维码＋WAP 模式　　　　　　B. 微信营销

C. APP 营销　　　　　　　　　　D. SNS 营销

三、名词解释

1. 移动电子商务　　2. 移动金融　　3. 移动娱乐　　4. 移动医疗　　5. 移动客户端

四、简答及论述题

1. 何谓移动电子商务的商业模式？

2. 简述以新兴商务平台为主导的移动电子商务模式。

3. 移动营销的特点主要有哪些？

4. 简述我国移动电子商务未来的发展前景。

5. 移动电子商务面临的主要安全问题有哪些？

案例讨论

阿里巴巴、百度、腾讯布局移动医疗

目前，我国移动医疗正蓬勃发展，该领域的资本动作不断。阿里巴巴、百度、腾讯等互联网巨头也纷纷抢滩登陆。

诸如，阿里巴巴频频与政府、医疗机构、企业合作，更多是寻求政策上的支持。腾讯基于微信端推出"智慧医疗"项目，在平台上附加了预约挂号、医患沟通、电子报告、支付账单等功能。百度医生则密集签约公立医院，全面发力北上广地区的医疗服务，希望通过自身移动互联、搜索、大数据等强劲优势，为患者、医生、医院实现高效精准对接，打造医患双选平台，形成百度医生三大闭环。

日前，比达咨询（BigData-Research）在《2015 年第二季度中国移动健康医疗市场报告》中对阿里巴巴、百度、腾讯的移动医疗战略布局进行了分析对比。

通过图 9-2 对比不难发现，百度、阿里巴巴和腾讯在移动医疗布局上各有侧重点，获取数据与实现的形式也各有不同。

其中，百度是获取数据后进行大数据分析。通过云健康平台以及云健康硬件 dulife 平台获取数据，与 301 等医院合作对服务进行补充，上线百度医生对入口进行补充，此外，还推出了"药直达"，布局"线上寻医问药"。

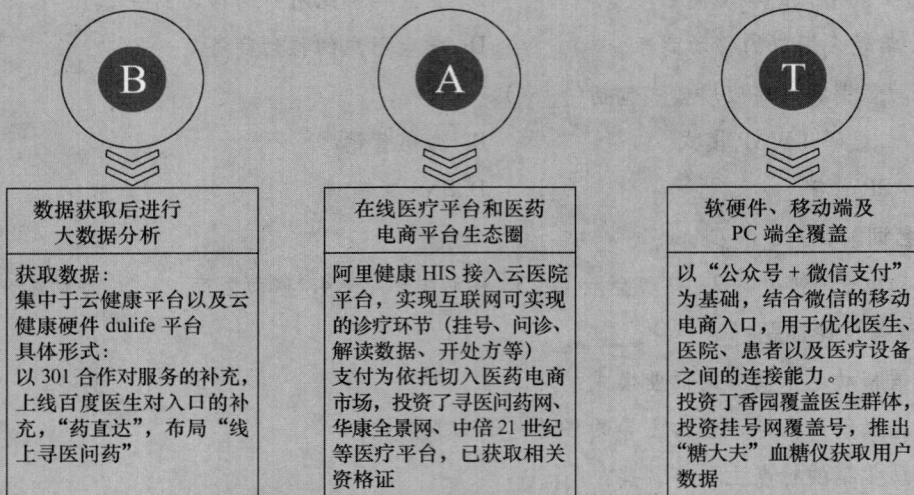

图 9 - 2　百度、阿里巴巴和腾讯的移动医疗战略

阿里巴巴旨在构建在线医疗平台和医药电商平台生态圈。阿里健康 HIS 接入云医院平台，实现互联网可实现的诊疗环节（挂号、问诊、解读数据、开处方等）。以支付为依托切入医药电商市场，投资了寻医问药网、华康全景网、中信 21 世纪等医疗平台，已获取相关资格证。

腾讯则是软硬件、移动端及 PC 端全覆盖。以"公众号 + 微信支付"为基础，结合微信的移动电商入口，用于优化医生、医院、患者以及医疗设备之间的连接能力。投资丁香园覆盖医生群体，投资挂号网覆盖挂号，推出"糖大夫"血糖仪获取用户数据。

思考讨论题

试对阿里巴巴、百度和腾讯三家的移动医疗战略进行评析。

资料来源：《BAT 智能医疗布局对比分析》，OFweek 物联网 http：//iot. ofweek. com/2015 - 08/ART - 132216 - 8120 - 28997783. html。

第 10 章

网上开店与经营实务

本章导读

　　如今，网上开店作为一种新兴的创业模式正受到越来越多的创业者的青睐。相对于传统的经营模式，网上开店有着投资少、经营方式灵活等特点，其优势明显、前景广阔，因而成为很多创业者理想的创业选择。本章详细介绍了网上开店的形式和具体流程，并对网上店铺的后续经营与服务进行了较为深入的阐述。

知识结构图

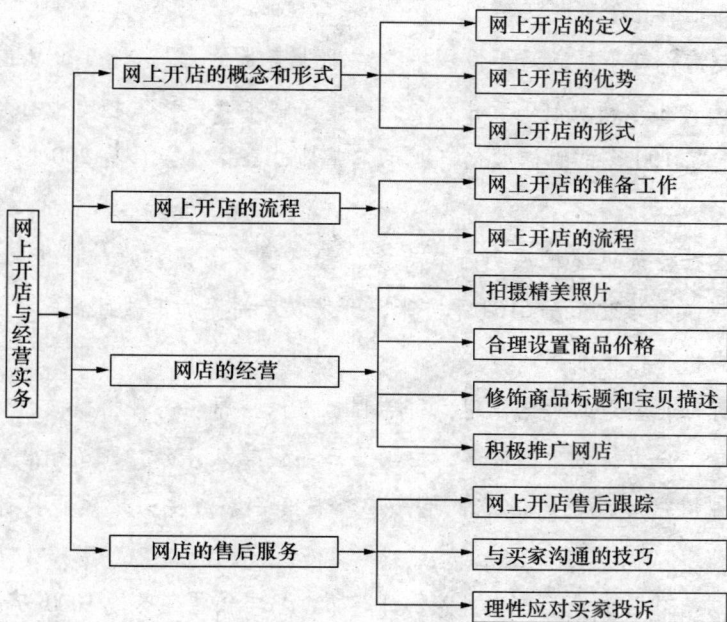

【开篇引例】　　　　　　　　赵海伶："指尖创业"卖特产

从开网店，到拥有自己的公司、厂房、基地，赵海伶一步一步走得稳稳当当，"人难免会迷失在名利里，所以我常常说的一句话，就是'不忘初心'"。

2008 年汶川地震发生时，赵海伶正在成都读大二。她的家乡青川县是重灾区，地震发生后，连续 7 天，她一直联系不到家人。"那 7 天对我的改变非常大。我真正体会到，没有比亲情更重要的东西。"得知家人平安，赵海伶松了口气。但她已下定决心，毕业后放弃城市生活，回到贫穷的小山村，回到父母身边。

赵海伶初中时就离家在外求学，那时常常有朋友托她带些山里的土特产。大学时，她曾经开网店卖衣服。这两件事在她脑海中"碰撞"出了利用电子商务平台销售农产品的念头。

2009 年，青川县仍然处在灾后重建阶段，这让赵海伶的创业路困难重重。没有房子，没有网络，没有快递……在这样的条件下，"开网店"几乎是天方夜谭。可赵海伶有股子"倔劲儿"。她到别人的办公室"蹭网"，亲自进山收货，再通过大巴车把货品送进城里，叫快递到车站取货。那时发货量小，快递有时会忘记去拿，赵海伶就担心得整夜睡不着觉。现在回想起来，那段经历就像"噩梦"一样，可赵海伶就是"每天都很有力气"。"我做这个不是为了赚钱，都做了一两年，人家问我利润多少，我都说不清。"她说，"我就是想要把一件事做好，让顾客满意，让自己心里踏实。"

没过多久，赵海伶就不再满足于做一个"在网上卖货的人"。她觉得"应该规范起来"。2010 年，她成立海伶山珍商贸有限责任公司，组建了恒丰食用菌种植专业合作社，并担任合作社理事长，建起了 100 多亩的标准化产业示范基地，合作社会员达 200 多户，当年网络销售额突破 180 万元。

近年来，合作社会员迅速扩展到乐安寺乡、青溪镇等乡镇农户，销售额突破 500 万元。2013 年，合作社建成标准化厂房 6164 平方米，开发农产品深加工项目。免费为当地 200 多户农民发放菌种，提供种植技术。

合作社通过标准化基地的示范作用，引导种植户保持原生态种植模式，免费为种植户提供菌种及技术指导，全力打造生态品牌，主动当产品代言人，努力开拓销售市场，保持价格稳定，彻底消除种植户后顾之忧。2013 年，江浙沪第一家海伶山珍线下实体店在浙江嘉兴开业。

2014 年 5 月，合作社的产品全面进入实体超市，当年销售额突破 1000 万元。不但解决了自身的就业问题，还带动了快递行业和当地种植行业，为一大批大学生和农村留守妇女提供了家门口就业的平台，帮助深山的老百姓实现了增收。

在合作社经营上，赵海伶让种植户入"干股"，享受年底"分红"。她以 1200 元/亩的价格从当地农民手中租借土地，还让他们在自己土地上打工，参与种植，不仅学到技术，还可以领到劳务报酬。2014 年，她的合作社实现了网上销售额 1200 万元，带领 3000 个农户共同致富。2014 年年底，每个种植户还领到每亩 500 元不等的分红。同时，她还积极为种植户争取国家各项产业惠农政策，在发展产业的同时，可以享受政策"福利"，极大地调动了种植户的积极性。

从网上卖第一个鲜核桃开始，到蜂蜜、竹荪、木耳等青川乃至周边县市所有优质农产品；从线上的电子商务，到生产基地以及包装、加工厂房的建设，赵海伶一步一步走得稳稳当当，她用新思维打开山里世界，她用新经济富裕山乡农村。赵海伶先后被评选为 5·12 汶川大地震"新生榜样""2010 全球十佳网商"，2015 年 1 月，赵海伶被共青团中央评为"全国乡村创富好青年"。然而，赵海伶甚至没什么感觉，"只是顺其自然，走到那一步了就得做这样的事"。和这些"成就"相比，顾客的好评更能让她觉得快乐。她也从未想过自己要把企业做到多大规模，因为创业的每一天都会遇到很多问题和困难。"我想的就是把每一天的事情处理好，不辜负信任我的顾客、农户和加入我的这些年轻人，将来的事情没怎么想过。"她说，"即使有一天失败了，一无所有了，也没关系，因为这些年的经验和经历足够让我重新站起来。"

资料来源：赵海伶，《指尖创业"卖特产》，《农村工作通讯》，2015 年第 11 期。

10.1　网上开店的概念和形式

如今，网上购物已经成为我国一部分消费者的首要选择。根据中国互联网信息中心（China Internet Network Information Center，简称 CNNIC），我国网络购物用户规模达到 4.13 亿，较 2014 年底增加 5183 万，增长率为 14.3%，我国网络购物市场依然保持着稳健的增长速度。巨大的网购市场吸引了无数尝试网上开店的创业者，据中国电子商务研究中心发布的报告，仅淘宝网就有职业卖家 600 多万，每天新增的注册商户超过万家，网上店铺正以前所未有的速度高速发展。

10.1.1　网上开店的定义

网上开店可以通俗地理解为店主（卖家）在互联网上注册一个虚拟的网上商店，将待售商品的信息发布到网页上，对商品感兴趣的浏览者通过网上或网下的支付方式向经营者付款，经营者通过多种物流方式将商品发送给购买者，从而达成交易的整个过程。

网上店铺顺应了人们足不出户进行购物的需求，前景广阔。电子商务的普及给年轻人提供了更多的工作机会。辞去朝九晚五的枯燥工作，全职开网店，捧杯咖啡，坐在家中尽享创业的乐趣，已成为越来越多年轻人的全新选择。

目前，淘宝在国内 C2C 市场上一枝独秀，是创业者网上开店的最佳平台，创业者可以借助淘宝网站超强的人气做生意，从而大大提高开店的成功率。淘宝网上的店铺见图 10 – 1。

图 10 – 1　淘宝网上的店铺

10.1.2　网上开店的优势

与实体店相比，网上开店具有经营成本低、经营方式灵活、市场广阔、受传统因素限制较小等显著优势，因而备受创业者尤其是年轻创业者的推崇。网上开店的具体优势有以下几点。

1. 投资少，成本低

与实体店相比，网上开店具有投资少、门槛低、容易起步的优势。如果经营得当，很快就能进入盈利期，是缺乏资金的创业者理想的开创事业的起步平台。网店的低成本优势主要体现在以下几个方面。

（1）开店费用低。在淘宝等大型 C2C 网站上开设店铺是免费的，完全不用为淘宝支付租金，这与传统店铺高昂的租金形成了鲜明的对比。

（2）运营成本低。网上开店不需要支付水、电、管理费等运营成本。

（3）物流成本低。专业的第三方物流可以有效降低配送成本，使买卖双方都从中受益。

2. 经营方式灵活

第一，网上开店投资较少，不会占用大量资金。一旦经营不利很容易退出，创业者可以大胆尝试一下，如果不适合也不会有太大的损失。

第二，网店经营者可以全职、也可以在正常工作外兼职。卖家可以根据自己的时间和精力来决定经营方式，既可以全职经营，也可以在工作之余开个小店，忙不过来时还可以找亲朋好友来帮忙。

第三，网上开店不需要像实体店那样注册登记，办理营业执照，也省去了很多行政监管带来的麻烦，在日常经营上要简便得多。

第四，网店存货少，随时可以更换产品品种，进退自如、经营者没有太大包袱。

3. 受传统因素限制小

（1）网上开店不受营业时间限制。网店可以每周 7×24 小时不间断营业，不分白昼，也无论是刮风下雨还是大雪纷飞，都可以照常经营。

（2）网上开店不受营业地点的限制。传统店铺选址是个巨大的难题，位置好的店铺虽然客流量大，但房源稀缺且租金昂贵；位置差的店铺尽管租金可以接受，但客流量小，生意冷清。而网上开店则突破了地域的限制，卖家面对的是全球的消费者，所有的店铺都能在互联网上公平竞争。

（3）网上开店不受营业面积的限制。传统店铺受店铺大小、仓储能力等制约，进货数量和品种都有限制。而网上开店则不然，只要经营者愿意，网店可以显示成千上万种商品，卖家甚至可以等到收到订单再进货，这样既节省了仓储成本，又可以同时销售不同品种的商品。

10.1.3　网上开店的形式

1. 自立门户型的网上开店

自立门户型的网上开店是指经营者不依托于大型的 C2C 网站，而是根据自己经营的商品的情况，独立建设一个新的网站进行商品销售。一般需要经过域名注册、空间租用、网页设计、程序开发和网站推广等一系列前期工作。

自立门户型的网店优势为：外观和形式可以避免与大型 C2C 网站上的雷同，可以采用更新颖的内容和风格。其主要缺点是：前期需要大量资金投入；不能依托大型 C2C 网站的"大树"搭便车。所以一般适用于资金充裕、有实体店铺的企业，个人很少采用这种方式。

2. 在大型 C2C 网站上开店

大型 C2C 网站指的是淘宝、eBay 易趣等允许卖家设立店铺的电子商务网站。卖家可以免费或是支付少量租金即可在这类网站上开设自己的店铺，并借助网站的人气来带动商品的销售。

在大型 C2C 网站上开店的优势为门槛低、初期投入少，可以凭借大型 C2C 网站的平台节省大量宣传推广工作，并可免费享受有 C2C 网站提供的信誉检测机制等。缺点在于店铺的同质化程度高，竞争较为激烈。

对于初次创业者，一般都会选择在 C2C 网站上开店，等到发展到一定规模、有了较强的实力之后，就可以考虑自立门户，设立自己品牌的网店了。而已经拥有自己网店的商家，也不妨在 C2C 网站上开设分店，借助该平台的强大人气扩大销量。

10.2　网上开店的流程

网上开店与实体开店类似，店主首先要想好经营什么产品，然后选择像淘宝、易趣、拍拍等知名的 C2C 网站作为开店的平台或者是选择自己设立销售网站。在开设店铺后，卖家通过进货→营销推广→发货→售后服务等一系列流程，最终实现网上店铺的正常运转。

10.2.1　网上开店的准备工作

网上开店前卖家需要进行全方位的自我评估。卖家应该综合考虑个人兴趣、事业目标、硬件投入、能力大小等诸多因素。

具体而言，网上开店的准备工作主要有以下几个方面。

1. 了解网上开店的优势与风险

前面已经说过，网上开店相对于开设实体店，具有经营成本低、经营方式灵活、市场广阔、受传统因素限制小等显著优势。但网上开店并不是只赚不赔，也蕴藏着一定的风险。因为网上开店门槛低，竞争十分激烈，如果没有自己独特的竞争优势，网店也很难生存。

2. 认清自己是否是适合开店的人

网上开店有赔有赚，并不是所有人都适合网上开店。每天淘宝网上都有大批网店关门，足以说明开网店并不是像想象中那样简单。那么哪些人适合网上开店呢？

（1）中小企业主。中小企业相比大企业往往存在资金短缺的问题，而网上开店投入少、有利于中小企业在开拓市场的过程中的突破资金不足的瓶颈；此外，中小企业普遍存在销售渠道窄、覆盖范围过小的问题，网上开店后企业将直接面对全球市场，能够有效弥补中小企业的这一短板。

（2）拥有货源的人。网上销售，产品至关重要。如果拥有热销产品的货源，就不怕没有市场。像邻近产品产地等，就可以近水楼台先得月，从而获得竞争优势。

（3）初次创业者。对于初次创业者，网上开店资金要求低、风险小、经营灵活，可以帮助他们发掘"第一桶金"，为将来的事业发展奠定基础。

（4）拥有实体店的人。拥有实体店的人，可以在网上开设网店，把线上经营和线下经营的优势结合起来，发挥 $1+1>2$ 的效果，同时线上和线下经营，可以把实体店的客户拓展到网上，又可以把网络上的客户吸引到实体店中；可以利用互联网的力量扩大商品销售的渠道，还可以利用实体店的形象吸引网上的顾客。

（5）大学生。大学生上网时间多、素质高、创新能力强、对消费者的需求和时尚潮流把握较准，可以通过网上开店赚外快、积累人生经验。不管成功与否，都锻炼了理论联系实际的能力，有益于今后的成长。

（6）自由职业者。网上开店经营方式灵活、店主可自由支配时间和精力，适合不喜欢中规中矩、固定上下班时间的自由职业者。不少自由职业者喜欢上网冲浪，他们可以通过开店来充实生活，并结交一些志趣相投的朋友。

【阅读资料 10-1】　　　　下岗职工网上开店成皇冠店老板

经常在网上购物的人都知道，卖家要达到"皇冠"级别非常不容易。张亚的饰品店就是其中一家，并且再要一个月就可以冲上双皇冠了。

张亚从单位下岗后，就是靠开这个网上饰品店，两年之后买了一套 130 多平方米的房子，并且是一次性付款。

一片叶镯、绕腕蛇、项坠、吊坠、曲口刻花镯、珍珠蝴蝶结毛衣链、编丝小圆戒指、水晶项链……一件件充满民族风情的饰品，都栩栩如生地"摆放"在饰品店里。此外，纯银小汤勺、银坛、银壶、银香炉这些包含着历史感的生活用品，也可以在这里找到。店里主要经营首饰，并有专门教顾客区别各种首饰的内容，而且店面"装修"非常美观又有特色。张亚说："店面装修和产品风格一致，我的店让人一进来就有一个好的印象。"

"我当时下岗了，逼得没办法才在网上开这么个店，没想到还做成了。"回想当初创业的过程，张亚颇有些"歪打正着"的感慨。

2006年，张亚从单位下岗后，在省城陆续找了一些工作，最终还是回到了故乡。当初做饰品店的时候，她身上总共只有4000元钱了，张亚花2000元买了一部数码相机，开始走街串巷地找起了货源。

刚开始的一段日子是非常艰难的。刚入行的张亚不停地寻找货源，早出晚归、经常忙碌到深夜。就这样"摸着石头过河"，一路做到现在，张亚已经发展起了成熟的供货网络。

张亚店铺的好评率非常高。显示的1万多个评价中，只有20多个是中评以下。"在网上找到合适的客服人员和顾客沟通，要会聊、有亲和力。"张亚说："网上什么人都有，在网上与人交流是一个练耐性的活儿。"在淘宝上，卖家都很注意自己的信誉，得到第一个差评的时候，张亚感到很委屈、好几天都睡不着觉："后来我就慢慢地看开了，做到皇冠店总会有一些差评的，心态也就慢慢平和了，毕竟开网店与开实体店有很大的不同。"这次的教训也让张亚明白了：以后她会提前告诉顾客可能出现的问题，避免不必要的纠纷。

"再好的服务，没有好的产品做支撑也是徒劳的。"除了"用心对待每一位顾客"，张亚还有自己的独门秘籍：她知道在哪里可以找到最好的工匠，做出最精美的饰品。而且，由于常年与工匠打交道，张亚和工匠们都"混熟了"，顾客需要定制什么款式、什么风格的饰品，张亚只要一个电话，工匠就能心领神会。"不同的工匠都有自己擅长的领域，我会根据他们的特色找到最适合的工匠。我店里的1000多件货物，至少是由200多个不同的工匠制作出来的。"

如今张亚对于饰品的精髓、内涵理解都颇为深刻。"如果我是待在大都市里，肯定对民族饰品没有这么好的品味，"张亚自信地笑着说，"充分利用好本地资源是开网店的成功秘诀。"

刚开始经营这家店，张亚只是"为解决生存问题"，如今做大了，"每个月纯利润几万元。"她笑着说自己给普通创业者提供了极大的参考价值，"成本小、方便利用本地资源，比在当地开实体店利润高。这一块的市场潜力还是很大的，我看很好。"

资料来源：刘贵国、李小龙编著，《淘宝·易趣·拍拍·有啊：网上开店从入门到精通》，清华大学出版社2010年版。

3. 网上开店的软件准备

网上开店虽然门槛低，但是要求经营者对电脑和网络有一定的了解，不一定要非常精通，但也需要一定的软件应用技能。这些技能包括以下几点。

（1）掌握网上搜寻信息和收发邮件的技能；

（2）能够熟练使用各种即时通信软件软件，如 QQ、MSN、阿里旺旺等，方便与买家沟通；

（3）会使用 Photoshop、ACDsee 等作图软件，具备一定的图片修饰能力，精美的图片展示对于网店商品的销售非常重要。

4. 网上开店的硬件准备

网上开店需要一些基本的硬件准备。卖家要有一个办公场所和货物仓库，卖家可以把自己的家当做办公场所和货物仓库；需要有一台能上网的电脑，方便与顾客交流；高像素的数码相机，方便拍摄宝贝照片；卖家还需要传真机或打印机等设备。

【阅读资料 10－2】　　　　　　网上开店最基本的几样装备

可以上网的电脑：网上创业顾名思义就是使用电脑通过网络在互联网上进行产品的销售，电脑当然是必备工具，可以说是网上创业者的"吃饭工具"。

数码相机：货物在上网上的"货架"之前，一般都需要对其进行拍照并上传照片到店铺上。照片使买家更加有了直观的感受和了解，也使物品更受关注。没有照片的货物很难"出货"，一是因为很难引起买家的注意，二是因为买家怀疑该物品存在。

扫描仪：某些货物可能已经有现成的图片，而且制作精良，就可以使用扫描仪把某些图片扫描进入电脑，及时上传货物的照片。

10.2.2　网上开店的流程

1. 考察市场，确定卖什么

进行市场考察时，卖家需要了解网络消费者市场并确定目标顾客。一般来说，年轻女性、白领、大学生等群体都是网上购物的主流群体。经营者应该根据自身的兴趣和能力选择合适的商品销售，要尽量避免涉足不熟悉、不擅长的领域。

一般来说，适合网络销售的商品具备以下特点。

（1）体积较小。体积小的商品易于仓储、方便运输，如果商品的价值如果低于运费，则不适合在网上销售。

（2）仅通过商品的文字和图片介绍就能激发起消费者的购买欲望。

（3）具备独特性。网上销量很高的商品往往具有一定的特色，如土特产、有地方特色的手工艺品等等。

（4）标准化产品。标准化产品质量有保证，例如图书、电脑、数码和家电等产品。

（5）网上销售能够有效降低销售成本的商品。根据艾瑞咨询发布的《2015 年中国网络购物用户调研报告》，服装鞋帽、鞋帽、箱包、通讯产品、图书音像、家居百货、化妆品、小家电等类商品都是十分热销的商品品类，见图 10 - 2。卖家可以根据自己的兴趣爱好和资源、能力等因素选择进货品类和品种。

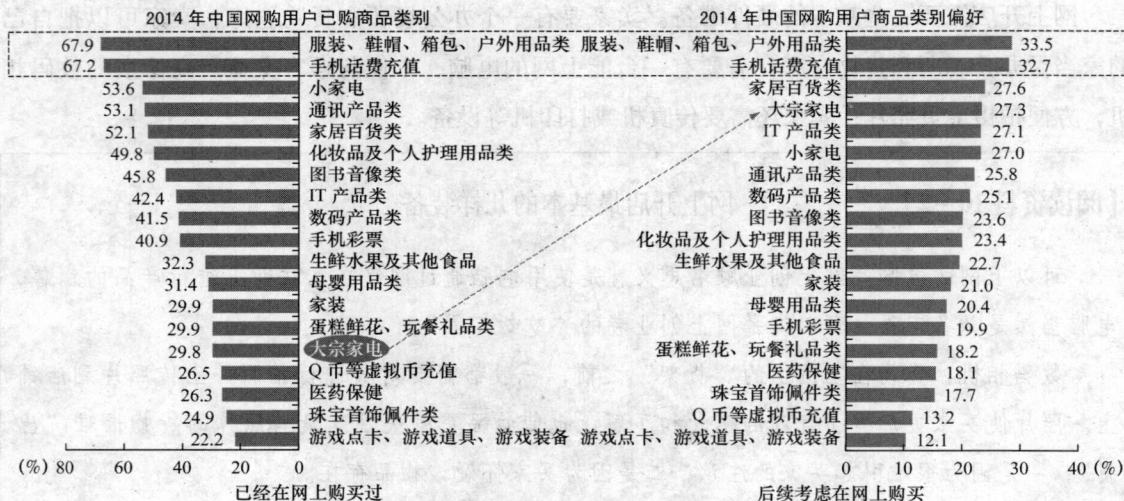

2014 年中国网购用户已购商品类别		2014 年中国网购用户商品类别偏好	
67.9	服装、鞋帽、箱包、户外用品类	服装、鞋帽、箱包、户外用品类	33.5
67.2	手机话费充值	手机话费充值	32.7
53.6	小家电	家居百货类	27.6
53.1	通讯产品类	大宗家电	27.3
52.1	家居百货类	IT 产品类	27.1
49.8	化妆品及个人护理用品类	小家电	27.0
45.8	图书音像类	通讯产品类	25.8
42.4	IT 产品类	数码产品类	25.1
41.5	数码产品类	图书音像类	23.6
40.9	手机彩票	化妆品及个人护理用品类	23.4
32.3	生鲜水果及其他食品	生鲜水果及其他食品	22.7
31.4	母婴用品类	家装	21.0
29.9	家装	母婴用品类	20.4
29.9	蛋糕鲜花、玩餐礼品类	手机彩票	19.9
29.8	大宗家电	蛋糕鲜花、玩餐礼品类	18.2
26.5	Q 币等虚拟币充值	医药保健	18.1
26.3	医药保健	珠宝首饰佩件类	17.7
24.9	珠宝首饰佩件类	Q 币等虚拟币充值	13.2
22.2	游戏点卡、游戏道具、游戏装备	游戏点卡、游戏道具、游戏装备	12.1

(%) 80 60 40 20 0   0 10 20 30 40 (%)

已经在网上购买过   后续考虑在网上购买

图 10 - 2 20141 年中国网购用户购物品类分布情况

2. 选择开店网站

目前我国提供网上开店服务的购物网站不计其数，但真正能和淘宝所匹敌的没有一家。根据艾瑞咨询发布的 2014 年 Q3 数据，在 C2C 市场占比中，淘宝网为 96.5%，拍拍网为 3.4%，易趣网为 0.1%。淘宝已经将其他竞争对手远远低抛在了后面。

淘宝网由阿里巴巴集团在 2003 年 5 月 10 日投资设立，是亚洲最大的网络零售商圈，原本覆盖 B2C 和 C2C 两大部分，在淘宝商城（现改名天猫网）分离出去后，现在的淘宝网成为纯粹的 C2C 电子商务网站。目前淘宝网占据国内 C2C 市场的 95% 左右，一家独大、独领风骚，具有成熟的规则和市场环境。

拍拍网是腾讯旗下的电子商务网站，于 2005 年 9 月 12 日上线发布，2006 年 3 月 13 日正式运营。早期的拍拍网依托于腾讯 QQ 庞大的用户群，在短短几年里迅速成长，并借助强大的在线支付平台——财付通，为用户提供了安全、便捷的在线交易服务。拍拍网在 2014 年京东与腾讯达成电子商务战略合作后并入京东集团旗下。2015 年 11 月 10 日，京东集团发布公告称，因 C2C（个人对消费者）模式当前监管难度较大，无法杜绝假冒伪劣商品，决定到 12 月 31 日时停止提供其 C2C 模式（拍拍网）的电子商务平台服务，并在三个月的过渡期后将其彻底关闭。

易趣网由邵亦波及谭海音在 1999 年 8 月创立，2002 年与 eBay 结盟，更名为 eBay 易趣，并迅速发展成当时国内最大的在线交易社区。由于易趣网受 eBay 的经营理念影响较深，本土化并不成功，目前在国内市场份额中较小。

3. 申请开设店铺

为描述方便，下面以淘宝网为例进行介绍。

（1）注册淘宝网会员。在淘宝网开店，首先卖家要有一个电子邮箱，然后是登录淘宝网（http：//www. taobao. com/），申请成为淘宝网会员，通过邮箱验证后，卖家就可以成为淘宝网会员了。

（2）开通网上银行。在淘宝网上进行交易需要开通支付宝，而支付宝需用用网上银行进行充值，所以卖家要对一个或多个银行卡开通网上银行业务。网银与卖家手中的银行卡是联通的，有了网上银行，卖家可以在网上进行支付、转账等各类业务而不必去银行办理，十分方便快捷。

（3）申请开通第三方交易中介——支付宝。支付宝是淘宝公司为了解决网络交易安全所设的一个交易工具。支付宝采用"第三方担保交易模式"，即由买家将货款打到支付宝账户，然后支付宝通知卖家发货，买家收到货物后通知支付宝将货款支付给卖家。通过这样的制度设计，货款相当于暂时存储在支付宝里：对买家来说，支付宝保证买家拿到货物且无异议后，货款才打给卖家，如果有异议，则可以申请货款退回，避免财产损失；而对于卖家来说，货款打到支付宝里，避免了发货后买家不付款的情况。这样通过支付宝的中介作用，大大减少了双方不诚信的可能。

申请开通支付宝，在浏览器中输入 http：//www. aliply. com/，进入支付宝首页进行注册即可。在用邮箱激活之后，需要在支付宝上实名认证，然后就可以充值使用了。

（4）下载阿里旺旺和淘宝助理软件。阿里旺旺是淘宝和阿里巴巴为用户量身定做的免费网上商务交流沟通软件。它能帮卖家轻松寻找客户，发布、管理商业信息，及时把握商机，随时洽谈做生意。下载阿里旺旺软件可以在淘宝网左侧的"工具"一栏中找到链接按钮。

淘宝助理是一款功能强大的客户端工具软件，可以用它来编辑宝贝信息，快捷批量上传宝贝，并提供给卖家方便的管理页面。如果要下载淘宝助理，可以在浏览器的地址栏内输入 ht-tp：//www. taobao. com/go/act/shop/zlxgn. php，点击"立即下载"按钮，见图 10 - 3。

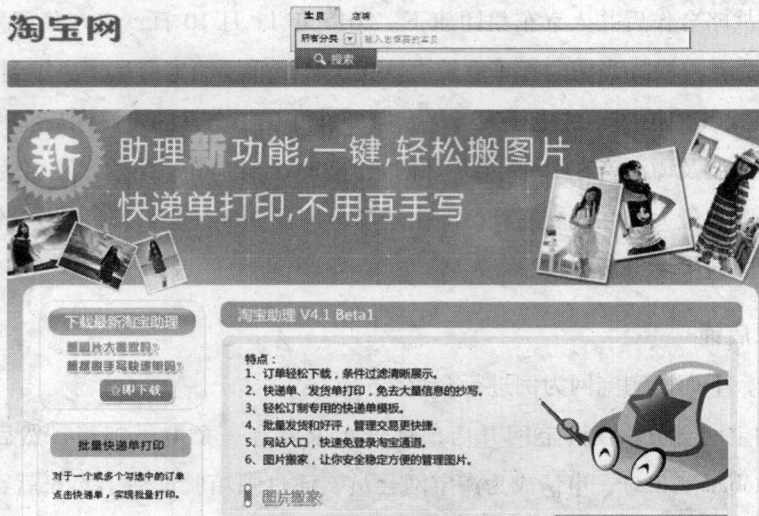

图 10 - 3　淘宝助理下载页面

4. 确定进货渠道

在确定经营的商品之后，下一步就是寻找商品货源。一般寻找货源的渠道主要分线下资源和线上资源两类。

（1）线下资源。

①在批发市场进货。批发市场的商品数量多、品种全、挑选余地大且容易"货比三家"，价格也相对较低，是不错的进货渠道。

②关注外贸尾货。外贸尾货是正式外贸订单的多余货品。外贸尾货的性价比高，通常以成本价即可进货，缺点是颜色和尺码通常不全，而且外贸尾货一般要求进货者全部吃进，所以进货者要有一定的经济实力。

③从厂家直接进货。从厂家进货有利于建立长期的合作关系，但一般这种方式单次进货量大，需要卖家有一定的经济实力。

④选择民族特色、地区特色商品。有着民族特色的手工艺品往往很受欢迎，具有地区特色的土特产品销量也很好。

⑤换季清仓商品。每到换季时候，品牌店往往存在大量积压的打折商品，这时是卖家进货的好时机。

（2）线上资源。卖家可以利用搜索引擎在线寻找货源信息；另也可登录国内知名贸易网站，如阿里巴巴等，只要在网站上发布求购信息，很快就可以收到很多反馈和报价。

在线寻找进货渠道时，要小心网络上存在大量虚假网站；QQ 或阿里旺旺上可能会发来"代销""代理"等消息，卖家也要格外小心。

5. 上传宝贝

卖家找到货源后，就可以上传宝贝了。卖家可以在淘宝网上直接发布，也可以通过淘宝助理发布。

上传宝贝需要上传照片，这时需要卖家下一番工夫。因为照片对于宝贝的销售量影响巨大，一张精心修饰、清晰、漂亮的照片可以吸引众多买家，而如果照片很普通，宝贝就可能"默默无闻"、无人问津。照片拍好后，可以在照片上打上一层淡淡的水印，水印上标明店名，以防被人盗用商品图片。

卖家在发布宝贝时要注意在标题中突出卖点。标题要写的尽可能全，以增大被搜索到的概率。好的标题的关键字应该涵盖"品牌、型号""吸引人的价格信号""店铺信用等级或好评率""高成交记录"等内容。

宝贝描述应该丰富，且勾起买家的购买欲望。宝贝描述是真正展示宝贝的地方，要涵盖宝贝的材料、产地、售后服务、生产厂家、宝贝的性能等。对于相对于同类产品的优势或特色，一定要详细描述出来。为了直观性，宝贝应该使用文字＋图像＋数据三种形式结合来描述。卖家可以去皇冠店转转，看看同行的宝贝描述是如何写的。

6. 发货

如果有买家付款，卖家就可以发货了，发货要选择好物流商，快速的物流可以明显提升顾客的满意度。目前国内的物流商大体分为快递公司、邮政、物流托运三种，其中以快递公司最为常见。市场上主要的快递公司有顺丰、宅急送、圆通、申通、中通等公司，卖家要多尝试几家，才了解不同快递公司的速度和价格情况。

卖家对于包装也要非常注意，如果包装不好商品就很容易损坏，往往会造成不必要的纠纷。下面几类商品的包装要尤为重视。

（1）易变形、易碎的产品。这一类产品包括瓷器、玻璃制品、CD 光盘、杯具茶具、字画等。对于这类产品，包装时要多用些报纸、泡沫塑料或者泡沫网。易碎怕压的东西四周都应用填充物充分填充避免晃动，并在包装外注明"怕压""易碎"等字样。

（2）液体类产品。对于这类产品，先用棉花裹好，再用胶带缠好封口，然后在外面包裹塑料袋，这样即使液体漏出也会被棉花吸收，并有塑料袋做保护，不会流到包装外面。

（3）衣服、床上用品等纺织品。这类产品可以用不同种类的纸张（牛皮纸、白纸）单独包好，以防止脏污。外包装可以使用纸箱或快递专用加厚塑料袋，也可以用自制布袋进行包装。

（4）电子产品、贵重精密仪器等。对于这类怕震动的产品，可以用泡棉、气泡布、防静电袋等包装材料把物品包装好，并用瓦楞纸在产品边角或者容易磨损的地方加强保护，并用填充物将纸箱空隙填满。

7. 评价和售后服务

卖家在买家付款后，应该及时对买家做出评价。如果与买家出现了纠纷，需要耐心地解释，争取让买家修改评价，千万不要与买家"翻脸"，提高售后服务质量是提高信用等级、好评率的最关键因素。

10.3　网店的经营

网店开设的各项准备工作完毕之后，店主应该立即着手开展各项经营工作。主要包括拍摄精美照片、合理设置商品价格、积极进行网店推广等。

10.3.1　拍摄精美照片

网上销售，商品的展示图片至关重要，因为买家最为关注的既不是店铺，也不是商品的文字描述，而是商品的照片。精美的照片是吸引买家点击和购买的最重要因素。

1. 摄影器材的选择和保养

俗话说："工欲善其事，必先利其器。"一个数码相机是拍摄照片的必备器材。数码相机可以根据个人喜好选择专业单反或者卡片机，至少在800万像素以上，以保证照片清晰。主流的相机品牌有佳能、松下、索尼、三星、尼康等。

数码相机是精密的仪器，要注意保养。最重要的是保持镜头的清洁，平常操作要严格按照说明书进行使用，不用时要注意防潮防尘，避免摔碰。

2. 拍摄商品照片

一般卖家很少会到专业摄影棚里拍摄，往往在室内进行拍摄。在室内拍摄商品和在专业摄影棚里拍摄有很大区别：第一，室内拍摄环境复杂、背景杂乱，需要花费不少力气清理；第二，没有专用工具台，开展工作不方便。这种情况下卖家要注意场景布置和用光技巧。

（1）常见的场景布置。

①使用反光板材布置场景。反光板在外景起辅助照明作用（作为副光），有时也作为主光用。不同的反光表面，可以产生软硬不同的光线。近来，反光板在内景也得到普遍运用，常见的是金银双面可折叠的反光板，这种反光板的反光材料的反光率比较高、光线强度大，光质适中，一般价格在几十元左右，携带也比较方便。

②使用墙纸。生活中能够用于布置场景的材料很多，例如美化家居用的花纹墙纸非常适合用来充当小型商品照片的背景画。

图 10 - 4　用精美墙纸布置场景的效果

③使用背景。没有背景的照片可以很明显的突出主体，而有背景的照片可以衬托出实物的大小、颜色和形状，也更加生动；选用的背景不同，给人的感觉也很不同。卖家可以根据实际情况选择不使用背景或者使用哪种背景。如图 10 - 5 和图 10 - 6 分别为使用背景的效果图和没使用背景的效果图。

图 10 - 5　使用背景效果图

图 10 - 6　没使用背景效果图

（2）用光技巧。光线的运用直接关系到拍摄效果，对于光线应用来说，卖家应该掌握顺光、逆光、侧光、顶光等用光技巧。

①顺光。如果大部分光线都从正面照亮被摄体，我们称之为顺光。比如我们拍证件照时左右两个大灯，那是典型的顺光。顺光的特性在于可以均匀地照亮被摄物体，物体的阴影被自身遮挡，影调比较柔和，能隐没被摄物体表明凹凸及褶皱，但处理不当会失之平淡，不能突出被摄体的质感和轮廓。

②逆光。如果光线从被摄体的后面照射过来，就是逆光。通常逆光会让背景相当明亮，但主体一片漆黑，只有轮廓没有层次，是应该避免的。但可以通过人工补光来弥补，勾画出拍摄对象的轮廓，丰富和活跃画面。

③侧光。侧光是指光线的照射角度和摄影者的拍摄方向基本成 90 度角。侧光在摄影创作中主要应用于需要表现强烈的明暗反差或者展现物体轮廓造型的拍摄场景中。表面粗糙的商品例如棉麻制品、皮毛等，为了体现质感和层次感，建议采用侧光。

④顶光。将光源置于商品顶端打光，称为顶光。这种光线布置法可以起到淡化被摄体阴影的效果，打顶光要注意光线柔和，否则被摄体顶部将出现明暗反差强烈的效果，严重影响照片美感。

⑤反射光。反射光是指光源所发出的光线，不是直接照射被摄体，而是先对着具有一定反光能力的物体照明，再由反光体的反射光对被摄体进行照明。在平常的摄影创作中，最常用的反光工具是反光板和反光伞。使用反射光可以使光线更加集中、增加亮度。

⑥底光。透明的商品有玻璃器皿、水晶等，拍摄这类物品，为了表现出商品清澈透明的质感，建议采用侧光或底光。低光从物体的下面往上打，能很好地表现出透明商品的透亮质感。

3. 后期处理图片

利用数码相机拍摄的照片绝对离不开后期的编辑。卖家有许多的图片处理软件可以选择，比如 DPP、Photoshop、光影魔术手等。

（1）DPP 软件是购买佳能数码单反附带的软件，如今很多专业摄影师都喜欢用 DPP 对所拍照片进行后期修改，如果照片本身拍得很讲究，那么增加少许润色处理便可以直接出片，减少了大量修片的麻烦并节省了很多时间。

（2）使用 Photoshop 软件可以任意调整图像的尺寸、分辨率及画布的大小，还可以用它来设计网店页面的整体效果图、设计网店 Logo、设计网店宣传广告等图像，是常用的绘图软件。

（3）如果卖家对 Photoshop 的操作感觉困难，那么光影魔术手也是一个不错的选择。光影魔术手是一个对数码照片画质进行改善及效果处理的软件。简单、易用，不需要任何专业的图像技术，就可以制作出专业的效果。

卖家通过这些软件，就可以调整照片的角度、大小和尺寸，自由裁剪照片，更改照片的格式，调整照片的曝光度、饱和度，还可以为照片添加水印和边框等等。

10.3.2 合理设置商品价格

商品定价看似简单，但实际操作起来并不容易。由于网络信息透明化，消费者可以很容易得到同类产品的价格，如果定价过高，就会丧失流量和销售量；如果定价过低，虽然增加了销售量，可能会减少利润。

1. 定价应考虑的因素

（1）市场竞争情况。如果商品供不应求，则卖家可以适当提高价格，以增加利润。如果服务到位，高价还可以提升产品高质量、高品位的形象。若市场竞争激烈，这时稍低的价格可能会大大增加销量。因此卖家在定价之前要首先了解商品所在市场的竞争情况。

（2）商品的形象。"知己知彼，百战不殆"，了解市场是为了了解竞争者，在了解竞争者后卖家还要对自己的商品进行客观的评估。如果出售的商品没有独特的竞争力，就要以低价取胜；如果店铺拥有较高的知名度、信用等级较高，就可以适当提高售价，对于皇冠店，如果价格偏低反而会让买家质疑产品的质量。

2. 定价策略

定价策略一般分高价策略和低价策略两种，下面分别予以介绍。

（1）高价策略。当网店的目标顾客是高端人群时，可以采取高价策略。高价会给人质量可靠、档次较高的感觉。

当商品质量较高时，同样可以采用高价策略。俗话说："一分钱、一分货"，"便宜无好货、好货不便宜"。如果商品质量较高，采用低价不但不会增加销售量，反而会使人产生怀疑。

当卖家可以提供更高水平的服务时，也可以采用高价策略。好的服务绝对是有"价值"的，所以也值得买家付出更高的价格。

（2）低价策略。现在许多网店都在采用"每日低价"的策略，力争自己的产品在同类产品中是最低价。低价策略在通常情况下是有竞争力的。但是并非"价格低廉"就一定好销售。因为过于低廉的价格会造成对商品质量和性能的"不信任感"和"不安全感"。买家会认为"那么便宜的商品，恐怕很难达到想象的质量水平，性能也未必好"。要想用好低价策略，店铺需要具备以下条件。

①低成本。如果进货成本低，业务经营费用低，这样就奠定了低价格的基础。

②存货周转速度快。如果存货周转速度快，就可以节省大量的仓储成本和运输成本，从而降低商品价格。

③买家对商品的性能和质量很熟悉。这样买家不会对产品的质量产生怀疑，例如日常生活用品、图书音像品等标准化产品。

④能够向买家充分说明价格便宜的理由。

⑤店铺的信誉度高。可以让买家相信产品的质量。

此外还有分割报价策略。事实上价格分割是一种心理策略，采用这种技巧，能造成买方心理上的价格便宜感。

价格分割包括两种形式。一种是用较小的单位报价，例如，茶叶每公斤100元报成每50克5元，大米每吨2000元报成每公斤2元等。另一种是用较小单位商品的价格进行比较。例如，"用本品牌电冰箱平均每天0.2元电费，还不够买一根冰棍！"

10.3.3　修饰商品标题和宝贝描述

买家要想在浩瀚的商品海洋中尽快找到自己需要的商品，一定会用到关键字搜索。虽然消费者购物的目的不同，但是购物的程序基本上是大同小异，一般是从搜索商品开始，然后看谁的价格更吸引人，谁的商品图片更漂亮以及谁对商品介绍得更详细。由此可见，标题和商品描述是非常重要的。

1. 在商品标题中突出卖点

消费者搜索商品时会在搜索栏中输入商品的关键词，每个人输入的关键词都不一样。为了能够更好地让买家搜索到商品，关键字必须在商品标题中体现出来，所以商品名称写的越全越好。这样不管买家从哪方面搜索商品，被搜到的几率都很大，才会有生意可做。

一般来说，商品标题中应该涵盖以下信息。

（1）价格信号。价格信号是每个标题必不可少的内容，买家可使用"特价、清仓特卖、仅售××元、包邮、买一赠一"等词语吸引顾客。

（2）进货渠道。如果店铺的商品是厂家直供的，是从国外直接购进的或是外贸尾货，一定要在标题中表明商品的特殊性。

（3）店铺高信誉度记录。如果店铺的信誉度高，如钻石级、皇冠级，可以在标题中标明，以增强顾客对商品的信心。

（4）品牌和型号。如果商品品牌度高或者型号比较特殊，卖家可以把这些特殊性写进标题里。

（5）超高的成交量。如果商品的成交量较高，可以在标题中标明"已热销××件"，超高的成交量代表着口碑，会吸引更多的顾客购买。

图 10－7 是一个好的商品标题的范例，该女包的标题充斥了"卖点"和"关键词"，虽然长但并不冗余。"魔力"是品牌名，"韩版"是时尚的标志，"单肩包""潮包""布包""女包""卡通包"等从女包的各种角度涵盖了买家可能使用的"关键词"，"包邮"增加了商品吸引人的因素。

图 10－7　商品标题"卖点"

2. 丰富商品描述

商品描述的内容一定要丰富而全面，宁可多写，不要少写。写的多，可以让买家全面的了解商品，也可以大大减少后期因沟通不畅产生纠纷的可能性。商品描述应该采用"文字＋图片＋数据"的形式，全方位、立体地展现商品的全貌。

（1）要以文字的形式描述商品的品牌、型号、原料、产地、售后服务、生产厂家、性能、使用注意事项等，文字描述切忌简单、专业，要口语化、通俗化，尽量明确买卖双方的责任，给买家提供一个明确的预期。

（2）图片是商品的关键。图片一定要清晰明了，精美大方。商品的各种角度都应该提供照片，卖家还可以配上其他产品的照片作为比较。为了防止盗用图片，卖家可以在照片上加上防伪水印。

（3）数据也是很好地一个营销因素。以参数形式表现出商品相对于同类产品的优势，可以让人信服、眼前一亮。

（4）卖家可以经常到皇冠店里逛逛，学习商品描述的技巧。

10.3.4 积极推广网店

网店的营销和推广在后期的网店经营过程中起着至关重要的作用。下面以淘宝网为例，列举一些常见的推广手段。

1. 在淘宝社区中推广

淘宝社区论坛是淘宝网为卖家们提供的相互交流的一个平台。卖家可以通过看帖和发帖，在淘宝社区中交换经验和信息。通过发帖也可以积攒人气，如果发的帖子质量很高，很有可能被版主加精，加精的帖子可以吸引大量的阅读，从而增加店铺的点击率，达到宣传店铺的目的。

2. 参加秒杀活动

秒杀是淘宝常见的促销活动，每天几乎都有秒杀活动。秒杀可以在短期内大量增加销售量，如果卖家急需消化库存或者想打出某产品的品牌，秒杀活动可以在短期内迅速增加产品的信誉度。当然，秒杀活动可能会造成"赔本赚吆喝"的情况，所以也不能过于频繁，需要一定的操作技巧。

3. 加入天猫

天猫是阿里巴巴集团打造的 B2C（企业对消费者）网站，是由从淘宝网中独立出来的淘宝商城改名而来。天猫整合了大量的品牌商、生产商，为商家和消费者之间提供一站式解决方案，提供 100% 品质保证的商品，7 天无理由退货，以及购物积分返现等优质服务。在天猫购物要比在淘宝网上购物更加放心、服务也更加贴心，所以卖家要努力成为天猫的一员。

4. 折价促销

折价促销是网上比较常见的促销方式。折价一般选择在重大节日期间，因为这时消费者往往都有购物冲动和购物时间。卖家一般采用五折到九折的折扣吸引消费者，虽然丧失了一部分利润，但是因为销售量大幅增加，总的销售收入并不会少，还可以增加店铺的人气。但是折价促销要避免"先提价后折价"的不诚信行为，这种短期行为会严重影响店铺的信誉。

5. 拍卖式促销

拍卖也是网上一种常见的促销方式，它的一般流程是：卖家为商品设定一个起拍价，有兴趣的买家在规定时间内出价，拍卖结束后，出价最高的人就可以得到宝贝；相反，到拍卖结束前，如果没有人出价，该宝贝就会流拍。

如果卖家想要增加店铺的人气，可以低价拍卖高吸引力的产品，采用比较低的起拍价，同时注意宣传的配合，增加参与拍卖的人数，会增大商品高价成交的概率。

6. 免邮费

网络购物中的邮费问题一直是买家关注的地方，巧用免邮费的方式，一方面可以使买家感受到"实惠"，从而加大购买量；另一方面会给人"服务好"的感觉，使买家心里很舒服。

7. 赠品销售

现在绝大多数店铺都提供赠品，但选择赠品要适当。一个恰当的赠品可以对商品的销售起着积极作用，而选择了不适当的赠品，也许会增加顾客的反感。选择赠品千万不能选择劣质品，这样只会适得其反。而要选择能够吸引买家的商品或服务。

8. 设置 VIP 会员卡

因为很多 VIP 会员形成了使用会员卡的习惯，在看中一件商品后，会搜索是否有支持 VIP 卡的商品，所以设置 VIP 会员卡功能，更容易被挑中。下面列举一些设置 VIP 会员卡的好处。

（1）淘宝首页有专门的 VIP 卡搜索通道，所以使用 VIP 会员卡可以提高商品的曝光率，也丰富了店铺的宣传和营销手段。

（2）提高了服务质量。VIP 买家购买店铺的东西，如果商品上设置了 VIP，就会令买家获得很好地感觉，感觉自己很尊贵。

（3）获得更多参加淘宝活动的机会。

9. 加入商盟

淘宝上的商盟就像现实中的各大商会一样，基本上每个区域都有自己的商盟。商盟是一个纯民间的组织团体，只要够格，都可以报名加入。在商盟里，卖家们可以通过网上和网下的聚会、活动等，获取很多有用的商机、窍门、经验，还可以广交朋友。

商盟有专门的首页推荐位，可以帮助卖家起到免费宣传的作用。商盟还可以通过不定期的各类买卖活动，提高商品的成交量。

10. 巧用直通车

淘宝直通车是为淘宝卖家量身订制的，按点击付费的效果营销工具，实现宝贝的精准推广。淘宝直通车推广，在给宝贝带来曝光量的同时，精准的搜索匹配也给宝贝带来了精准的潜在买家。直通车有以下好处。

（1）被淘宝直通车推广了的商品，只要想来淘宝买这种商品的人就能看到，大大提高了商品的曝光率，带来更多的潜在客户。

（2）只有想买这种商品的人才能看到发布的广告，带来的点击都是有购买意向的点击，带来的客户都是购买意向的买家。

（3）可以参加更多的淘宝促销活动，参加后会有不定期的直通车用户专享的，淘宝单品促销的活动，加入直通车后，可以报名各种促销活动。

11. 使用橱窗推荐位

橱窗推荐位是淘宝网为卖家设计的特色功能，是淘宝提供给卖家展示和推荐商品的功能之一。橱窗推荐商品会集中在商品列表页面的橱窗推荐中显示。卖家可以根据信用等级与销售情况获得不同数量的橱窗推荐位（图10-8）。

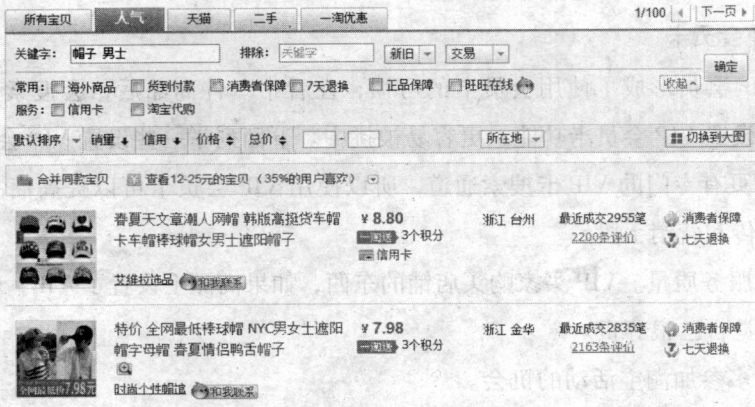

图10-8 橱窗推荐位

10.4 网店的售后服务

网店与实体店相比，因为买卖双方不能谋面，一切都要通过网络来完成，更容易产生纠纷，所以售后服务显得尤为重要。

10.4.1 网上开店售后跟踪

通过售后跟踪，卖家可以了解消费者对商品的评价，从消费者那么获得自己与竞争者之间的差异，从而有针对性地改进服务。

1. 坚持售后回访

很多卖家都有这样的困惑：为什么卖同样的商品，我的店铺冷冷清清，而别人的店铺却红红火火？这时卖家可以通过售后回访来发现问题，做生意只有回头客，才能有不断扩大的市场，否则销售额将永远平平。卖家可以试试以下技巧。

（1）建立客户档案，定期问候。建立客户档案，定期对老客户进行问候，这样就像打广告一样，在客户的心中留下了店铺的身影。

（2）通过电话或邮件询问改进的地方。卖家可以通过电话和邮件，定期询问店铺需要改进的地方。这样可能会有些费时费力，但是效果却很好。

（3）经常发布促销广告。卖家可以定期组织一个主题活动进行促销，如新品上架、每月推荐、节日主题等，然后通知老客户，鼓励他们参与。

2. 退换货服务

退换货服务对于买家的评价至关重要，如果处理不好，退换货会给买卖双方带来额外的成本，激化双方之间的矛盾。要避免矛盾的产生，买家需做好以下几点。

（1）事前对退换货进行详尽说明。能否方便地退换货，是影响顾客购买动机的重要因素之一，所以卖家应事前告诉买家：什么样的情况可以退货；退货后多久可以退款；退货运费由哪方来承担。提前说明双方的责任，可以最大限度地减少纠纷；说明要尽可能详尽，能够涵盖所有可能发生的情况，避免使用可能引起歧义的词语。

（2）当发生退货时。当买家提出退货和换货要求的时候，作为卖家，首先要了解顾客为什么要换货，确定是由谁的原因造成的，也就是责任归属问题。退换货的原因通常有以下几种：商品的质量问题；顾客收到的商品与描述和图片不符；商品运输过程中商品损坏；顾客使用不当，引起商品损坏。

如果是卖家的责任，就要勇于承担，同时要尽快同买家达成换货协议，否则容易使买家感到失望而丧失再次购买的欲望；如果是买家的责任问题，一般不予退换，但也要向买家详细地说明原因，最好能为对方提供相应的弥补建议，这时尤其要注意沟通方式，以免造成纠纷，获得差评。

（3）界定退换货运费归属问题。通常情况下，运费的归属问题是根据责任的划分来确定的：由于商品的质量问题、运输磨损等引起的退换货要由卖家来负责运费，而由于买家的原因，例如想换一种产品或买家使用不当造成的商品损坏引起的退换货则应该由买家负责运费。

3. 跟踪物流情况

物流因素不受买卖双方控制，卖家经常会遇到因为物流产生的纠纷，甚至因为物流得到差评。

（1）对待物流公司，多试多问多比较。卖家要多联系几家物流公司，有些物流公司虽然规模很大但服务一般，有些小公司反而服务上乘。卖家要通过比较找到最合适的物流公司。对容易出问题的物流公司，卖家要经常电话跟踪，以免发生货物丢失的情况。

（2）贵重的商品可以保价。如果商品要送到地级市以下的小县城，就要小心商品丢失的可能性。卖家可以先到快递公司的网站上查询有没有目的地的网点，没有的话可以申请保价，以免造成不必要的损失。

（3）售前充分说明物流情况，控制买家预期。卖家售前通过页面或与买家沟通，解释物流复杂的流程及不可控的时间因素，声明难免发生包裹延误甚至丢失的状况，希望买家予以理解，这样既表明了自己解决问题的态度，同时控制住了买家的预期。

（4）主动与买家联系，避免买家焦虑。如果订单运输时间较长，要主动联系买家、说明物流情况，可以告知买家查询物流的方法，避免买家焦虑。

（5）小心处理物流纠纷。如果买家出现物品未收到的情况，这时卖家首先要保持平常心、不要焦虑和懊恼，物流难免会出错，出现问题也没什么了不起的。关键是，卖方在沟通之前要掌握到底是哪出了问题，并且通过沟通保证买家也了解到问题所在，这样双方才有共同的交流平台，也不容易出现歧义和矛盾。

10.4.2 与买家沟通的技巧

在网上开店过程中，最让卖家头疼的可能就是与买家的沟通问题了，无论是购买之前的沟通，还是购买之后的退换货，甚至投诉问题，都要耗费大量的精力。要想网店经营成功，经营者必须具备良好的沟通技巧。

1. 沟通技巧

（1）换位思考。换位思考就是凡事从买家的立场想问题，了解他们的想法、感受他们的情感、满足他们的需求。沟通能力强的卖家对于顾客有着深深的理解，将心比心、设身处地，把顾客的满意当做一切行为的准则。

懂得换位思考，就可以避免与买家争辩。卖家首先要理解买家对商品有不同的认识和见解，允许买家说话，发表不同的意见；如果刻意地去和买家发生激烈的争论，即使占了上风，赢得了胜利，把顾客驳得哑口无言，自己虽然高兴了，但却失去了顾客和生意。

（2）礼貌沟通。虽然在网上与买家交流是看不见对方的，但言语之间是可以传递诚意的。如在最常用工具阿里旺旺交流中，回复第一次来店里的买家的第一句话时，要客气用语并添加表情——微笑或玫瑰等；如果暂时离开阿里旺旺，那么设置好留言信息；回来后第一时间回复买家，并说句道歉的话。

与买家交流忌使用质问的语气，用质问或者审讯的口气与买家说话，是卖家不懂礼貌的表现，也是不尊重人的反映。以下都是不好的表达。

"你为什么问了半天却不买啊？"

"你凭什么讲我的信誉不好？"

"你为什么给我打差评？"

……

（3）善于聆听。要成为一个沟通高手，首先要成为善于聆听的高手。当买家未说完时，不要去打断，对买家的发问，要及时准确的回答，这样才能使买家觉得有被尊重的感觉，才会形成良好的沟通氛围。当买家表现出犹豫不决或者表述不清时，卖家也应该先问清楚买家困惑的原因是什么，要了解顾客真正的意图，而不是简单的打断和回复。

（4）说话留有余地。与买家沟通谈到自己的商品及店铺时，要实事求是地介绍或是稍加赞美即可，万万不可忘乎所以、自吹自擂。在交流时不要使用"肯定、保证、绝对"等字样，这是为万一自己做不到留条后路，这样回答事实上也无损于产品的质量，反而显示出卖家的真诚。说话要留有余地，这样才能进退自如。

（5）耐心热情。新手买家对于淘宝的购物流程不是很熟悉，卖家就要一一耐心解答。常常会有一些买家喜欢打破沙锅问到底，这时候就需要卖家耐心热情的细心回复，才会给买家信任感。有些买家可能问了一大堆问题也不会购买，这时卖家不要产生不耐烦的情绪，否则可能就会丧失潜在的客户。在推销自己的商品时，一定不要用专业术语。用专业术语不但让买家弄不明白自己的意图，而且还会让买家以为你在他面前炫耀。

（6）避免消极情绪和冲突。网上开店可能遇到各种各样的买家：有的过于挑剔，问几天也没完的；有的对卖家不尊重，喜欢用质问式的问话；有的抓住卖家疯狂砍价、不达目的决不罢休……很多时候确实让人生气，卖家很容易情绪爆发。这时卖家只能自我调节，避免消极情绪，更要避免冲突。对于让人讨厌的买家，不管他也就是了。

2. 应对不同类型的买家

（1）老手型买家。如果买家话不多，简单问一下产品质量就拍下来的，可能就是老手。这类买家对于网购非常有经验，一般不会对产品过于苛刻，只要产品质量基本和描述符合，就会给好评。这样的买家是最好沟通的。

（2）新手买家。新手买家往往反复地询问产品质量、邮费，在买与不买之间徘徊。对于这样的买家，需要细心地讲解，让他了解网购模式，如果给新手买家较好的印象，以后他就可能就会成为店铺忠实的买家。

（3）砍价型买家。有些买家会拉着卖家不停地砍价，不达目的不罢休。这时候买家可以通过小小的让步来达成买卖、也可以通过赠送小礼物来结束砍价，实在不行也可以不理买家，但千万不要与买家起争执：砍价型买家如果得到了实惠，往往能成为忠实的顾客。

10.4.3　理性应对买家投诉

网络买家形色各异，有些买家稍有不满就会投诉，因此如何正确应对买家的投诉，也是卖家必备的素质和能力。

1. 应对投诉的原则

（1）及时解决，不要让顾客等待。处理投诉和抱怨的动作快，一来可让顾客感觉到尊重，二来表示解决问题的诚意，三来可以及时防止顾客的负面投诉对店铺造成更大的伤害。顾客如果等太久，就会觉得卖家不负责任，把问题扩大化。

（2）礼貌沟通。当出现投诉时，首先必须主动向顾客道歉，让顾客知道，因为给顾客带来不便而感到抱歉，顾客的对错并不重要，重要的是向顾客表达了自己的乐于沟通的态度。

（3）耐心倾听顾客的发泄。在处理投诉中，要耐心地倾听顾客的抱怨，不要轻易打断顾客的投诉与抱怨，不要批评顾客的不足，而是鼓励顾客倾诉下去、让他们尽情发泄心中的不满，一边耐心地听完了客户的倾诉与抱怨后，一边说"不好意思""对不起"。当他们得到了发泄的满足之后，就能够比较自然地听得进卖家的解释和道歉了。

（4）为顾客着想。卖家应设身处地地为顾客考虑问题，对顾客的感受要表示理解，用适当的语言给顾客以安慰，如"谢谢您告诉我这件事"，"对于发生这类事件，我感到很遗憾"，"我完全理解您的心情"等。因为此时尚未核对顾客的投诉，所以只能对顾客表示理解和同情。

（5）态度好一点。顾客有抱怨或投诉就是表现出顾客对产品和服务不满意。从心理上将，他们觉得自己被亏待了，因此，如果在处理过程中态度不友好，会让他们心理感受很差。反之若态度诚恳，礼貌热情，会降低顾客的抵触情绪。态度谦和友好，会促使顾客平解心绪，理智地协商问题。

（6）提出完整的解决方案。顾客的所有投诉、抱怨，归根到底是为了解决问题。因此，买家抱怨或投诉之后，往往会希望得到补偿。这种补偿有可能是物质上的，如更换商品、换货等，也可能是精神上的，如道歉等。如果卖家同时满足顾客物质上和精神上的补偿，就会使顾客得到完整的解决方案，从而挽留住潜在的客户。

2. 面对买家的中差评

网店经营久了，难免会遇到中差评，有的明明是买家自己的问题，自己却莫名其妙得了一个差评，真是让人感觉委屈。那么遇到这些情况，买家应该怎样对待？

（1）反思。碰到中差评，卖家首先应该自我反思，检查自己在交易过程中是否犯错、服务是否周到，而不要首先寻找借口为自己开脱。如果反思过后，发现自己确实有工作不到位的地方，那就要吸取教训，并在以后的工作中逐渐改善。如果反思过后，发现是顾客的误解，最好发信息给顾客，向他说明事实真相，引导其修改评价。

（2）千万不要生气。如果错误在卖家，只要吸取教训就好，不要和自己怄气。如果错误在买家，那么就好好沟通，坦然面对。如果自己的工作没有失误，可是顾客还是说三道四，就让他说去吧，与其与顾客争辩个输赢，不如把时间和精力花费在其他顾客上，努力用更多的好评去掩盖中差评。遇到恶意评价，可以选择向网上交易平台投诉，以维护自己的合法权益。

（3）及时回复。在买家给出评价以后，卖家的及时回复很重要。及时回复可以让买家觉得自己很受重视，一旦出现差评，也可以第一时间与顾客沟通，引导其修改评价。

（4）客观解释。无论顾客如何说话，卖家都要耐住性子、客观解释。不要带着感情沟通，这样话语难免会流露出情绪，对待顾客的投诉和抱怨，要首先予以抱歉，同时声明自己的困难，如果是买方的错误，要小心得进行解释，最后还要对顾客提出质疑表示感谢，因为这也是顾客关心自己店铺的表现。

本章习题

一、单选题

1. 对于初次创业者，一般都会选择在(　　)网站上开店。

    A. B2B   B. B2C

    C. C2C   D. B2G

2. 中国最早的个人拍卖网站是( )。

A. 爱乐活网   B. 淘宝网

C. 易趣网   D. 拍拍网

3. 在淘宝网常用的充当"第三方支付中介"作用的软件是( )。

A. 支付宝   B. 阿里旺旺

C. 淘宝助理   D. 淘宝直通车

4. ( )是指光线的照射角度和摄影者的拍摄方向基本成90度角。

A. 正光   B. 侧光

C. 逆光   D. 底光

5. 下列网站中( )是从淘宝网分离出来的。

A. 1号店   B. 天猫

C. 库巴网   D. 京东商城

二、多选题

1. 相比实体店，网上开店的优势包括( )。

A. 租金便宜   B. 物流成本低

C. 销售量大   D. 初期投资少

2. 适合网上销售的产品的特征主要有( )。

A. 体积小   B. 附加值高

C. 具有独特性   D. 标准化产品

3. 适合网上开店的人群有( )。

A. 有货源的人   B. 大学生

C. 自由职业者   D. 实体店经营者

4. 以下属于B2C类网站的有( )。

A. 聚美优品   B. 淘宝网

C. 天猫网   D. 苏宁易购

5. 店铺的营销推广可以使用哪些方法( )。

A. 秒杀活动   B. 免邮费

C. 橱窗推荐   D. 淘宝直通车

三、名词解释

1. 网上开店   2. Photoshop   3. 阿里旺旺   4. 支付宝   5. 侧光

四、简答及论述题

1. 相比实体店，网上开店有哪些优势？

2. 网上开店常用的定价策略有哪些？

3. 给宝贝拍摄照片时常用的光线技巧有哪些？

4. 请论述应该如何应对顾客的投诉。

5. 请论述网上开店的流程。

案例讨论

专注旅行女装的店铺

一家名叫绽放的旅行女装店铺，五皇冠，年销售额达到 3000 万元，坐拥 84.4 万的粉丝，复购率高达 65%。打开绽放的淘宝店铺，呈现在眼前的是色彩鲜明的亚麻服装，旅拍形式的视觉效果，文艺范十足的文案内容。创始人三儿之前从事某旅游节目，而妻子茉莉则在某畅销书作家的公司担任美术总监，一个对旅行有深厚的经验，另一个则也喜欢旅行并对美有十足的鉴赏力，这都为后来做绽放品牌埋下了种子。

1. 属于白领女性的绽放

在博客特别火的那几年，已经是中国最佳女性博客博主的茉莉，经常在自己的个人博客"十分钟年华不老"上发布有关女性成长的文章，分享自己热爱的电影、书籍和服饰。慢慢的，她发现不少粉丝除了喜欢她的文字还十分中意她分享的服装。于是夫妻俩急中生智，决定开一家淘宝女装店。

他们给店铺取名"绽放"。"我们喜欢'绽放'这个状态。这个状态是女性非常好的状态，意味着一种积极向上的能量。"基于之前的工作经验，三儿和茉莉对旅行中的人的着装需求比较了解，因此以旅行为切入点，"首先旅行的人的需求是要求服装版型宽松、便于行走，看上去比较洒脱，在色彩方面需要明亮的颜色，这样的话拍照会很好"，而为了更好地贴近自然，提高旅行中穿着的舒适度，夫妻俩采用了以亚麻为主的面料。

原来，绽放针对的市场人群大多以 28～38 岁的白领女性为主，其中也不乏全职妈妈，他们的共同点是具备独立的经济收入和一定层面的文化知识。因此，他们对服饰的第一要求是舒适度，其次才讲究格调和美观。

如今，绽放已经拥有 84.4 万人数的粉丝，2015 年的年销售额达到了 3000 万元，复购率也从 2013 年的 50% 增加到了 65%。而面对这近 100 万的粉丝，绽放团队又该如何去运营呢？

2. 花式玩转粉丝经济

早在几年前，运营个人博客"十分钟年华不老"时，茉莉就在网上笼络了一票粉丝。随着绽放店铺的开业，这批博客上的粉丝也逐渐被导流到了淘宝店铺中，他们成了绽放最原始的一批忠实客户。

"我们有一个跟淘宝店铺有关的论坛，所以这个论坛其实是最早跟粉丝互动的。直到后来才慢慢开始变成社群。"

令人惊讶的是，起初绽放是不重视旺旺客服的，但产品质量和品牌文化驱动了消费者的购买意向，绽放的好评率依然是100%。对茉莉来说，"打理的人太少，询问的人太多"，店铺自然而然就走上了自主购物的形式。就在绽放初形品牌化之后，三儿意识到只有在一线接触到客户，才能提高客户服务的水平。于是夫妻俩又开始建立旺旺客服的机制，但同时也发现只依赖旺旺客服来接触消费者是远远不够的。

3. 别具一格的微信运营

随着互联网的进一步普及与其在商业上的运用，与粉丝在微博、微信等新媒体上进行互动是品牌运营的大趋势导向，但尽管人人都知道该往那个方向去做，却依旧很少有人能够在这方面做出斐然成绩——多番努力后产品复购率仍然无法提高，依旧为商家所头痛。

新媒体是"玩"出来的，三儿很懂这个道理。他称呼自己的粉丝微信群为"微学院"，并根据粉丝对品牌的认识先后顺序设置教务处、助教等职务——以助教为例，担任这个职务的人除了需要对品牌有足够黏性外，还要考量她的性格及互联网思维，带动群内气氛、维护粉丝关系则是她的日常"职责"——而正是担任不同职务的粉丝带动其他粉丝随时在群里分享品牌产品，才能够更大范围的带动品牌影响力，提高品牌产品销售量。而这样的机制不仅能够极大提高粉丝对品牌的黏性，还能够将品牌理念在潜移默化中植入进粉丝生活。目前"绽放"学院有6个班级微信群，人数总计近3000人。

4. 带着粉丝去旅行

"这是一个品牌和用户之之间情感的连接"，但光在新媒体上与客户进行远距离的交流是很难维系良好的关系。三儿想出了另一个主意——让绽放的团队带着粉丝去旅行，不仅可以拉近与粉丝的距离，还可以围绕品牌强化公司的文化价值。就去年的"全球八站"来说，绽放获得了不错的评价，于是三儿决定今年再展开"五洲计划"，还将配合这次旅行展开一系列营销安排——策划旅行MV，拍摄旅行微电影，甚至意欲在粉丝所在的城市包电影院巡回播放，与粉丝产生文化价值观上的共鸣。

5. 未来不只在线上

绽放店铺地处苏州。苏州是重要的服饰中心，也是亚麻的盛产地。三儿与当地的工厂合作进行生产，供应链周期维持在一个星期左右，采用的也是直接的客户反馈制度，当有质量问题的服饰被退回时，工厂会直接做出反应。

虽然在品牌的精准定位上，绽放以旅行为表达点，但从风格定位上依然以棉麻服饰为主，归根结底走的还是文艺路线。所以旅行只是一个连接点，走进消费者的生活才是绽放真正想做的。三儿希望未来可以布局线下，提供场地为当地粉丝举办沙龙活动，称其为"女主人计划"。"女主人计划"可以通过网上申报主题的形式参加，烘焙、插花等形式多样，凡是通过审核之后的选题，绽放品牌都会提供线下店铺的场所、音响等设备，为客户搭建交流、展示自我的平台。这些软性的社群营销，都可以帮助当下的女性解决压力释放和自我提高的问题，这恰恰契合了绽放品牌关注女性成长的文化理念。如今，一向热爱文字的三儿和茉莉即将发售新书，继续关注女性成长的话题，分享旅行和爱的故事。

不仅如此，绽放还将在未来开放分销体系，将客户转变成为自己的分销商；开设 APP，丰富产品类目，拓展品牌的销售渠道。

从夫妻店到原创品牌，绽放比其他同类型店铺更早入局，也以旅行女装为包装，抢先占据亚麻服饰的市场。但随着当下文艺女装店的普及，这样的粉丝运营方式是否是长久之计依然还有待于市场的考验。

⑦ 思考讨论题

1. 根据所学知识，请分析绽放店成功的原因。

2. 试分析随着时间的推移绽放店可能会遇到的经营难题。

3. 如果你是绽放店的老板，你未来的经营思路是什么？

资料来源：《绽放：专注旅行女装的店铺》，中国电子商务研究中心 http：//www.100ec.cn/detail——6321875.html。

第 11 章

农村电子商务

本章导读

　　近年来我国电子商务发展迅速，但其竞争市场主要集中在城市，在广大的乡镇和农村发展却较缓慢。我国农业发展一直存在"重生产轻销售"的现象，致使农户的生产与市场的需求出现脱节。发展农村电子商务恰好能使这些问题迎刃而解，为解决"三农"问题提供新的思路。本章首先介绍了农村电商的概念、发展优势及作用；接下来介绍了农村电子商务的服务内容、模式及常见网络平台，描述了农村电子商务的发展现状，并给出农村电子商务的发展对策。

知识结构图

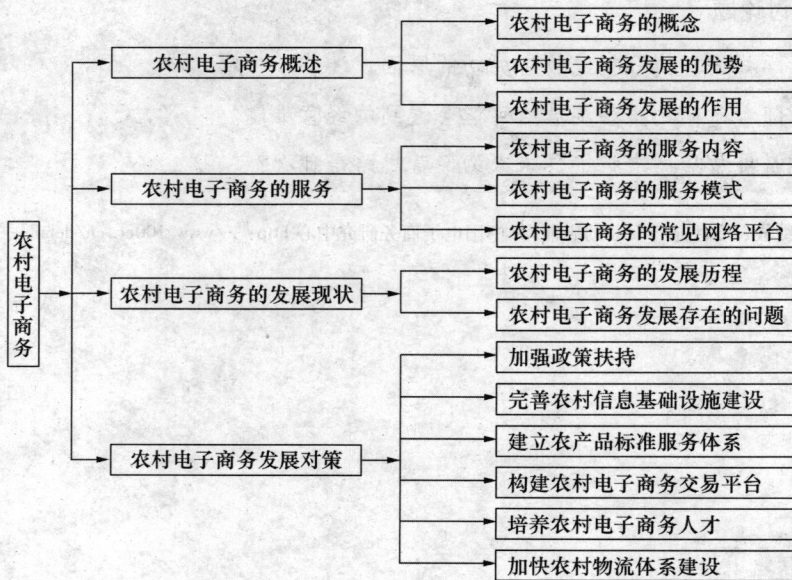

【开篇引例】 "遂昌模式"打造亿元"淘宝县"

浙江省遂昌县，一个位于浙西南的偏远山区小城，经济并不发达、物流并不通畅，却在短短的两年内成功打造了"遂昌模式"，成为山区电子商务发展的典型之一。截至 2012 年，这个只有 5 万人口的小县城已拥有网商（店）1500 多家，毛利率超过 30%，年销售额过亿元，成为名副其实的"淘宝县"。

遂昌县作为浙江山区科学发展综合改革试验区之一，2003 年，遂昌县政府整合资源搭建服务于当地经济发展的电子商务公共平台，即发挥山区自然环境优越、农产品丰富的优势，利用电子商务弥补该县农民专业合作社和小微型企业市场信息闭塞、营销手段缺乏、物流不畅的短腿，将电子商务作为当地经济转型升级的重要手段大力推进。

如今，当地农村电子商务发展一片红火。竹炭、烤薯、笋干是当地的几大特色农产品，经过电子商务的"催化"作用，竹炭产业销售额从之前的 2000 万 ~ 3000 万元/年到 2012 年的近 2 亿元/年，其中一半以上为网上销售额；烤薯类产品年产值在 1000 万元左右，其中三四成通过网销。

电子商务一方面为遂昌剩余劳动力转移提供了就业方向，另一方面，拉动了当地第二、第三产业的发展。因此，电子商务也得到了当地政府极大地支持。丽水市财政每年安排 300万元设立农村电子商务发展引导资金，遂昌县财政每年安排 300 万元设立全民创业基金，用于扶持农村青年、大学生经营的电子商务企业（网店）以及销售本地农特产品的电子商务企业（网店）发展。

同时，积极打造资源共享平台。2010 年，由遂昌县政府牵头、多家农特产企业单位联合发起成立了服务于当地经济发展的电子商务公共平台遂昌网店协会，搭建了公共服务平台，向上整合资源，实现农副产品集约化营销；向下号召网上创业，提供免费培训、实现零成本开店，集中农产品分销。2012 年 5 月，该县还与阿里巴巴集团淘宝网战略合作，探索新型农村电子商务发展模式，合力打造省级山区科学发展示范区。

据介绍，网店协会最重要的公共服务内容就是网络创业培训。截至 2012 年，协会已提供免费培训 12 期，受训人数超过 2600 人。1/3 受训对象开起了淘宝网店。该协会通过寻找农村合作社、生产基地和一些零散农民，将他们的产品资源集中到会员仓储配送中心分销平台，并且他们会做好产品包放在网上，店主们只要将产品放在自己的网店里卖，接到单之后他们再来分销平台上下单。

在网店公共服务平台设立之前，只是网店的卖家和买家发生交易关系，而平台建立后，工商、质监、卫生等部门都会对网店商品的品质做检验检测，保证从这里流出的东西百分百合格。据了解，在政府部门介入前，网店的卖家一旦和买家发生纠纷，回复周期相当漫长，而通过政府搭台，缩短了赔付周期。此外，当地政府在电子商务的仓储用地、培训教育、物流配套、行业管理等方面给予大力支持，工商、质检、卫生等实行前置服务和源头管理，严格生产加工环节的监管，鼓励生产企业进行 QS 和 ISO 9000 认证，确保产品质量和品质。

遂昌县计划于 2017 年发展成为浙西南地区最大农特产交易平台，网商总数预计发展到5000 家以上，业务模式将包括 B2B、B2C、C2C，以及线下渠道并进，实现 5 亿~10 亿元的销售规模。

资料来源：通才，《"遂昌模式"打造亿元"淘宝县"》，《中国财经报》，2012 年 8 月 25 日。

11.1　农村电子商务概述

入世后，农产品市场遇到前所未有的机遇和挑战，全球化的市场正逐渐形成，"一手交钱，一手交货"的传统贸易模式被打破。同时，农民对农产品信息的了解、交流提出了更高的要求。当前，农村电子商务成为社会主义新农村建设、市场开拓以及全球贸易竞争的必要手段。

11.1.1　农村电子商务的概念

农村电子商务是指利用互联网，通过电子商务服务平台，使农民与市场对接，使双方需求得到满足的商务活动，包括农民、电子商务服务平台、市场和互联网等四个核心要素，要素间彼此相互依托，互相支撑。其内容主要包括农产品网上交易、农业信息化以及农民网络化消费三个方面。

（1）农产品网上交易主要是指利用网络营销方式，买卖双方不谋面地进行农产品交易活动；

（2）农业信息化主要是指农业生产、销售、运输等过程中信息的获取与全球的市场同步对接，在农业产业中实现标准化、规模化，在农产品包装和运销中逐步实现品牌化、国际化；

（3）农民网络化消费主要是指农民充分利用互联网在网上购买质优价廉的农业生产资料及生活用品。

11.1.2 农村电子商务发展的优势

著名经济学家李京文院士指出农村电商与跨境电商是中国电子商务发展的两大趋势。农村电子商务是农村改革的热点问题，是扩大农村就业、培养新型农民、使农民发家致富、解决三农问题的有效举措，是建设社会主义新农村的重要内容。农业、农村信息化是实现以工促农、以城带乡，缩小城乡数字鸿沟，促进家电下乡、信息下乡，激发农村消费需求，建立城乡经济社会发展一体化新格局的重要着力点。在国家政策的助力下，农村电子商务的发展主要具备以下优势。

（1）国家政策红利助力农村电商发展。国家部署加快发展农村电商战略，极大地促进了农村电商的发展。中央一号文件连续 12 年聚焦三农，并于 2015 年底发布《关于促进农村电子商务加速发展的指导意见》，着重强调力推农村电子商务发展，大力支持电商、物流、金融、商贸等多领域行业融入农村电商中去，将提高农村居民的物质生活水平作为党和国家未来建设时期的重要目标。2014 年 8 月农业部决定在部分省市开展"信息进村入户"试点工作。2014 年商务部和财政部共同发起"电子商务进农村"项目。2015 年 5 月商务部印发"互联网 + 流通"行动计划通知。2015 年 7 月国务院发布《关于积极推进"互联网 +"行动的指导意见》要求"积极发展农村电子商务"。这些文件的发布及项目的开展，说明农村电子商务发展已进入关键期。

（2）巨大的农村市场机会。近年来，随着城镇化进程的推进，我国农村人口在总人口中所占重持续下降，但农村网民在全体网民中所占比重却持续上升，农村地区已经成为了目前我国网民规模增长的重要动力。2016 年，中国互联网络信息中心（CNNIC）发布的第 37 次《中国互联网络发展状况统计报告》显示，截至 2015 年 12 月，中国网民已经达到 6.88 亿，互联网普及率为 50.3%，中国手机网民规模达 6.20 亿，网民中使用手机上网人群占比由 2014 年的 85.8%提升至 90.1%。值得注意的是，中国网民中农村网民占比 28.4%，农村网民数量达到 1.95 亿人。中国目前行政村数量 58 万个，乡村人口 6.3 亿，乡村消费品零售额 31952 亿元，增长14.6%。从长远来看，我国要建设社会主义新农村，农村经济的发展、农民收入的提高是关键。农民购买力的提高是一个必然趋势，农村将是一个潜在的超级大的电商市场，大城市已经互联网化，6.3 亿的农村人口具备较大的市场开发价值。

（3）农业产品的网络销售空间较大。作为世界上最大的谷物、肉类、禽蛋、水产品、棉花、水果、油料的生产国与消费国，所有农、牧、渔业产品的生产、交换和消费，从生产资料的供应、工业加工到最终商品的批发、零售和服务，以及相关的交通储运和资金结算等，必然会创造大量的交易机会，为电子商务的开展提供巨大的空间。例如，云南的花农依靠互联网将各种鲜花、棕竹和草类等特色作物销往国内外，山东寿光农民上网销售蔬菜、苹果，四川农民上网卖辣椒等，不计其数。这些成功的例子给农村发展电子商务提供了很大的激励，也起到了很好的示范作用。

（4）农村电子商务经营成本低，竞争阻力小。零售企业开店投入的资金中，相当一部分花在地皮上。在大城市，寸土寸金，一些繁华地带的租金动辄每平方米上万元，这样的高成本投入，使得我国零售企业在与"狼"共舞中很难拥有价格优势。而农村市场开发程度低，地价也远低于城市，可大大节约企业的资金，并且，农村地区劳动力成本也远低于城市，可降低经营成本。另一方面，面对日益饱和的一二线城市，农村电子商务成为各大电商的新战场，从2014年开始，阿里巴巴、京东、苏宁易购等国内的电商巨头们纷纷打出了各自的"上山下乡"战略，农村正在被电子商务所改变。此外，加入WTO后，国际零售巨头加快了进入我国的步伐，相比大城市的惨烈商战，外资零售企业进军我国农村市场是迟早的事。

【阅读资料 11-1】　　　电商下乡"刷墙"，布局农村刚刚开始

2015年春节，许多来自农村但在城里务工的人踏上返乡的归途。当他们离开现代化的都市回到自己的家乡时，一些人可能会惊讶地发现，村子里墙面上原来那些销售化肥、农药的广告或计划生育宣传标语不见了，取而代之的是自己在城里耳熟能详的淘宝、京东等电商的广告。

农村墙面上的广告和标语最能反映农村的发展进程，电商登上农村的墙面，无疑是一种宣告：电商来了！

刚刚发布的聚焦加快农业现代化的中央"一号文件"指出，要"开展电子商务进农村综合示范。"其实，这并不是每年都为人所关注的"一号文件"第一次提到农村电子商务。在《关于全面深化农村改革加快推进农业现代化的若干意见》即2014年的"一号文件"中，就提出要"启动农村流通设施和农产品批发市场信息化提升工程，加强农产品电子商务平台建设"。

而在2014年兴起的电商下乡热潮中，雄心勃勃的京东商城高调宣布开始"刷墙"行动，堪称电商下乡的高潮。2014年6月，京东开始了轰轰烈烈的"刷墙"行动，"发家致富靠劳动，勤俭持家靠京东"等广告标语赫然出现在村镇的土墙上。而在这一行动开始的半年前，刘强东就曾宣布："在长三角、珠三角和环渤海三大经济圈，京东要下沉到乡镇和村一级。"所谓"刷墙"行动，其实是对这一战略的具体落实。京东近期的目标是在2015年6月底之前"发展10万名村民代理，覆盖10万个村庄"。

　　将目光投向农村的电商并非京东一家。与京东一起，阿里、苏宁等电商巨头集体进入农村"刷墙"，成为独特的一景：阿里的口号是"生活要想好，赶紧上淘宝"；苏宁的口号是"当心花钱淘假货，正品省钱来苏宁"；当当的口号是"老乡见老乡，购物去当当"（图 11-1）；百度的口号是"要销路，找百度"；360 的口号是"孩子只生一个好，安全只用 360"，等等。

图 11-1　电商下乡"刷墙"一例

　　资料来源：王晓涛，《电商下乡"刷墙"，布局农村刚刚开始》，《中国经济导报》，2015 年 2 月 5 日。

　　（5）国家信息基础建设框架基本完成。近年来，国家信息基础设施建设发展迅速，基本框架已完成，为新农村电子商务的开展提供了良好的基础。并且国家实施新农村建设工程，在全国农村开通电话、电视、各乡镇通宽带网络，各省市建立农业信息网站。随着国家的这些发展规划和一系列信息化工程的落实，为农村发展电子商务奠定了重要的网络基础条件。

11.1.3　农村电子商务发展的作用

　　2015 年 11 月 9 日，商务部、国家发改委、工业和信息化部、财政部、中华全国供销合作总社等 19 个部门联合印发《关于加快发展农村电子商务的意见》。《意见》强调，加快发展农村电子商务，是创新商业模式、完善农村现代市场体系的必然选择，是提高农民收入、释放农村消费潜力的重要举措，是统筹城乡发展、改善民生的客观要求，对于进一步深化农村改革、推进农业现代化具有重要意义。具体来说，农村电子商务的发展能够发挥出以下积极作用。

　　（1）农村电子商务活动能够解决农村信息化鸿沟问题，可以让农民及时获得市场信息，有利于农产品顺利实现产、供、销，并使农民拥有更多价格话语权。传统农产品的销售一般是渠道商以极低的价格收购农产品，再转手卖给真正需要的用户，赚取差价，损害了农民的利益。利用电子商务平台，农民就可以随时发布自己的产品信息，买家也可直接联系，商讨交易事宜，互惠互利。例如，梅子陶源网络平台（见图 12 - 2）就是这样一个促进无公害绿色的蔬菜水果等农产品销售的网络平台，通过 O2O 模式，农民可以克服原有的信息弱势，直接面向市场和消费者，最大程度地获取收益。这些无公害绿色农产品通过物流体系直接送达消费者手中，不仅解决了部分食品安全问题，而且可以避免"农民万斤白菜烂在地里"的状况。

图 11 - 2　梅子陶源网站主页

【阅读资料 11 -2】　　农村电子商务发展的受益者——新疆奇台县击布库镇涨坝村

2009 年 1 月，涨坝村村民老刘通过电信的"信息田园"在网上发布了销售人参果的信息，第二天就接到了一个乌鲁木齐的客户的电话，以每公斤 20.5 元的价格收购了 10 吨人参果，让他比按当地价格多卖了 6000 多元钱。该村党支部书记介绍说，自从有了"信息田园"，市场一下子大了，以前农作物基本上都在本地销售，现在可以卖到几千公里之外。去年，村里的 100 多吨瓜子，在"信息田园"上发布信息后，被一个宁夏老板卖到了广州。吉布库镇达板河四村养猎户较多，以前因不了解市场行情，生猪售价经常比市场价每公斤低 0.4 到 0.6 元。如今，他们及时从网上了解生猪的市场价格，使每头生猪售价比以前提高了 50 元左右。农牧民上网在全县已成为一种时尚。截至 2009 年，奇台县乡镇宽带率已达 100%，行政村宽带率已达 90%。全县每天都会有数千名农牧民通过网络平台学习先进的养殖、种植技术，了解市场行情，发布农畜产品信息。

资料来源：《信息化为奇台县农牧民致富搭建平台》，http://www.my.gov.cn/santai/1369666032767074304/20090327/392215.html。

（2）农村电子商务的发展有利于解决我国农产品流通不顺畅的难题。保鲜是农产品销售的一个最大问题，解决该问题要靠发达的物流运输系统。然而，当前我国农产品的流通体系尚不完善，功能不够健全，严重制约了农产品的销售。随着我国农村电子商务的发展，政府及企业将更加注重农产品的流通问题。例如，甘肃省商务厅与京东合作的京东兰州 FDC 仓（前端物流中心）有效地提高了农产品的物流配送速度。这些措施的实施必然为农业提供更广阔的发展空间，从而推进我国新农村建设和发展。

【阅读资料 11-3】 　　　　甘肃省与京东签署农村电子商务合作协议

　　2015 年 5 月 8 日上午，甘肃省商务厅与京东农村电商战略合作协议签约暨京东兰州 FDC 仓（前端物流中心）开业仪式在兰州举行。双方将紧紧围绕"电商扶贫"战略，着力扩大甘肃农特产品网上销售规模，增加农民收入，合力推进甘肃农村电子商务发展，加快当地群众脱贫致富步伐。

　　双方商定，甘肃省商务厅对京东拟合作的农村项目，协调项目所在辖区相关部门给予支持，京东积极加快其"千县燎原计划"、县级运营中心、地方特色馆建设、物流配送等农村电商项目在甘肃落地进度，全力扩大甘肃农产品网络销售规模，提升甘肃特色产品品牌知名度。此外，省商务厅将与京东在农资电商化、支农小额信贷方面展开试点，届时将通过直采直送的电商模式，降低农业生产成本。

　　同时，兰州 FDC 仓（前端物流中心）的开业运营，将满足消费者对"高品质""低价格""快速度"等网购体验不断高涨的需求，今后兰州市民在京东购物，市区范围以内可一日两送，即上午下单下午送到，下午下单第二天早上送出。

资料来源：《甘肃省与京东签署农村电子商务合作协议》，《甘肃农业》，2015 年第 12 期。

　　（3）农村电子商务的开展有利于农村剩余劳动力实现高效就业。随着农产品价格的不断提升，许多进城务工人员转而回村从事农业生产。他们可以通过电子商务快速了解最新的供求信息，掌握农产品市场动态，实现高效化就业。例如，随着农村电子商务的推广，在遂昌县城区 5 万常住人口中，有 1500 家网店集聚，年销售总额达到 1.1 亿～1.2 亿元，遂昌的一些大学生、曾经外出务工的年轻人、下岗职工，甚至退休职工都开起网店来，形成了"男女都工作，家家开网店"的氛围，有效解决了剩余劳动力就业的问题。

　　（4）农村电子商务能够为农业提供技术支持和辅导。农业的分散化经营使农业技术支持和辅导工作难以有效开展，造成农业生产中生产资料的大量投入，质量却较低，且收益较少。同时，由于信息闭塞，不能及时获得农业灾害的预警信息，无法提前应用防范对策，致使农业生产严重受损，如果相应的灾后补救措施开展不及时，损失将更为严重。引入电子商务，可通过技术人员建设技术服务网络，对广大农户开展快捷有效的技术指导以及信息服务，提升农户对农业实用技术的掌握与应用能力，让农业生产能够实现全过程监控与指导，进而提升科技在农业生产当中的积极作用。此外，电子商务还能推动农业、农村现代化进程，给农村文化输入新鲜血液，带来创新的元素，开拓农民视野，助推新农村建设内涵的实现。比如，广东省英德市望埠镇菜农老游，现在逢人就说自己是在"网上种田"，收集农业信息、请教农科专家、联络供销客商、宣传自家产品……全部通过"农村信息直通车"在家上网完成。老游现在几乎每天都要上网，留意网站上最新发布的全国各地农产品的供求信息。峏山村盛产节瓜、豌豆，可销路一直是个大问题，遍地的节瓜5分钱一斤都无人问津。老游在网上意外地发现村里滞销的农产品实际上大有市场，重庆、香港等地都特别需要这类蔬菜。于是，老游把供应信息发布到网上，发布后不久，香港老板居然专程开车上门求购。峏山村的特色蔬菜从此打开了销路。如今，像老游这样享受广东农村信息化成果，"网上种田"的新农民越来越多。

（5）农村电子商务能够推进新农村的建设，有利于农村中小企业与国际市场接轨。中国入世后，全球化的市场正逐渐形成，农产品市场也遇到了前所未有的机遇和挑战，面临越来越激烈的国内外同行竞争。市场经济中，农产品的价格由供需双方的总体水平决定。然而，由于农民视野不够开阔，对农产品的市场信息掌握不够全面，使得自身在农产品交易中处于被动局面。农村电子商务，给农民一个获取外界信息的平台和渠道，帮助农民全面掌握农产品信息，进而指导生产，减少农民经济损失。

【阅读资料11-4】 "互联网+"带来农村新变化

铜仁市近年来大力发展电子商务，和阿里巴巴合作发展"农村淘宝"，促进网货下乡，山货进城。

2016年3月13日，在沿河自治县夹石镇老寨村"村淘"服务站，一辆载满化肥的大卡车停在一旁，人们正忙着下货。"村淘"负责人安洪富说，这车化肥是前不久村民们在他家订购的，今天刚到货。

农民足不出户，打开电脑上"村淘"精心挑选种子、化肥，鼠标一点，选中的农资就送到家门口。在沿河自治县，随着"村淘"在该县农村的悄然兴起，直接改变了农民们的生产生活方式。

安洪富介绍，今年参与农村淘宝组织的"百县万村战春耕"活动，已接到500多份订单，采购化肥60多吨，仍有些村民陆陆续续在下订单。下单后，他马上跟商家联系、沟通，及时把农资送到村民手里。

正忙着搬运化肥的村民安帮儒乐呵呵地说，他前几天在淘宝网上订了 4 包化肥，今天化肥就送到了家门口，方便快捷，节省时间。

最近，阿里集团旗下的农村淘宝推出为期一个月的"百县万村战春耕"活动，让农民在家门口就能买到所需的农资农具，备战春耕生产。

据了解，该活动从 2 月 22 日开始，为期一个月，农资商品品种繁多，价格优惠。活动期间，沿河自治县 50 个村的"村淘"服务站为农民集体购买春耕农资、农具等，让他们充分感受到农村电子商务带来的便利和快捷。

目前，沿河各"村淘"服务站已将两批次共 139 吨农资化肥送到甘溪、黑水、土地坳和夹石等镇近 1400 户农民家中。

该县电商办积极引导本地农资生产企业到农村淘宝开设店铺，通过已建成的 50 个农村淘宝服务站帮助他们销售、推广产品。"农村＋电商"的销售模式，既方便农民在家门口就能够买到物美价廉的农资，也为本地的农资生产经营企业拓宽了销路。

资料来源：谌思宇，《"互联网＋"带来农村新变化》，《贵州日报》，2016 年 3 月 1 日。

11.2　农村电子商务的服务

11.2.1　农村电子商务的服务内容

农村电子商务服务主要包含网上农贸市场、特色旅游、数字农家乐和招商引资等内容。

（1）网上农贸市场。通过建立网上农贸市场，及时有效地宣传各个地区的特色产品和相关的名优企业等，发掘商业机会等信息，扩大农产品的销售通路，促进地区经济的快速发展。比如在浙江义乌青岩刘村，电子商务就取得良好发展。该村原住人口 1000 多人，已开办近 2000 家网络店铺，网上年销售额过亿元。

（2）特色旅游。在网上积极宣传和推广当地特色旅游资源，全面地介绍旅游线路以及旅游特色产品等。例如天津毛家峪以长寿养生为主题建立了生态度假村，通过网络全面宣传和推广（图 11－3），有效地提升了当地旅游资源的知名度和影响力。

（3）数字农家乐。开展具有当地特色的农家乐，制定当地农家乐的分布电子地图，对各个

图 11 – 3　天津毛家峪旅游宣传网站

农家乐的各项信息加以采集、整理和汇总，利用互联网宣传农家乐，提升农家乐的知名度，从而实现村民增收。例如，浙江衢州市农办就和中国移动衢州分公司联合打造了"移动掌上农家乐"平台，有效解决了外来游客与农家乐经营者之间信息不对称的问题，极大推进了该市乡村休闲旅游的发展。

（4）招商引资。各级政府部门通过搭建招商引资平台，介绍当地规划发展的开发区、生产基地、投资环境、优惠政策和招商信息，更好地吸引投资者到各地区进行投资生产经营活动。

11.2.2　农村电子商务的服务模式

近年来，随着电子商务的快速发展，全国农村涌现出众多的电子商务产业集群。根据各地的发展特点不同，农村电子商务模式可以总结归纳为五大类。

1. "沙集模式"——"农户 + 网络 + 公司"

沙集模式是指农户自组织从无到有实现以信息化带动工业化实现包容性创新的模式，该模式以"农户 + 网络 + 公司"为核心要素，网络销售带动农村工业发展，逐渐形成产业链，由最初的C2C 电子商务模式逐渐形成 B2C 电子商务模式，见图 11 – 4 所示。近年来，沙集模式已成为我国涉农电子商务领域知名度和影响力相当大的典型案例之一。沙集是江苏睢宁县下属的一个镇，面积 66 平方公里，人口 6 万。2006 年末，24 岁的孙寒在好友夏凯、陈雷的帮助下，自发尝试在淘宝网上开网店创业，销售简易拼装家具并获得成功，引得周围乡亲们纷纷仿效。短短几年，沙集的网商、网店数量和销售额快速增长。网络销售拉动了生产制造、物流快速、原材料加工、配件供给等相关产业，在当地形成了一个面向大市场、以家具网销为龙头的新的产业生态。

2. "遂昌模式"——"协会 + 网商"

遂昌模式是指中介组织零散农户发展电子商务，实现包容性创新的模式。遂昌位于浙江丽

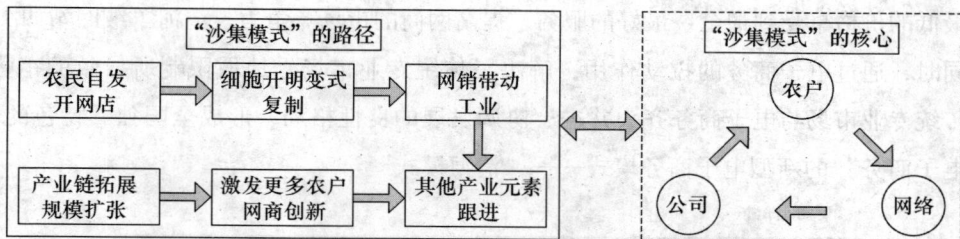

图 11 - 4　"沙集模式"农村电子商务的发展架构

水市，遂昌馆是国内第一个县级农产品馆，其核心是在一个独特的网络分销平台，借助政府的强大支持和自身体系的巨大聚合力，集合了千余家小卖家共谋发展，如图 11 - 5 所示。"遂网"平台建立了农产品信息管理及预订系统、农产品质量标准体系、农产品质量可追溯体系、冷链仓储体系、C2B2C 农产品程序管理体系、农产品生鲜技术研究中心、检测检验中心。同时，为千余家松散且不标准、不专业的小卖家提供专业的培训服务，对上游货源进行统一整合并拟定采购标准，由"遂网"专业团队进行统一运营管理，线下则按照统一包装、统一配送、统一售后等标准化操作执行。

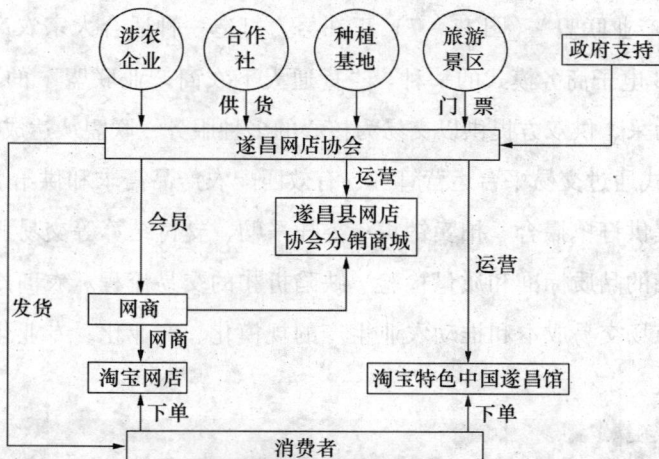

图 11 - 5　"遂昌"模式农村电子商务的运营架构

3. "清河模式"——"专业市场 + 电子商务"

"清河模式"是将传统专业市场与电子商务协同发展实现包容性创新的模式。在 2008 年，清河羊绒制品市场运营之初，清河县委、县政府就提出了"网上网下互动，有形市场与无形市场互补"的发展思路，在羊绒制品市场内大力营造适合电子商务发展的经营环境，相继建成了电子商务孵化区、电子商务聚集区和电子商务产业园，并大力引进网货供应、物流快递、人才培训、研发设计、摄影、美工等专业机构入驻市场，从而保证了电子商务经营者能够以最快的速度、最低的价格享受到最全、最好的服务，提高网商的市场竞争力。清河羊绒网站如图11－6所示。同时，通过电子商务的拉动作用，解决了传统专业市场受地域限制所导致的销售难题，实现了传统专业市场与电子商务齐头并进、协调发展的良性格局，形成全国独具特色的"专业市场＋电子商务"的新型电子商务模式——"清河模式"。

图11－6　清河羊绒网站主页

4. "货通天下农商产业联盟模式"——"农产品供应商＋联盟＋采购企业"

"货通天下农商产业联盟"（图11－7）正在努力打造一种适合大宗农产品交易的电子商务流通模式，属于B2B电子商务模式的一种。"货通天下农商产业联盟"的运营总部位于上海，联盟的主要任务是为采、供双方提供以交易为核心的多种服务，联盟从达成的交易中收取1%～3%的服务费。该模式通过交易平台运营管理，有效匹配农产品需求和供给。在实际交易中，平台不仅为供需双方提供订单撮合、拍卖销售、委托采购、支付结算等交易服务，还根据销售方需求建立一套农产品的品质标准和质量检验、缺陷折扣的交易流程。农商产业联盟模式在整合农业产业链、降低市场交易成本和推动农业生产的规模化、产业化、专业化和服务的社会化等方面，具有积极意义。

图11－7　货通天下农商产业联盟网站主页

5. "赶街模式"——"赶街网 + 农村电商代购点 + 农户"

与前面几种模式帮助农民把农产品卖出去不同,"赶街"模式主要是帮助农民从网上购买消费品。虽然,农村拥有电脑和网络的家庭已经很多,但仍有很多农民不会利用电脑网购。于是,遂昌网商协会创始人潘东明创建了"赶街网"(图 11 - 8),帮助农村消费者网购。

图 11 - 8 赶街网站主页

"赶街网"其实就是一个"小淘宝",上面围绕农村生产和生活的需要整合了大量的商品,包括农资。赶街网在每个村子里物色一个代购点,一般是村里的小卖部,给他们配置电脑和宽带。代购点负责帮助农民下单购物,并从达成的交易里提成 10% 左右作为自己的酬劳。赶街网不仅帮助农民购物,还可以帮助农民缴费、购电及金融等多种服务。"赶街"模式有利于提高县域农村网购的规模,降低农民的消费成本。不过,随着农村电子商务的发展,农民逐渐可以自行网购。

11. 2. 3 农村电子商务的常见网络平台

电子商务平台是进行农村电子商务的关键要素,其特色影响到电子商务的具体流程,也是电子商务模式成熟度的重要标志。中国农村电子商务层次不同,再加上模式创新,使得农村电子商务的平台种类繁多。

1. 第三方电子商务平台

第三方电子商务平台包括以下三种形式。

(1) 大型零售网站平台。该类平台拥有一整套的销售流程,支付方式和信用管理体系,直接隐藏在平台背后。农民可以利用这些平台进行农产品的交易,买卖双方并不需要理解后台的操作原理,卖家只需要拍摄好自己产品的图片,编辑好文字说明,将产品的相关资料发布到自己的网店,就可以开始网络经营,例如农村淘宝网(见图 11 - 9),而买家也只需要通过搜索平台找到需要的商品,按照流程指导进行购买即可。

图 11 – 9　农村淘宝网主页

（2）综合类电子商务平台。该类电子商务平台主要开展批发业务，阿里巴巴等大型电子商务网站，都有小额批发业务（图 11 – 10），对于大多数时间需要从事农业生产，希望产品可以快速打包出售的农业生产者来说，是个不错的选择。比如，阿里巴巴网上有专门的农业板块，上面有农副产品、农业用具的销售，买卖双方通过阿里巴巴及阿里旺旺进行供需洽谈，利用支付宝等支付手段完成支付。

图 11 – 10　阿里巴巴农产品的小额批发

　　另外，除了阿里巴巴这种可以实现在线支付的平台外，还有一些非支付型的电商也开辟了专门的农业专区，用于农村电子商务，比如中国供应商（图 11 – 11），供农民发布产品信息。

　　（3）专业农业网站。我国非常重视三农问题，在政府的号召和鼓励下，我国已经陆续建立起一批农业网站，包括农业专业网站和地方政府的农业信息门户，如图 11 – 12 所示。这些网站除了介绍农业政策、农业新技术等，有不少网站开始关注农业市场，提供农产品价格信息，市场趋势分析等，来指导农业生产。

　　也有一些专门农业网站，建立了电子商务板块，用于进行农产品的网上交易，例如村村乐网站平台（见图 11 – 13）。

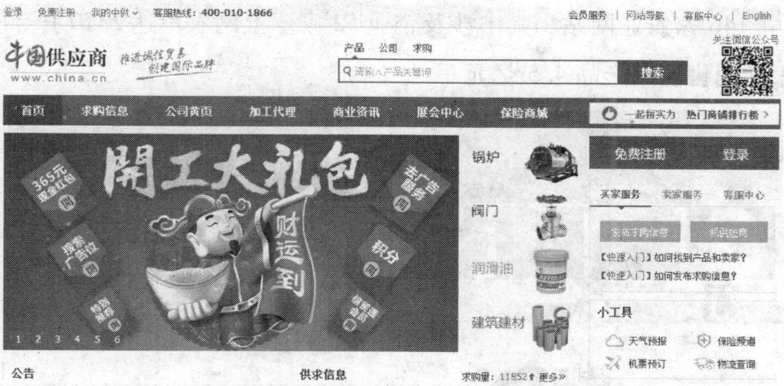

图 11-11　中国供应商网站主页

图 11-12　中国农业信息网主页

图 11-13　村村乐网站主页

2. 自建网站

当电子商务兴起之后，一些思想比较先进并且有一定计算机水平的农户或农业商人，开始模仿品牌企业，在网上建立自己的销售网站。他们购买使用现成的网站软件、论坛组件等建立自己的网站，然后在该网站上销售农产品。这种平台的使用者大多比较分散，但是也有比较集中的成功案例。宁波市宁海县就是通过自建网站销售农副产品出名的（图 11-14）。截至 2011

年，该县已经建立 146 家农业网站，其中涉及企业 52 家。上网农户达 2370 户，自建网页、网站的农民 66 户，累计销售农副产品 4.5 亿元。

图 11－14　宁海县农副产品自建网站

3. 其他网络平台

除了通过上述两类网络平台进行农村电子商务活动外，农村电子商务有时也会用到公共网络交流平台。公共网络交流平台网上交流的各种交流工具频繁出新，群、博客、微信等，而且很多都可以通过手机终端来实现，这就极大地扩大了用户的群体和影响力。江苏省阜宁县羊寨镇单家港村"桃宝哥"就是利用微信将他的水蜜桃成功销售出去的，下面我们来看一下"桃宝哥"微信营销的过程。

"你一扫，我就送"，最近一段时间，一个叫"桃宝哥"的微信水果商城在微信朋友圈火了起来。想吃新鲜的水蜜桃，只需用手机扫一下商城的二维码，在预定的时间内就会有人送货上门。

这个"桃宝哥"是江苏省阜宁县羊寨镇单家港村木子美农场的李士美。2013 年，他承包了 260 亩果园种水蜜桃，但由于水蜜桃季节性较强，且不易长期保存，销售遇到了困难。一次，他在农业节目上看到有人利用时下非常流行的微信平台销售农产品，立刻联想到自己水蜜桃的销售。念头一出，说干就干，李士美通过熟人找到了上海一家科技公司，开发了"桃宝哥"微信水果商城。自从 2014 年 5 月份正式上线以来，通过网络订购的客户络绎不绝。仅 6 月 1～7 日的 1 周时间，就有 89 人下单，卖出桃子近 200 公斤，微信商城的粉丝已经有 350 人。

利用这种群体关注的现象来扩大营销效果，已成为农业网络营销的利器。另外，也有一些农村电子商务活动通过搜索引擎或者门户网站来对网上店铺进行推广，效果明显但是成本较高，对于农村电子商务来说，仅仅是开始尝试。

11.3 农村电子商务的发展现状

11.3.1 农村电子商务的发展历程

随着一二线城市日益饱和，农村电子商务已经成为各大电商的新战场，农村正在被电子商务所改变。2003 年至今，农村电子商务发展先后经历了起步、小规模增长和规模化扩散三个阶段，年度新增网商规模分别达到万级、十万级和百万级，现在正处于快速发展阶段。三个阶段的主要发展情况如表 11−1 所示。

表 11−1 县域电子商务发展三阶段

时　间	阶　段	特　征	新增网商规模
2003~2005 年	起　步	农村网商规模小，增长缓慢	2005 年新增网商达到万级
2006~2009 年	小规模增长	农村网商规模明显扩大，快速增长	2009 年当年新增网商达到十万级
2010 年至今	规模化扩散	农村网商规模明显扩大每年新增网商规模巨大	2013 年新增网商近百万级，现在正处在大规模快速增长阶段

资料来源：阿里研究院，2014 年 7 月。

1. 起步阶段

2003~2005 年，农村使用电子商务的还很少，商品交易的数量、电子商务的影响力以及效益规模都很有限，呈现农村网商规模偏小，增长速度缓慢的特点。在当时，网络已成为大众生活不可缺少的交流平台，电子商务对于农民也不再是个新鲜词。但大部分农民对电子商务这个词的认识也只停留在名字本身，甚至连电子商务究竟是干什么的都不清楚。从有关部门统计数据中，当时，我国农村网民只占到网民总数的1%左右，除了少数种养大户外，真正通过上网来销售的农民是少之又少。以山东省为例，该省农村个人电脑占有率只有7%，网络普及率更是低于10%。这一时期属于农村电子商务系统最初级的形式，农商一般也只是依靠网络发布农产品信息，交易则是通过聊天软件线下完成，没有专门的电子商务平台。该阶段的电子商务往往风险较大，交易内容缺乏法律保护。

2. 小规模增长阶段

2006～2009 年，农村电子商务呈现小规模增长的趋势。CNNIC 调查显示，截至 2007 年 6 月，中国农村网民规模为 3741 万人，7.37 亿农村居民中，互联网普及率为 5.1%，然而，截至 2009 年 12 月底，中国农村网民规模达到 10681 万人，农村网民规模首次超过一个亿，在农村的普及率也提高到了 15%，对比 2007 年的农村互联网发展情况，已经有了很大提升。在农村互联网发展的契机下，农村电子商务市场也静悄悄地孕育发展着，到 2009 年新增网商已达到十万级，主要是在沿海城市的农村，江苏睢宁沙集镇、浙江义乌青岩刘村都是该时期农村电子商务的成功案例。

3. 规模化扩散阶段

从 2010 年起，农村电子商务获得飞速发展，农村网商的数量明显增加，呈现规模化趋势。这一时期全国各地涌现出很多成功案例，其中，浙江丽水遂昌就是利用"微力量"成功推出农村电商的典型案例之一。2010 年 3 月，丽水市遂昌网店协会成立，丽水市遂昌电子商务进入了快速发展期。2012 年 9 月，丽水市遂昌县荣获阿里巴巴第九届全球网商大会"最佳网商城镇奖"。2012 年底，协会共有卖家会员 1200 多家，全年共完成电子商务交易约 1.5 亿元。至 2013 年 1 月淘宝网丽水市遂昌馆上线，初步形成了以农特产品为特色，多品类协同发展的县域电子商务中的"丽水市遂昌现象"。

在江浙县域网商保持快速增长的同时，全国县域网商均有了快速增长的势头，华北、华南、华中等地区县域网商增速明显加快，到 2013 年底，这三个区域在全国县域网商中合计占比接近 30%。其中，河北、广东、河南的县域分别是华北、华南、华中县域网商增长的主要来源。河北保定的"中国箱包之都"白沟移师互联网就是这一时期典型案例之一，下面我们来看一下白沟是如何移师互联网的。

河北保定的白沟是全国最大的箱包生产基地之一。经过近 30 年的发展，已经有 300 多家规模企业，4000 多家加工企业，近万家个体加工户，年产箱包超过 7 亿只。因此，白沟享有"中国箱包之都"之盛誉。白沟市场是箱包最主要的交易场所。2009 年以前，极少数商家尝试通过电子商务开拓市场。从 2009 年开始，随着国内主要的电子商务平台在白沟加大推广力度，当地网商增长加速。电子商务带来新商机，不断带动更多商户应用电子商务。据不完全统计，到 2011 年底，白沟新城已经有四分之一的商户开设了自己的网店。白沟市场激烈竞争、网商先行者示范带动、金融危机倒闭企业转型等多重因素综合作用，加速了电子商务在商户中的扩散速度。到 2012 年底，白沟新城的网店数量迅速增加到 4000 家，年成交额千万元以上的网店达到

200 多家，从业人员达到 2 万余人。箱包"网供"的涌现，对白沟网商规模持续扩大提供了新的动力。由于电子商务迅速发展，在箱包商户中分化出专门为网店供货的供应商，他们可以帮助网商直接发货，从而节省网商们的发货时间和物流费用，由此，带动大量周边商户通过电子商务销售箱包。2013 年，白沟新城网店数量增长到 8000 余家，电子商务平台产生的箱包交易额接近总销售额的 30%，从业人员达到 3 万余人。

从 2014 年开始，中国电商巨头们纷纷施展各种"招数"进军农村市场（见表 11 - 2），这一举措在很大程度上促进了农村电子商务的飞速发展。

表 11 - 2　　　　　　　　　　　　电商布局农村电子商务市场情况

企　业	投　资	体　系	规　模
阿里巴巴	100 亿元	县级运营中心 + 村级服务站 + 农村物流营运和服务体系	阿里巴巴集团于 2014 年 10 月在首届浙江县域电子商务峰会上宣布，启动千县万村计划，在三至五年内投资 100 亿元，建立 1000 个县级运营中心和 10 万个村级服务站
京　东	10 亿～12 亿美元	县级服务中心 + "京东帮"服务店	自 2015 年开年以来，京东的"电商进村"大业一路高歌猛进。截止 2015 年 4 月 13 日，京东招募和签约的乡村推广员已突破万名，县级服务中心也超过 100 家。短短数月，京东的县级服务中心和乡村推广员招募在全国范围内迅速铺开，服务范围已辐射全国 20 多个省份、100 余县市、10000 多个村庄，可为数以千万的农村消费者提供京东多快好省的优质商品与便捷服务
苏　宁	100 亿元	区域物流中心 + 城市配送中心 + 乡镇服务站	作为零售 O2O 模式发展的领头羊，苏宁易购重拳出击农村电商，在推进工业品下乡和农产品进城方面，迅速摸索出一条独具特色的全渠道电商之路。1000 多家直营店、88 家中华特色馆、10 亿元农特产品销售额和 30000 多名就业人员等，苏宁 2015 年的农村大戏可圈可点
供销社	预计 500 亿元	全国总社 + 省级社 + 县级社 + 基层社	国务院改革供销合作社，成立农村电商服务"三农"，预计建设 1400 个县级社，21000 个基层社。到 2020 年，把供销合作社系统打造成为与农民联结更紧密、为农服务功能更完备、市场化运行更高效的合作经济组织体系，成为服务农民生产生活的生力军和综合平台

　　阿里巴巴提出了"千县万村"计划，预计在3~5年内投资100亿元，在全国农村区域建立1000个县级运营中心和10万个村级服务站。

　　京东不断深化渠道下沉与农村电商战略，加速在3~6线城市、区县以至乡村市场的布局。农村消费者将与城市消费者一同享受京东正品行货、快速物流等优质服务，特色农产品也可通过京东平台销售全国。京东的"电商进村"大业一路高歌猛进，短短数月，京东的县级服务中心和乡村推广员招募在全国范围内迅速铺开，服务范围已辐射全国20多个省份、100余县市、10000多个村庄。

　　苏宁易购也利用"双十一"等购物狂欢节推进农村电商战略，预计在未来5年内建设1万家苏宁易购服务站，覆盖全国四分之一的乡镇。

　　供销合作社作为传统的农村流通渠道，借助网点优势、资源优势和品牌优势，也全速推进"农村电商"战略。目前，全系统共有电子商务企业近800家，电子商务交易额近3000亿元，约占全国交易总额的3%；网络零售额80亿元，约占全国网络零售额的4.3%。

　　尽管农村电子商务的发展整体态势良好，但无论是东部沿海省份，还是广大中西部地区，地方生产总值和财税收入均呈现放缓趋势。尤其是在外需萎缩的形势下，投资拉动仍担当主力，消费占比增长缓慢，农村电子商务的跨越转型仍然任重而道远。

11.3.2　农村电子商务发展存在的问题

1. 思想保守阻碍农村电子商务发展

　　思想是行动的指挥者，提到农民思想总是与"保守"二字连在一起，事实上造成思想保守的原因在于知识水平不高和缺乏信息渠道。提到电子商务和互联网，农民第一印象是年轻人玩的，或高智商、高知识水平人接触的，还有一些人认为互联网上是虚无缥渺的东西，不脚踏实地，是与农村人格格不入的事物，从思想根源上就抵触和排斥互联网。还有很多人怀疑网络的安全性，害怕在网上购物。在农村发展电子商务，对于农村人是一个全新的挑战，思想封闭、知识匮乏的农民对电子商务并不认可，其根源就是农民思想保守，不敢尝试新的事物。

2. 农村网络信息化基础设施相对薄弱，网络资费高

　　众所周知，发展电子商务离不开网络。当前，在绝大多数农村网络信号不好，网络基础设施建设相对城市来说还很落后。由于网络宽带建设不足，直接使得农村居民使用网络的费用比城市要高很多。

3. 农民上网人数少，面临"数字鸿沟"问题

　　由于我国农村人口多、基础差，农村教育相对落后，造成了农民文化素质偏低，农村居民

对网络、电脑等新信息技术的掌握相对于城市居民要差很多，较强依赖传统的生产方式和交易方式，对信息技术和电子商务缺乏基本的了解，使农村电子商务难以得到应用推广。

4. 农村电商人才匮乏，严重制约了农村电子商务发展

"二十一世纪最贵的是什么？人才！"电子商务人才是农村电子商务发展的核心竞争力。然而，我国农村网络普及较低，农民的整体文化素质偏低，加上农村年轻人进城务工，大多数农村人口主要是些老人和儿童，对互联网新技术和新信息的反应相当迟钝，电子商务的人才十分稀缺。至 2006 年 12 月 30 日，全国网民达到 13700 万人。但是，从事与农业相关职业的网民所占比例仅占网民总数的 0.4%，而且绝大部分是农业管理与技术人员，高度集中于经济发达的北京、上海和广东、浙江、江苏等地区，真正上网的农民非常少。

5. 农村物流等基础设施相对落后，"最后一公里"问题明显

物流问题是电子商务发展的重要支撑，农村电子商务的最大掣肘就是物流问题。目前国内的大型快递公司而言，顺丰快递提供到某些县城的投递，圆通、中通、申通等快递公司提供到大部分县城和乡镇的配送服务，但是对于乡镇下属的村屯均不能提供配送服务，大部分需要自取，而覆盖面积最广的中国邮政物流可以送达乡镇及村屯，但是存在速度慢、拖沓等缺点。快递物流"最后一公里"和农产品进城"最初一公里"的问题尚未得到有效解决。

11.4　农村电子商务发展对策

1. 加强政策扶持，发挥政府在推动农村电子商务中的重要作用

农村电商的发展需要良好的法制、市场环境，以及相应的政策支持。政府需要研究制定农村电子商务发展的总体思路和重大战略，为农村电子商务营造规范有序的法制环境和市场环境，落实对农村电子商务发展的各项扶持政策。同时，加强网络市场监管，强化安全和质量要求，打击制售假冒伪劣商品、虚假宣传、不正当竞争和侵犯知识产权等违法行为，维护消费者合法权益，促进守法诚信经营。此外，还要加大金融支持力度，放宽对农民创业特别是青年农民的授信和贷款支持，简化农村网商小额短期贷款手续，对于符合条件的农村网商，可按规定享受创业担保贷款及贴息政策。

2. 完善农村信息基础设施建设，实现资源共享和服务创新

一方面，应加强"宽带乡村"工程和营业点建设，加快实现宽带和营业点在农村的全覆盖，积极扶持和鼓励农业企业加快信息化建设，帮助农民了解和掌握信息技术等各类新技术、新理论，发掘典型案例，推广成功经验。例如，浙江义乌、丽水遂昌等，当地政府要运用各种手段，加强对这些成功电子商务平台的宣传，利用农民"随大流、爱热闹、跟风"的心理状态，以"领头羊"的成功示范激发农民的电子商务意识，形成了非常成功的农村电子商务平台体系。另一方面，还应在资金上对农村地区信息化、网络化进行支持，降低农民使用网络的成本。例如，将农民购买电脑等信息化设备纳入家电下乡政策补贴范畴，制定农村信息化建设补贴政策等。

3. 转变农业生产方式，建立农产品和农业信息分类标准服务体系

农业标准化是提高农产品质量的根本，是转变农业增长方式、提高市场竞争力的重要途径，是发展农村电子商务的必经之路。目前，我国农业生产方式比较落后，主要还是以个体生产或者小部分承包为主，农民对农业信息的需求程度低、需求内容分散，难以形成规模效应，并且通过农村电子商务服务平台所产生的社会效益和经济效益较低，影响了社会各界参与其建设的积极性。因此，只有依靠标准手段，加速提高农产品的质量和档次，调优农业结构，提高我国农产品的国际竞争力，促进优势农产品的区域化布局、规模化种养、规范化生产、产业化经营和科学化管理，才能带动农业电子商务的快速发展，最终实现农业的增产增收。

4. 构建农村电子商务交易平台

农村企业生产规模小、产品销售滞后，其中交通不便、信息不灵是一个重要因素，因此，构建农村电子商务交易平台对农村实现小康意义重大。农村电子商务交易平台的建设应依据电子商务技术标准，将实体网络和虚拟网络相结合，集电子商务、连锁终端、自有体系规模配送为一体，行业性平台或者区域性综合平台，为新农村建设与发展服务。

5. 培养农村电子商务人才

农村是一个人才缺乏的地方，所以培养电子商务人才，对农村开展电子商务是至关重要的作用。

首先，对农民和政府人员等进行技能培训，增强农民使用现代信息工具的能力，积极利用信息网络拓宽电子商务渠道。在这方面，广东省科技厅的做法值得借鉴。2003 年 3 月，广东省科技厅启动"广东农村信息直通车工程"。经过几年的试点和推广，为广东农村信息化提供了经验，现在广东农村"信息直通车"已经开进全省各地乡村，每村都有一名农村信息员。他们有

的是企业领导，有的是大学生村干部，更多的是从未接触过电脑的普通农民。这支由近 2 万名农村信息员和 1000 多名农科专家所组成的庞大的信息员队伍，已经成为当地农村电子商务信息网络的有力保障。2007 年 8 月，科技部将广东省列为首批"国家农村科技信息工程示范点"。

其次，制定优惠政策，想方设法留住年轻人，特别是本地农村大学生，让他们最终成为新一代农村建设的主力军。例如，2016 年 2 月国家发改委副主任王晓涛与阿里巴巴集团在北京签署协议，合力驱动返乡创业试点县发展农村电子商务。双方商定，国家发改委与阿里巴巴集团将结合正在开展的支持农民工等人员返乡创业试点工作，从各自优势出发，对返乡创业试点县（市、区）提供相应支持。未来三年，双方将共同支持 300 余试点县（市、区）结合返乡创业试点发展农村电子商务。

最后，政府应该与附近高校加强合作沟通，在上级政府的帮助下，建立专家系统，为农民出谋划策。

6. 加快农村物流体系建设

因为农产品的季节性，以及鲜活农产品的保鲜存活时间短，决定了农产品的流通半径有一定限度。发展农产品电子商务，配送是关键。需要加强交通运输、商贸流通、农业、供销、邮政等部门和单位及电商、快递企业对相关农村物流服务网络和设施的共享衔接，加快完善县乡村农村物流体系，鼓励多站合一、服务同网。鼓励传统农村商贸企业建设乡镇商贸中心和配送中心，发展第三方配送和共同配送，重点支持老少边穷地区物流设施建设，提高流通效率。同时，加强农产品产地集配和冷链等设施建设。经过一段时间的发展之后，利用知名度和利益等因素反作用，建立覆盖乡镇的自有物流体系，再进一步向村庄辐射，完成全部的物流构建。

本章习题

一、单选题

1. 下列不属于农村电子商务的核心要素是(　　)。

　　A. 农民　　　　　　　　　　B. 电子商务服务平台

　　C. 互联网　　　　　　　　　D. 电脑

2. 以下哪种类型的产品或项目是农民不可以在网上销售的(　　)。

    A. 农产品　　　　　　　　　　　B. 农家乐

    C. 农村特色旅游　　　　　　　　D. 野生保护动物

3. 农村网商主要利用(　　)发布产品信息和接受订单。

    A. 网络电商平台　　　　　　　　B. 电视

    C. 展示会　　　　　　　　　　　D. 网络广告

4. 下列网站不属于购物网站的是(　　)。

    A. 农村淘宝网主页　　　　　　　B. 中国农业信息网

    C. 村村乐网　　　　　　　　　　D. 阿里巴巴

5. "清河模式"是将(　　)协同发展实现包容性创新的模式。

    A. 专业市场+电子商务　　　　　B. 协会+网商

    C. 农户+网络+公司　　　　　　D. 农产品供应商+联盟+采购企业

6. "货通天下农商产业联盟"正在努力打造一种适合大宗农产品交易的电子商务流通模式，属于(　　)电子商务模式的一种。

    A. C2C　　　　　　　　　　　　B. B2B

    C. O2O　　　　　　　　　　　　D. B2G

7. 从2010年起，根据阿里巴巴的观点，农村电子商务发展迎来了(　　)阶段。

    A. 起步阶段　　　　　　　　　　B. 小规模增长阶段

    C. 规模化扩散阶段　　　　　　　D. 新奇阶段

8. "区域物流中心+城市配送中心+乡镇服务站"体系是(　　)进军农村市场的"招数"。

    A. 阿里巴巴　　　　　　　　　　B. 京东

    C. 苏宁　　　　　　　　　　　　D. 信用社

9. 阿里巴巴集团计划在三至五年内投资100亿元，在全国_____个县，_____个村开展农村淘宝项目(　　)。

    A. 100，1000　　　　　　　　　B. 1000，10000

    C. 10，1000　　　　　　　　　　D. 1000，100000

10. 关于农村电子商务物流，下面叙述错误的是(　　)。

    A. 当前我国农产品的流通体系不完善，功能不够健全，严重影响了农产品的销售。

    B. 农村电子商务的发展有利于解决我国农产品的流通不顺畅这一问题。

    C. 农产品销售的一个最大问题就是产品的保鲜问题，因此，需要发达的物流运输系统。

D. 农村物流等基础设施相对落后，"最后一公里"问题明显，但农产品进城"最初一公里"的问题已得到有效解决。

二、多选题

1. 与一般电子商务相比，农村电子商务的优势有(　　)。

   A. 国家政策红利助力　　　　　　B. 农村电子商务经营成本高，竞争阻力偏大

   C. 农业产品的网络销售空间较大　　D. 巨大的农村市场机会

2. 农村电子商务是农村改革的热点问题，对农村经济建设的意义有(　　)。

   A. 扩大农村就业　　　　　　　　B. 培养新型农民

   C. 使农民发家致富　　　　　　　D. 解决三农问题的有效举措

3. "沙集模式"的核心要素包括(　　)。

   A. 农户　　　　　　　　　　　　B. 协会

   C. 网络　　　　　　　　　　　　D. 公司

4. "遂昌模式"中的"遂网"平台建立了的体系有(　　)。

   A. 农产品质量标准体系　　　　　B. C2B2C 农产品程序管理体系

   C. C2G 农产品程序管理体系　　　D. 农产品质量可追溯体系

5. 下列关于农村信息基础建设表述正确的有(　　)。

   A. 国家信息基础设施建设发展迅速，已完全满足农村电子商务发展需要

   B. 当前在绝大多数农村网络信号不好，网络基础设施建设相对城市来说还很落后。

   C. 由于网络宽带建设不足，直接使得农村居民使用网络的费用比城市地区要相对高很多。

   D. 政府应加强"宽带乡村"工程和营业点建设

三、名词解释

1. 农业信息化　　2. 数字农家乐　　3. 遂昌模式　　4. 自建网站

5. "千县万村"计划

四、简答及论述题

1. 农村电子商务主要包括哪些内容？其核心要素是什么？

2. 农村电子商务发展对农村建设有什么作用。

3. 农村电子商务的常见网络平台有哪些？

4. 请论述当前我国农村电子商务发展还存在哪些问题？

5. 请论述农村电子商务发展的策略。

农产品电商，看上去很美

几乎没有人怀疑农业电子商务的美好前景，阿里巴巴董事局主席马云对于农产品电商的预测更引起人们的良好憧憬。今天的农产品电商可谓风云际会，农产品进入市场的交易的金额为两万多亿，而 2013 年农产品电子交易仅 200 亿元，1% 不到，可以想象其市场空间；农村通信基础设施的改善，支撑了农产品电子商务的快速发展；31000 家农业网站，推动农产品交易方式加速转变；物流、冷链体系既促进了农产品电子商务，又因为农产品电子商务而加速完备；国家政策积极鼓励，商务部出台文件促进线上线下相结合的鲜活农产品网上批发和网上零售；农业电商以现代的经营理念，运营方式让农业这个传统的产业焕发出勃勃生机。

然而，马云只有一个，在农业电商如雨后春笋一般涌现的时候，也有一批农业电商像春天的落叶在人们的惋惜声中落去，正如刘禹锡的诗句，"沉舟侧畔千帆过，病树前头万木春"。最近接连看了两个农业电商的《病相报告》，感觉有些问题值得深思，那种赶潮流、炒概念、重表面的农业电商经营模式尤其值得反思。

农产品是不是上了网就能降成本？恐怕不是这样的，与大型批发市场相比，上网的农产品因其细碎、分散，物流成本并不低。既然这样，如何挣钱，只能高端化，高端化又面临信任危机。更何况农产品还有非常麻烦的保鲜问题，有限销售时间很短，折扣率很高，储藏成本较大。这也是部分农产品网上销售总量有限的原因之一。

农产品电商能覆盖多少用户？至少面临农产品的严重多样性（有种植业、养殖业、土特加工产品等，仅蔬菜有几百种，常见水果也几十种）、客户需求的多样性（现在的家庭每天要吃多少种农产品？）、供应商的严重有限性（单一的供应商供不了几个品种）、电商整体供应的有限性（绝对不可能把农产品做齐全）。除过淘宝这样的平台式电商外，一般的供应商绝无能力将各类农产品你就齐全，就是主要的也难以做到，这样顾客又该如何选择？

沙地上的楼盘？农产品与工业品的不同在于，农产品是生物生产，集自然与经济规律于一体，绝对不会像工业品那样标准化、批量化、经常化、稳定化，产品时有时无，质量时好时坏，也属正常。既然这样的基础，那么按工业品电子商务的套路来做，无论概论怎么美，路径如何优，宣传如何到位，都经不住考验。事实上，寻到倒下的农业电商们，差不多都面临产品源头难以控制的"阿喀琉斯之踵"，这是一种致命的硬伤。

究竟如何定位？电子商务有企业与消费者之间（B2C）、企业间（B2B）、消费者间（C2C）、企业与政府间（B2G）等类型，除过淘宝等个别的大型电商具备"大型综合商场"功能之外，大部分的农业电商做的是企业与消费者之间的直接交易，有可能是在"大型综合商场"租柜台销售，也可能是建立自己的"专营店"（独立的网络营销体系），但支撑这一营销体系的根本均是产品。

误区在哪里？回想起互联网热潮叠起的年代，人们天真到只谈概念不谈盈利的程度，谁谈盈利似乎就目光短浅，大量烧过钱后，无数的概念网倒下；如今农业电商似乎也面临这样的趋势。可我还是"目光短浅"地说，盈利点在哪里？产品的源头你能否控制？客户的信任基础是什么？这些问题回答不了，难！

即使如此，未来农产品电子商务的前景依然可期。在物流业已经非常发达的今天，传统的农产品终于可以借着现代的信息化手段加速现代化，而整个农产品营销的信息化将有助于减少流通环节，提高流通效率和优势农产品的市场开拓能力，那些成功的农业电商们也将脱颖而出！

⑦ 思考讨论题

1. 农产品电商有何特点？发展农产品电商有哪些机遇和挑战？

2. 根据案例，请你谈谈农产品电商定位时应该注意的问题。

资料来源：魏延安，《农村电商——互联网＋三农案例与模式》，电子工业出版社 2015 年版。

第 12 章

电子商务在服务业的应用

本章导读

　　当前，电子商务与传统服务业的融合越来越紧密，这种变化不仅改变了服务业传统的服务业态，而且还催生了一些创新的服务业模式，因而引起了业界和学术界的高度重视。本章主要介绍了网络金融、网络教育、网络旅游和网络医疗等电子商务与传统服务业相结合所形成的新型的服务业模式。通过本章学习，可以使读者对电子商务在服务业中的具体应用有一个较为全面的理解和认识。

知识结构图

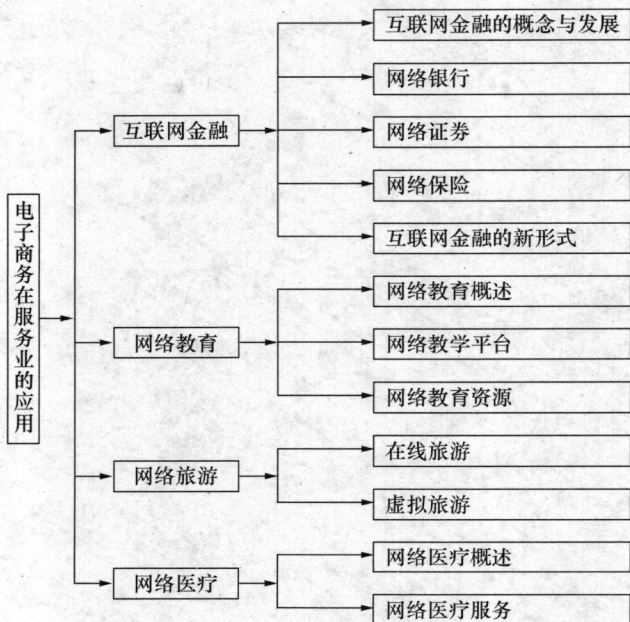

【开篇引例】 互联网在服务业的应用

近年来，互联网在服务业的应用发展迅速，以下是来自于中国互联网络信息中心的研究数据。

1. 互联网＋旅行预订

截至 2015 年 12 月，在网上预订过机票、酒店、火车票或旅游度假产品的网民规模达到 2.60 亿，较 2014 年底增长 3782 万人，增长率为 17.1%。在网上预订火车票、机票、酒店和旅游度假产品的网民分别占比 28.6%、14.5%、14.7% 和 7.7%。与此同时，手机预订机票、酒店、火车票或旅游度假产品的网民规模达到 2.10 亿，较 2014 年 12 月底增长 7569 万人，增长率为 56.4%。我国网民使用手机在线旅行预订的比例由 24.1% 提升至 33.9%。

2. 互联网＋理财金融

截至 2015 年 12 月，购买过互联网理财产品的网民规模达到 9026 万，相比 2014 年底增加了 1177 万，网民使用率为 13.1%，较 2014 年底增加了 1.0 个百分点；互联网活期理财用户规模为 8594 万，互联网定期理财用户达 1789 万。

3. 互联网＋在线支付

截至 2015 年 12 月，我国使用网上支付的用户规模达到 4.16 亿，较 2014 年底增加 1.12 亿，增长率达到 36.8%。与 2014 年 12 月相比，我国网民使用网上支付的比例从 46.9% 提升至 60.5%。值得注意的是，2015 年手机网上支付增长尤为迅速，用户规模达到 3.58 亿，增长率为 64.5%，网民手机网上支付的使用比例由 39.0% 提升至 57.7%。

4. 互联网＋在线教育

截至 2015 年 12 月，我国在线教育用户规模达 1.10 亿人，占网民的 16.0%，其中手机端在线教育用户规模为 5303 万人，占手机网民的 8.6%。在线教育各领域中，中小学教育用户使用率最高，为 37.7%，这部分市场用户数量最大，需求也最为强烈，一直最受资本市场青睐。其次是职业技能培训和职业考试，用户使用率都在 20% 以上，随着社会经济的发展，企业对员工的要求会越来越高，未来这两大领域的市场会有十分广阔的发展前景。

5. 互联网＋医疗

截至 2015 年 12 月，我国互联网医疗用户规模为 1.52 亿，占网民的 22.1%，相比于其他网络应用，互联网医疗的使用习惯仍有待培养。其中，诊前环节的互联网医疗服务使用率最高——在线医疗保健信息查询、在线预约挂号和在线咨询问诊总使用率为 18.4%；在医药电商和互联网健康管理等领域，使用率分别占到网民的 4.6% 和 3.9%；而在慢病管理、预约体检、健康保健等 O2O 医疗健康领域，使用率都低于 1%。

资料来源：《第 37 次中国互联网络发展状况统计报告》，中国互联网络信息中心 http://www. cnnic. net. cn/hlwfzyj/hlwxzbg/hlwtjbg/201601/P020160122444930951954. pdf.

12. 1　互联网金融

随着金融业的竞争不断地加剧，中国金融业亟须转变经营机制，重塑盈利模式，以实现可持续发展。目前，金融业已经将目光转向网络金融、电子商务、移动银行，这些新的发展契机。各金融机构加强电子渠道建设，丰富互联网金融产品和服务。电子商务的快速发展、第三方支付平台的涌现，金融业应以此为契机，加快系统升级改造，提升客户体验，利用新技术促进金融创新。

12. 1. 1　互联网金融的概念与发展

1. 互联网金融的概念

互联网金融是随着互联网的发展，传统金融业与现代信息技术相结合而形成的新的金融业态。互联网金融，从狭义上来说，是指金融服务提供者通过网络开展的各种金融业务。从更广泛的意义上理解，互联网金融还包括与其运作模式相配套的互联网金融机构、互联网金融市场以及相关的监管等外部环境，包括传统金融业务的网络化、第三方支付、P2P 网络借贷、大数据金融、众筹和第三方金融服务平台等模式。

2. 互联网金融在国内外的发展

国外网络金融的出现比较早，美国 1971 年创立了 Nasdap 系统，标志着网络金融从构想进入到实际运营。1995 年 10 月，美国的三家银行联合成立了全球第一家网络银行"安全第一网上银行"。在欧洲，2000 年 7 月 3 日，西班牙 Uno-E 公司同爱尔兰互联网银行"第一集团"签约，组建了业务范围覆盖全球的第一家互联网金融服务企业 Uno First Group。20 世纪 90 年代以来，发达国家的网络金融业务发展迅速，网络银行走向成熟，网络证券和网络保险获得了长足的发展，电子货币和网络支付开始受到青睐。

20 世纪 80 年代我国银行业开始全面使用计算机，90 年代初金融专用网络建设取得了长足进展。1993 年底，我国正式启动"三金工程"，即"金桥工程""金卡工程""金关工程"，金融电子化进程加快，这为网络金融的发展奠定了基础。从 90 年代中期开始，随着网络技术的发展和普及，我国逐步进入网络金融服务时代。1996 年 6 月，中国银行在互联网上设立网站，开始通过互联网向社会公众提供银行服务。1997 年 3 月，中国华融信托投资公司湛江营业部推出了网上证券业务，标志着我国证券业进入了网络时代。1997 年 11 月，中国保险信息网面向公众开通运行，新华人寿保险公司成为第一家经营网上业务的保险公司。2013 年以来，在我国人们越来越认识到互联网金融的交易成本低、信息不对称程度低和效率高等优势，互联网金融得到了快速的发展。我国互联网金融发展的模式内容也不断地得到创新和丰富，如银行的网络借贷业务、第三方支付、P2P 网络借贷等模式不断涌现。

12.1.2　网络银行

1. 网络银行的概念及特征

（1）网络银行的概念。网络银行是指采用数字通信技术，以因特网作为基础的交易平台和服务渠道，在线为公众办理结算、信贷服务的金融机构或虚拟网站。

（2）网络银行的特点。网络银行和传统的银行相比较有很多独特之处，主要表现为以下几点。

①组织机构的创新。网络银行通过建立网站，设立虚拟营业网点就可以实现和传统银行增设分支机构相同的效果，网络银行可以不设任何分支机构就将其业务开展到世界的任何一个国家和地区。对于传统的银行，分支机构的增设要求银行有相应的规模和实力，网络的发展则赋予了中小银行和大银行相同的发展空间。

②信用问题更加突出。相对于传统银行，网络银行的信用问题更加突出。网络银行的客户通过虚拟的系统和账号密码进行业务操作，因此银行开放的网络系统就构成银行信用的一部分。信息传递、系统的稳定性、对信息处理的准确性都影响着银行的信用度。

③成本低廉。网络银行与传统银行相比具有成本低廉的特点。网络银行不需要具体的营业场所，节省了传统银行设立分支机构和营业网点的费用。此外网络银行可以降低银行的服务成本，降低客户的交易成本。据美国一家金融机构统计：办理一笔银行业务，通过分行方式的费用是 1.25 美元，使用 ATM 是 80 美分，使用电话银行是 40 美分，使用自动拨号方式是 10 美分，而使用因特网只需要 1 美分。

④提高服务水平。传统银行顾客办理业务会受到时间、地点等因素的影响。而网络银行能在任何时间、任何地点以任何方式向客户提供金融服务，即 3A 服务。使得客户在有关安全设施的保护下，可在任意计算机终端办理银行业务，大大便利了客户，提高客户的满意程度。

⑤安全性问题更加突出。网络货币的广泛使用，银行资金的安全已不再是传统的保险箱、保安人员所能保障的。互联网是一个开放的网络，银行交易服务器是网上的公开站点，网上银行系统使银行内部网向互联网敞开了大门。因此，如何保证网上银行交易系统的安全，关系到银行内部整个金融网的安全，这是网上银行建设中至关重要的问题，也是银行保证客户资金安全的最根本的考虑。网络银行的安全风险主要包括：银行交易系统被非法入侵；信息通过网络传输时被窃取或篡改；交易双方的身份识别；账户被他人盗用等。

2. 网络银行的模式

网络银行模式分为经营模式、组织模式和发展模式三个方面。

（1）经营模式。网络银行的经营模式是指网络银行经营金融业务的类型和范围。我国目前网络银行的经营模式大多还处于分业经营状态。但银行、证券、保险等行业的相互渗透使网络银行向综合化混业经营的方向发展。例如平安保险的综合服务网站即为综合化混业经营模式网络银行的典型代表。

（2）组织模式。网络银行的组织模式是指网络银行为提供服务而设置的各类机构的组织形式。根据对分支机构的依赖程度可以将网络银行分为：纯网络银行，以互联网为主的银行和分支型网络银行。

纯网络银行，也称为虚拟银行或"只有一个站点的银行"，这类银行除了后台处理中心外，一般只有一个具体的办公场所，不设分支机构，无实体营业网点的依托，没有营业柜台和营业人员，几乎所有业务都通过网上进行。我国目前还没有纯网络银行。

以互联网业务为主的银行，这类银行是在纯网络银行的基础上发展起来的，主要通过因特网提供服务，同时也拥有有限功能的分支机构及相应设施，如 ATM 等，此类银行克服了纯网络银行无法收付现金的缺陷。

分支型网络银行，也称为"水泥加鼠标"型银行，是指在传统银行的基础上设立的网络银行。这种网络银行类似于该银行的其他分支机构或柜台。目前，现有的网络银行主要是这种分支型网络银行。

（3）发展模式。发展模式是指银行以何种类型的业务作为主营业务。

纯网络银行目前有两种不同的发展模式：一种是全方位发展模式，这种模式认为随着技术的发展和应用，纯网络银行完全可以取代传统银行，所有的银行业务都可以在网络银行进行，如美国印第安纳州第一网络银行；另一种是特色化发展模式，这种模式承认网络银行的局限性，因此更专注于具有核心竞争力的业务发展，提供特色化服务。如休斯顿的康普银行只提供在线存款服务。

分支型网络银行的发展到目前为止主要采取了两种模式：一种是购并模式，银行通过外部收购现成的纯网络银行作为自己的分支，如加拿大皇家银行；另一种是延伸模式，原有的传统银行成立与发展自己的网络银行，如美国富国银行。

3. 网络银行的业务

按照网络银行开展的业务的内容，网络银行的业务主要可以划分成信息服务、客户交流服务和交易服务几种。

（1）信息服务。这是银行通过因特网提供的最基本的服务。信息服务的内容主要是银行形象、产品和服务的宣传以及公共信息。主要包括公共信息发布、银行简介、银行分支机构分布情况、银行主要业务介绍、存贷款利率发布、外汇利率发布、投资理财咨询、外汇市场行情、股票市场行情及国债行情查询等。

（2）客户交流服务。客户交流服务保障了客户与银行系统之间的相互交流。包括客户意见反馈、客户投诉处理、查询服务、贷款申请、档案资料定期更新等。其中查询服务包括个人查询业务和公司查询业务两类，主要以账户和信用查询为主。账户查询包括账户余额明细、账户当天及历史交易明细和付款方信息查询。信用查询是指了解客户在银行发生的信用情况，包括信用的结构、余额、当前和历史交易记录等。查询服务是客户交流服务的重要内容。

（3）银行交易服务。银行交易服务是网络银行业务的主体，是指银行与客户之间通过网络发生的实质性资金往来或债权债务关系。按服务对象分为个人业务和公司业务两类。个人业务包括转账、汇款、代缴费用、证券买卖和按揭贷款等。公司业务包括结算、信贷、国际业务和投资银行业务等。

【阅读资料 12 - 1】　　　　　　　　浙江网商银行

2015 年 06 月 25 日，浙江网商银行在杭州开业。浙江网商银行注册资本 40 亿元，由蚂蚁金融服务集团等六家股东发起设立，以互联网为平台，面向小微企业和消费者开展金融服务，模式是"小存小贷"，主要提供 20 万元以下的存款产品和 500 万元以下的贷款产品。作为前海微众之外的又一家互联网银行，网商银行给自己定下的目标是"做中国小微企业客户数最多的一家银行"。网商银行将不设实体网点，不经营现金业务，而是通过网络数据对个人信用进行分析，运行业务。

资料来源：《中国首批"互联网银行"揭开面纱》，新华网 http：//news. xinhuanet. com/finance/2015 - 06/25/c_ 1115726698. htm。

12.1.3　网络证券

1.　网络证券交易概念与优势

（1）网络证券交易的概念。网络证券交易是电子商务条件下的证券业务的创新，是证券业以互联网为媒介，运用网络技术进行证券交易，是一种全新的证券交易服务模式。

从广义上来讲，网络证券交易是指通过互联网进行证券投资的全过程，包括交易所会员在证交所的报价交易。

从狭义上来讲，网络证券交易是投资者通过互联网进行证券交易的一种手段，投资者利用互联网，查询截取证券的即时报价，分析市场行情，并通过互联网委托下单，进行实时交易。

随着网上证券业务的不断推广，证券市场将逐渐地从"有形"过渡到"无形"，证券交易营业大厅将会逐渐失去其原有的功能，远程终端交易、网上交易将会成为未来证券交易的主流。

（2）网络证券交易的优势。

第一，打破时空限制。网上交易是无形的交易市场，无需交易场所，随时随地，无地域限制，它利用四通八达的通讯网络，打破时空的界限，将身处各地的投资者聚集在这个无形的市场之中。

第二，丰富信息资源。随着网上交易时代的到来，券商通过网站发布的大量信息和有一定深度的研究报告，可以满足不同投资者对不同信息的需求。券商通过网上信息发布和电子邮件，可以快速向客户传递信息。投资者可迅速获取相关信息，从而提高决策的有效性。因此，实现网上证券交易后，经纪业务的竞争主体主要体现在信息服务。

第三，成本优势方面。网络证券交易可大大降低券商交易成本。网络证券交易省去了场地费用，其成本是传统投资的 1/2 甚至更低，据有关资料显示美国的网上证券交易成本仅是传统交易模式的 15% 左右。同时，网络证券交易也可大大降低投资者成本，提高交易效率。

第四，安全性高。网上交易是客户从互联网上直接通过证券营业部的网站下单，可使证券交易中间环节减少，通过计算机的管理规则，也可控制人为主观违规现象。同时，网上交易系统一般采用先进的加密技术处理，多重安全屏障，电脑监控环环相扣，可确保投资者的权益。

2.　网上证券交易的发展

网上证券交易在 20 世纪 90 年代初期在美国出现，是在证券经纪网络化的基础上发展起来的。1983 年 E-Trade 发明了在线技术，1992 年开始提供在线投资服务。1995 年 8 月，由摩根斯坦利添惠控股的 Discover Brokerage Direct 公司开始提供及时行情和网上交易。从此，证券经纪电子商务在全球范围内蔓延开来。日本的网络证券交易 1996 年 4 月开始实施，从 1996 年 6 月 29 日开始，东京证券交易所推出了大宗交易和一揽子证券交易的电脑网络，该网络是专为在正常交易时间以外进行的交易而设计的。

1997 年起，中国已有 200 多家证券经营机构试验性地开展网上委托业务。国内的一些从事证券服务的 IT 业企业开始推出中国的网上委托系统，同时不少券商也加入到网上交易中来。我国的网上证券交易系统主要是由软件厂商开发的，其中主要有天亿、盛润、恒升、讯凌、康熙、天网等系统。到 2010 年底，股票基金交易总额已达 109 万亿元人民币；而股票有效账户数则增至 1.34 亿，受益于互联网和移动互联网的快速发展，网上交易的普及率保持了良好的上升态势，大型券商的网上交易普及率普遍已经达到 70% 以上。

3. 网上证券交易的模式

（1）美国模式。美国网上证券交易模式最显著的特征是自由佣金制。美国模式包括三种主要的交易模式：嘉信模式、E-Trade 模式和美林模式。

嘉信模式：成立于 70 年代的嘉信理财是折扣经纪商的代表，1996 年，嘉信领先各大券商推出了网上股票交易业务，以低廉得多的佣金价格和一定的信息咨询能力，迅速吸引了大量的客户，当年它的活跃网上账户数就达到了 30 万户。嘉信理财现在已成为美国排名第一的网络券商。该公司以相同的定位将业务推广到世界各地，包括加拿大、英国及亚洲大部分国家。

E-Trade 模式：20 世纪 90 年代后期，众多电子经纪公司在后台和与顾客接触时充分地发挥了技术的作用，将成本降到了贴现经纪公司之下，这些电子公司通常没有任何分支机构和有形的营业网点，完全依赖纯粹的电子订单接入，因此这些公司的营业成本低，采用这种模式有 E-Trade、Ameritrade 等公司，E-Trade 公司是其中最具代表性的，所以这种模式被称作 E-Trade 模式。E-Trade 模式最大的优势就是价格低廉。

美林模式：美林公司是著名的全面服务公司，有一个庞大的客户群，该公司认为投资领域是一项专家从事的行业，因而对 90 年代兴起的网上证券交易反应迟钝，1999 年 6 月在嘉信理财的压力下才宣布推出在线交易系统。其网上交易系统与其他公司相比具有独特之处：一是对网上投资者进行细分；二是利用公司多元化的服务范围、强大的经纪人队伍，利用丰富的知识和经验，为投资者提供专业化及个性化服务。

（2）日本模式。与美国模式的自由佣金制背景不同的是，日本实行的是固定佣金交易制度。日本最早的网上证券交易开始于 1996 年 4 月，从 1996 年 6 月 29 日开始，东京证券交易所推出了大宗交易和一揽子证券交易的网上交易。在日本，券商普遍认同网上交易模式，没有开展网上证券交易的券商都在积极准备进入。在佣金固定的前提下，广告宣传、树立品牌等是其券商网上交易较为重视的策略；网上交易的运作系统大部分是依靠公司或企业集团的内部系统，只有少数公司利用网络接入提供运作系统服务，而且网上交易主要集中于股票交易。

（3）我国的网上证券交易模式。国内几乎所有较大的经纪券商都开办了独立的证券交易网站，个别券商下属营业部也有自己的网站，我国的网上证券交易模式主要有以下几种。

模式一：券商与 IT 技术商合作发展模式。这种模式投入少、运行成本低、周期短，目前，有相当部分的券商采用这种模式。在这种模式下，IT 技术商负责证券网上交易软件的开发，客户可直接从网上下载或从券商处获得该交易软件，在相应的终端安装该交易软件，通过该网上交易软件登录券商的服务器进行证券交易。券商选择这种模式的主要原因在于部分券商在网络技术方面明显落后，借助 IT 技术企业的技术和信息的力量，迅速开展网上证券交易。在我国采用这种交易模式的券商很多，如闽发证券（上海、深圳营业部）与技术商盛润公司合作，港澳信托（上海证券营业部）与证券之星合作等等。

模式二：券商与财经网站合作发展模式。这种模式与第一种模式的区别在于交易直接在浏览器进行，客户无须下载和安装行情分析软件或安全系统。这是一种真正意义上的网上在线交易，对用户而言更加便捷。同样，券商必须依赖于财经网站的技术力量和交易平台。例如国泰君安与财经网站金网一百合作。

模式三：券商开设独立交易网站。券商在建设网站和交易系统时可能并不是完全依靠自己的技术力量，但其交易平台和品牌都为券商所拥有，并且能够在全公司范围内统筹规划、统一交易平台和品牌，避免日后重新整合的成本。因此，目前在政策已经明朗的情况下，券商要全面进入网上交易，这种模式往往是首选。不过，这需要较大的资金投入和较长的周期，日常维护网站运行的成本也较高。

4. 网上证券交易的资金支付

网上支付是网上证券交易非常关键的环节，只有实现了网上支付，网上证券交易活动才能正常的开展。网上证券交易的资金支付主要是依靠银行和证券公司之间的合作完成的，银行与证券公司之间的合作有利于双方的优势互补和资源共享，极大地简化了证券交易的过程，给股民的交易活动提供了便利，有效地推动网上证券的发展。银证转账系统的出现，为投资者在银行和证券公司之间实现资金划拨建立了一种快速途径。当委托买入指令成功，交易系统将自动扣除账户上的资金。相反，每次委托卖出成功后，系统将立即把相应金额添加到指定账户上。

银证转账是指将股民在银行开立的个人账户与证券公司的资金账户建立关联，通过网上银行、网上交易系统将资金在银行和证券公司之间划转，为股民存取款及完成证券交易的资金划拨提供便利。

银证通是指银行与证券公司在联网的基础上合作，投资者直接利用在银行各网点开立的活期储蓄存款账户卡作为证券保证金账户，通过银行网上交易系统或通过证券商的网上委托进行证券买卖的一种新型金融服务业务。

银行存管是指证券公司与银行发行的联名卡，将每个证券投资者的证券交易保证金在银行单独立户管理，银行存管实现了股票和资金管理上的分离，即由券商托管股份，银行存管资金。银行存管可以从源头上杜绝证券公司挪用客户保证金的出现，最大程度上保证了投资者的利益。

12.1.4　网络保险

1. 网络保险概述

（1）网络保险的内涵。网络保险是指保险公司或新型的网上保险中介机构以互联网和电子商务技术为基础，通过网络开展保险业务活动的运营模式，包括保险信息咨询、保险产品的宣传、承保、保单信息查询、理赔和给付等保险服务过程的网络实现。

（2）网络保险的特点。

第一，虚拟性。开展网络保险业务不需要具体的门店，只需要申请一个网址，建立一个服务器，并与相关交易机构做链接，就可以通过互联网开展保险交易活动，涉及的一切金融往来都是在网络上进行。网络保险很大程度上降低了保险机构的运作成本。据美国实验表明，个人保险的网上推销方式比传统方式节约12%的成本。

第二，客户主导性。互联网的存在消除了过去限制保险业务双方活动的时间和空间制约，实现了保险机构与客户之间的更为直接的交流。通过网络开展保险业务，客户的主动性高，一方面客户可以更加自主的选择和实现自己的投保意愿，保险公司则根据每个客户的需要提供针对其需求的个性化的服务；另一方面，客户可以比较各家保险公司及其产品，实现多样化的比较和选择。

第三，交易过程电子化。交易过程的电子化是指保险公司与客户之间的磋商、签订保险合同、理赔、给付等保险业务的整个过程，全部通过互联网完成。同时尽可能地在经济交易中采用电子单据、电子传递、电子货币交割，实现无纸化交易，实现了快速、准确的双向式的数据信息交流。

第四，即时性。保险公司通过网络可以准确、迅速、全面的为客户提供所需资料；客户也可以方便、快捷地访问保险公司的网站，了解诸如保险公司、保险产品及保费等的详细情况。当保险公司推出新的保险产品时，也可以通过网络迅速地将信息传递出去，客户可以登录公司网站自行查询，第一时间了解新的保险产品的情况，有效地解决了报纸、宣传册等传统宣传手段时效性差的问题。

2. 国内外网络保险业务的发展趋势

网络保险起源于美国，20世纪90年代末期的美国。目前，美国的许多保险公司与商业银行、证券经纪公司、汽车经销商和房地产经销商的网站进行了广泛的合作，利用这些网站进行保险产品和服务的宣传，提供在线投保。英国是全世界网络保险最为发达的国家之一，网络保险产品十分的全面，包括汽车保险、意外伤害险、健康保险及家庭财产保险等一系列保险产品。韩国2001年网络和电话汽车保险还仅占整个汽车保险市场份额0.36%；而到了2007年初，韩国网络和电话汽车保险的保费，就已经占到了整个汽车保险市场份额的15.2%。

我国网络保险以1997年中国保险信息网的建立为起点，到2000年，大部分保险公司建立了网站。截至2012年11月，国内68家人身险公司中开展电销业务的已达25家，62家产险公司中开设电销业务的增至19家，40余家险企开始尝试保险网销。各公司网销管理职能相继成立独立部门，2012年，太平洋保险集团成立太平洋保险在线服务科技有限公司，太平集团成立太平电子商务有限公司，分别负责整合各自集团旗下的电子化新渠道业务。而2012年最令人瞩目的莫过于中国平安与阿里巴巴、腾讯合资组建名为"众安在线"的财产保险公司，虽然在2013年初刚刚获得批筹，但仍在保险业界和互联网行业中引起强烈震动。

【阅读资料12-2】   **互联网保险群雄逐鹿**

2016年1月，第三家获得中国保监会互联网保险牌照的公司——安心保险正式开业。2015年，继众安保险之后，泰康在线、安心保险以及易安保险三家公司都陆续获得互联网保险牌照。对比已开业的三家互联网保险公司，在股东背景方面，众安保险作为国内首家互联网保险公司，由蚂蚁金服、腾讯、中国平安等企业发起设立。截至2015年12月31日，众安累计服务客户数超过3.69亿，累计服务保单件数超过36.31亿。产品推广上更是表现出互联网公司灵活、创新的特点，依托于各类互联网场景，目前众安保险上线产品200款左右，平均每月上线近10款产品。

2014年，我国互联网保险保费收入858.9亿元，同比增长195%，2015年，这一保费规模可能会突破2000亿元。有机构预测称，10年后中国的互联网保险规模有望达到6万亿元。面对互联网保险这一片蓝海，各个保险企业也在竭尽所能地创新转型。互联网保险成功吸引了三路资本的注意力，一是以传统保险公司为代表，如平安、泰康、华泰等；二是以科技公司为代表，例如众安、安心保险以及以 BAT 为首的互联网公司；三是新型创业公司，包括意时网、最惠保、OK 车险等。

传统的保险产品是随传统的线下场景伴生出来的，而伴随着移动互联网的普及，无论在产品、需求、客群等方面均出现新的场景。基于社交、理财、购物、美容、餐饮、娱乐等的互联网场景，激发了保险产品真正具有互联网基因、真正贴合用户需求。比如 2015 年去年冬天京东推出的"忘穿秋裤险"，投保人感冒、冻伤都能获得理赔；众安保险推出智能健康险"步步保"，以用户的真实运动量作为定价依据，同时用户的运动步数能够抵扣保费。用户日常生活的具体场景中找到保险刚需，这是互联网保险要做的。

资料来源：《自互联网保险群雄逐鹿》，http：//finance. ce. cn/rolling/201601/25/t20160125_ 8516600. shtml。

3. 网络保险业务与管理

（1）网络保险的功能。网络保险的功能主要有：在线宣传、在线销售、在线客户服务和在线理赔等。

在线宣传功能：保险公司通过网络可以对自己的企业和产品进行宣传。保险公司通过网络宣传提高企业知名度，以较低的成本扩大公司的影响。另一方面，保险公司也可以在网上宣传自己的保险产品，如保险产品的种类、特点、费率及投保说明等，便于客户了解产品并投保。

网络销售功能：保险公司可以直接在网上销售其保险产品，如汽车、私人责任、房屋业主、家庭财产以及定期人寿保险等。投保人直接在网上投保，保险公司根据投保人投保的项目给出保险产品的报价。保险公司也可以针对客户的需求，预先由专家做出各种保障计划，供客户自由选择。

在线客户服务功能：客户服务是保险产品销售的重要组成部分。保险公司可以通过在线的客户交流收集、了解客户的意见，及时掌握市场需求变动等信息。客户可以通过保险公司的网站对各种保险问题进行咨询，也可以直接在网站上办理一些客户服务如缴纳保费、索赔等。

在线理赔功能：当客户发生了保险产品所涉及的风险时，可以通过网络向保险公司提出理赔请求，保险公司通过勘察验损后，处理客户的索赔，在网上提供有关理赔报告的信息。

（2）网络保险的业务流程。与传统保险的业务流程相比，网络保险的业务流程更加的简单、便捷。

①网上投保的业务流程。第一步客户浏览网站，注册用户名和密码；第二步进入"投保区"，检索并选择投保险种；第三步，填写所选险种投保问询表（自动计算保费、生成投保单）；第四步网上递交根据投保问询表生成的投保单，生成的投保单提交，投保完成；第五步保险公

司业务员与客户联系确认客户投保意向。

②网上理赔的业务流程。在线理赔服务，不仅应为客户提供理赔的作业流程、注意事项、争议解决办法以及查询理赔所需要单证和出险联系电话地址等服务，而且应该提供方便快捷的网络报案服务系统，及时反馈客户投诉，并提供划拨赔款到客户指定账户的服务。

【阅读资料12-3】 　　　　　平安汽车保险快速理赔流程

（1）拨打95511报案。发生事故后立即拨打95511-9报案，理赔专员将根据您的出险情况，安排救助。

（2）事故勘察。查勘员为您提供7×24小时现场事故勘察服务，确认事故保险责任、损失情况及费用，并推荐损失修复方案。

（3）确认损失修复方案。选择受损财产的修复方式，包括车辆维修厂选择等；符合快赔条件客户可走快速理赔通道，4步搞定。

（4）领取赔款。理赔资料经审核后，案件结案。平安通过银行转账，将赔款支付给您，完成理赔。符合一定条件的车主，可享受赔款即时到账。

资料来源：《平安汽车保险快速理赔流程》，http：//www. 4008000000. com/fuwuzhongxin/chexian/lipeiliucheng. shtml。

4. 网络保险的商业模式

（1）公司网页模式。公司网页模式是最初级的网络保险模式。目前，几乎所有的保险公司都拥有一个或多个自己的网页，其目的主要在于宣传自己的公司、介绍本公司的产品、发布一些公众性的信息、公布公司有关业务部门的办公地址和联系方式、征求公众的意见等等。公司网页模式成本低，简捷，但是也具有内容简单和功能差等缺点。

（2）产品网站模式。与公司网页模式相比，产品网站模式更加直观、方便，且网站包含的内容比网页更加丰富，网站的宣传和销售功能也更加强大。但是，单个的公司产品网站模式对于保险产品的购买者来说难以比较不同公司之间的产品和价格，同时也很难获得较高的公众点击率。

（3）综合网站模式。这类综合网站可以是保险公司开办的，也可以是非保险公司开办的，这类网站提供的是相关的多产品、多服务的综合性网站，不仅限于保险产品。在销售其他类产品和服务时，同时宣传并销售一家或几家保险公司的产品。保险公司可以间接的吸引顾客了解本公司的保险产品，并在网上把自己的保单推销给他们。综合网站模式产品、服务种类丰富，功能齐全；但是非专业化的网站可能使保险产品及服务淹没在众多的产品和服务之中。

（4）信息平台模式。信息平台模式的保险网站一般是由一些非保险公司机构创办的综合性的信息平台。创办此类保险网站的机构通常有较深的行业背景和强大的信息优势。能在网站上提供保险业的政策法规、理论研究、国内国际保险业新闻消息、数据资料等信息。由于主要定位在于信息的沟通，因此对保险产品的销售和理赔服务存在较多的障碍。

（5）网上保险经纪人模式。网上保险经纪人模式网站主要由保险经纪人公司创办。此类网站能为消费者提供众多保险公司的产品及价格，方便客户对保险产品进行选择和比较，还可以为客户"量身定做"保险方案，为客户提供各种服务，如制定风险管理计划，协助客户投保、为客户解答保险过程中的疑难问题，甚至协助索赔等。这种模式的突出优点在于便于客户比较不同保险公司的产品和价格，方便客户。但是也同时具有收取佣金困难，客户忠诚度低等缺点。

（6）网上保险服务模式。网上保险服务模式是一种特殊保险网站，既不销售保险产品和服务，也不提供保险信息。这种网站只为保险产品的交易双方、保险中介机构等提供网上保险业务的服务。常见的网上保险服务模式的网站主要包括技术类、法律类、工具类、财会类、劳务类等几种。网上保险服务模式与其他的模式相比具有风险低、服务面宽等优点。但此种保险网站模式对其他销售网上保险产品和服务的公司的依赖性比较强。

12.1.5　互联网金融的新形式

2013 年以来，我国互联网金融的发展十分迅速，模式内容也不断地得到创新和丰富，如第三方支付、P2P 网络借贷、众筹、第三方金融服务平台等模式不断涌现。

1. 第三方支付

（1）第三方支付的定义。第三方支付，就是一些和产品所在国家以及国内外各大银行签约、并具备一定实力和信誉保障的第三方独立机构提供的交易支持平台。在通过第三方支付平台的交易中，买方选购商品后，使用第三方平台提供的账户进行货款支付，由第三方通知卖家货款到达、进行发货；买方检验物品后，就可以通知付款给卖家，第三方再将款项转至卖家账户。中国国内的第三方支付产品主要有支付宝、微信支付、百度钱包、PayPal、中汇支付、拉卡拉、财付通等（表 12 –1）。

表 12 –1　　　　　　　　　　2015 中国在线支付提供商综合服务水平排名

排名	厂　商	排名	厂　商
1	支付宝（中国）网络技术有限公司	3	网银在线（北京）科技有限公司
2	财付通支付科技有限公司	4	银联商务有限公司

续表

排名	厂　商	排名	厂　商
5	快钱支付清算信息有限公司	8	广州银联网络支付有限公司
6	上海银联电子支付服务有限公司	9	北京银联商务有限公司
7	迅付信息科技有限公司	10	南京苏宁易付宝网络科技有限公司

资料来源：搜狐网 http://mt.sohu.com/20150416/n411357845.shtml。

（2）第三方支付的流程。首先，客户在网站上选购商品，并与卖方在网上达成交易；其次，客户选择第三方作为交易中介，将货款划到第三方账户；再次，第三方支付服务商将客户已付款的信息通知商家，要求商家在规定时间内发货；第四步，商家收到通知后按照订单发货；第五步，客户收到货物并验证后通知第三方支付服务商；第六步，第三方支付服务商将货款划入商家账户中，交易完成。

【阅读资料 12－4】　　　　　　2015 年我国第三方互联网支付状况

　　2015 年第三季度我国第三方互联网支付交易规模达到 30747.9 亿元，同比增长 52.6%，环比增长 9.3%。在第三方互联网支付市场交易规模结构中，网络购物占比 23.9%，基金占比 20.5%，航旅占比 10.9%，电信缴费占比 3.8%，电商 B2B 占比 5.8%，网络游戏占比 2.3%。在第三方互联网支付交易规模市场份额中，支付宝占比 47.6%，财付通占比 20.1%，银商占比 11.1%，快钱占比 7.0%，汇付天下占比 4.9%，易宝占比 3.4%，环迅占比 1.9%，京东支付占比 1.8%。与 2015 年第二季度相比，2015 年第三季度，我国第三方移动支付市场交易规模增速放缓。在增长方面，随着市场推广和教育行动的继续，线下扫码、支付的交易规模进一步提升；此外，随着用户黏性的日益提升，发红包、转账等社交支付行为也带动了转账支付交易规模的提升。与 2014 年同期相比，用户支付习惯从 PC 端向移动端迁移的趋势已经十分明显，在这一趋势的带动下，移动网购在通常被视为淡季的第三季度都呈现出了较高的增速。支付宝与财付通占据了 2015 年第三季度中国第三方移动支付市场 89.1% 的份额，其中支付宝份额为 69.9%，财付通份额为 19.2%。在本季度，凭借庞大的使用人群和不断增加的线下支付场景，社交支付和线下支付的用户数量及黏性进一步增长。

资料来源：改编自艾瑞，《2015 第三季度第三方互联网支付交易》，http://news.iresearch.cn/zt/256673.shtml。

---

2. P2P 金融

（1）P2P 金融的含义。P2P（peer-to-peer lending）金融是互联网金融产品的一种，指个人之间的小额借贷交易，借贷双方借助电子商务专业网络平台确立借贷关系并完成交易手续。P2P 金融是一种自助式借款方式，借款者在借贷平台自行发布借款信息，包括金额、利息、还款方式和时间，自主完成借贷过程。

2015 年我国 P2P 网贷成交额达到 11805.65 亿。

（2）P2P 金融的发展。诺贝尔和平奖得主尤努斯博士于 1983 年创建了格莱珉银行，开展无抵押的小额信贷业务，不仅创造了利润，还使成千上万的穷人摆脱了贫困。格莱珉银行不仅提供小额贷款，而且也鼓励小额存款，并通过格莱珉银行将这些存款发放给其他需要贷款的人，这一模式就是最初的 P2P 金融雏形。

2005 年 11 月，美国 PROSPER 将这一思想进一步提炼和创新，创办了 PROSPER 网络小额贷款平台，让资金富余者通过 PROSPER 向需要借款的人提供贷款，并收取一定利息。PROSPER 在本土的主要竞争对手是 LENDING CLUB。此外，2005 年 3 月在英国伦敦开始运营一家名为 ZOPA 的网站同样是目前最热门的 P2P 网络金融平台之一。这些网络 P2P 金融平台的成功让 P2P 金融真正开始在世界范围内获得认可和发展。

P2P 金融近年来在我国发展迅猛，目前已发展到将近 3000 家，但存在的问题也比较多。因此，2015 年 12 月底，银监会会同工业和信息化部、公安部、国家互联网信息办公室等部门研究起草了《网络借贷信息中介机构业务活动管理暂行办法（征求意见稿）》。确定网贷行业监管总体原则是以市场自律为主，行政监管为辅。对 P2P 取消了准入门槛监管，转而实行负面清单管理，明确网贷机构不得吸收公众存款、不得设立资金池、不得提供担保或承诺保本保息等十二项禁止性行为。

【阅读资料 12 - 5】　　　　　英国对 P2P 网络借贷的监管

英国《关于网络众筹和通过其他方式发行不易变现证券的监管规则》中关于 P2P 网络借贷的相关规范性指引主要涉及最低资本金要求、客户资金管理、争议处置及补偿机制、信息披露制度以及定期报告制度等。

（1）项目基本要求最低资本要求。静态最低资本和动态最低资本孰高法确定最低资本。2017 年 4 月 1 日前为过渡期，静态最低资本在 2017 年 4 月 1 日前为 2 万英镑，后为 5 万英镑。动态最低资本是 P2P 网络借贷企业要根据平台借贷资产总规模的情况，采取差额累计制，达到最低资本限额的要求。任何时候网络借贷平台的资金资源不得低于最低资本要求，以满足偿付要求。

（2）客户资金管理。在正常运行条件下，网络借贷平台应该对客户资金进行隔离管理，并在客户资产规章尽职管理客户资金。倘若网络借贷平台破产，破产执行人将按比例分摊至每个客户，破产费用亦由客户承担。

（3）争议处置机制。一旦出现投资争议，投资者可以向网络贷款平台机构投诉。FCA 鼓励平台机构自主设计适应各自流程的投诉机制。投资者在向公司投诉无法获得解决，可以通过英国金融监察服务机构投诉解决纠纷。

（4）破产保护。不设置破产执行程序，消费者保护主要有网络平台自行设计并向消费者披露。

（5）信息披露机制。网络借贷平台用通俗易懂的语言告知消费者其从事的业务，在与存款利率对比进行销售宣传时，必须要公平、明确、无误导，在平台上任何投资建议被视为金融销售行为，需要同时遵守金融销售的相关规定。

（6）报告制度。网络借贷平台要定期向英国金融市场行为管理局报告相关审慎和财务数据，以及客户资金、客户投诉情况，上一季度贷款信息等。2014 年 10 月 1 日报告制度开始实行。

资料来源：节选自《英国 P2P 网络借贷的监管——互联网金融监管研究系列之四》，http：//toutiao.com/a62436 5862 3052185857/。

3. 众筹

（1）众筹的含义。众筹指通过互联网方式发布筹款项目并募集资金。相对于传统的融资方式，众筹更为开放，能否获得资金也不再是由项目的商业价值作为唯一标准。只要是网友喜欢的项目，都可以通过众筹方式获得项目启动的第一笔资金，为更多小本经营或创作的人提供了无限的可能。

（2）众筹的发展。众筹起源于美国 kickstarter 网站，通过搭建网络平台实现面向公众的筹资，让有创造力的人可能获得他们所需要的资金，以便其实现梦想。众筹模式使每个人都可以通过这种方式获得从事某项活动的资金，使得融资的来源者不再局限于风投等机构，而可以来源于大众。在欧美逐渐成熟并推广至亚洲、中南美洲、非洲等开发中地区。

国内的众筹为了保护支持者，将众筹过程分为两个阶段，第一阶段付 50% 的资金去启动项目，项目完成后，确定支持者都已经收到回报，才会把剩下的钱交给发起人。截至 2014 年 7 月，国内有分属于股权众筹、奖励型众筹、捐赠性众筹等不同形式的平台数十家不等。

【阅读资料12-6】 京东众筹

2015 年是众筹行业井喷元年，平台数量快速增长至两百多家，据统计，2015 年全年，全国众筹行业共成功筹资 114.24 亿元，增长 429.38%。作为国内众筹领域的龙头，京东金融全面打通产品众筹与股权众筹，并全力搭建京东众创生态圈，生态圈上线以来，已经覆盖京东资源、投资、全产业链服务、培训等四大体系，形成了一站式创业创新服务平台。在京东众创生态圈中，京东商城、京东到家、京东智能等京东体系内资源可以对接给创业创新企业；通过雏鹰计划或京东众创基金，京东金融可以直接投资企业，助力企业渡过成长的瓶颈期。

资料来源：节选自《众筹惹火年货市场》，http://www.wokeji.com/jbsj/sb_4440/201602/t20160202_2204839.shtml。

12.2 网络教育

1994 年我国实施"中国教育科研网示范工程"，标志着我国网络教育的开始；1998 年 9 月，教育部开始现代远程教育的试点工作，首先批准了清华大学、北京邮电大学、浙江大学和湖南大学四所高校作为现代远程教育的首批试点院校；2001 年全面实施中小学"校校通"工程，以信息化带动教育的现代化。中国互联网络信息中心统计数据显示，截至 2009 年底，以"edu"域名注册的网站已经达到 3592 家，经常浏览科技、教育信息的网民已达 4608 万，更多的网民开始接触并接受网络教育。网络教育除了传统的以学校办学为主的模式外，一些有实力的社会学校也提供了种类丰富的教学内容，大大激发了社会的需求。易观智库研究显示 2013 年中国网络教育市场规模达 897 亿元。

12.2.1 网络教育概述

1. 网络教育的概念

网络教育是利用互联网来开展的远程教育，是指在网络环境下，以现代教育思想和学习理论为指导，结合现代教育技术和现代信息技术，发挥网络的各种教育功能和丰富的网络教育资源优势，向学习者提供网络教和学的环境，并开展的非面授教育活动。

2. 网络教育的分类

网络教育在我国发展迅速，涵盖了所有以网络及其他电子通讯手段提供学习内容、运营服务、解决方案及实施咨询的各个市场领域。主要包括基础网络教育、高等网络教育、网络职业认证与培训、企业 E-learning 和网络教育服务五种类型。

（1）基础网络教育。基础教育是指从幼儿园到高中的教育，包括学前教育、初等教育、中等教育三个阶段。在我国，基础网络教育一般被称为"中小学网校"，它是辅助性的教育活动，不提供学历。我国基础网络教育的代表主要有北京四中网校、101 网校、黄冈中学网校等。

（2）高等网络教育。网络高等教育的对象一般为十八周岁以上的成人，主要提供专科、本科学历教育及非学历教育。学历教育可以通过相关考试，达到毕业要求颁发各高校毕业证书，2013 年共有北京大学、中国人民大学、清华大学、北京交通大学等 68 所现代远程教育试点高校可开展网络高等学历教育招生。

（3）网络职业认证培训。网络职业认证培训的教学对象从学生到在职人员十分广泛。主要提供各类远程职业教育培训、考前辅导等教育教学服务，消费对象涵盖各个阶层以及不同的年龄阶段，是社会培训机构参与最为活跃的一类网络教育。网络职业认证培训的代表主要有新东方、中华会计网等。

（4）企业 E-learning。E-learning 是企业团体培训的一种方式，是企业针对自身员工开展内训的一种新型实施途径。根据企业具体情况，以局域网或互联网形式实现。E-learning 起源于美国，据统计美国有 60% 的企业通过网络的形式进行员工培训。1998 年以后，E-learning 在世界范围内兴起，从北美、欧洲迅速扩展到亚洲地区。近年来，越来越多的国内企业对 E-learning 表示了浓厚兴趣，并开始实施 E-learning 解决方案。

（5）网络教育服务。网络教育服务是网络教育产业的延伸，网络教育服务企业主要提供网络教育相关的服务，一般没有教学实体。主要包括教育服务、教育网游、教育频道、平台提供商、内容商等形式。网络教育服务的代表主要有精品学习网、教育在线等。

3. 网络教育的特点

（1）教育资源利用最大化。中国人口众多，地区之间的差异比较大，教育和学习资源分布极不均衡。而网络教育可使各种教育资源通过网络，跨越时间、空间距离，使学校的教育资源可以跨出校园向外辐射，发挥自己的学科优势和教育资源优势，把最优秀的教师、最好的教学成果通过网络传播出去，一方面可以使教育资源得到最大化地利用，另外对学校知名度的提升也有很大的帮助。

（2）学习自主性。网络教育与传统的教育模式相比，其显著特征是：任何人在任何时间、任何地点学习任何课程的任何部分。因此，学习者可以在网络上根据自身需要选择学习内容、方式和进程。网络教育便捷、灵活，在学习模式上最直接体现了主动学习的特点，充分满足了现代教育和终身教育的需求。

（3）学习互动性。网络为学生与教师之间、学生与学生之间进行教学互动和协作学习提供网络学习交互环境和平台，拉近了师生之间的心理距离，增加了交流机会和范围。并且通过计算机对学生提问类型、人数、次数等进行的统计分析使教师了解学生在学习中遇到的疑点、难点和主要问题，更加有针对性地指导学生。

（4）个性化教育教学。网络教育中，一方面，系统对每个网络学员的个性资料、学习过程和阶段情况等可以实现完整的系统跟踪记录，另一方面，教学和学习服务系统可根据系统记录的个人资料，针对不同学员提出个性化学习建议。网络教育为个性化教学提供了现实有效的实现途径。

（5）自动化教学管理。计算机网络的教学管理平台具有自动管理和远程互动处理功能，被应用于网络教育的教学管理中。远程学生的咨询、报名、交费、选课、查询、学籍管理、作业与考试管理等，都可以通过网络远程交互的方式完成。

12.2.2　网络教学平台

网络教学平台的建设是网络教育的关键，即为学习者建设能够实现其学习活动的网络学习环境。在网络教育实施的过程中，网络教育平台起着基础设施的作用。

网络教学平台是支持网上教学与学习活动的软件系统，通常包括三个子系统：网络教学支持系统、网络学习支持系统、网上教学与教务管理系统。

1. 网络教学支持系统

网络教学支持系统是网络教学系统的核心，是帮助教师实现网上教育教学工作的软件系统。网络教学支持系统主要包括网络课件制作工具、网络课件点播工具、网络交流工具与网络作业及考试工具四部分。

（1）网络课件制作工具。网络课件是开展网络教育活动的基础，网络课件的制作工具是基于教学过程模板和多媒体素材库开发网络课件的软件。网络课件制作工具有很多种，选择时主要以便于教师开发网络课件，简化教师备课过程为目的。

（2）网络课件点播工具。网络课件点播在网络教育过程中扮演重要的角色，通过网络课件点播学生可以选择自己喜欢的课程进行学习。网络课件点播工具是指开发完成的网络课件通过网络教务管理平台中的网络课程管理工具进行发布，供教师和学习者点播使用。

（3）网络交流工具。网络教育过程中师生之间、生生之间需要通过网络开展交流。而网络交流工具则能支持师生之间、生生之间进行同步或异步的交流。同步交流工具主要包括视频会议、电子白板、聊天室等。异步交流工具包括电子邮件、BBS 等。通过网络交流工具可以满足教学过程中的讨论和答疑等需要。

（4）网络作业和考试工具。对学生的学习情况进行检测是教学过程必不可少的环节，网络教学过程对学生的测评主要通过教师在网上布置作业或进行测验、考试。网络作业系统可以帮助教师通过网络布置、回收及批改作业。网络考试系统的建设则可以实现教师对学生开展网络测验及考试。网络学习支持系统。

2. 网络学习支持系统

网络学习支持系统是支持网络教育的学习者开展网上学习活动的软件系统。主要包括网上选课、网上学习及学习过程跟踪与评价等几个方面。

（1）网上选课工具。学生开展网络学习活动首先要完成网络选课的工作，网上选课工具支持学习者在线选修网络课程，并将选课信息传给网上教务管理系统。

（2）网上学习工具。学生在开展网络学习活动过程中，需要与教师和同学进行交流，需要提交作业，需要考试等。因此就需要相关的网络学习工具，主要包括网上交流工具、网上提交作业及考试、文字处理工具、网络笔记本等工具。

（3）学习过程跟踪与评价工具。网络教育的组织者需要对学生的学习活动进行管理和监控，因此需要记录学习者学习活动过程，对其进行分析和评价，为学习者提供参考和建议。

3. 网络教学与教务管理系统

网络教学与教务管理系统是用于管理网络教育资源、组织教学活动、统计教学数据的软件系统。主要包括：教师数据管理、学习者数据管理、网络课程管理、教学评价管理等。

12.2.3 网络教育资源

1. 网络教育资源的含义

网络教育资源是指网络资源中与教育相关的部分。网络教育资源有广义和狭义之分。广义的网络教育资源包括网络环境资源、网络信息资源、网络人力资源。狭义的网络教育资源是指网络信息资源，是一种以网络为承载、传输媒介的新型的信息资源，是从网上获取的网络教育信息资源的总称。

2. 网络教育资源的分类

网络教育资源可以按照不同的标准划分为很多类型。

（1）按技术格式划分。网络教育资源按照技术格式可以分为文本类资源、图形图像类资源、音频类资源、视频类资源及应用软件类资源等。

（2）按应用领域划分。按照网络教学资源应用的领域划分，网络教学资源可以分为学前教育资源、基础教育资源、高等教育资源及企业培训资源等。

（3）按学科划分。网络教学资源也可以按照学科进行划分，如管理学科、经济学科、数学、英语等各学科。

3. 网络教育资源的获取

（1）利用搜索引擎检索。搜索引擎是一个提供信息检索服务的网站，是根据一定的策略、运用特定的计算机程序从互联网上搜集信息，在对信息进行组织和处理后，为用户提供检索服务，将用户检索相关的信息展示给用户的系统，常常是用户利用网上教育资源的第一途径。目前较常使用的搜索引擎有：谷歌、雅虎、百度等。

（2）基于 Agent 技术的智能检索。目前，信息检索已经实现了网络化和智能化，智能信息检索是人工智能的一个独立分支，近些年来也得到迅速发展。智能代理不像传统的搜索引擎那样对整个网络进行索引，而是在接到一个新任务时出发，去搜索网上资源并提取有价值的信息。Agent 技术是在人工智能的基础上发展起来的智能软件技术，是利用神经网络技术进行搜索，将具有信息提取功能的 Agent 派遣到一台至多台服务器，执行分布式计算，试图去发现自然语言与样本网页的模式及它们之间的相互关系，不断完善自己的知识库，将这些与新近发现的网上资源相匹配，最后以一串 URLs 的形式供用户访问。

（3）基于 XML（可扩展标记语言）的检索。XML 是一种可扩展的元标记语言，设计目的是为了克服 HTML 语言的缺陷，将网络上传输的文档规范化，并赋予标记一定的含义。在传统的信息检索中，检索单元是固定的、完整的文档；而在 XML 检索中，文档中的各个层次的 XML 元素都是可检索的单元。另外，传统的检索系统只对信息的内容进行索引，而 XML 信息检索系统对内容进行索引的同时还对元素进行索引，既能从文档中找到相关信息，也能实现内容与结构的合并检索。

（4）多媒体信息的检索。多媒体信息的检索技术发展速度很快，目前常用的检索方法有：MPEG－7（多媒体内容描述接口）、图像信息检索技术、视频信息检索技术和基于内容的音频检索等。

MPEG－7是"多媒体内容描述接口"（Multimedia Content Description Interface）的简称，它产生一种描述多媒体内容数据的标准，满足实时、非实时以及推—拉应用的需求。MPEG－7可以迅速、便捷的在大量多媒体信息中定位有用信息，通过对各种不同类型的多媒体信息进行标准化的描述，实现快速有效的搜索。MPEG－7标准重点在于影音内容的描述，以明确的资料结构和语法来定义影音资料的内容。

图像信息检索技术包含不同的方法，包括基于关键字的图像检索、基于内容的图像检索及二者的结合。在基于关键字的图像检索中，需要先对所有的图像进行关键字标注，由于不同的人对同一图像的理解不同，因此图像的标注没有统一的标准，故而检索结果很难令人满意。基于内容的检索则利用图像自身的特征，如颜色、形状等进行检索，这些特征并不代表图像真正的语义信息，检索结果同样很难令人满意。因此，可以将以上两种方法相结合来达到优化检索结果的目的。

视频信息检索是通过对海量的视频数据进行分析，提取视频内容的特征，在此基础上实现视频信息的检索。视频信息检索的关键问题是提取视频的特征并加以表示，以便在可视化检索的过程中加以利用。

基于内容的音频检索，是指通过音频特征分析，对不同音频数据赋予不同的语义，使具有相同语义的音频在听觉上保持相似。简单地说它是一种相似查询，是检索出与用户指定的要求非常相似的所有声音。

【阅读资料12－7】　　　　网络教育快速发展的几个实例

好未来与滴滴合作将为出租车司机子女免费提供网校课程。滴滴出行宣布与好未来达成战略合作，双方就"出租车司机子女公益助学计划"达成合作，好未来将为在滴滴平台注册的出租车司机免费提供半年的网络教育课程。据滴滴官方透露，目前在滴滴出行平台上注册有153万出租车司机。所有在滴滴出行注册的司机可以通过滴滴出行司机客户端报名，填写子女的相关教育信息，经过滴滴官方筛选后，即可获得本次助学计划的礼品包。

达内教育与阿里云达成合作。达内教育与阿里云联合宣布双方达成战略合作。达内将与阿里云共同研发面向阿里云认证考试的培训课程，面向终端用户推广阿里云的培训和认证产品。

根据双方签订的协议，到 2017 年 4 月，将有 6 万人次的达内学员接受阿里云高端的云计算培训和 ACF 认证。达内科技教学督导唐亮称，此次与阿里云合作投入了千万资金，未来五年的人才培养目标是 50 万，会与全国 100 所有深入合作关系的高校共建云计算大数据专业。

沪江网成立 14 年用户破亿。前不久才完成新一轮融资的互联网学习平台沪江网于近日宣布用户数量突 1 亿大关。其中，移动端用户突破 7500 万，占全部用户的 3/4。数据显示，沪江用户覆盖全国 34 个省市自治区，广东、浙江、北京、江苏和河南是用户数最多的五个省份，天津、上海、北京、吉林和江西的用户增速排在全国前五名。

12.3　网络旅游

随着网络的发展，人们的旅游行为出现了网络化的新特点。关于网络旅游，目前还没有一个统一的定义，已有的概念主要是从两个方面分析网络旅游。一方面倾向于旅游电子商务，旅游网站在旅游者和旅游经营者之间搭建起一个双方供需沟通的直接交易场所，为需要出游者提供了旅游产品与服务的全面有效信息，建立在线预订的通道，这极大地推动了旅游业的发展。另一方面倾向于虚拟旅游，网络为旅游者开辟了另一维超现实的空间——虚拟现实空间，越来越多的网站开始推出虚拟旅游服务，如"城市吧"现在已在全国 24 个城市开通了旅游全景网。本节将从旅游电子商务和虚拟旅游两个方面介绍网络旅游的相关知识。

12.3.1　在线旅游

2003 年携程上市，我国的"在线旅游（Online Travel Agent）"成为一个新的服务业态。作为当时旅游市场的主要商业模式，携程成为中国在线旅游产业的旗帜，以呼叫中心为主的 OTA 成为中国在线旅游产业的研究方向。

1. 在线旅游的含义

在线旅游是指旅游服务提供者依托互联网，提供旅游信息查询、产品预订及服务评价等旅游服务，包括航空公司、铁路服务部门、酒店、景区、海内外旅游局等旅游服务供应商及搜索引擎、OTA、电信运营商、旅游资讯及社区网站等在线旅游平台。作为一种新的产业，在线旅游正处于快速上升期。

2. 在线旅游服务

现阶段网站提供的在线旅游服务大致可以分为四类：提供酒店、机票、度假等预订服务；提供酒店、餐饮等点评和推介服务；提供旅游搜索服务；提供旅游管理服务。

3. 在线旅游的运营模式

目前我国在线旅游的运营模式大致有以下四种形式。

（1）旅游站点平台模式。旅游站点平台模式有 B2B、B2C 以及基于 B2B 与 B2C 基础上的 B2B2C 等多种模式。B2B 模式可以为各旅游企业间搭建交流交易平台，帮助企业建立战略合作关系。B2C 模式主要是指大众旅游平台，可以为广大出游者提供酒店、机票、车票等预订服务、景区门票预订与折扣、各旅游公司旅游线路搜索、比价等全方位旅游服务。而基于 B2B 与 B2C 基础上形成的 B2B2C 模式，就像一个大的旅游服务产品超市，如拥有 6000 多家旅行社资源的同程网，其业务还涉及酒店、机票、景区和演唱会门票及租车等项目。

（2）机票与酒店预订为服务内容的分销模式。这种模式主要通过代理旅游服务企业的产品，获取代理佣金。这种运作模式的在线旅游的核心服务内容是机票预订、酒店预订等服务。例如，携程网依靠其先进的服务平台、高效运作的呼叫中心、长久以来累积的商业信用以及周到的售后服务，在业界拥有明显的竞争优势。

（3）垂直引擎搜索模式。垂直引擎搜索模式网站不涉及在线旅游预订的交易环节，以提供搜索信息为主要服务内容，整合互联网上的机票、酒店、度假和签证等信息，为用户提供及时的旅游产品价格查询、比较服务和用户点评从而收取代理分成。垂直引擎搜索模式的代表网站有去哪儿、到到、酷讯等。以"去哪儿"网为例，2011 年 3 月旅行网站月度访问次数统计中，去哪儿网以 5106 万人次的数据高居榜首。去哪儿网目前可搜索超过 700 家机票和酒店供应商网站，搜索范围超过 10 万家酒店和 1.1 万条国内、国际航线以及 4 万条度假线路、2.5 万个旅游景点。此外，去哪儿网团购频道已针对全国 100 多个城市开展旅游团购服务。

（4）直销预定模式。直销预定模式剔除了中间环节，旅客直接通过网站平台实现与酒店、景区、航空公司的询价议价、预定以及评论等直接实时互动。这种模式可以降低营销成本、改善经营和服务能力、为消费者提供更有保障的服务。直销预定模式以淘宝网为代表，2010 年 5月，淘宝旅行频道成立，整合了数千家旅游相关机构，目前，淘宝旅行机票、酒店等产品拥有相当大的价格优势，也是目前规模最大、产品种类最全的互联网旅行相关产品服务平台，包含机票、酒店、旅游、保险栏目。

【阅读资料 12-8】　　　　　　　　携程旅行网

中国领先的在线旅行服务公司，创立于 1999 年，总部设在中国上海。携程旅行网拥有国内外六十万余家会员酒店可供预订，是中国领先的酒店预订服务中心。携程旅行网已在北京、广州、深圳、成都、杭州、厦门、青岛、沈阳、南京、武汉、南通、三亚等 17 个城市设立分公司，员工超过 25000 人。2003 年 12 月，携程旅行网在美国纳斯达克成功上市。

携程旅行网成功整合了高科技产业与传统旅游行业，向超过 9000 万会员提供集酒店预订、机票预订、度假预订、商旅管理、特惠商户及旅游资讯在内的全方位旅行服务。携程旅行网除了在自身网站上提供丰富的旅游资讯外，还委托出版了旅游丛书《携程走中国》，并委托发行旅游月刊杂志《携程自由行》。

资料来源：根据百度百科"携程旅行网"整理，http://baike.baidu.com/view/937759.htm。

12.3.2　虚拟旅游

1. 虚拟旅游的含义

虚拟旅游是建立在现实旅游景观基础上，通过模拟现实景，构建一个虚拟的三维立体旅游环境，网民能足不出户遍览风光美景。狭义的虚拟旅游是指通过互联网或其他设备在虚拟三维景观中漫游和虚拟景观的浏览；广义的虚拟旅游是从与现实旅游相对的角度，不仅指在三维虚拟景观中漫游、与旅游景观要素交互，还包括通过虚拟社区平台与其他参与者交互，借助旅游电子商务购买旅游纪念品等，在虚拟世界中获取现实世界旅游体验。

2. 虚拟旅游的特点

（1）交互性。在虚拟旅游过程中旅游者不再被动地、静态地观摩欣赏景观，还可以通过网络参与到虚拟旅游的过程中，从而获得身临其境的感觉；虚拟旅游者还可以网络上的各种沟通工具，甚至是即时通讯软件同其他虚拟游客进行旅游经历及感受的交流。

（2）体验性。虚拟旅游的体验是在虚拟现实系统中进行旅游体验的一种新的体验模式。虚拟旅游环境建立在现实旅游景观的基础上，通过现实景观在网络上的模拟，构建的虚拟旅游环境，使旅游者能如身临其境般的进行虚拟旅游活动。

（3）自主性。虚拟旅游与现实旅游相比，旅游者拥有更多的自主性，在虚拟旅游中，每一个虚拟旅游者都能任意选择"旅游线路"，也可以随时改变"旅程行程"。

（4）虚拟性，表现在以下方面：其一在虚拟旅游中人们之间的交往，以间接形式为主，以符号化、数字化为手段，以信息交往为主要内容。其二，虚拟旅游者在彼此独立分离，甚至在永不谋面的社会成员之间自由组合成网络群体，以享受各种虚拟生活。其三，虚拟旅游者可以隐匿自己的身份、年龄、性别行为，以一个他愿意的身份在虚拟世界中旅行。

3. 虚拟旅游的主要类型

（1）虚拟旅游景区。虚拟旅游景区平台把现实中的旅游景点风貌通过 3D 技术，在电脑上虚拟表现出来，方便用户通过阅读和互动体验的虚拟旅游方式实现线上旅游，并为用户线下旅行提供指导。用户可根据自己的意愿选择游览路线、旅游速度，足不出户游览全世界的风光美景。

【阅读资料 12 – 9】　　　　　　　VR 旅游技术

在乌镇世界互联网大会上，VR（Virtual Reality 的缩写，虚拟现实）旅游技术亮相在中国联通集团展台。中国联通、国家旅游局和全景客共同推出旅游大数据指数 + VR 旅游体验合作。大屏幕上实时显示黄果树景区旅游数据的变化：游客人数、游客性别、客源地，以及拥堵指数、天气舒适指数等等。同时，现场也可以看到用无人机拍摄的黄果树瀑布和青岩古镇360 度全景图，体验者可以随意往左往右、拉近拉远，无死角观赏景区风光。现场备有 10 台VR 眼镜，只要用手机扫描屏幕上的二维码，然后将手机放置于 VR 眼镜中，高清立体的全景影像世界立即呈现体验者眼前，你可以在一个计算机构建的三维空间里身临其境地游览黄果树、青岩古镇。眼前的景色将随着 VR 眼镜使用者的动作、视线角度变化而转换，境随心动，虽然是虚拟世界，却带来最真实的游览感受。

资料来源：改编自《全景客，虚拟和现实中的旅行》，《钱江晚报》，2015 年 12 月 16 日。

（2）虚拟旅游酒店。虚拟旅游酒店平台可以通过 3D 技术将酒店的外部环境及内部设施逼真的展现给旅客，让旅客可以对酒店环境进行全面的了解，也可以通过该平台与酒店方管理者进行互动。虚拟旅游酒店平台可以作为酒店的市场推广渠道提升酒店的品牌价值，也可以让顾客放心的预订客房。

（3）虚拟旅游商城。在网络上的虚拟旅游商城，商家可以在线上立体化，全方位的展示自己的产品，消费者通过观看商品的 3D 全景图进行商品的选择及购买。在虚拟旅游商城，消费者可以了解并购买各个旅游景区当地的特色商品。虚拟旅游商城是未来扩大旅游产品销售的有效手段。

12.4　网络医疗

12.4.1　网络医疗概述

1. 网络医疗的概念

网络医疗是指医疗技术与网络技术、计算机技术和多媒体技术相结合，利用互联网进行数字、图像、语音的综合传输，实现患者与医疗机构或医生的沟通与交流，旨在提高诊断与医疗水平、降低医疗开支，是满足广大人民群众保健需求的一项全新的医疗服务。包括健康教育、医疗信息查询、电子健康档案、疾病风险评估、在线疾病咨询、电子处方、远程会诊、及远程治疗和康复等多种形式的健康管家服务。

2. 网络医疗的优点

（1）合理的配置医疗资源。目前我国80%的医疗资源集中在大城市，其中的30%又集中在大城市中的大医院。大医院不仅会聚了名专家、名教授和名医生，而且设备先进。以北京为例，北京拥有国内近60%的一流医疗设备和70%左右顶尖的名医。按照北京1300万常住人口计算，这些高度稀缺的医疗资源基本上配置在和服务于国内1%的人口。网络医疗模式的出现跨越了时间和空间的限制，使更多的患者能享有稀缺的医疗资源，从而实现医疗资源的合理配置。

（2）降低医疗的成本。医疗成本包含时间成本、精力成本、体力成本和金钱成本等。通过医疗网站，可将患者的资料以及基本情况通过网络及时传输给医生，经过分析后，患者可继续通过网络预约门诊，甚至可以直接通过视频与医生进行充分的沟通，在充分了解患者情况的前提下，医生可提出治疗建议，避免患者去大城市看病的盲目性，大大节约了患者的成本。

12.4.2　网络医疗服务

1. 医疗信息服务

医疗网站可为医疗机构发布及患者查询医疗相关信息提供平台。医院及其他医疗机构可以通过网站发布医疗信息，用户也可通过互联网访问网上医疗系统的站点，查询相关的医疗信息并享受网上医疗所提供的其他服务。同时，患者还可以通过网络对所患病症进行咨询，了解更多的医生、病情、药品等治疗相关信息。

2. 网络诊断

患者可通过网络与医生进行沟通，网络能将图像、影像、声音、波形、文本和生理参数等相关资料实时传递给医生，医生可以在网上进行诊断，患者不用出门就能诊断病情，然后在网上配药，将药快递到患者的家中。

3. 网上医药

医疗网络可给患者提供符合其查询条件的所有药品的信息，如药品的名称，剂型，规格，数量，用药方法，药品的价格，主治功能，销售药店，厂家信息等，患者可通过这些药品信息来查找自己所需要的药品，医疗服务部门可按患者需要配药并递送给患者。

4. 预约服务

医疗网站可以完成门诊预约和住院预约等预约服务。用户通过浏览网上医疗站点，获得各家医院的专科和专家门诊的计划安排，可以直接在网上选择专家和门诊时间，实现在家挂号，节约了患者前往医院提前排队挂号的时间。用户也可以通过浏览网上医疗站点，获得各家医院的病床信息，办理住院预约，节约了患者在办理住院手续时的往返奔波。

5. 家庭护理

用户可以直接在网上选择自己所需要医院的家庭护理系统，用户通过该医院的家庭护理系统向医院提供病人的资料，医院家庭护理系统根据病人资料信息，对病人和相关事物做出护理诊断，制定护理计划，病人可以在家接受护理计划的指导下实现家庭护理。

6. 个人电子病历

用户可以在网络上建立一份自己的电子病历，以后在任何一家入网医院就诊，其病历资料及各种检查结果均可以自动归纳到他的电子病历中，随时可以查阅，便于医生的诊断。

7. 网络会诊

网络会诊是指通过互联网，利用视频会议系统，提供医院之间的多媒体实时交互会诊服务。参与会诊的医生通过网络对病人的心电图、X线、CT、核磁、超声及病历资料进行交流，并对病人的病情进行分析和诊断。

【阅读资料 12 – 10】 互联网医疗快速发展

截至 2015 年 12 月，我国互联网医疗用户规模为 1.52 亿，占网民的 22.1%，相比于其他网络应用，互联网医疗的使用习惯仍有待培养。其中，诊前环节的互联网医疗服务使用率最高——在线医疗保健信息查询、在线预约挂号和在线咨询问诊总使用率为18.4%；在医药电商和互联网健康管理等领域，使用率分别占到网民的4.6%和3.9%；而在慢病管理、预约体检、健康保健等O2O医疗健康领域，使用率都低于1%。

目前互联网医疗产业链已基本形成，在中后端发展更为集中和迅速，主要体现在对"医疗"和"药品"领域的互联网化。在医疗领域，"互联网＋"已经逐步覆盖全医疗流程——健康管理环节出现了日常管理应用；诊前环节则出现了在线问诊平台、在线预约挂号及在线导诊服务；诊疗中间环节正在逐步实现远程问诊和诊疗结果的在线查询；诊后慢病管理环节，已经出现了医患在线平台、慢病管理应用、可穿戴硬件健康设备、健康保健O2O服务等。在药品领域，问药、购药、用药几个环节上则形成了由在线药品信息平台、医药电商和药品O2O、医患平台和在线药事服务的医药服务闭环。

资料来源：http://bg.qianzhan.com/report/detail/459/160122－e99c8657.html。

本章习题

一、单选题

1. 20世纪_____年代我国银行业开始全面使用计算机，_____年代初金融专用网络建设取得了长足进展。（　　）

　　A. 80、80　　　　　　　　　　　B. 80、90

　　C. 70、80　　　　　　　　　　　D. 70、90

2. 分支型网络银行也被称为（　　）。

　　A. 纯网络银行　　　　　　　　　B. 只有一个站点的银行

　　C. 互联网业务为主的银行　　　　D. 水泥加鼠标型网络银行

3. 下面不属于网络证券交易的优点是（　　）。

　　A. 打破时空限制　　　　　　　　B. 丰富信息资源

　　C. 提高股票收益　　　　　　　　D. 安全性比较高

4. （　　）主要通过代理旅游服务企业的产品，获取代理佣金。

A. 机票与酒店预订为服务内容的分销模式

B. 旅游站点平台模式

C. 垂直引擎搜索模式

D. 直销预定模式

5. ( )是一个提供信息检索服务的网站，是根据一定的策略、运用特定的计算机程序从互联网上搜集信息，在对信息进行组织和处理后，为用户提供检索服务。

A. 搜索平台   B. 门户网站

C. 搜索系统   D. 搜索引擎

二、多选题

1. 1993 年底，我国正式启动"三金工程"，即( )。

A. 金桥工程   B. 金卡工程

C. 金网工程   D. 金关工程

2. 网络银行的业务主要包括( )。

A. 信息服务   B. 客户交流服务

C. 银行交易服务   D. 保险理赔服务

3. 美国网上证券交易模式包括三种主要的交易模式( )。

A. 嘉信模式   B. 固定佣金模式

C. 美林模式   D. E-Trade 模式

4. 网络保险的功能主要有( )。

A. 在线宣传   B. 在线销售

C. 在线客户服务   D. 在线理赔

5. 网络教育资源按照技术格式可以分为( )等。

A. 文本类资源   B. 图形图像类资源

C. 音频类资源   D. 视频类资源

三、名词解释

1. 网络保险   2. 网络教育   3. 虚拟旅游   4. 网络医疗   5. 网络诊断

四、简答及论述题

1. 何谓互联网金融？

2. 网络保险的功能有哪些？

3. 请简述网络教育的分类。

4. 请简述虚拟旅游的特点。

5. 请简述网络医疗的优点。

航空公司集体封杀去哪儿网

2016 年元旦假期过后的第一个工作日，国航、东航、重庆航空发布公告，称与去哪儿网暂停商务合作，并关闭在去哪儿网的旗舰店。次日，四川航空和天津航空等公司也通过官方微博发布了暂停与去哪儿网合作的公告。而在此之前，也就是 2015 年的最后一天，南方航空、海南航空、首都航空三家航空公司纷纷宣布暂停与去哪儿网的合作。至此，四大国内航企均已与去哪儿网暂停合作。

根据易观 2015 年年底发布的《中国在线机票预订市场季度监测报告 2015 年第 3 季度》，去哪儿在线机票预订交易规模已达到 309.4 亿元人民币，市场份额为 38.2%，是目前国内最大的机票在线预订平台。为何此次国内航空公司不约而同地宣布与主要销售渠道之一的去哪儿网"分手"？

各家航空公司所给出的原因像商量好似的，均表示近期收到大量在去哪儿网购票的旅客投诉，涉及退改签费用、航班变动未通知等，使旅客出行受阻，严重损害了广大旅客的权益。

随后，去哪儿网发出官方回应，称合作暂停是由于未就机票展示问题与航企达成一致，其还表示即便是暂停合作期间，客人依旧可以通过去哪儿购买到南航和海航的机票。但对于是否因投诉问题导致与航空公司关系破裂，其未做正面回应。

有业内人士指出，航空公司此次的集体"叫停"行为，也有可能跟去哪儿网 2015 年 12 月推出的"穿山甲"计划有关。"穿山甲"计划是一个全新的机票交易系统，采用"预约出票"的方式，由消费者自主选择价格进行预约支付后，供应商在后台进行抢单出票。这一行动直接导致航空公司丧失机票定价权。

受航空公司封杀风波影响的去哪儿网 1 月 6 日发出一封声明信，称针对航企提出的去哪儿网销售行为中存在的多种问题已展开自查，并启动新一轮监管升级举措。

去哪儿网表示，已向平台上全部代理人下发公告，要求代理人严格按照航企规范进行机票销售以及提供退改签服务。如有违规，一经查实，去哪儿网将对相关代理人采取罚款、下线等严厉处罚。同时，去哪儿网还将与中国航空运输协会建立联动机制，就违规代理人信息向航协进行报备，情节严重者将被取消代理人资质甚至被列入永久禁入名单。

对于消费者担心的旗舰店暂停期间是否影响购票等问题，去哪儿网称，请广大消费者放心，旗舰店暂停期间，网站其他业务均运营正常，已经在旗舰店购票的用户，去哪儿网将继续提供完善的售后服务。同时，针对消费者在购票中发生的任何问题，去哪儿网将继续执行先行赔付的相关规定。

⑦ 思考讨论题

1. 航空公司集体封杀去哪儿网的深层次原因是什么？
2. 去哪儿网应采取哪些措施来应对这次危机？

资料来源：《能去哪儿？航空公司集体封杀去哪儿网》，搜狐新闻 http://news.sohu.com/20160107/n433709640.shtml。

综合测试题一

一、单项选择题（每小题 1 分，10 小题，共 10 分）

1. 下列属于完全电子商务的是(　　)。
   A. 去沃尔玛超市买一瓶矿泉水　　　　B. 去奇虎 360 官网购买一款专业杀毒工具
   C. 去京东商城购买一本书　　　　　　D. 去淘宝网购买一套服装

2. 电子商务的(　　)主要是指交易双方为使电子商务得以顺利展开、规范市场商业行为而制定的商务信息标准、商业规则和写作方案等
   A. 社会环境　　　　　　　　　　　　B. 商业环境
   C. 技术环境　　　　　　　　　　　　D. 法律环境

3. 在"买方企业——卖方个人"的电子商务模式下，应用最多的就是企业(　　)。
   A. 开设网上商店　　　　　　　　　　B. 招标
   C. 发布广告　　　　　　　　　　　　D. 网上招聘

4. 中小企业一般会选择(　　)开展电子商务活动。
   A. 自建网站　　　　　　　　　　　　B. 企业间合作
   C. 第三方电子商务平台　　　　　　　D. 以上均不正确

5. 对称加密技术所使用的密钥数目难于管理，无法验证发送者和接收者身份，因此很难保证信息的(　　)和流通性。
   A. 完整性　　　　　　　　　　　　　B. 安全性
   C. 前卫性　　　　　　　　　　　　　D. 快捷性

6. (　　)拓扑结构各节点通过传输线互联连接起来，并且每一个节点至少与其他两个节点相连。

A. 网状形 　　　　　　　　　B. 星形

C. 环形 　　　　　　　　　　D. 总线形

7. 下列支付工具中，安全性最差的是(　　)。

　　A. 电子现金 　　　　　　　B. 储值卡

　　C. 电子钱包 　　　　　　　D. 信用卡

8. 电子商务法是调整以数据电文为交易手段而形成的因(　　)所引起的商事关系的规范体系。

　　A. 交易形式 　　　　　　　B. 交易内容

　　C. 交易方式 　　　　　　　D. 交易结果

9. 下列属于以定位跟踪型为主的移动商务的是(　　)。

　　A. 移动商宝 　　　　　　　B. 安防跟踪

　　C. 名酒鉴别 　　　　　　　D. 手机文学

10. 关于农村电子商务物流，下面叙述错误的是(　　)。

　　A. 当前我国农产品的流通体系不完善，功能不够健全，严重影响了农产品的销售。

　　B. 农村电子商务的发展有利于解决我国农产品的流通不顺畅这一问题。

　　C. 农产品销售的一个最大问题就是产品的保鲜问题，因此，需要发达的物流运输系统。

　　D. 农村物流等基础设施相对落后，"最后一公里"问题明显，但农产品进城"最初一公里"的问题已得到有效解决。

二、多项选择题 （每小题 2 分，10 小题，共 20 分）

1. 电子商务的基本要素是(　　)

　　A. 现代信息技术 　　　　　　B. 电子工具

　　C. 掌握现代信息技术的人才 　　D. 以商品贸易为中心的各种商务活动

2. B2G 电子政务的主要形式包括以下几种(　　)。

　　A. 电子采购与招标 　　　　　B. 电子税务

　　C. 电子证照办理 　　　　　　D. 网络广告

3. 以下属于 B2C 类网站的有(　　)。

　　A. 聚美优品 　　　　　　　　B. 淘宝网

　　C. 天猫网 　　　　　　　　　D. 苏宁易购

4. 认证技术能够有效地规避网上交易面临的威胁包括(　　)。

　　A. 假冒 　　　　　　　　　　B. 篡改

C. 攻击　　　　　　　　　　　D. 伪造

5. 国际社会对电子商务税收问题达成的共识包括(　　　)。

　A. 税收中性原则　　　　　　　B. 公平税负原则

　C. 常设机构原则　　　　　　　D. 简单透明原则

6. 影响消费者网上购物的因素主要有(　　　)。

　A. 消费者的收入水平　　　　　B. 消费者的年龄

　C. 购物的便利性　　　　　　　D. 离家的远近

7. 以下属于网络采购的形式是(　　　)。

　A. 电子拍卖　　　　　　　　　B. 有效的消费者回馈

　C. 电子交易市场　　　　　　　D. 供应商关系管理

8. 按照最终用户类型分类有(　　　)。

　A. 个人用户的移动商务　　　　B. 企业和组织用户的移动商务

　C. 年轻人用户的移动商务　　　D. 学生用户的移动商务

9. 相比实体店，网上开店的优势包括(　　　)。

　A. 租金便宜　　　　　　　　　B. 物流成本低

　C. 销售量大　　　　　　　　　D. 初期投资少

10. 1993 年底，我国正式启动"三金工程"，即(　　　)。

　A. 金桥工程　　　　　　　　　B. 金卡工程

　C. 金网工程　　　　　　　　　D. 金关工程

三、名词解释（每小题 4 分，5 小题，共 20 分）

1. C2C 电子商务　　2. 绿色物流　　3. 网络软文营销　　4. 网上开店　　5. 网络医疗

四、简答题（每小题 5 分，4 小题，共 20 分）

1. C2C 电子商务有何优点？

2. 以淘宝网为例回答店铺的营销推广可以使用哪些方法？

3. 影响消费者网上购物的因素主要有哪些？

4. 网络采购与传统采购的主要区别有哪些？

五、论述题（每小题 10 分，3 小题，共 30 分）

1. 试论述电子商务交易的安全性问题。

2. 试论述影响配送中心选址的因素。

3. 试论述网上开店的准备工作。

综合测试题二

一、单项选择题 （每小题 1 分，10 小题，共 10 分）

1. 下列关于电子商务的说法正确的是（　　）

    A. 电子商务的本质是技术　　　　　　B. 电子商务就是建网站

    C. 电子商务是泡沫　　　　　　　　　D. 电子商务本质是商务

2. （　　）电子商务是指以提供国内与国外的供应者与采购者交易服务为主的电子商务市场。

    A. 外贸型　　　　　　　　　　　　　B. 内贸型

    C. 本地型　　　　　　　　　　　　　D. 国际型

3. Internet 的使用协议为（　　）。

    A. IPX/SPX　　　　　　　　　　　　B. TCP/IP

    C. NETBEUI　　　　　　　　　　　　D. File

4. 下列不属于电子支付与传统支付的区别是（　　）。

    A. 电子支付是采用先进的技术通过数字流转来完成信息传输，而传统的支付方式则是通过现金的流传、票据的转让等物理实体的流转来完成款项支付的

    B. 电子支付的工作环境是基于一个开放的系统平台之中，而传统支付则是在较为封闭的系统中运作

    C. 电子支付使用的是最先进的最先进的通讯手段，如 Internet、Extranet，而传统支付使用的是传统的通信媒介

    D. 电子支付的支付费用是传统支付的支付费用几十倍，甚至几百倍

5. 关于数据电文的法律效力，正确的表述是（　　）。

A. 由于数据电文的易篡改性，其法律效力是不能确定的

B. 由于数据的电文是一种新的形式，其法律效力需要等待法律的明确规定

C. 数据电文是否具有法律效力，由有关的当事人约定

D. 不得仅仅以某项信息采用数据电文形式为理由，而否定其法律效力

6. 国际税收中性原则是指(　　　)。

A. 对电子商务交易采用适度优惠政策

B. 企业因征税产生的成本和政府的管理成本都应尽可能最小化

C. 电子商务交易与其他形式交易在征税方面要一视同仁，反对开征新税或附加税

D. 居民税收管辖权和来源地管辖权并重的原则

7. 电子商务的任何一笔交易都由(　　　)组成。

A. 商流、资金流、物流　　　　　　B. 信息流、商流、物流

C. 信息流、商流、资金流　　　　　D. 信息流、商流、资金流、物流

8. 网络采购的实质是(　　　)。

A. 购买商品　　　　　　　　　　　B. 购买服务

C. 电子采购　　　　　　　　　　　D. 政府采购

9. 某先生在商场购物，用手机替代信用卡在商家 POS 机终端支付的方式是(　　　)。

A. 虚拟支付　　　　　　　　　　　B. 手机钱包

C. 在线支付　　　　　　　　　　　D. POS 机现场支付

10. 从 2010 年起，根据阿里巴巴的观点，农村电子商务发展迎来了(　　　)阶段。

A. 起步阶段　　　　　　　　　　　B. 小规模增长阶段

C. 规模化扩散阶段　　　　　　　　D. 新奇阶段

二、多项选择题 (每小题 2 分，10 小题，共 20 分)

1. 按照电子商务的数字化程度来对电子商务进行分类，主要是按照哪几个维度(　　　)。

A. 产品和服务的数字化程度　　　　B. 销售过程的数字化程度

C. 销售代理的数字化程度　　　　　D. 商品支付的数字化程度

2. 网络银行的业务主要包括(　　　)。

A. 信息服务　　　　　　　　　　　B. 客户交流服务

C. 银行交易服务　　　　　　　　　D. 保险理赔服务

3. B2C 电子商务由三个基本部分组成，它们是(　　　)。

A. 网上商场　　　　　　　　　　　B. 支付结算

C. 物流配送体系   D. 消费者身份认证体系

4. 网上银行又被称为3A银行，其3A包括(　　)。

     A. anyperson   B. anywhere

     C. anytime   D. anyway

5. 电子合同的生效要件包括(　　)。

     A. 必须采用双方当事人约定的形式   B. 意思表示真实

     C. 行为人具有完全民事行为能力   D. 内容不违反法律

6. 物流的信息化包括(　　)。

     A. 商品代码和数据库的建立   B. 运输网络合理化

     C. 销售网络系统化   D. 物流中心管理电子化

7. 病毒式营销的主要特点包括(　　)。

     A. 推广成本低   B. 传播速度快

     C. 易于为受众接受   D. 效率高

8. 网络安全技术包括(　　)。

     A. 防火墙技术   B. 数据库技术

     C. 加密及解密技术   D. 数字签名技术

9. 移动营销的主要应用模式包括(　　)。

     A. 二维码 + WAP 模式   B. 微信营销

     C. APP 营销   D. SNS 营销

10. 下列关于农村信息基础建设表述正确的有(　　)。

     A. 国家信息基础设施建设发展迅速，已完全满足农村电子商务发展需要

     B. 当前在绝大多数农村网络信号不好，网络基础设施建设相对城市来说还很落后。

     C. 由于网络宽带建设不足，直接使得农村居民使用网络的费用比城市地区要相对高很多。

     D. 政府应加强"宽带乡村"工程和营业点建设

三、名词解释 (每小题4分，5小题，共20分)

1. 电子政务   2. 网上商场   3. 第三方物流   4. 搜索引擎营销

5. "千县万村"计划

四、简答题 (每小题5分，4小题，共20分)

1. 如何理解电子商务的含义？

2. 何为移动电子商务的商业模式？

3. 建立电子商务网店的主要形式有哪些？

4. 第四方物流与第三方物流的主要区别在哪里？

五、论述题（每小题 10 分，3 小题，共 30 分）

1. 试论述网络消费需求的特点和趋势。

2. 试论述当前我国农村电子商务发展存在的问题。

3. 试论述网络医疗的优点。

综合测试题三

一、单项选择题（每小题 1 分，10 小题，共 10 分）

1. (　　)是指聚焦于一个或某定几个特定相关行业的线上 B2B 电子商务模式。

    A. 垂直 B2B 电子商务　　　　　　　B. 水平 B2B 电子商务

    C. 集群 B2B 电子商务　　　　　　　D. 聚焦 B2B 电子商务

2. 在 Internet 中为了定位每一台计算机，需要给每台计算机分配指定一个确定的"地址"，称为(　　)。

    A. 域名　　　　　　　　　　　　　　B. IP

    C. TCP　　　　　　　　　　　　　　D. FTP

3. (　　)是指消费者、商家和金融机构三者之间通过网络进行的货币支付或资金流转。

    A. 网络交易　　　　　　　　　　　　B. 电子支付

    C. 即时支付　　　　　　　　　　　　D. 即时金融

4. 我国《合同法》第十一条规定："书面形式是指合同书、信件和数据电文（包括电报、电传、传真、电子数据交换和电子邮件）等可以有形表现所载内容的形式。"这一规定说明我国对数据电文形式问题的解决方案采取的途径是(　　)。

    A. 合同解决途径　　　　　　　　　　B. 法律解释途径

    C. 功能等同法　　　　　　　　　　　D. 技术中立原则

5. 下列不属于微博营销的特点的选项是(　　)。

    A. 影响范围广　　　　　　　　　　　B. 受众不稳定

    C. 可信度高　　　　　　　　　　　　D. 传播自主性强

6. 移动商务推广应用的"瓶颈"是(　　)。

    A. 技术问题   B. 支付问题

    C. 安全问题   D. 物流问题

7. 以下哪种类型的产品或项目是农民不可以在网上销售的(　　　)。

    A. 农产品   B. 农家乐

    C. 农村特色旅游   D. 野生保护动物

8. 在淘宝网常用的充当"第三方支付中介"作用的软件是(　　　)。

    A. 支付宝   B. 阿里旺旺

    C. 淘宝助理   D. 淘宝直通车

9. 下面不属于网络证券交易的优点的是(　　　)。

    A. 打破时空限制   B. 丰富信息资源

    C. 提高股票收益   D. 安全性比较高

10. 分支型网络银行也被称为(　　　)。

    A. 纯网络银行   B. 只有一个站点的银行

    C. 互联网业务为主的银行   D. 水泥加鼠标型网络银行

二、多项选择题（每小题 2 分，10 小题，共 20 分）

1. 电子商务对社会经济的影响有(　　　)。

    A. 促进全球经济的发展   B. 催生新兴行业

    C. 改变消费者生活习惯   D. 改变企业的经营模式

2. 每个 IP 地址由(　　　)组成。

    A. 网络标识   B. 电子识别

    C. 电子证照   D. 主机标识

3. 电子商务对传统法律规范带来的冲击表现在以下方面(　　　)。

    A. 书面形式问题   B. 主体资格问题

    C. 签名问题   D. 证据效力问题

4. 美国网上证券交易模式包括三种主要的交易模式(　　　)。

    A. 嘉信模式   B. 固定佣金模式

    C. 美林模式   D. E-Trade 模式

5. 以下属于软文营销的特点的是(　　　)。

    A. 本质是非广告   B. 低成本高回报

    C. 易制造诚信   D. 易为企业树立良好的口碑

6. 选择供应商的短期标准包括(　　　)。

　　A. 产品质量　　　　　　　　　　B. 成本

　　C. 生产的技术水平　　　　　　　D. 交货时间

7. 移动商务发展进程中的错误观点是(　　　)。

　　A. 移动商务是移动技术 + 商务

　　B. 移动技术的特征就是移动商务的特征

　　C. 移动商务的特征等同于电子商务的特征

　　D. 移动商务具有很多电子商务没有或不具备的特征

8. 网络教育资源按照技术格式可以分为(　　　)等。

　　A. 文本类资源　　　　　　　　　B. 图形图像类资源

　　C. 音频类资源　　　　　　　　　D. 视频类资源

9. 下列属于移动商务一般特征的是(　　　)。

　　A. 即时性　　　　　　　　　　　B. 连通性

　　C. 便携性　　　　　　　　　　　D. 方便性

10. 农村电子商务是农村改革的热点问题，对农村经济建设的意义有(　　　)。

　　A. 扩大农村就业　　　　　　　　B. 培养新型农民

　　C. 使农民发家致富　　　　　　　D. 解决三农问题的有效举措

三、名词解释（每小题 4 分，5 小题，共 20 分）

1. 狭义的电子商务法　　2. B2C　　3. 电子支付　　4. 网络营销　　5. 移动电子商务

四、简答题（每小题 5 分，4 小题，共 20 分）

1. 电子商务的基本要素有哪些？

2. 电子商务的信息安全问题主要有哪些？

3. C2G 电子政务的主要形式有哪些？

4. 应对买家投诉的原则是什么？

五、论述题（每小题 10 分，3 小题，共 30 分）

1. 试论述以买方为主导的 B2B 电子商务模式。

2. 试论述网络消费需求的特点和趋势。

3. 试论述农村电子商务发展的策略。

参考文献

[1] 桂学文，王伟君．电子商务案例分析．北京：高等教育出版社，2010

[2] 胡乃文．塑造网络经济．第三代电子商务教科书．北京：清华大学出版社，2006

[3] 黄敏学．电子商务．北京：高等教育出版社，2001

[4] 戴凤弟．电子商务基础．北京：高等教育出版社，2009

[5] 李一军．电子商务．北京：电子工业出版社，2010

[6] （澳）斯蒂芬·陈（Stephen Chen）著；王刊良译．电子商务战略管理（第 2 版）．北京：北京大学出版社，2006.11

[7] 刘贵国，李小龙编著．淘宝·易趣·拍拍·有啊：网上开店从入门到精通．北京：清华大学出版社．2010

[8] 汪勇．电子商务概论．北京：清华大学出版社，2009

[9] 王玉珍．电子商务概论．北京：清华大学出版社，2008

[10] 全全顺等．电子商务概论．北京：清华大学出版社，2010

[11] 李娜．电子商务概论．北京：电子工业出版社，2010

[12] 李东进，秦勇，朴世桓，沈哲．网络营销．北京：中国发展出版社，2015

[13] 滕佳东．管理信息系统（第三版）．东北财经大学出版社，2008

[14] 李昌平．网络交易实务 – B2B．北京：机械工业出版社，2012

[15] 刘晓敏．网络营销工具与方法．厦门：厦门大学出版社．2010

[16] Schniederjans 著．曹青，王强译．电子商务运营管理．北京：中国人民大学出版社，2005

[17] 姜红波．电子商务概论．北京：清华大学出版社，2009

[18] 劳帼龄．电子商务安全与管理．北京：高等教育出版社，2007

[19] 陈文伟，黄金才．数据仓库与数据挖掘．北京：清华大学出版社，2011

[20] 李晓明．电子商务案例分析．北京：中国铁道出版社．2012

[21] 帅青红．电子支付与结算．大连：东北财经大学出版社，2011

[22] 石焱．电子商务概论．北京：中国水利水电出版社．2011

[23] 周宁等．网上支付—网商成功之道．北京：电子工业出版社，2009

[24] 施志军．电子商务案例分析．北京：化学工业出版社，2015

[25] （美）施奈德（Schneider. G. P.）著，成栋译．电子商务（原书第 7 版）．北京：机械工业出版社，2008

[26] （美）特伯恩（Turban，E.）等著，王理平等译．电子商务：管理新视角．北京：电子工业出版社，2003

[27] 李琪．电子商务概论．北京：高等教育出版社，2009

[28] 周虹主编.电子支付与网络银行.北京:中国人民大学出版社,2011

[29] 杜卫峰,刘文婷,王命达编著.玩转电子支付:网上银行/网上支付/手机支付一本通.北京:中国铁道出版社,2012

[30] 张波,任新利.网上支付与电子银行(第2版).上海:华东理工大学出版社,2009

[31] 吕廷杰,陈霞,胡桃.电子商务教程.北京:电子工业出版社,2011

[32] 张炜,许研.电子商务概论.北京:经济科学出版社,2010

[34] 秦成德.电子商务法与案例评析.清华大学出版社北京交通大学出版社,2010

[35] 聂进.电子商务法.武汉大学出版社,2011

[36] 夏露.电子商务法规.清华大学出版社,2011

[37] 戴凤弟.电子商务基础.高等教育出版社,2009

[38] 张继东.电子商务法.机械工业出版社,2011

[39] 傅凯.电子商务法律.上海财经大学出版社,2007

[40] 李祖明.电子商务法教程.对外经济贸易大学出版社,2009

[41] 孟波,段超.电子商务法.北京大学出版社,2010

[42] 杨路明等.电子商务法.机械工业出版社,2007

[43] 张楚.电子商务法教程(第2版).清华大学出版社,2011

[45] 吴健.电子商务物流管理.北京:清华大学出版社,2009

[46] 靳林.电子商务与物流配送.北京:机械工业出版社,2009

[47] 罗辉林.物流智联网:物流·电子商务·供应链的革命.北京:机械工业出版社,2011

[48] 方磊.电子商务物流管理.北京:清华大学出版社,2011

[49] 张铎.电子商务物流管理.北京:高等教育出版社,2011

[50] 陈雪梅.电子商务物流.成都:西南财经大学出版社,2011

[51] 高功步.电子商务物流管理与应用.北京:电子工业出版社,2010

[52] 燕春蓉.电子商务与物流.上海:上海财经大学出版社,2010

[53] 魏莺.电子商务物流管理.北京:北方交通大学出版社,2006

[54] 张润彤,周建勤.电子商务物流管理.大连:东北财经大学出版社,2008

[55] 中国互联网络发展状况统计报告 http://www.cnnic.net.cn/hlwfzyj/hlwxzbg/

[56] 王礼龙.网上开店大大赢家.北京:清华大学出版社.2011

[57] 赵道致,王振强.采购与供应链管理.北京:清华大学出版社,2009

[58] W. C. Benton 著.穆东译.采购与供应管理.大连:东北财经大学出版社,2009

[59] Arjan van Weele, Nicolette Lakemond, 金怡, 陈璐.国外电子采购的发展及启示.浙江工商大学学报.2008

[60] 刘坤,李红霞.网络采购形式价值分析.商业研究.2004

[61] 蒋逾嫔.基于中介网站的B2B电子采购模式探讨.上海管理科学.2005

[62] 王晓灵,张宝明.企业电子采购优势极其策略选择.物流科技.2011

[63] 埃弗瑞姆·特伯恩,戴维·金,朱·迪兰著.电子商务导论.北京:中国人民大学出版社,2011

[64] 薛晓青,王明宇.移动电子商务发展的机遇与挑战研究.电子商务.2016(03)

[65] 汪红松,移动电子商务安全问题研究.电子商务,2006(18)

[66] 尹炎,国内外移动电子商务发展探析.科技资讯,2007(14)

[67] 刘建璞.移动电子商务互动营销及应用模式研究.企业改革与管理.2015(01)

[58] 谢印成,移动电子商务在企业中的应用探讨.江苏商论,2009(10)65-67

[59] 陈宝昌,倪红耀.电子商务概论.北京:中国财政经济出版社,2011

［60］涂同明，涂俊一，杜凤珍．农村电子商务．武汉：湖北科学技术出版社，2011

［61］黄道新．中国农村电子商务案例精选．北京：人民出版社，2016

［62］蔡秉坤．农村电子商务法律问题．兰州：甘肃文化出版社，2011

［67］徐芳．我国农村电子商务现状及其对策研究．南京大学，2012

［68］国务院办公厅关于促进农村电子商务加快发展的指导意见．中华人民共和国国务院公报，2015（32）

［69］付梦雯．农村电子商务发展与客户价值管理研究．暨南大学，2015

［70］郑亚琴．我国农村电子商务区域基础设施发展水平的主成分聚类分析．中国科技论坛，2007（1）

［71］Brynjolfsson E，Urban G L. Strategies for e-business success／. Jossey-Bass，2001.

［72］Coltman T，Devinney T M，Latukefu A S，et al. Keeping e-business in perspective. Communications of the Acm，2002，45（8）：69－73.

［73］Kotb A. E-business internal audit：the elephant is still in the room！. Journal of Applied Accounting Research，2014，15（1）：43－63.

［74］Reynolds J. E-Business：A Management Perspective. Oxford University Press，Inc. 2010.

［75］Fillis I，Johansson U，B. A. Wagner. E - business and e - supply strategy in small and medium sized businesses（SMEs）. Supply Chain Management，1996，8（4）：343－354.

参考答案

第1章　电子商务概述

一、单选题

1. B　　2. C　　3. A　　4. B　　5. D　　6. C　　7. B　　8. C　　9. C　　10. C

二、多选题

1. ABCD　　　2. ABD　　　3. ABC　　　4. AB　　　　5. ABC

三、名词解释（略）

四、简答及论述题（略）

第2章　电子商务模式

一、单选题

1. A　　2. A　　3. D　　4. D　　5. A　　6. D　　7. C　　8. B　　9. D　　10. A

二、多选题

1. ABCD　　　2. ABCD　　　3. ABD　　　4. ABCD　　　5. ABC

三、名词解释（略）

四、简答及论述题（略）

第3章　电子商务技术

一、单选题

1. B　　2. D　　3. A　　4. C　　5. A　　6. B　　7. A　　8. B　　9. D　　10. A

二、多选题

1. ABCD　　　2. ABCD　　　3. AD　　　4. ABCD　　　5. ABC

三、名词解释（略）

四、简答及论述题（略）

第4章　电子支付

一、单选题

1. B　2. B　3. D　4. C　5. B　6. A　7. C　8. A　9. A　10. D

二、多选题

1. ABCD　　2. ABCD　　3. ABCD　　4. BCD　　5. ABD

三、名词解释（略）

四、简答及论述题（略）

第5章　电子商务法律

一、单选题

1. A　2. B　3. D　4. A　5. D　6. D　7. B　8. B　9. C　10. C

二、多选题

1. ABC　　2. ACD　　3. BCD　　4. CD　　5. ABD

三、名词解释（略）

四、简答及论述题（略）

第6章　电子商务物流

一、单选题

1. D　2. B　3. B　4. C　5. A

二、多选题

1. ABC　　2. ABCD　　3. AC

三、名词解释（略）

四、简答及论述题（略）

第7章　网络营销

一、单选题

1. C　2. D　3. C　4. D　5. C　6. B　7. C　8. D　9. B　10. D

二、多选题

1. ABCD　　2. ABCD　　3. ABCD　　4. ABC　　5. ABD

6. BCD　　7. ABCD　　8. ABCD

三、名词解释（略）

四、简答及论述题（略）

第8章　网络采购

一、单选题

1. C　2. A　3. C　4. D　5. B　6. D

二、多选题

1. ABCD　　2. ACD　　3. ABCD　　4. ABCD　　5. ABD

三、名词解释（略）

四、简答及论述题（略）

第9章　移动电子商务

一、单选题

1. A　　2. C　　3. D　　4. B　　5. D

二、多选题

1. ABCD　　2. ABC　　3. ABCD　　4. AB　　5. ABC

三、名词解释（略）

四、简答及论述题（略）

第10章　网上开店与经营实务

一、单选题

1. C　　2. B　　3. A　　4. B　　5. B

二、多选题

1. ABD　　2. ACD　　3. ABCD　　4. ABCD　　5. ABCD

三、名词解释（略）

四、简答及论述题（略）

第11章　农村电子商务

一、单选题

1. D　　2. D　　3. A　　4. B　　5. A　　6. B　　7. C　　8. C　　9. D　　10. D

二、多选题

1. ACD　　2. ABCD　　3. ACD　　4. ABD　　5. BCD

三、名词解释（略）

四、简答及论述题（略）

第12章　电子商务在服务业的应用

一、单选题

1. B　　2. D　　3. C　　4. A　　5. D

二、多选题

1. ABD　　2. ABC　　3. ACD　　4. ABCD　　5. ABCD

三、名词解释（略）

四、简答及论述题（略）

综合测试题一

一、单项选择题（每小题1分，10小题，共10分）

1. B　　2. B　　3. D　　4. C　　5. A　　6. A　　7. B　　8. A　　9. B　　10. D

二、多项选择题（每小题2分，10小题，共20分）

1. ABCD　　2. ABC　　3. ABCD　　4. ABCD　　5. ABD

6. ABC　　7. ABCD　　8. AB　　9. ABD　　10. ACD

三、名词解释（每小题4分，5小题，共20分）

1. C2C 电子商务

答：C2C 电子商务，即消费者对消费者的电子商务。具体来说，就是消费者之间通过 Internet 所进行的个人交易，如网上拍卖等。

2. 绿色物流

答：绿色物流是指在物流过程中抑制物流对环境造成的危害的同时，实现对物流环境的净化，使物流资源得到最充分利用。即指开展物流活动时以降低对环境的污染、减少资源消耗为目标，利用先进物流技术规划和实施运输、仓储、装卸搬运、流通加工、配送、包装等物流活动。

3. 网络软文营销

答：网络软文营销又叫网络新闻营销，是指企业通过门户网站、自建网站或行业网站等网络平台，传播一些具有阐述性、新闻性和宣传性的文章，包括一些网络新闻通稿、深度报道、案例分析等，把企业、品牌、人物、产品、服务、活动项目等相关信息以新闻报道的方式，及时、全面、有效、经济地向社会公众广泛传播的新型营销方式。

4. 网上开店

答：网上开店可以通俗地理解为店主（卖家）在互联网上注册一个虚拟的网上商店，将待售商品的信息发布到网页上，对商品感兴趣的浏览者通过网上或网下的支付方式向经营者付款，经营者通过多种物流方式将商品发送给购买者，从而达成交易的整个过程。

5. 网络医疗

答：网络医疗是指医疗技术与网络技术、计算机技术和多媒体技术相结合，利用互联网进行数字、图像、语音的综合传输，实现患者与医疗机构或医生的沟通与交流，旨在提高诊断与医疗水平、降低医疗开支，是满足广大人民群众保健需求的一项全新的医疗服务。

四、简答题（每小题5分，4小题，共20分）

1. C2C 电子商务有何优点？

C2C 电子商务的优点主要有以下四点：

（1）C2C 电子商务最能体现 Internet 的跨时空、跨地域的特点。数量巨大、地域不同、时间不一的买方和卖方可以通过一个平台找到合适的对象进行交易，这在传统交易中很难做到。

（2）运行成本低，无须实体商店，无须仓库，没有任何中间环节，买卖双方直接交易，交易的成本大大降低。

（3）突破了时间的限制，随时随地可以完成交易，大大提高了交易的灵活性和便利性。

（4）利用网络的互动性，买卖双方可以无障碍地充分沟通信息，借助拍卖这种价格机制，实现最大限度符合双方各自意愿的交易，同时由于庞大的 Internet 群，使得交易达成的可能性大大增加。

2. 以淘宝网为例回答店铺的营销推广可以使用哪些方法？

答：网店的营销和推广在后期的网店经营过程中起着至关重要的作用。下面以淘宝网为例，列举一些常见的推广手段。

（1）在淘宝社区中推广；（2）参加秒杀活动；（3）加入天猫；（4）折价促销；（5）拍卖式促销；（6）免邮费；（7）赠品销售；（8）设置 VIP 会员卡；（9）加入商盟；（10）巧用直通车；（11）使用橱窗推荐位。

3. 影响消费者网上购物的因素主要有哪些？

答：消费者网上购物除了要受到个人因素，如个人收入、年龄、职业、学历、心理、对网络风险的认知等因素的影响之外，还会受到网购商品的价格、购物的便利性、商品可选择的范围等因素的影响。

4. 网络采购与传统采购的主要区别是有哪些？

答：（1）竞争战略重点从单纯"物资采购"转向"外部合作资源"获取。

（2）提高流程中的电子商务能力，实现由"为库存采购"向"为订单采购"转移。

（3）实现价值增值模式的转变，强调在合作导向的流程中实现价值增值。

五、论述题（每小题 10 分，3 小题，共 30 分）

1. 试论述电子商务交易的安全性问题。

（1）对于销售者，面临的安全问题是非法用户假冒合法消费者改变用户交易数据（如商品送达地址，时间等）、解除用户订单、生成虚假订单；恶意竞争来订购产品，假冒他人损坏公司信誉，网络上使用信用卡进行支付时恶意透支，或使用伪造的信用卡骗取卖方的货物行为；对于集团购买者来说，存在拖延货款的可能，卖方需要为此承担安全风险。

（2）对于购买者，面临的威胁是虚假订单，冒充者以客户的名义购买商品，而且有可能收到商品，此时客户却被要求付款或返还商品；付款后不能按时、按地、按量、按质收到商品；机密信息丧失，客户有可能将自己的机密数据或个人的身份数据（如账号、口令等）发送给冒充的商家机构，造成个人经济的损失。

（3）交易双方面临的威胁。买卖双方都存在抵赖的情况买卖双方都有可能会抵赖曾经发生过的交易。发信者否认曾经发过某些信息，收信者否认曾收过某些信息或相关内容；购买者做了订单，不承认，等等。无论上述那种行为都给电子商务带来了威胁。

2. 试论述影响配送中心选址的因素

（1）产业布局。配送中心的选址首先要考虑产业布局，这是配送中心高效运转的保障。如制造业服务的配送中心选址应在制造企业集中的区域，农副产品配送中心应选在农副产品的生产及加工基地。

（2）货物分布和数量。货物是配送中心配送的对象，因此，配送中心应该尽可能地与生产地和配送区域形成短距离优化。配送中心选址合理，可以减少输送过程中不必要的浪费。

（3）运输条件。物流配送中心应接近交通运输枢纽，使配送中心形成物流过程中的一个恰当的节点。对于一般的物流配送中心，可选在高速公路、国道、快速道路及城市主干道路附近；对于综合型物流配送中心，应尽可能的选择在两种以上运输方式的交汇地。

（4）政策法规。包括产业政策、土地政策等，既要考虑到现在的发展情况，也要考虑今后的扩展空间。

（5）环保要求。配送中心操作过程可能会给周边居民的生活带来影响，对当地交通也会造成较大的干扰，还要考虑周边的人文环境和城市景观的协调程度，以免给社会带来负面影响。

3. 试论述网上开店的准备工作。

答：网上开店前卖家需要进行全方位的自我评估。卖家应该综合考虑个人兴趣、事业目标、硬件投入、能力大小等诸多因素。具体而言，网上开店的准备工作主要有以下几个方面：

（1）了解网上开店的优势与风险；

（2）认清自己是否是适合开店的人；

（3）网上开店的软件准备；

（4）网上开店的硬件准备。

在此基础上展开论述。

综合测试题二

一、单项选择题（每小题 1 分，10 小题，共 10 分）

1. D　　2. A　　3. B　　4. D　　5. D　　6. C　　7. D　　8. C　　9. D　　10. C

二、多项选择题（每小题 2 分，10 小题，共 20 分）

1. ABC　　　2. ABC　　　3. ABC　　　4. BCD　　　5. BCD

6. ABCD　　7. ABD　　　8. ACD　　　9. ABC　　　10. BCD

三、名词解释（每小题 4 分，5 小题，共 20 分）

1. 电子政务

答：电子政务是指政府通过信息通信技术手段的密集性和战略性，应用组织公共管理的方式，旨在提高效率、增强政府的透明度、改善财政约束、改进公共政策的质量和决策的科学性，从而建立良好的政府之间、政府与社会、社区以及政府与公民之间的关系，以提高公共服务的质量，赢得广泛的社会参与度。

2. 网上商场

答：网上商场也称虚拟商场，是商家直接面向消费者的场所，在该"商场"中陈列着琳琅满目的虚拟商品。

3. 第三方物流

答：第三方物流是相对于"第一方"发货人和"第二方"收货人而言的，是指由发货人和收货人之外的第三方来完成物流服务活动，满足物流服务需求的物流运作模式。

4. 搜索引擎营销

答：搜索引擎营销，英文是 Search Engine Marketing（SEM），是指企业或个人利用人们对搜索引擎的依赖和使用习惯，在人们检索信息的时候尽可能将营销信息传递给目标客户。

5. "千县万村"计划

答："千县万村"计划是阿里巴巴集团于 2014 年 10 月在首届浙江县域电子商务峰会上提出的农村电商发展计划。即阿里巴巴集团将在三至五年内投资 100 亿元，建立 1000 个县级运营中心和 10 万个村级服务站。

四、简答题（每小题 5 分，4 小题，共 20 分）

1. 如何理解电子商务的含义？

答：电子商务是有广义和狭义之分的，狭义的电子商务则是指通过包括互联网在内的计算机网络来实现商品和服务的购买、销售和交换，而广义的电子商务则除了买、卖商品和服务之外，还包括客户服务、与商务伙伴之间的合作、网上学习、企业内部的电子交易等等，是指利用互联网及其他信息技术来支持商务活动并改善企业绩效水平。

2. 何谓移动电子商务的商业模式？

答：移动电子商务商业模式指的是在移动技术的条件之下，相关经济实体通过商务互动的开展实现价值的创造与实现，最终获取利润。商业模式最基本的核心内容就是创造与实现价值，移动电子商务商业模式通过对价值链中价值的传递与转移分析，找出价值的创造环节。

3. 建立电子商务网站的主要形式有哪些？

答：建立电子商务网站的主要方式有以下三种。

（1）虚拟主机。所谓虚拟主机是用特殊的软硬件技术，把一台真实的物理计算机的主机分割成一台台"虚拟主机"（每个主机都没有物理实体），每一台虚拟主机都具有独立的域名和 IP 地址（或共享的 IP 地址），具有完整的 Internet 服务器功能。

（2）主机托管。主机托管指的是客户将自己的互联网服务器放到互联网服务供应商（如：中国电信、中国网通、新浪等）所设立的机房，每月支付必要费用，由其代为管理维护，而客户从远端连线服务器进行操作的一种服务方式。

（3）服务器租用。服务器租用是指由服务器租用公司提供硬件，负责基本软件的安装、配置，负责服务器上基本服务功能的正常运行，让用户独享服务器的资源，并服务其自行开发运行的程序。

4. 第四方物流与第三方物流的主要区别在哪里？

答：第三方物流发展历史长，理论与实践经验比较成熟，第四方物流则发展历史较短。第三方物流公司一般拥有提供物流服务所必需的固定资产和设备。第三方物流供应商为客户提供所有的或一部分供应链物流服务。第三方物流公司提供的服务既可以是帮助客户安排一批货物的运输，也可以复杂到设计、实施和运作一个公司的整个分销和物流系统。第四方物流供应商是供应链的集成者，通过对整个供应链的优化和集成来降低企业的运行成本。

五、论述题（每小题10分，3小题，共30分）

1. 试论述网络消费需求的特点和趋势。

答：网络消费是一种新型的消费形式，拥有其不可比拟的优越性，与此同时也使当代消费者心理与以往相比呈现出新的特点和趋势。

（1）个性消费的回归；（2）消费需求的差异性；（3）消费主动性增强；（4）对购买方便性的需求与购物乐趣的追求并存；（5）价格是影响消费心理的重要因素；（6）网络消费仍然具有层次性；（7）网络消费者的需求具有交叉性。（8）网络消费需求的超前性和可诱导性。

在此基础上展开论述。

2. 试论述当前我国农村电子商务发展存在的问题。

答：当前我国农村电子商务发展存在的问题主要有：

（1）思想保守阻碍农村电子商务发展。

（2）农村网络信息化基础设施相对薄弱，网络资费高。

（3）农民上网人数少，面临"数字鸿沟"问题。

（4）农村电商人才匮乏，严重制约了农村电子商务发展。

（5）农村物流等基础设施相对落后，"最后一公里"问题明显。

在此基础上展开论述。

3. 试论述网络医疗的优点。

答：网络医疗的优点主要有以下两点：

（1）合理配置医疗资源

目前我国80%的医疗资源集中在大城市，其中的30%又集中在大城市中的大医院。大医院不仅会聚了名专家、名教授和名医生，而且设备先进。以北京为例，北京拥有国内近60%的一流医疗设备和70%左右顶尖的名医。按照北京1300万常住人口计算，这些高度稀缺的医疗资源基本上配置在和服务于国内1%的人口。网络医疗模式的出现跨越了时间和空间的限制，使更多的患者能享有稀缺的医疗资源，从而实现医疗资源的合理配置。

（2）降低医疗的成本

医疗成本包含时间成本、精力成本、体力成本和金钱成本等。通过医疗网站，可将患者的资料以及基本情况通过网络及时传输给医生，经过分析后，患者可继续通过网络预约门诊，甚至可以直接通过视频与医生进行充分的沟通，在充分了解患者情况的前提下，医生可提出治疗建议，避免患者去大城市看病的盲目性，大大节约了患者的成本。

综合测试题三

一、单项选择题（每小题1分，10小题，共10分）

1. A　　2. A　　3. B　　4. B　　5. B　　6. C　　7. D　　8. A　　9. C　　10. D

二、多项选择题（每小题 2 分，10 小题，共 20 分）

1. AB   2. AD   3. ACD   4. ACD   5. BCD

6. ABD   7. ABC   8. ABCD   9. ABCD   10. ABCD

三、名词解释（每小题 4 分，5 小题，共 20 分）

1. 狭义的电子商务法

狭义的电子商务法是与狭义的电子商务相对应的，它是指调整通过计算机网络进行数据电文传递而进行的商事活动所产生的社会关系的法律规范总称。

2. B2C

答：B2C 是企业与个人之间通过 Internet 技术，把企业产品和服务直接销售给消费者的电子商务形式。它的具有速度快、信息量大、费用低等诸多优势，已为越来越多的商家关注和重视。

3. 电子支付

电子支付是电子商务的重要组成部分，是消费者、商家和金融机构三者之间通过网络进行的货币支付或资金流转。

4. 网络营销

网络营销是指企业以现代营销理论为基础，以 Internet 为主要手段，最大限度地满足客户需求以达到开拓市场、增加赢利目标的经营过程。

5. 移动电子商务

答：移动电子商务是指利用手机、个人数字助理（Personal Digital Assistant，PDA）及掌上电脑、笔记本电脑等。移动终端进行的各种商业经营活动，其形式包含 B2B、B2C 和 C2C 等，具体的内容有经营、管理、交易、娱乐等等。它将互联网技术、移动通信技术、短距离通信技术及其它信息技术完美的结合起来，使用户可以在任何时间，任何地点进行各种商务活动。

四、简答题（每小题 5 分，4 小题，共 20 分）

1. 电子商务的基本要素有哪些？

电子商务有四个基本要素，分别是现代信息技术、电子工具、掌握现代信息技术的人才和以商品贸易为中心的各种商务活动。

2. 电子商务的信息安全问题主要有哪些？

答：（1）为了获取重要的商业秘密、资源和信息冒名偷窃

（2）篡改传输的文件

（3）交易信息丢失

（4）计算机病毒的危害。

3. C2G 电子政务的主要形式有哪些？

答：C2G 电子政务所包含的内容比较广泛，如公众信息服务、电子身份认证、电子税务、电子社会保障服务、电子民主管理、电子医疗服务、电子就业服务、电子教育、培训服务、电子交通管理等。

4. 应对买家投诉的原则是什么？

答：（1）及时解决，不要让顾客等待；

（2）礼貌沟通；

（3）耐心倾听顾客的发泄；

（4）为顾客着想；

（5）态度好一点；

（6）提出完整的解决方案。

五、论述题（每小题10分，3小题，共30分）

1. 试论述以买方为主导的B2B电子商务模式

答：以买方为主导的B2B电子商务也叫网上采购，是一个买家与多个卖家之间的交易模式。在该类型的电子商务模式下，需要产品或服务的企业占据主动地位，买方企业先上网公布需求信息（产品的名称、规格、数量、交货日期），然后等待卖方企业前来洽谈和交易。通过网上发布采购信息，企业可以全世界范围内选择供应商。由于供应商的增加，企业可以在多家供应商之间进行比价，降低采购成本。买方企业一般是大中型企业，在供应链中处于强势地位。

在此基础上展开论述。

2. 试论述网络消费需求的特点和趋势。

答：网络消费是一种新型的消费形式，拥有其不可比拟的优越性，与此同时也使当代消费者心理与以往相比呈现出新的特点和趋势。

（1）个性消费的回归；（2）消费需求的差异性；（3）消费主动性增强；（4）对购买方便性的需求与购物乐趣的追求并存；（5）价格是影响消费心理的重要因素；（6）网络消费仍然具有层次性；（7）网络消费者的需求具有交叉性。（8）网络消费需求的超前性和可诱导性

3. 试论述农村电子商务发展的策略。

答：（1）加强政策扶持，发挥政府在推动农村电子商务中的重要作用；

（2）完善农村信息基础设施建设，实现资源共享和服务创新；

（3）转变农业生产方式，建立农产品和农业信息分类标准服务体系；

（4）构建农村电子商务交易平台；

（5）培养农村电子商务人才；

（6）加快农村物流体系建设。

在此基础上展开论述。

书名：现代营销学（第2版）
作者：李东进　秦　勇　主编
书号：978-7-80234-742-7
定价：35.00元
简介：本书以通俗易懂的方式叙述现代企业营销的基本原理和概念，并结合我国企业营销发展的新趋势，从企业产品的渠道、价格、市场环境、促销、消费者行为等方面对现代企业的营销活动进行了较为深入的探讨。

书名：市场调研与预测
作者：胡祖光　王俊豪　吕筱萍　编著
书号：978-7-80087-829-5
定价：30.00元
简介：本书从市场调研、市场预测、数据处理与分析三大方面系统阐述了市场调研的基本概念、方式方法和技术、调研资料分析、数据统计软件的应用以及市场预测的方式方法等。

书名：国际营销教程
作者：陈祝平　编著
书号：978-7-80234-452-5
定价：32.00元
简介：本书系统地比较了国际营销与国内营销、国际贸易的区别，讲述了国际环境、国际市场策划、国际产品策划、国际渠道策划、国际沟通和国际定价等内容。适合高校经济管理类本科和研究生（包括MBA）学习用书。

书名：市场营销学教程
作者：吴　涛　编著
书号：978-7-80234-452-5
定价：32.00元
简介：为了更好地适应高等院校市场营销学课程的教学需要，这次修订对原书进行了大幅度的调整，重新撰写了一些章节，包括更换书名。本教程旨在提供一本以案例教学为导向，侧重实践应用能力的市场营销学教科书。

书名：品牌管理
作者：陈祝平　著
书号：978-7-80087-803-9
定价：28.00元
简介：本书通过大量的中国本土企业的品牌实战案例，从心理学和经济学两个角度全面分析了品牌管理的各种问题，包括品牌资产的概念和结构、品牌形象和定位、品牌设计、品牌渠道和品牌传播等内容，具有很强的实用性。

书名：营销渠道管理：理论、方法与实践
作者：秦　勇　李东进　主编
书号：ISBN 978-7-5177-0283-2
定价：36.00元
简介：本书结合当前的营销新环境，系统介绍营销渠道的模式与设计、渠道成员的选择、渠道冲突与合作管理、国际营销渠道等内容，为读者呈现了一个较为完整的渠道管理知识体系。

书名：现代广告学（第4版）
作者：李东进　秦　勇　著
书号：978-7-5177-0340-2
定价：42.00元
简介：本书充分借鉴国内外广告学最新研究成果，讲述了广告学的基本原理、概念和实务，还结合我国广告业发展的新趋势，对新媒体广告、电影（电视）植入式广告以及名人广告等热点广告问题进行了较为深入的探讨。

书名：网络营销
作者：李东进　秦勇　[韩]朴世恒　沈哲　主编
书号：ISBN 978-7-5177-0381-5
定价：39.00元
简介：本书对搜索引擎营销、软文营销、网络事件营销、许可E-mail营销、博客/微博营销、移动营销、病毒式营销、微信营销、精准营销等进行了较为深入的探讨。

书名：绩效管理
作者：付维宁　编著
书号：978-7-80234-726-7
定价：38.00元
简介：本书主要讲述绩效评价、绩效执行、绩效反馈、绩效计划、公关部门的绩效管理。本书可作为人力资源管理专业本科学生、正在从事或有兴趣从事人力资源管理的企业及社会人员的学习用书，也可作为高等职业院校、大专院校、成人院校企业管理专业的培训教材。

书名：劳动关系管理
作者：尚　珂　左春玲　著
书号：978-7-80234-710-6
定价：35.00元
简介：本书从宏观和微观两个角度，不仅讲述了劳动关系与劳动关系管理、劳动关系主体与劳动力市场等宏观理论，还详细讲述了企业劳动合同管理、企业劳动标准实施管理、企业集体合同管理、企业劳动争议管理等内容。

书名： 人才测评教程
作者： 寇家伦 编著
书号： 978-7-80234-453-2
定价： 40.00元
简介： 本教材的第1版《人才测评》于2006年出版。本书是原书的第2版。为了更好地适应高等院校人力资源专业课程的教学需要，本次修订对原书进行了大幅度的调整，并且重新撰写了一些章节。

书名： 人力资源管理教程 （第2版）
作者： 伍争荣 主编 缪仁炳 副主编
书号： 978-7-80234-462-4
定价： 36.00元
简介： 为了更好地适应人力资源管理环境发生很大变化后的教学研究工作，特别是新的《劳动合同法》颁布实施后劳动关系领域新的变化，并反映理论的前沿和实践的进步，本书对第1版进行了一定程度的调整、补充和完善。

书名： 组织行为学
作者： 肖余春 主编
书号： 978-7-80087-882-4
定价： 36.00元
简介： 本书运用心理学、社会学、人类学、经济学等知识，分别从个体行为、群体行为和组织系统等方面探讨研究一定组织中人的心理和行为的规律性，从而提高管理者对人的行为的预测和引导能力。

书名： 人才测评技术 （修订版）
作者： 宋荣 谷向东 宇长春 主编
书号： 978-7-80234-853-0
定价： 38.00元
简介： 本书不仅介绍了人才测评的基本概念和基本原理，还全面系统地介绍了心理测验、面试、笔迹分析、无领导小组讨论、公文筐、角色扮演、360度反馈技术等目前国内企业所采用的人才测评技术。全书用大量的人才测评案例，对实际人才测评工作具有很强的实用性。

高等院校经济管理"十三五"规划教材·管理与MBA系列

书名： 管理经济学
作者： 戴庚先等 编著
书号： 7-80087-860-0
定价： 39.00元
简介： 本书创造性地将Excel运用到管理经济学的决策分析当中，全面阐述了管理经济学的理论、方法和应用，系统讲述了管理经济学的数学模型、供应与需求理论、生产理论与决策分析、成本理论与分析、企业利润、生产结构分析、博弈论与竞争策略等内容。

书名： 管理学原理 （第3版）
作者： 李东进 秦勇 主编
书号： 978-7-5177-0193-4
定价： 42.00元
简介： 这是本教材第三次修订，在保持前两版总体风格、特色和体系架构的基础上，对全书内容作了一定的更新。除了着重强调管理策略的重点——决策、计划、预测、组织、领导、激励、控制等外，还增加了组织文化和管理创新两章内容，使整个教材的知识体系更趋完整和合理，更适应我国管理学教学的需要。

书名： 公共关系学
作者： 秦勇 主编
书号： 978-7-5177-0209-2
定价： 45.00元
简介： 本教材追求简明、实用的写作风格，讲述了公共关系的定义与特征、公共关系的工作流程、公共关系广告、公共关系专题活动、公共关系危机管理、公共关系的CIS战略，以及网络公共关系等内容，内容丰富，结构清晰，实用性很强。

高等院校经济管理"十三五"规划教材·财务管理系列

书名： 高级财务会计
作者： 蒋德启 主编 王铁林 副主编
书号： 978-7-80234-575-1
定价： 35.00元
简介： 本教材重点安排能够提升学生实战能办的内容——合并财务报表和中期财务报告的编制，以及企业清算会计、衍生金融工具会计、外币会计、物价变动会计、租赁会计等相关知识。在介绍这些内容时，加入了很多真实企业的案例。

书名： 小企业会计准则释义与运用
作者： 蒋德启 刘诚 主编
书号： 978-7-80234-749-6
定价： 32.00元
简介： 本书是第一本系统阐释小企业会计准则的书。它从基本理论、流动资产、非流动资产、负债的核算、所有者权益、收入、费用、利润及其分配、外币业务、财务报告等方面对小企业会计准则进行释义，并且相应地列举了大量案例，以供学习者的吸收、消化。

高等院校经济管理"十三五"规划教材·电子商务系列

书名： 电子商务实务教程（第2版）

作者： 李东进 沈 哲
　　　　秦 勇 朴世桓 主编

书号： ISBN 978-7-5177-0513-0

定价： 42.00元

简介： 本书介绍了电子商务的技术基础、电子支付、电子商务物流、网络营销、网络采购等内容，前瞻性地勾画出了电子商务专业理论知识的基本框架，旨在帮助读者理解电子商务商业模式和价值创造的原理。

高等院校经济管理"十三五"规划教材·金融系列

书名： 金融市场学

作者： 周彩霞 编著

书号： 978-7-5177-0386-0

定价： 42.00元

简介： 本书既反映了欧美成熟金融市场的运行状况及经验教训，又密切联系中国金融市场实践，关注范围尽可能既全面又与时俱进。通过本课程的学习，学生可以初步掌握金融市场各子市场、金融机构、金融工具、金融市场运行机制及现代金融市场理论的概貌，为进一步的专业课学习和今后的工作实践打下坚实基础。

高等院校经济管理"十三五"规划教材·国际商务系列

书名： 商务沟通教程

作者： 王慧敏 编著

书号： 978-7-80087-826-0

定价： 28.00元

简介： 本书是一本以能力培养为主线的理论与实务相结合的商务沟通教材。全书包括商务沟通概述、商务沟通的一般技巧、招聘与面试、演讲的技巧、会议沟通技巧、谈判技巧、与客户的沟通技巧、管理沟通、书面沟通等内容。本书具有很强的实用性。

书名： 国际贸易实务

作者： 王慧敏 编著

书号： 978-7-80234-519-5

定价： 35.00元

简介： 本书突出案例教学、启发式教学，主要讲述国际货物运输、国际货物运输保险、进出口商品价格核算、国际货款的收付、国际货物买卖合同的签订、进出口交易的基本业务程序等内容，使学生在解决问题的过程中掌握课程教学内容。

书名： 商务礼仪教程

作者： 王慧敏 吴志樵 周永红 编著

书号： 978-7-80234-229-3

定价： 32.00元

简介： 本书系统地介绍了商务活动中的服饰妆容礼仪、语言行为礼仪、往来礼仪、交际礼仪、办公室礼仪、通讯礼仪、会议礼仪、谈判礼仪、求职礼仪、涉外礼仪等方面的知识。本书可以作为大学本科和高职院校学生的教材，也可以作为普通大众了解礼仪知识的通俗读物。

书名： 报关实务

作者： 王慧敏等 编著

书号： 978-7-80234-354-2

定价： 32.00元

简介： 本书详尽地介绍了报关从业人员需掌握和了解的各种进出口货物的报关程序、进出口商品的归类与税费的征收，以及进出口货物报关单的填制等相关知识。还根据教学的实践安排了练习题和案例分析，以培养学生的思维能力和动手能力。

连锁经营管理专业规划教材

书名： 连锁企业经营管理（第2版）

书号： 978-7-5177-0343-3

作者： 孙 静 孙前进 编著

定价： 35.00元

简介： 修订后的教材更具有实用性，使学习者掌握连锁经营的相关知识，并不断提高驾驭现代连锁企业的技能与素养，成为更优秀、更符合连锁企业需要的人才。

　　本教材适合连锁经营管理专业师生使用，也可作为连锁企业从业人员的培训教材。

书名： 连锁门店开发与选址（第2版）

书号： 978-7-5177-0341-9

作者： 李晓晖 弓秀云 杨洋 编著

定价： 32.00元

简介： 作者根据自身在教材使用过程中的体会和读者们的反馈意见，对全书内容做了一定的更新和充实。修订后的教材更具有实用性，是成功开发并有效管理一家门店所必须掌握的知识与技能。

　　本教材适合连锁经营管理专业师生使用，也可作为连锁企业从业人员的培训教材，具有广泛的适用性。

书名： 连锁企业信息系统与管理（第2版）

书号： 978-7-5177-0342-6

作者： 杨 洋 孙前进 编著

定价： 32.00元

简介： 修订后的教材内容更新，案例更典型，使学习者能更快的掌握连锁企业信息系统运营维护及发展研究等内容。

本教材适合连锁经营管理专业师生使用，也可作为连锁企业从业人员的培训教材，具有广泛的适用性。

书名： 连锁企业采购与配送管理（第2版）

书号： 978-7-5177-0345-7

作者： 胡贵彦 编著

定价： 35.00元

简介： 修订后的教材更具有实用性，力图使从事连锁企业的相关人员能够以最短的时间全面系统地掌握连锁企业采购和配送方面的知识和技能。

本教材适合连锁经营管理专业师生使用，也可作为连锁企业从业人员的培训教材，具有广泛的适用性。

书名： 连锁企业门店管理（第2版）

书号： 978-7-5177-0344-0

作者： 隆 意 尚 珂 顾丽萍 编著

定价： 32.00元

简介： 本次修订在保留上一版总体风格、特色和体系架构的基础上，作者根据自身在教材使用过程中的体会和读者们的反馈意见，对全书内容做了一定的更新和充实。

修订后的教材在保持知识的完整性和系统性的同时，重点突出了对实践的指导和应用。

本教材适合连锁经营管理专业师生使用，也可作为连锁企业从业人员的培训教材，具有广泛的适用性。

高职高专旅游管理类规划教材

书名： 旅行社经营管理实务

作者： 陈道山 主编

书号： 978-7-80234-421-1

定价： 35.00元

简介： 本书将旅行社的经营管理分为四大模块，即基础模块、实务模块、支撑模块、发展趋势模块，每个模块下又分为若干项目，详细讲述了旅行社的基本知识、旅行社经营管理基础等内容。

书名： 酒店经营与管理

作者： 李辉作 于 涛 主编

书号： 978-7-80234-421-1

定价： 35.00元

简介： 本书以酒店经营与管理的理论及管理内容为框架，通过模块的形式，讲述了酒店经营管理概述、酒店接待业务管理、酒店内部管理和酒店日常管理等内容，建立起了酒店经营与管理的完整体系。其内容上"宽"、"新"、"实"并举，注重内容的科学性、系统性、创新性和实用性。

书名： 导游实务

作者： 仪孝法 冯 静 主编

书号： 978-7-80234-389-4

定价： 32.00元

简介： 本书系统地阐述了合格的导游员应具备的素质、知识和技能。全书理论与实践相结合，侧重对学生实践技能的培养，主要体现在导游服务各种操作规程的介绍上，有很强的实用性和操作性。

书名： 旅游学概论

作者： 苟胜东 主编

书号： 978-7-80234-424-2

定价： 26.00元

简介： 本书讲述了旅游的产生与发展、旅游的概念与特点、旅游者、旅游资源、旅游业、旅游组织、旅游市场以及旅游的影响等八个模块。这八个模块以旅游的自身性质和特点为主线，既有纵向旅游发展历史的介绍，也有横向旅游业的组成部分、旅游组织的讲述，使大家对旅游业发展有一个清醒的认识。

书名： 旅游市场营销

作者： 樊雅琴 主编

书号： 978-7-80234-423-5

定价： 35.00元

简介： 本书分别介绍了旅游市场营销导论、旅游市场营销环境分析与运筹、旅游购买行为分析、旅游市场调研与预测、旅游目标市场营销等内容。

书名： 旅游资源学

作者： 杨学峰 主编

书号： 978-7-80234-426-6

定价： 35.00元

简介： 本书系统阐述了旅游资源的概念，旅游资源形成的基本条件、基本特征、分类等基本理论，分析了地理、水体、大气及太空等自然旅游资源的成因、特征、主要类型等。

书名：人力资源战略与规划
书号：978-7-80234-038-1
作者：寒 武 编著
定价：28.00元
简介：本书介绍了人力资源战略与规划的产生、人力资源战略及其制定与实施、人力资源规划、人力资源供求分析、操作技巧和成功案例的学习，可使读者充分掌握人力资源战略设计及人力资源规划的模式与方法，从而构建起一个完整的人力资源战略与规划体系。

书名：劳动关系管理 (修订版)
书号：978-7-80087-983-8
作者：左祥琦 编著
定价：32.00元
简介：本书可以作为专业的培训和教学教材外，还适合人力资源管理者、企业高中级管理人员、劳动行政部门的官员、各级工会干部、劳动法的研究人员、劳动争议仲裁员、负责审理劳动争议案件的法官，以及其他与劳动领域有关的从业人员。

书名：薪酬福利管理
书号：978-7-80087-963-0
作者：胡昌全 编著
定价：35.00元
简介：作为"中国注册人力资源管理职业资格认证"的指定培训教材之一，本书以什业薪酬管理为主线，对薪酬体系与结构、付薪策略与原则、福利与保险做了完整深入的分析。

书名：人才测评
书号：978-7-80087-969-2
作者：寇家伦 编著
定价：36.00元
简介：本书向读者全面介绍了人才测评技术的发展历程、基础理论与实践方法，重点阐述了人才测评技术中信用效度最高的评价中心技术的实践操作，向读者完整地呈现了组织人才测评活动的各个环节及关键控制点。

书名：人力资源信息化管理
书号：978-7-80087-962-3
作者：洪 玫 编著
定价：28.00元
简介：本书能够帮助读者更好地理解e-HR究

竟是什么，它在企业人力资源管理工作中能做哪些事情，以及如何选择和实施这项技术来实现预期的收益。

书名：员工任用
书号：978-7-80087-954-8
作者：闫凤芝 编著
定价：28.00元
简介：本书从员工任用的角度，讲述人力资源规划、职位分析、员工招聘甄选、员工入职和辞职管理等内容，在传播人力资源管理技术的同时，将人力资源管理的理念与读者进行分享，从而引导读者全面、系统、实际地看待和解决企业的问题。

书名：职业生涯管理（第2版）
书号：978-7-80234-653-6
作者：杜映梅 编著
定价：35.00元
简介：本书系统地介绍了职业生涯管理的相关理论知识，并提供了丰富的案例和测试，以期为广大读者提供具有高度可操作性的指导。

书名：绩效管理（第2版）
书号：978-7-80234-654-3
作者：杜映梅 编著
定价：35.00元
简介：本书是作者对近年来国内外关于绩效管理的方法和在企业管理实践中的经验进行总结、提升而形成的关于绩效管理的操作理念，主要可供企业的实际管理工作者和从事人力资源管理工作的人士作为工作的参考，也可作为企业管理类教学和科研的参考书，对人力资源管理感兴趣的人士亦可作为自学之用。

书名：企业培训
书号：978-7-80087-961-6
作者：于 虹 编著
定价：25.00元
简介：本书内容由三部分组成。第一部分重点介绍培训的涵义、目的、形式和企业培训管理的内容及培训体制的完善等内容，第二部分围绕着企业培训体系构成的核心内容展开说明，第三部分从培训前的准备、课程的开发方法、培训师授课技巧及企业培训中的经典游戏等方面做了介绍。